高等院校"十四五"规划教材

大学体育健康

（第 3 版）

主　编　李国柱
副主编　王生有　孙利伟　赵启全

ZHEJIANG UNIVERSITY PRESS
浙江大学出版社

图书在版编目（CIP）数据

大学体育健康 / 李国柱主编. —3 版. —杭州：
浙江大学出版社，2021.8（2021.10 重印）
ISBN 978-7-308-21677-7

Ⅰ.①大… Ⅱ.①李… Ⅲ.①体育—高等学校—教材
②健康教育—高等学校—教材 Ⅳ.①G807.4②G647.9

中国版本图书馆 CIP 数据核字（2021）第 162201 号

大学体育健康（第 3 版）

李国柱　主编

责任编辑	王元新
封面设计	周　灵
出版发行	浙江大学出版社
	（杭州市天目山路 148 号　邮政编码 310007）
	（网址：http://www.zjupress.com）
排　　版	杭州青翊图文设计有限公司
印　　刷	嘉兴华源印刷厂
开　　本	787mm×1092mm　1/16
印　　张	23.25
字　　数	588 千
版 印 次	2021 年 8 月第 3 版　2021 年 10 月第 2 次印刷
书　　号	ISBN 978-7-308-21677-7
定　　价	45.00 元

版权所有　翻印必究　　印装差错　负责调换

浙江大学出版社市场运营中心联系方式：0571 - 88925591；http://zjdxcbs.tmall.com

本书编委会

主　编　李国柱

副主编　王生有　孙利伟　赵启全

参　编　陈晓丽　郭梅珍　金　仓　漆桐林　向　伟

编　委（按姓氏先后顺序排列）

陈晓丽　郭梅珍　金　仓

林克明　李　强　李国柱

漆桐林　孙利伟　王生有

向　伟　赵启全

第三版前言

大学生的健康事关国家和民族的未来,有效促进高等院校开展体育运动、增进大学生的身心健康,是贯彻落实"体育强则中国强"的时代战略、全面建设体育强国的必然要求。

大学体育教育在大学生素质教育中具有重要的地位,大学生是未来祖国现代化建设的人才。随着贯彻落实"健康第一"的指导思想和高校体育教育改革的开展,促进学生身心健康,弘扬积极的运动观、体育观、健康观,学会现代体育欣赏能力,宣传"处处可运动,人人能健康"的新常态健康生活方式。基于上述考虑,根据《学校体育工作条例》和《全国普通高等学校体育课程教学指导纲要》及《国家学生体质健康标准》的要求,我们编写了本书。

本教材特色如下:

第一,贯穿"以人为本"的教育理念。本书突出学生的主体地位和健康的主题,不局限于把大学生的体育活动仅仅看成是一种运动,而是将体育运动与文化有机结合。在大学体育课教学过程中,力求将文化渗透到大学生的每一项体育活动中,并在运动中充分体现文化的存在及其指导作用,以利于达到全面提高大学生综合素质的目的。

第二,科学与人文相结合。从体育教学改革的实际情况出发,结合目前大学体育教育和学生的实际情况,从学生身心健康、体育基础理论、运动损伤与保健、体育竞赛与运动技术等方面出发,从体育知识与基础理论入手,与传统的体育教材相比在结构和内容上有所创新,有较强的针对性和灵活性,有利于不同层次和不同类型的高校师生结合"三自主"教学改革,有选择地教与学。

第三,认真落实课程思政。教材结合实事在章节内以小故事形式呈现,充分激发当代学生的民族荣誉感,增强民族自信心,有效落实国家课程思政要求。

第四,用思维导图呈现知识脉络。每章知识点的总结通过思维导图的形式呈现,并在导图中将逻辑相关的知识之间进行了关联标记,有助于学生理解、掌握知识脉络。

本教材是黄河科技学院体育教材建设与改革的一种尝试,参加编写的人员都是大学体育教育一线的骨干教师,他们既有一定的业务水平和理论水平,又有开拓创新的精神。由李国柱担任主编,负责全书的框架和体例要求拟定;王正霞负责统稿、审校等工作。孙利伟、王生有、赵启全担任副主编;陈晓丽、郭梅珍、金仓、漆桐林、向伟负责参与编写工作。编写过程基本体现出了编写内容的风格和特点。但它在理论知识的系统性和成熟性等方面尚有不少存疑之处,加上编者的水平和时间有限,书中存在不足和不当之处在所难免,诚恳希望广大使用者批评指正,以便我们在今后的教学改革中提高和完善。

特别感谢郑州大学林克明教授、河南工业大学李强教授为本书审定工作付出的大量心血,同时也恳请各位同行对本书提出宝贵意见。

编　者
2021 年 8 月

目　录

第一部分　体育知识篇

第二部分 体育教学与实践篇

第一部分

体育知识篇

项目一　体育与健康概述

学习目标

1. 知识目标

(1) 理解健康和体育的含义,正确认识体育与健康的关系。

(2) 了解体育的组成部分和亚健康的症状。

(3) 掌握健康的衡量标准。

2. 思政目标

(1) 通过体育的教学,将学生的身体锻炼和社会责任感相联系。

(2) 认识大学生体育的重要性,初步树立大学生的角色意识和责任担当。

体育与健康的关系

思维导图

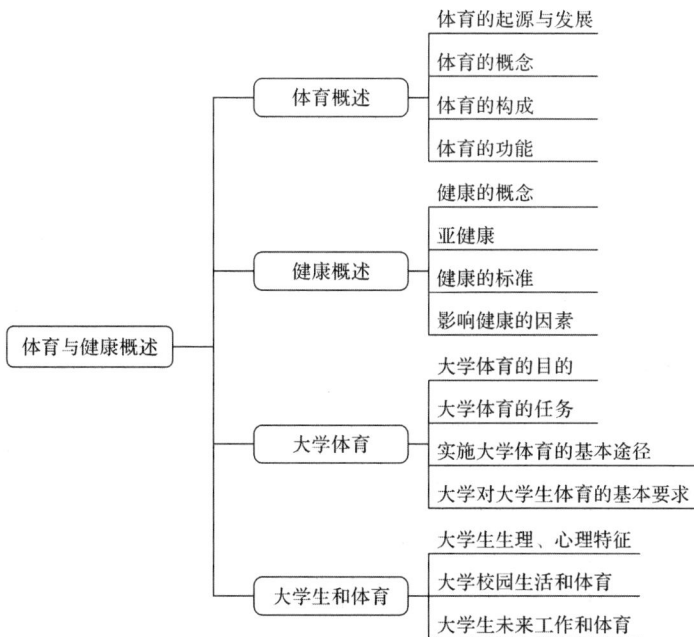

任务一 体育概述

体育作为一种社会文化现象,是随着人类社会的产生和发展而出现并不断演进的。在人类社会发展的历史进程中,体育这一社会文化现象也与其他事物的发展一样,经历了从萌芽到发展再到完善的过程,在整个社会发展过程中扮演着重要的角色。

一、体育的起源与发展

体育是人类文化的重要组成部分。据史学家和考古学家的研究,人类早在原始时代就把走、跑、跳跃、投掷、攀登、爬越等作为最基本的生产劳动和日常生活的技能及本领传授给下一代。这是人类教学的萌芽,也是体育活动的萌芽。体育的发展与教育、军事、科学技术的发展,以及宗教活动、休闲娱乐活动有着密切的关系。必须指出:体育在其历史发展过程中,是受一定的政治经济所制约的,并为一定的政治经济服务。

体育的发展大致经历了三个时期,即原始的体育萌芽时期、自觉从事体育活动时期和形成与完善体育制度时期。经过这三个时期,逐步形成了现代的体育体系,竞技体育的发展是推动现代体育发展的主要动力。

二、体育的概念

在认识和理解体育概念之前,我们必须知晓确定体育概念的三条原则,即科学性原则、与国际用语相互一致原则和考虑民族习惯原则。

"体育"一词,据世界体育资料记载,最早是法国人于1760年在法国的报刊上论述儿童身体教育问题时使用的 Education Physique(法),现在,国际上普遍用"Physical Education"泛指"体育"。它的本意是指以身体活动为手段的教育,直译为身体的教育。"Sport"一词一般认为源于拉丁语"Dies-port",它的本意是指离开工作去游戏、玩耍、进行娱乐活动等,后来逐渐形成具有新含义的一个概念,即竞技运动(竞技体育)。我国是近百年来才从国外传入"体育"一词的。体育史学界一般认为该词最早是留学生从日本传入的。当时还有从德国传入的"体操"一词。中华人民共和国成立后,都用"体育"和"体育运动"这些词作为体育的总概念或第一位概念。

体育有广义与狭义之分。体育理论界对体育的定义有不同的观点。目前比较普遍且较有群众基础的观点是:体育是指根据人类社会生活的需要,依据人体生长发育、动作技能形成和机体机能提高的规律,以身体练习为基本手段,达到发展身体、增强体质、提高运动技术水平、丰富社会文化生活的有意识、有目的、有组织的社会活动,以及其在人类社会发展中形成的全部财富。

📖 **知识拓展**

体育的变迁

"体育"一词在含义上有一个演化的过程。它刚传入我国时,是指身体的教育,是作为教育的一部分出现的,是一种与维持和发展身体的各种活动有关联的教育过程,与国际上理解的"体育"是一致的。随着社会的进步和体育事业的不断发展,其目的和内容都大大超出了原来"体育"的范畴,体育的概念也出现了"广义"与"狭义"两种解释。广义上,它一般是指体育运动,其中包括体育教育、竞技运动和身体锻炼三个方面;狭义上,它一般是指体育教育。近年来,不少学者对"体育"的概念提出了各种解释,但比较趋于一致的解释为:"体育是以身体活动为媒介,以谋求个体身心健康、全面发展为直接目的,并以培养完善的社会公民为终极目标的一种社会文化现象或教育过程。"体育的这一定义既说明了它的本质属性,又指出了它的归属范畴,同时也把自身从与其邻近或相似的社会现象中区别出来。但是,体育的概念并非是一成不变的,随着社会的发展和进步,对体育的认识也将有所发展变化。

三、体育的构成

中国的体育运动主要包括学校体育、社会体育(群众体育)和竞技体育三个部分。

(一)学校体育

学校体育是我国体育体系的主要组成部分,是实现我国体育的目的、任务的重要手段和途径,是开展全民健身运动的战略重点和基础;同时,学校体育作为我国学校教育的重要组成部分,为培养全面发展的 21 世纪人才发挥着重要的作用。

学校体育是随着社会的发展以及教育、体育的发展而发展的。早在奴隶社会的西周时期,在其教学内容"六艺"即礼、乐、射、御、书、数中就包含有进行军事技能和身体训练的"射、御"以及包含娱乐、舞蹈内容的"礼、乐",这就是我国学校体育的雏形。我国近代学校体育是从清朝末年开始由欧美、日本传入的。1901 年废除科举制后,在 1903 年颁布的《奏定学堂章程》中规定了各级学堂都设体操科,其主要内容为德、日的普通体操和兵式体操,因此,当时就有"体操老师""体操师傅"之称。1923 年,将体操科改为体育课,教学内容大多采用英、美的游戏、田径、球类等。中华人民共和国成立后,随着社会主义建设事业的发展,学校体育出现了崭新的面貌,特别是改革开放以来,学校体育更是得到飞速发展。体质与健康课程标准的颁布、学生体质健康测试标准等的出台对加速学校体育工作起到了推动作用。

(二)社会体育

作为我国体育事业的重要组成部分,社会体育关系到人民体质的增强、健康水平的提高和生活质量的改善,是现代社会文明、健康、科学的重要标志之一。在我国,社会体育(或称大众体育、群众体育)在很大程度上是指城市中的社会体育,尤其是在改革开放以前。城市中的社会体育基本上代表着我国社会体育的全部,其运行机制和管理模式也基本上是计划经济体制下典型的"单位体育",即仅仅在"单位"这一范畴内,以单位职工为主要对象进行组织、实施、管理的一种体育活动。然而,随着我国经济体制改革力度的加大、步伐的加快,改革逐渐涉及经济领域以外更宽广的领域,作为城市社会生活重要组成部分的社会体育也受到了较深的影响。概括地说,市场经济体制的建立从根本上改变了城市人参加体育活动的组织和管理方式以及活动范围。这标志着"单位体育"制度走向瓦解,同时也宣告城市社区体育的兴起。

(三)竞技体育

竞技体育亦称竞技运动,是体育的重要组成部分。它是以体育竞赛为主要特征,以创造优异运动成绩、夺取比赛优胜为主要目标的社会体育活动。远在史前时代的早期人类生活中,便已经出现以争取胜利为特点的原始的、朴素的体育比赛形式。此后,这种活动形式又经古代的长期发展,内容更加丰富,不少项目已具雏形,为近代体育运动打下了基础。在整个近代体育领域中,比赛活动获得了越来越大的独立性,并被定名为"竞技运动"。在当代,竞技运动经过不断发展、演进,在理论和实践方法上日臻成熟,影响也不断扩大,成为一个遍及社会各阶层、波及世界五大洲的特殊社会现象。

竞技体育项目按竞技能力的主导因素、运动项目的动作结构、运动成绩的评定方法等标准可分成多个项目群。

小 故 事

古代奥运会开创的神圣休战

古希腊人出于对神灵的虔诚和尊敬,一直延续以竞技形式祈求众神庇护的宗教习俗,并开创了古代奥林匹克运动会(以下简称奥运会)。但随着古希腊城邦交战愈演愈烈,为了保证奥运会的顺利进行,当时的伊利斯城国王依菲斯特想到一个办法,即以"神"的名义向各城邦进行政治斡旋,建议在奥运会召开的前后一个月,既不允许任何战争行为发生,也不得有人携带武器进入奥运会圣地。如果有人不遵守此项规定,则被认为违背了神的意志,不仅要处以巨额罚金,还可能受到更加严厉的其他制裁。由于这一建议最终被各城邦所接受,遂使著名的"神圣休战"条约得以名传至今。

四、体育的功能

体育的功能是多年来体育理论界争论不休的焦点之一。因为只有弄清楚体育是干什么的,才能更好地认识体育是什么,这个道理很简单。目前,有一点已取得共识:体育有多种功能。但哪些是本质功能,即体育本身固有的功能,哪些是非本质功能,即利用体育这个手段去达到某种目的,目前尚有分歧。这两者应该分清楚,不能一说多功能,就把各种功能并列起来,那是不符合实际的。如果把功能和作用分开,那意思就很明确了,也正好能说明本质与非本质的区别。体育的功能主要是教育、健身和娱乐。不管是什么形态的体育,如学校体育、社会体育和竞技体育,都在不同程度上具备这三种功能,而且这三者往往是融为一体、不可分割的。但我们这些年非常强调体育的政治功能,如"友谊第一、比赛第二""小球转动地球""为国争光"等,其实不是体育固有的功能。

因此,我们可把政治、经济、文化、科技等功能看作体育的非本质功能,或称为体育的某某作用,如政治作用、经济作用等。所以,在认识体育是什么这个命题时,必须全面地看待体育的功能和作用,也就是要看到体育系统是多层次组合的社会系统,即要把握好整体与层次的关系。

任务二　健康概述

一、健康的概念

健康是人类生存发展的基本要素,是人生最大的财富。健康是知识、友谊的载体,同时健康又是人类的丰厚资本。没有健康,就没有成功;没有健康,就没有收获;没有健康,就没有发展……

人类的健康观念是随着社会的发展和生活水平的提高而不断变化的。古往今来,由于受到历史、时间、地理、文化、社会等因素的影响,人们对健康这一概念有着不同的解释。过去人们片面地把健康理解为"健康就是没有疾病,有病就不健康";也有人认为"能吃能睡就是健康";还有的人认为"身体虚弱,精神面貌不好就不健康"等。而现代健康观认为,健康不再单单指身体层面的健全、健康,健康已经发展成为一个多维的概念,它所包含的内容涉及身体、心理、社会适应和道德等方面。

1984年,世界卫生组织(World Health Organization,WHO)提出了健康新概念:"健康不仅是没有病和不虚弱,而且是身体上、心理上和社会适应能力上三方面的健康状态。"

1989年,WHO将健康重新定义为"心理健康、身体健康、道德健康和社会适应良好",甚至将生殖健康也列入其中。

2000年,WHO提出了"合理膳食、戒烟、心理健康、克服紧张压力、体育锻炼"等促进健康的新标准。一个人只有在躯体健康、心理健康、社会适应良好和道德健康四个方面都健全时才能算是完全健康的人。

健康观念的发展变化说明了人类对健康的重视程度和对生活品质的追求在不断提高。健康是社会发展的组成部分,享受健康是一种基本人权,人人都拥有享受、追求健康的权利。正如英文单词HELP中各个字母代表的深刻含义一样,个体健康是现实的,群体健康是理想的。

HELP中的H代表健康。健康是生命之本,健康的生活习惯是健康机体的根本保证。

HELP中的E代表每个人。具备追求健康的意识很重要,但关键是要每个人都认识到健康的重要性,进而保证每个人都能养成良好的生活习惯,并影响周围的人。这里强调每个人,其最终目的是消除国民的健康差距,促进全民健康。

HELP中的L代表一生。从生命的早期就开始重视健康行为,树立终身体育意识,将使人受益终身。

HELP中的P代表个人。根据自己的习惯,对个人行为做出调整,做到因人而异,强调循序渐进。

二、亚健康

亚健康是指机体虽无明显的疾病,却呈现出活力降低、功能减退的一种生理状态,是一种暂时性的生理失调,会造成精神紧张综合征、疲劳综合征、疼痛综合征等。亚健康是健康与疾病的中间状态,无论是身体还是心理均处于一种非健康的状态。亚健康状态容易导致肿瘤、心血管疾病、呼吸及消化系统疾病和代谢性疾病,这些疾病均有一个缓慢发展的过程,开始时表现为亚健康,但此时若不注意调整,则很容易发展为真正的疾病。

那么,应如何正确对待亚健康呢?关键在于"早发现、早预防、早治疗",学习正确的健康知识,养成良好的生活习惯,并定期参加健康体检活动。亚健康与基因分析的最新研究发现:人体70%的疾病都与基因异常有关,当人体处于亚健康状态时,其患病风险就会大大提高。现代医学认为,疾病是先天的基因体质和后天的外来因素共同影响的结果,几乎所有疾病的发生都与基因有关(如心血管疾病、各类癌症、遗传性疾病、肝炎、老年痴呆症等)。人们可通过分析人体基因序列,从根本上了解目前身体的健康状况,及早了解自身的患病风险,进而调整生活或饮食方式,走出亚健康,预防疾病的发生。

调查表明,亚健康产生的根源:首先,是对健康没有正确的认识,降低了对威胁自身健康的各种因素的应激反应能力;其次,是由不良的生活习惯、疲劳、社会和工作引起的精神压力等。当知道自己处于亚健康状态时,既不要掉以轻心,也不要过分紧张,应当积极应对。

三、健康的标准

健康不仅是当今人类向往的目标,也是人类生存和发展的基本条件,是人类社会发展和进步的重要标志。健康是资源,是财富,是生产力。每个人都应珍惜自己的健康,都应按照合理膳食、适量运动、戒烟限酒、心理平衡这"四大基石"管理好自己的健康。

世界卫生组织对不同年龄的人群做了如下分类:44岁及以下的为青年,45~59岁的为中年,60~74岁的为较老年,75~89岁的为老年,90岁以上的为长寿者。

1978年世界卫生组织(WHO)给健康定的10项标准如下:

- 精力充沛,能从容不迫地应付日常生活和工作;
- 处事乐观,态度积极,乐于承担任务,不挑剔;
- 善于休息,睡眠良好;
- 应变能力强,能适应各种环境变化;
- 对一般感冒和传染病有一定的抵抗力;
- 体重适当,体态均匀,身体各部位比例协调;
- 眼睛明亮,反应敏锐,眼睑不发炎;
- 牙齿洁白,无缺损,无疼痛感,牙龈正常,无蛀牙;
- 头发光洁,无头屑;
- 肌肤有光泽,有弹性,走路轻松,有活力。

最近,世界卫生组织就人的机体健康和精神健康提出了简单且易于理解的标准,具体可以用"五快"和"三良好"来衡量。

"五快"标准是针对人的生理健康而言的,即:

- 吃得快。进餐时,有良好的食欲,不挑剔食物,并能很快吃完一顿饭。
- 便得快。一旦有便意,能很快排泄完大小便,而且感觉良好。
- 睡得快。有睡意,上床后能很快入睡,且睡得好,醒后头脑清醒,精神饱满。
- 说得快。思维敏捷,口齿伶俐。
- 走得快。行走自如,步履轻盈。

"三良好"标准是针对人的心理健康而言的,即:

- 良好的个性人格。情绪稳定,性格温和,意志坚强,感情丰富,胸怀坦荡,豁达乐观。
- 良好的处世能力。观察问题客观现实,具有较好的自控能力,能适应复杂的社会环境。
- 良好的人际关系。助人为乐,与人为善,对人际关系充满热情。

知识拓展

常见的不良生活方式

不良饮食方式:不吃早餐、偏食、不按时就餐等。

不良起居方式:熬夜、睡懒觉等。

不良行为方式:吸烟、酗酒、吸毒、滥用药物等。

不良用药方式:错服、误服、多服、不服等。

不良运动方式:不运动、不锻炼等。

四、影响健康的因素

《渥太华宪章》指出:健康最基本的条件和资源是和平、住房、教育、食品和收入稳定的社会经济制度,稳定的资源,社会公正和公平。只有有了这些先决条件,才有改善健康可言。人体的健康是许多因素相互交叉、渗透、影响、制约和相互作用的结果。

世界卫生组织1989年公布的资料认为:每个人的健康与长寿,60%取决于自身状况,15%取决于遗传,10%取决于社会因素,8%取决于医疗条件,7%取决于生活环境和地理气候条件的影响。

(一)自身因素

自身因素包括对健康的认知、生活习惯、行为习惯、饮食、体育锻炼、休息、精神、社交健康等诸方面,体育锻炼是其中最重要的因素。对健康的认知有客观与正确的意识,才能指导正面而有意义的行为。因此,对健康概念有一个全面、科学的认识,将指导你规范自己的行为,进行自我保健和锻炼,养成良好的生活习惯。同时,也能帮助你克服和避免如"没有疾病就是健康""亚健康状态不危害人体健康""疲劳不危害人体健康"等不正确的观念。

1.健康认知

现代人应具有自我保健的意识和常识,加强自我保健,注意身体传递给自己的各个信息,并对之做出反应,做到定期体检,有病及时就医。

2.生活方式和行为习惯

美国疾病预防控制中心对心脏病、癌症、脑卒中、车祸及其他意外事件、流感、肺炎、糖尿病、肝病、自杀、他杀10种最常见的导致死亡的原因的调查结果显示,不良的生活方式是造成这些死亡现象的最主要原因。身体健康的人常得益于良好的生活方式和生活习惯:不吸烟,节制饮酒,每天吃早餐,注意饮食营养,维持正常体重,保证高质量的睡眠,坚持科学、系统的体育锻炼。由此看来,养成良好的生活方式和行为习惯非常重要。

3.情绪和精神状态

健康的人一般都有积极向上的生活信心,憧憬美好生活,有着充实的精神世界;在日常生活中,大部分时间里能保持情绪稳定,能控制好自己的喜怒哀乐,偶尔出现情绪高涨或情绪低落的情况。

4.社交活动

人不单是一个生物的人,而且是一个社会的人。因此,生活于社会之中的人必须承担起一定的社会责任,"扮演"自己的社会角色,不断提高自己的社会适应能力,保证有适量的社交活动,与他人形成和谐的人际关系,使自己在交往中有自信感和安全感。同时,与他人友好相处也会使人少生烦恼,心情舒畅。

（二）遗传因素

遗传是指子代和亲代之间在形态结构及生理功能上的相似,是一代生物共有的基本特征。有的草本植物只有一年的寿命,有的树木却可以存活几百年,这说明生物的寿命随物种不同而有很大差异。对人类来说,除了人的自然寿命外,在人的生长发育过程中,身高、体重、皮下脂肪多少、血压等多项形态和生理指标都有不同程度的家族性倾向,尤以身高最为明显。遗传病是当前医学领域中严重危害人类健康的疾病之一。

（三）社会因素

社会经济发展状况、社会秩序、伦理道德、宗教、风俗、教育等构成的社会环境可能直接或间接地影响人的健康状况。美国弗莱齐尔曾报告:一些遭受虐待、歧视的儿童、青少年,生长发育缓慢、身材矮小、骨龄落后、性发育迟缓,他们并无明显的家族遗传倾向,可能是由于不良环境对中枢神经系统形成长期的恶性刺激,导致生长激素释放因子分泌缺乏而引起的。一旦改变他们的社会处境,他们的生长速度会大大加快,甚至最终可达正常水平。

（四）自然环境

人类的各种生命活动都与自然环境的变化息息相关。风雨寒暑、二十四节气都会影响人的健康。人类可以适应一定的环境变化,如人体可以通过体温调节来适应环境中气候条件的变化。但当环境异常超过了人体适应的范围时,人体就会发生某些病理性的变化。人体的疾病绝大部分是由环境因素引起的,在环境致病因素中,环境污染又占很大比重。

任务三　大学体育

一、大学体育的目的

大学体育是学校教育的重要组成部分,其目的就是以运动和身体练习为基本手段,对大学生的机体进行科学的塑造,在提高人的生物潜能和心理潜能的过程中,进德、益智、促美,达到身心健康、全面发展的教育总目的。

二、大学体育的任务

大学体育的目的是通过完成以下五方面的任务来具体实现的:

(1)增强学生体质,促进学生身心健康。

(2)促使学生努力掌握体育的基本知识、基本技术和基本技能。

(3)培养学生的道德意志品质。

(4)培养学生审美和创造的能力。

(5)培养高水平的运动员。

三、实施大学体育的基本途径

(一)体育课

体育课作为大学体育教育最主要的组织形式,是高等学校教学计划所规定的必修课程之一。由于体育课是按照教育计划和体育教学大纲而组织的专门的教育过程,因而是实现大学体育目标的基本途径。

1.体育课的指导思想

(1)健康第一的思想。党中央明确指出:"健康体魄是青少年为祖国和人民服务的基本前提,是中华民族旺盛生命力的体现。学校教育要树立健康第一的指导思想。"学校体育更应该树立健康第一的指导思想。

(2)全面素质教育的思想。学会生存、学会健康是学会学习、学会工作、学会生活、学会创造的基础,通过科学有效的体育与健康课程的教学过程,促使学生全面素质得以提高。

(3)终身体育的思想。终身教育、终身学习、终身体育是21世纪教育和人的发展总趋势。要重视把运动、体育、健康置于人的生命的全过程之中。

(4)面向全体学生的思想。作为现代教育计划的基本组成部分的体育与健康课程,必须面对全体学生,促使每一位大学生都能主动地发展,实现人人享有体育、人人享有健康的目的。

(5)个性教育的思想。应以人为本,重视个性,创造良好的氛围,展示学生的个性,发展学生的天赋,挖掘学生的潜能。

(6)整体化的课程建设思想。建立"教师为主导,学生为主体,课内课外相结合,理论与实践相结合,生理心理相结合,观赏参与相结合,运动是手段,体育是过程,健康是目标,教书育人,全面培养,学以致用,终身受益"的整体化课程建设指导思想。

2.体育课的性质和任务

体育课是培养 21 世纪合格人才的现代教学计划的基本组成部分,是高等学校的基础课程之一,它是大学体育工作的中心环节,也是完成高等教育和大学体育工作任务的重要途径。

体育课的基本概念:按照国家规定的教育目标组织有关体育的多因素、多层次、多维度的动态复合性教育过程。体育课一般分为:①理论课。系统介绍体育知识,有体育概述、体育科学原理、卫生与健康、世界大型运动会及部分运动项目的规则和裁判法等。②实践课。以运动场为课堂,学习和掌握体育的基本知识与技术以及锻炼身体的方法,提升身体素质,提高基本活动能力。

体育课旨在通过合理的体育教育过程和科学的体育锻炼的行为过程,促使学生增强体育意识,树立现代健康观念,不断提高体育能力与健康的行为方式,养成坚持参加体育锻炼和重视身心健康的习惯,同时受到良好的思想品德教育,成为体魄强健、身心健康的社会主义事业的建设者和接班人。

体育课的基本任务首先是增强体质,增进健康,全面提高学生的素质和对环境的适应能力,促进其身心全面发展。其次是促使学生掌握体育的基本理论知识,形成良好的体育意识,建立正确的体育观念,在全面学习体育运动技术过程中,掌握适用的基本技能,为养成终身进行体育锻炼的良好习惯打下坚实的基础。其三是促使学生掌握现代的健康理论知识,形成正确的健康观念和意识,通过掌握和运用科学组合的体育运动为基本手段,促进身心健康。其四是培养学生爱国主义和集体主义的思想品德,树立正确的体育观念,形成勇敢顽强、善于拼搏、团结进取、开拓创新的精神面貌。

3.体育课的设置与类型

由国务院批准颁发的《学校体育工作条例》明确规定,普通高等学校的一、二年级开设体育与健康必修课程;三年级及以上开设体育与健康选修课程。为了进一步加强体育在学校的地位,《中华人民共和国体育法》又把"学校必须开设体育课,并将体育课列为考核学生学业成绩的科目"作为法规条文,要求教育行政部门和学校必须认真执行。《全国普通高等学校体育课程教学指导纲要》规定:"普通高等学校的一、二年级必须开设体育课程(4 个学期共计 144 学时)。修满规定学分、达到基本要求是学生毕业、获得学位的必要条件之一。"

普通高等学校应根据教育的总目标和体育学科及现代课论的自身规律,有针对性地开设以下几种类型的体育课。

(1)必修基础课。使学生形成正确的体育意识和现代健康观念,真正地懂得健康是目的,体育是过程,运动和身体练习是良好的手段,掌握体育和健康的基本知识、技术和技能,全面提高学生身体素质,改善身体形态机能,增进身心健康,既要重视与中学体育和健康课程的衔接,又应注意为下一阶段学习奠定坚实的基础。

(2)必修选项课。在基础课教学的基础上,根据学生个人的喜好、特长和身心发展水平,以某一类(组)运动和身体练习项目为主要内容组织系统教学,通过学习和掌握该项目的相应知识、技术和技能,增加对参与体育活动的兴趣,培养终身坚持体育锻炼的习惯及健康生活的行为方式,进一步增强体质、增进健康,并获得体质与健康的自我评价能力。

(3)选修课。在一、二年级必修课程的基础上,根据实际情况(体育运动设施、气候、地域、师资队伍、传统爱好和习惯、学生身心发展水平等)开设若干门以某一类(组)或某几类(组)身体练习项目为主要内容的课程。进一步培养学生自觉参加体育活动、注重健康行为方式的意识和能力,为终身坚持体育锻炼打下坚实的基础,并在此过程中增强体质,增进身心健康。

(4)训练课程。对部分身体素质较好并有一定运动专长的学生开设专门的课程是贯彻执行普及与提高相结合的重要措施,肩负着使其提高运动技术水平、创造优异成绩、参与校际和国际交往、为校为国争光的使命。

(5)保健课。这是为个别身体异常和少数病、弱学生开设的必修课和选修课(高年级)。根据实际情况选择有针对性的内容组织教学,帮助这些学生增进体力,恢复健康,调节生理功能和矫正某些身体缺陷,促使其形成正确的体育与健康意识,提高体育活动能力,注重康复 保健,增强体质,增进身心健康。

(二)课余体育活动

高等学校的课余体育活动是体育课程的延续和补充,是大学体育教育不可分割的环节,它为实现大学体育的目的和任务提供了又一重要途径。课外体育教学是学校体育的基本形式,其目的在于增强学生体质,培养学生自觉锻炼身体的习惯,同时可以陶冶学生情操,丰富学生文化生活,发展学生个性,对于完成体育课程的教学任务具有潜移默化的作用。

我国各高等学校都十分重视根据本校的实际状况和传统特点,因人、因时、因地制宜地开展多种多样的课余体育活动。这对巩固提高体育课程的教学效果、增强学生体质、提高文化学习质量、丰富校园文化生活、增强集体凝聚力等都能起到良好的促进作用。

1.早操锻炼

早操应视为每天从事有效脑力劳动的准备活动,它可以消除抑制,兴奋神经,加强条件反射,活泼生理机能,促使机体以良好的状态开始一天的学习生活。早操锻炼应以多样化的内容与形式满足大学生们的个体需要,如轻音乐相伴的健身跑、新推广的集体广播操、太极拳、迪斯科健美操以及各种身体素质的锻炼等。如果实行定点辅导,分班召集,有统一的要求,也有相当的自由度,实效会更好。许多高校把加强早操锻炼作为推进校风、学风建设的抓手,是有远见卓识之举,理当效法。

2.课间操活动

课间操是积极性的休息。文化课下课后,在教室周围进行 3~5 分钟的轻微运动,适时转移大脑的优势兴奋中枢,可为下一堂课注入更充沛的精力。

3.课余体育活动

课余体育活动是大学生们结束一天课程之后有目的、有计划、有组织地进行身体锻炼的具体实践。一般有以教学班为单位的课外辅导,以达到《学生体质健康标准》为中心的素质测验,以学生单项运动协会为中心的小型多样的运动竞赛,以迪斯科音乐相伴的健美操、太极拳的辅导站等。

4.全校性的运动会

全校性的田径运动会或各单项体育比赛都会把各个高等学校的体育教育推到本年度的高潮。学校以运动会为舞台,给全校师生公平竞争的机会,让他们在拼搏中找寻个人的成功,在竞争中增强集体的凝聚力。每一次校运会的成功,都是全校的一场盛事,会给学校带来新的活力。

5．课余运动训练

大学课余运动训练是利用课余时间对部分身体素质较好并有某项运动专长的学生进行系统训练的一种专门教育过程。它是大学体育的一种主要组织形式，也是认真贯彻执行普及和提高相结合的重要措施。它一方面肩负着提高运动技术水平、创造优异成绩、参与校际和国际交往、为校为国争光的光荣使命；另一方面又承担着指导普及、促进大学体育运动蓬勃开展的艰巨任务。大学课余运动训练有着目标的双重性、对象的广泛性、时间的课余性、运动项目的专门性与训练手段的多样性等优点，并且拥有高科技、多学科以及体能和智能优势。有中国特色的大学课余运动训练之路是十分宽广的。

6．野外健身活动

野外就是指山、河、湖、海、草原、天空等自然环境，野外活动就是指在野外开展的各种活动的总称。野外活动主要分为在陆域、水域、空域进行的活动。国内外的实践和研究表明，野外健身活动是一项具有陶冶情操、强身健体、消除疲劳等效能，深受青少年和广大人民群众喜爱，是其他运动所不能替代的有益活动。其活动特点决定了它对青少年的教育意义，因而已成为发达国家学校教育的内容和终身体育不可缺少的部分。

四、大学对大学生体育的基本要求

大学对当代大学生体育的基本要求是：建立良好的体育意识，提高体育的基本活动能力，培养对体育的兴趣和习惯，塑造强健的体魄，为自身的全面发展打下良好基础。

(一)建立良好的体育意识

体育意识是一种复杂的社会现象，人们的大脑对这一社会现象的反映自然也应该是十分丰富的。体育意识可表述为，人们对体育及其重要性的认识，以及由此产生的思想观念、心理活动的总和。而大学生的体育意识是指大学生对体育的认识和理解。

体育锻炼意识是引导学生正确认识体育锻炼，指导学生参与体育活动的理论和思想基础，主要包括对体育运动的意义和作用的理解、具有参与运动的欲望和要求等。普通大学生体育意识的形成和发展，受生理、心理、生活、环境、学习、文化素质、职业以及社会诸因素的影响。大学生体育意识的形成与变化，作用于自己的思想和行为，影响自己的体质与健康，同时与学习、生活互相影响。

在现代社会生活中，体育与商品经济和社会化大生产之间存在着极为密切的联系。体育中的竞争意识、参与意识、合作意识、奋斗意识、拼搏意识、创新意识、自强意识、交往意识和健美意识等都是与商品经济所需要的各种意识息息相关的，从这里我们应更加深刻地体会到体育意识与合格人才健康成长的内在联系。从这个意义上讲，增强体育意识已远远超过了增强体质、增进健康的范畴。

(二)提高体育的基本活动能力

能力通常是指人在从事某种活动中表现出来的本领。人们最为重视的是智力。其实，智力也是一种能力，即人们认识客观事物和运用知识经验解决实际问题的能力。但是人们也应该知道，人的任何一种能力都是在以下三个因素的相互作用下产生和发展变化的：第一是生理素质的基础，第二是教育培养的作用，第三是个人努力和实践的成就。人的任何一种能力的大小都受其德、智、体实际状况的制约和影响。

1.人的基本活动能力

走、跑、跳跃、投掷、悬垂、支撑、爬越和游泳等人的基本活动能力,既是人的相应个性心理特征的反映,又是人的随意运动技巧的具体表现。

2.提高人的基本活动能力的有效途径

在漫长的人类历史进程中,人们对体育与运动是形成和发展人的基本活动能力的良好手段和有效途径早已有了深刻认识,并在不断深化。从这个意义上审视,体育成为人的全面发展教育的不可分割部分的本质意义才得以充分体现。要提高人的基本活动能力,我们应从以下几方面着手:首先是认识能力;其次是体育运动能力;第三是制订锻炼计划的能力及组织锻炼能力;第四是自我检查和自我评价能力。

3.优化智能结构

智能一般可理解为一个人智力和能力的总称,包括身体力、知识力、认识力、实践力、创造力五种基本要素,是相互联系、相互影响和相互制约的动态综合系统。德、智、体全面发展的21世纪合格人才应具有最优化智能结构。

(三)培养对体育的兴趣和习惯

1.兴趣是人们积极探究某一事物的认识倾向

对体育的兴趣,首先是在人们对体育需要的基础上产生和发展的,因为需要的对象正是兴趣的对象。同时必须明白,在较低级的需要基础上产生的兴趣是暂时的,只有建立在文化和精神需要的基础上的兴趣才是持久的,在需要得到满足后还会产生更加浓厚的兴趣。

2.爱好是从事某种活动的倾向

对体育的兴趣进一步发展成为从事体育活动的倾向时,就发展成了对体育运动的爱好。爱好总是和兴趣紧密联系在一起的。

3.正确对待体育的兴趣和爱好

首先,从教育的角度出发,正确对待兴趣。学生有兴趣的要发扬;学生无兴趣的,但有价值的,也必须加以引导。其次,培养学生参加体育锻炼的兴趣、爱好和习惯,不仅是一般的体育教育过程,而且是一个养成教育的过程。

(四)塑造强健的体魄

增强体质,增进健康,努力塑造强健的体魄,这应视为我们接受体育教育的直接目标或首要任务。它既受大学体育本职功能的制约,又充分反映现代社会对提高人类自身素质的现实需要,自然也是21世纪对合格人才的基本要求。

任务四　大学生和体育

一、大学生的生理、心理特征

体育活动是一个有目的、有组织的身体活动过程。只有主动积极、生动活泼地参与体育活动,在体育活动中做到从自身的实际出发,合理而科学地安排、调节、控制和评价自身的活动,防止意外事故的发生,才能收到良好的锻炼效果。因此,必须了解自己所处年龄阶段的基本的生理、心理特征。

(一)大学生的生理特征

高等教育是学校教育的后期。学生的年龄一般是 18～22 岁,其生理特点和生长发育已日趋完善,但还没有完全成熟。

1.身体形态

身体形态主要是指身高、体重和胸围。在大学阶段,从性别上看,在身高、体重和胸围等多数形态指标上都是男生高于女生,并呈现出成年时的体形特点。女生肩部较窄,骨盆较宽,躯干相对较长,下肢较短,皮下脂肪增多。男生则肩部较宽,骨盆相对较窄,下肢较长,皮下脂肪较少。针对这一时期的特点,进行体育锻炼,使骨骼承受适度的压力,可以使下肢长骨的骨软板增生,促进身高;使肌肉更加发达,使肌肉占体重的百分比增高,体重增加,胸围扩大,使体型变得更加匀称、健美。女生则更要重视腰腹肌和骨盆底肌的锻炼。在这个年龄阶段加强体育锻炼,还有助于预防和矫正体格发育中的异常现象,如体型过胖、"豆芽儿型"等。

2.身体机能

大学生骨骼的增长速度比初中阶段要逐渐减慢,到 20 岁左右基本停止增长。但骨骼变粗,无机盐增多,硬度增加,抗压、抗折能力也随之提高。由于性激素分泌增多,促进肌肉向横径发育,肌纤维明显变粗;肌肉的水分减少,蛋白质和无机盐增多,肌肉显得较结实;肌肉的体积、力量以及工作的准确性和灵敏性等都有明显提高,功能日趋完善。体育锻炼可以使骨骼更加粗壮,关节更加灵活、牢固,肌肉更加健壮发达。在大学阶段心血管系统的功能日趋完善,心肌纤维增粗,收缩力增强,心脏的重量、容积和输出量都有所增加,并逐渐接近成年人的水平,安静时的心率逐渐变慢,收缩压和舒张压逐渐上升,到十八九岁后,已基本趋于稳定。体育锻炼时心脏负荷加大,致使心率增加,心脏血流量增多,在心脏冠状动脉血液循环得到改善的情况下,增强了心肌的代谢,因而可以使心肌更发达,心脏收缩力增强,每搏输出血量增加,从而提高心脏的机能。与初中阶段相比,大学生的呼吸系统的功能也日趋完善。体育锻炼能使呼吸道抵抗能力增强,胸廓扩大,呼吸运动的幅度增大,呼吸肌增强,肺的容积、肺活量、最大通气量和吸氧量的绝对值增大,呼吸深度加深,安静时的呼吸频率变慢。

3.身体素质

在生长发育过程中,身体素质的发展存在着自然增长的现象,但各种身体素质的增长速度有快有慢,发展的顺序也有先有后,并存在男女性别的差异,呈现出波浪形和阶段性的特点。男生从小学到大学的全过程中,速度、灵敏、耐力和腹肌力量增长领先,其次是下肢爆发力的增长较快,而增长稍慢的是臂肌静力性力量、耐力。女生在 12 岁以前与男生相同,13～17 岁即进入青春期,速度、灵敏、耐力和下肢爆发力增长领先,其次是腰腹肌,最慢的也是臂肌力。大约到 18 岁前后,女子腰腹肌力量的增长,较其他素质指标的增长要差。男生的腰腹肌力量、静力性力量、耐力、弹跳力和耐久力 5 项指标在不断增长,而女子这 5 项身体素质发展缓慢,到 18 岁后出现回升并呈现第二个增长波峰。在这个时期,体育锻炼要针对弱项,加强锻炼,如适当加强力量和耐久力的练习。这样对于发展学生的协调性和灵活性都有积极作用。

(二)大学生的心理特征

1.运动动机和运动兴趣的主要特征

运动动机一般可分为与社会责任感相联系的和直接与当前学习锻炼活动相联系的两种。两者紧密结合,相辅相成。随着年级增大、知识的不断增长、思维能力的不断提高,学生们对体育的理解比以前更加全面、深刻,参与体育锻炼的自觉性、积极性逐步提高,兴趣更加广泛,希望自己在体育上有所特长。随着年纪的增长,最初由自身参加趣味性活动逐渐发展到对学习的内容和独立工作更感兴趣,学习的独立性和创造性有了进一步的发展,但仍不够稳定。男、女生对体育的兴趣是有差异的。例如,在体育活动的内容要求上,男生更喜爱表现力量性的(如健美)、灵敏性的(如篮球、排球)、速度性和勇敢性的(如足球)活动;而女生则更喜爱姿势优美、韵律性强,显示柔韧和协调的(如健美操)活动等。

2.认识发展的主要特征

大学生的认知能力有了进一步发展,观察事物将会更加全面、精确,并能够区分出主要和次要方面、必然和偶然现象。其注意的目的性、稳定性都有了很大加强,注意的范围也逐渐扩大,思维能力具有更高的抽象性和概括性,思维的独立性和批判性也有显著提高。比较喜欢独立地思考问题、研究问题,有时也不轻信教师或成年人的意见。他们喜欢争论,并勇于提出自己的见解,希望教师的教学有严密的科学性和逻辑性,尊重和支持同学们的正确意见和建议,但也易产生片面性和表面性,容易被成功时的自信和挫折时的自卑所困惑。

3.情感与意志发展的主要特征

随着知识、经验的逐步增长,认识能力的不断提高和世界观的初步形成,大学生的社会情感日益丰富,控制情感的能力也有所加强,但有时还缺乏稳定性。他们已开始关心对自己意志的锻炼,希望把自己磨炼成勇敢、顽强、果断、敢于拼搏、男于进取的人。但也存在个体与性别差异,如男生要求较强烈,但有时会粗放些;女生则要求稍弱,但有时会更自信、自尊。

二、大学校园生活和体育

大学校园生活作为社会文化的反映和缩影,具有吸收社会文化、反映社会需要、概观校园需求的作用。作为社会文化内容之一的大学学校体育,也是大学校园文化的重要内容之一。

(一)大学体育是社会文明的窗口

大学体育是帮助学生获得知识增长能力、锻炼身体、增进健康和陶冶情操的社会文化活动。它不仅具有强身健体、培养人才之功效,也有继承、传播、创造和发展人类优秀文化成果的社会作用。大学体育正是以其特有的魅力,在不断充实大学校园文化、传播社会文化方面发挥着不可替代的作用。

(二)大学体育是校园精神文化生活的重要内容

在现代社会中,参加体育锻炼、观赏体育比赛,日益成为群众文化生活的重要内容之一。自身参加体育锻炼或参与观赏比赛,一方面,可以从中获得精神上的满足与享受,使学习带来的紧张和疲劳得到积极有益的调节;另一方面,在参与活动中,提高体育能力、加强与同伴的交往,获得愉快和乐趣,这种心理状态可以使人产生自尊、自信和自豪。正如现代奥运会创始人顾拜旦在《体育颂》中所写的:"啊,体育,你就是乐趣!……你可以使忧伤的人散心解闷,你可以使快乐的生活更加甜蜜。"体育不愧是一种积极、健康的文化娱乐方式和精神文化生活。

（三）体育是反映大学校园文化和精神文明的窗口

大学体育活动的正常开展，倡导着各种健康、文明的积极行为，激励着人们去努力进取、奋发向上。人们常常可以通过体育这个窗口，看到一所学校的教学秩序、生活秩序，以及学校的管理工作水平和校园精神文明优化程度。从某种程度上说，大学体育是大学校园文化和校风校貌的总体展示。

三、大学生未来工作和体育

一方面，以新技术、产业革命为特征的现代社会，要求具有开拓精神、渊博知识和强健身体的新人；另一方面，伴随着科学技术的发展而产生的劳动方式的变化也对人们的身心健康构成了严重危害。现代化的工作过程，大量地使用自动化机械和办公的自动化，使得监控类、键盘操作类的工作比例加大，工作时全身性身体活动减少，工作变得紧张而单调，造成了工作人员的"运动不足"和精神紧张。而日益便利的交通、城市化造成的运动空间狭小更加剧了这种现象。据研究，现代人每天的步行数为 50 年前的 50%～60%；日常生活中的运动减少，使人的肌肉力量和耐力明显下降。在许多发达国家，由于运动不足而引起的"文明病"，诸如糖尿病、腰疼、脑血管疾病、高血压和心脏病的发病率等都以几倍甚至几十倍的速度增长，青少年中的肥胖病也逐年增多。在心理方面，由于紧张的工作而造成的各种心理疾病也有增无减。这一切都对人们的工作和生活造成极其不利的影响。

随着我国经济的发展，上述现象日趋严重，而由于健康原因造成的"英才早逝"现象也成为人们所关注的、担忧的社会问题。上述原因使体育在现代社会担负了维护人们身心健康的重要使命。各发达国家纷纷制定旨在维护国民健康、提高工作效率的体育"黄金计划"，大众体育方兴未艾。人们喊出了"回归大自然"等口号。但是在人们呼唤体育的同时，又发现原来自己从事体育的能力却如此低下。既不知体育的基本常识，又缺乏与他人一道愉快地从事体育的经验和能力；既不会因地制宜地去开展体育活动，又常常因把握不好运动的时机和负荷而造成运动创伤和疾病。于是，许多人开始追悔在年轻时没有认真地学好体育。

大学生未来的工作和生活是否成功、幸福，很大程度上取决于其在大学的体育教学过程中是否打下了坚实的身体基础。因此，大学生在大学里应做好以下几方面的准备：

（1）在生长发育时期，适时适量参加体育锻炼，以促进体格、机能、身体活动能力和身体素质的发展。

（2）系统地学习锻炼的科学原理和方法，初步具有指导自己锻炼身体的能力。

（3）在参与各项体育活动中，体验各项运动所特有的乐趣，养成对一两项体育活动的爱好，初步养成定期参加体育活动的习惯。

（4）在体育活动的实践过程中，有意识地培养自己与同学互助、友好地参加体育活动的意识和能力，初步掌握一些组织体育活动的方法。

大学生只要坚持做到了以上几点，当其走上工作岗位后，就会拥有强健的身体从事各项工作，迎接各种挑战，也可以依靠体育去增强体质，去娱乐身心，更好地完成工作，为祖国建设做出更大的贡献。

《全国普通高等学校体育课程教学指导纲要》主要内容

项目二　健康生活方式

📖 学习目标

1.知识目标

(1)了解健康生活方式的内涵。

(2)理解健康的行为习惯、合理的饮食习惯、良好的社会适应等健康生活方式的作用。

(3)养成良好的生活习惯,促进身心健康。

2.思政目标

(1)通过健康生活方式的学习,能够养成良好的学习和生活习惯。

(2)能够形成健康、积极向上的心理态度。

健康的生活方式

📖 思维导图

```
                           ┌── 体育锻炼是良好生活习惯的重要内容
              ┌─ 良好的行为习惯与健康 ─┤── 不良生活方式对健康的影响
              │                        └── 健康的生活方式
              │
              │                        ┌── 均衡膳食
健康生活方式 ─┼─ 合理的饮食习惯与健康 ─┤── 常见的错误饮食观
              │                        └── 良好的饮食习惯
              │
              │                        ┌── 健康的含义
              └─ 心理与健康 ───────────┤── 心理健康
                                       └── 促进大学生心理健康
```

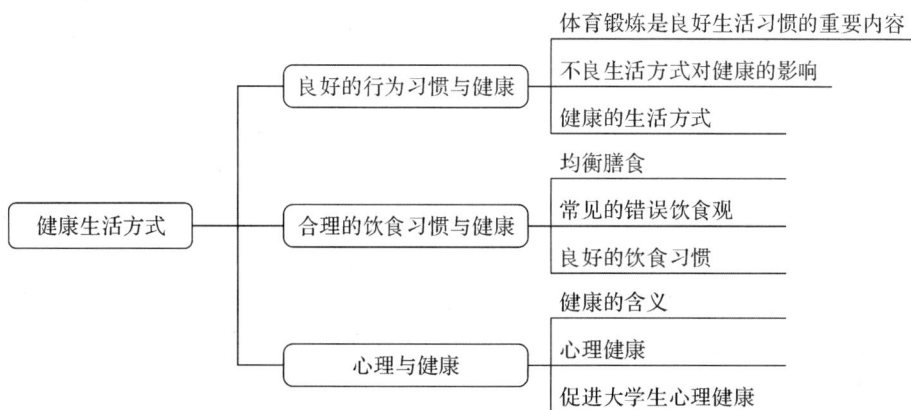

任务一　良好的行为习惯与健康

一、体育锻炼是良好生活习惯的重要内容

随着科学技术的迅猛发展和经济的全球化,人类社会的物质文化生活水平在整体上有

了很大的提高,人类的许多疾病得到了根治,健康状况大为改善。但是,现代生产和生活方式造成的体力活动减少和心理压力增大,对人类健康造成了日益严重的威胁。人们逐渐认识到,健康不仅要没有疾病和不虚弱,而且要在身体、心理和社会发展方面都保持完美的状态。体育锻炼在现代社会中的作用越来越重要,也是保持健康的一个重要手段。终身体育观念不断得到推广,全民健身运动蓬勃开展,都是现代生活对体育需求的具体表现。体育锻炼已经成为现代健康生活方式的重要组成部分。

(一)树立终身体育意识

一般认为,终身体育是指人们在一生中所进行的身体锻炼和所受到的各种体育教育的总和,即一个人从生命开始到生命结束,都要适应环境与满足人发展的需求,进行身体锻炼,以取得生存、生活、学习与工作的物质基础或条件。因此,可以认为,社会成员从生到死均要参与连续的、系统的体育活动。

终身体育是在现代终身教育思想的影响下形成的。20 世纪 60 年代,法国著名成人教育家保罗·郎格朗提出终身教育的概念。他认为"教育应该是每个人从生到死的继续过程"。这一思想已成为一种有影响力的国际教育思潮。终身体育是终身教育的一个组成部分。

大学体育在终身体育中起着承上启下的作用,是终身体育的重要环节,是人们奠定体育基础的重要时期。大学生可以通过学校体育,掌握许多体育锻炼方法,了解许多卫生保健知识。在学校有组织的体育教育过程中形成良好的体育锻炼习惯,为自己的人生健康打下坚实的基础。人们终身从事体育锻炼,获得终身效益,这是一种健康行为,更是一种促进健康的生活方式,它是现代人享受体育、提高生活质量、健美人生的重要内容。人类有一种在宽阔空间舒展肢体的生理需求,在心理上有寻求新异刺激的追求,有不断挑战自我、挑战大自然的欲望,这正是社会进步、人类发展的根本动力。人们从事体育锻炼的空间大,能够与大自然亲密接触,并在体育锻炼中表现出天真烂漫的本性,从中获得无穷的快乐,促进身心达到健康的状态。

(二)养成体育锻炼习惯

习惯的形成是知、信、行不断发展的过程。首先,要有接受体育健康信念的过程,即知。其次,受教育者对所传播的信息表示相信,形成一种现实信念,即信。最后,将已有的知识观念付诸实践,即行。通过反复实践,使之成为一种"定式",即习惯。习惯是一经形成则不需要意志努力和监督的自动化的行为模式。落实终身体育的关键在于促使人们养成体育锻炼的习惯。只要在生活中形成了体育锻炼的"定式",也就养成了体育锻炼的习惯,便能很好地实施终身体育。

二、不良生活方式对健康的影响

随着人们生活水平的提高及生活习惯的改变,医学家曾预言:大约在 2015 年,不良生活方式引起的疾病将成为人类的头号杀手。

生活方式疾病主要是由不良饮食习惯、精神紧张、吸烟、酗酒及减少运动等不健康的生活方式造成的。调查表明:当今,人类的疾病谱和死亡谱已发生了很大的变化。疾病的原因按生活方式、生物因素、环境因素、卫生服务因素等方面划分,生活方式因素几乎占 50%。

世界卫生组织的专家指出:因生活方式产生的疾病(如高血压、心脏病、中风、癌症、呼吸道疾病等)而导致死亡的人数,目前在发达国家中占总死亡人数的 70%～80%,在不发达国家占 40%～50%。2015 年,发达国家心血管病的死亡人数将从 1985 年的 1320 万人增至 2450 万人,同时,发展中国家死于此病的人数也将由 720 万人增至 1670 万人。

我国排前十位的死因中,不良生活方式占 44.7%。尽管慢性非传染性疾病是多种因素作用的结果,但不吃早餐、长期吸烟、过量饮酒、熬夜、不当的膳食和缺少体育锻炼等不良生活方式仍是诱发这些疾病的主要因素。据统计,肿瘤、脑血管病、呼吸系统疾病、心脏病、损伤和中毒已排在我国死亡因素的前五位。中国每年因吸烟而死亡的人数高达 300 万人。与此同时,吸毒、不洁性行为、心理和精神障碍导致的疾病正呈上升趋势。

(一)吸烟

烟草是一种慢性自杀剂。烟草的化学成分非常复杂,仅有毒物质就有 20 多种。有研究表明:肺癌的发病率与开始吸烟的年龄有直接的关系。如 20～26 岁开始的吸烟者,肺癌的发病率为不吸烟者的 10 倍;15～19 岁开始吸烟者的发病率为不吸烟者的 15 倍;小于 15 岁的吸烟者的发病率为不吸烟者的 19 倍。

(二)酗酒

酒精的主要成分是乙醇。长期酗酒将造成慢性酒精中毒,对人体的危害极大。过量或嗜酒会损害口腔、胃、肠黏膜,诱发胰腺炎、食管炎、胃溃疡及十二指肠溃疡。酒精对肝脏的损害是非常大的,它会使肝脏及结缔组织增生导致肝硬化。

在西方国家,20%～25% 的肝硬化患者都是由于嗜酒所致。饮下的酒精一部分从肺部排出,呼吸道受到刺激,会降低其防御功能。据调查,在常饮酒的人群中,肺结核的发病率比正常人群高 9 倍。长期过量饮酒还会使血管变窄,从而造成动脉硬化、高血压,诱发心肌梗死和脑出血。酒精对生殖系统也有毒害。由于酒精对内分泌腺有不良影响,易引起染色体畸变、性功能障碍、精子畸形,导致胎儿发育缺损或智力低下。酗酒和嗜酒还损伤神经系统的功能。经常酗酒必然导致智力下降、记忆力减退、理解力降低,从而影响学习和工作,严重的甚至会引起酒精中毒性精神病。据联合国提供的资料数据表明,20 世纪 90 年代全世界因酗酒死亡 75 万人。长期大量嗜酒者死亡率比一般人高 1～3 倍。

(三)吸毒

毒品对人类危害极大,且种类繁多,大多以麻醉神经使人上瘾。毒品对消化系统有抑制作用,使人食欲缺乏,引起身体消瘦。其对神经系统损害更大,使神经系统发生病变,如惊厥、麻痹、周围神经炎、弱视、肌肉功能障碍等。最严重的是神经系统对毒品的依赖性,这是产生毒瘾的原因。在吸毒的过程中还会因为共用吸食用具而交叉感染,传播多种疾病。

三、健康的生活方式

(一)养成良好的生活习惯

养成良好的生活习惯对形成健康的生活方式有重大意义。良好的生活习惯应包括以下几方面。

1.卫生方面

饭前便后洗手、勤换洗内衣裤、勤晒被褥、衣着整洁、用专用手帕或餐巾纸擦鼻涕、不用手揉眼挖鼻孔、不用尖物掏耳朵、睡前洗脸洗脚、不用公共茶杯和餐具、自觉保持公共环境卫生、不随地吐痰、不乱扔果皮纸屑、不对着人打喷嚏及咳嗽。

2.行为方面

不抽烟、不酗酒、不吸毒、不滥用药物、不迷信、不赌博、不莽撞、不粗鲁、注意交通安全。

3.生活安排方面

早睡、早起、劳逸结合、保证足够的休息和睡眠时间、不熬夜、不过度用脑和看电视、每天工作和学习时间不宜过长、文娱活动不过度。

(二)有规律的生活

有序生活的基本要求:有明确的目的性、科学的计划性、合理的节律性。明确的目的性是指要根据主观和客观的可能性,分阶段、有层次地定出要达到的目的或要完成的任务;科学的计划性是指要定出实现目标的手段、方法、步骤、过程以及出现意外的应变措施;合理的节律性是指根据自己的生理和心理特点及所处的社会环境,制订妥当的作息时间和学习计划,并将其纳入惯性运转,使机体自动调节处于最佳状态。

生活的节律性应注意两方面:一是工作与休息的节奏,二是脑力劳动与体力活动的节奏。大学生忽视休息的倾向比较普遍,因而要重视休息、调养,重视人体的休息恢复,否则不但工作效率不高,而且容易产生疾病。建议每工作、学习1～2小时就有一次小憩,连续工作、学习4～5小时应有一次时间较长的休息,每天工作、学习不超过12～16小时。脑力劳动与体力活动应交替安排。脑力劳动者最好每天用2～4小时参加体育运动,可分两次进行锻炼。

📖 知识拓展

健康五要素

身体健康:不仅包括无病,而且包括体能。体能是一种能满足生活需要和有足够能量完成各种活动的能力。具备这种能力,就可以预防疾病,提高生活质量。

情绪健康:主要标志是情绪稳定,所谓稳定是指个体应对日常生活中人际关系和环境压力的能力。当然,生活中偶尔有些情绪波动均属正常,关键是生活中的大部分时间要保持情绪稳定。

智力健康:指在长期的学习和生活中,大脑始终保持活跃状态。

精神健康:指理解生活基本目的的能力,以及关心和尊重所有生命的能力。对于不同宗教、文化和国家的人来说,精神健康的内容也有所不同。

社会健康:指个体与他人及社会环境相互作用形成和谐的人际关系和社会角色的能力。此能力将使人们在人际交往中充满自信和安全感,进而减少烦恼,保持心情愉快。

任务二　合理的饮食习惯与健康

一、均衡膳食

我们的一日三餐,无论是米、面和菜肴,在质和量的搭配上都应该适合需要,才能将各种食物中的营养素做最佳的利用。均衡膳食系由多种食物构成,它不但要提供足够数量的热能和各种营养素,满足人体正常生理需要,而且要保持各种营养素之间的数量平衡,以利于对它们的吸收和利用,达到合理营养的目的。

均衡膳食的选择必须依照以下原则。

(一)足够的热量

每个人日常生活的情况不同,需要的热量也不同。吃得过多会引起肥胖,吃得过少会导致体力不足。正在发育的青少年每天需要的热量,女生大约是 2400 千卡,男生大约为 3000 千卡。

(二)优良的蛋白质

动物性蛋白质多含身体必需的氨基酸,品质较好,最好占需要量的一半以上。尤其是处于生长、发育、怀孕、哺乳和病后恢复期时,其质和量都应该提高。

(三)足够的矿物质和维生素

这些维持体内各种不同功能的营养素(如矿物质和维生素),彼此间有密切的关系,不可缺乏。它们依照人的年龄、性别、工作情况等,分别有不同的需要量。

(四)适当的水和食盐

如果没有特殊的原因,多喝水对身体是有益的。天热或劳动流汗不但会失水,也会失去盐分,故应多补充。膳食中除了喝汤之外,果汁、白开水、茶、盐水等都可饮用。

(五)适量的纤维素

膳食中如果全是精细的食物,固然易于消化和吸收,但还要有纤维素来刺激肠部蠕动,才能实现排便的功能。一般的菜叶、嫩茎等都可以达到这一功能。

(六)三餐分配均衡

为了达到营养的效果,每餐都要摄取五大类基本食物,早、中、晚餐摄取热能的比例大约为早餐 25%～30%,中餐 40%～50%,晚餐 25%～30%。

二、常见的错误饮食观

由于传统的习俗或药物食品广告措辞不当等原因,使得一般人对饮食产生错误的观念。有些长期慢性病人,放弃正常的饮食,为求奇迹的出现,买昂贵的补品,不但浪费金钱,而且结果反而对人体健康有害。许多人误信很多食物相克,吃了会中毒而死,科学家以动物实验证明大多并非事实。虽然糖尿病人不能吃太多的糖,但有人误解为糖尿病是糖吃得太多引起的,实际上它是由于体内糖类代谢机能失调引起的。更有人以为吃某些东西会肥胖,其实真正发胖的原因是吃的多于消耗的。有孕妇因为怕难产,不敢多吃,结果反而使胎儿发育不良,损害自己的健康,甚至造成难产。许多人为减肥几乎不进食或是饥一顿饱一顿,这样对肠胃影响很大,也达不到减肥的效果。

三、良好的饮食习惯

为使营养素能被人体充分利用,一定要培养良好的饮食习惯。因为营养虽好,若习惯不佳,也不会有好的效果。良好的饮食习惯应注意以下几点。

(一)注意口腔卫生

牙齿健康,咀嚼正常,食物容易被消化吸收。

(二)进食时保持心情愉快

情绪不佳会影响消化,进食时避免讨论会影响情绪的问题。

(三)注意饮食卫生习惯

饭前洗手,饭后刷牙漱口,定时定量,不暴饮暴食,避免吃零食,避免使用公共餐具。

(四)饭前饭后不做剧烈运动

防止消化器官内血量减少,影响消化系统的功能。

(五)养成良好的排便习惯

摄取适量的纤维素和水,并经常运动,可避免便秘,预防痔疮。

(六)不偏食

使各种营养素摄取比例适当。

任务三　心理与健康

一、健康的含义

1948 年,联合国世界卫生组织成立时,在其《宪章》中指出:"健康不仅是无疾病或虚弱,而且是保持身体上、精神上和社会适应方面的完美状态。"1978 年国际初级卫生保健大会发表的《阿拉木图宣言》重申了上述观点,并指出健康是基本的人权。1989 年,WHO进一步深化了健康的概念,认为健康包括躯体健康、心理健康、社会适应良好和道德健康,要求人们不应仅以躯体状态来评判一个人的健康,而应从这四个方面综合评判一个人的健康,如表 2-1 所示。

表 2-1　健康的含义

方面	含义
躯体健康	人体的结构完整,生理功能正常
心理健康	在身体、智能及感情上与他人的心理健康不矛盾的范围内,个人心境发展最佳的状态
道德健康	在稳定的道德观念支配下表现出来的一贯符合社会道德规范的行为
社会适应良好	能胜任个人在社会中的各种角色,能立足角色创造性地工作,并取得成就、贡献社会、实现自我

二、心理健康

随着社会的发展和物质文化生活的丰富,人们对健康越来越关注,心理健康的地位也显露出来,其至被认为是健康的核心要素。维护心理健康,提高生活质量,已成为当今社会生活词典中高频率出现的词语。

心理健康是指生活在一定社会环境中的人,在高级神经系统功能正常的情况下,智力正常,具有协调关系和适应环境的能力和性格,情绪稳定,行为适度。心理健康不是指对任何事物都能愉快地接受,而是指在对待环境和问题冲突的反应上,能更多地表现出积极的适应倾向。因此,心理健康是一种积极向上、高效而满意的、持续的心理状态。

三、促进大学生心理健康

心理健康教育是一项系统工程,既包括学校方方面面的协调合作,也包括学生的自我调节,从而形成增进大学生心理健康的多渠道、多途径的格局。体育活动在促使大学生增强意志品质、保持良好的心态和自我调节方面都有其特殊作用。大学生要增进心理健康可从以下几方面入手:

(1)学习心理健康知识,包括上心理健康教育课、听专题讲座或阅读相关书籍。

(2)积极参与有益于心理健康的活动,包括一些体育文化活动,让自己的心理压力得到释放。

(3)加强自我心理调节,包括认知调节、情绪调节等。

(4)积极与人交往。良好的人际关系是心理健康的重要指标,要善于与人沟通。

(5)适时寻求心理咨询机构的帮助。

项目三　体育锻炼与健康

学习目标

1.知识目标

(1)了解体育对人体机能和心理健康的影响。

(2)掌握运用营养学知识辅助体育锻炼的方法。

(3)掌握运动中的自我监护和保健常识。

2.思政目标

(1)通过体育锻炼,能够达到知、情、意、行及人格的协调。

(2)树立科学的价值观,促进身心健康。

体育锻炼与身体
健康

思维导图

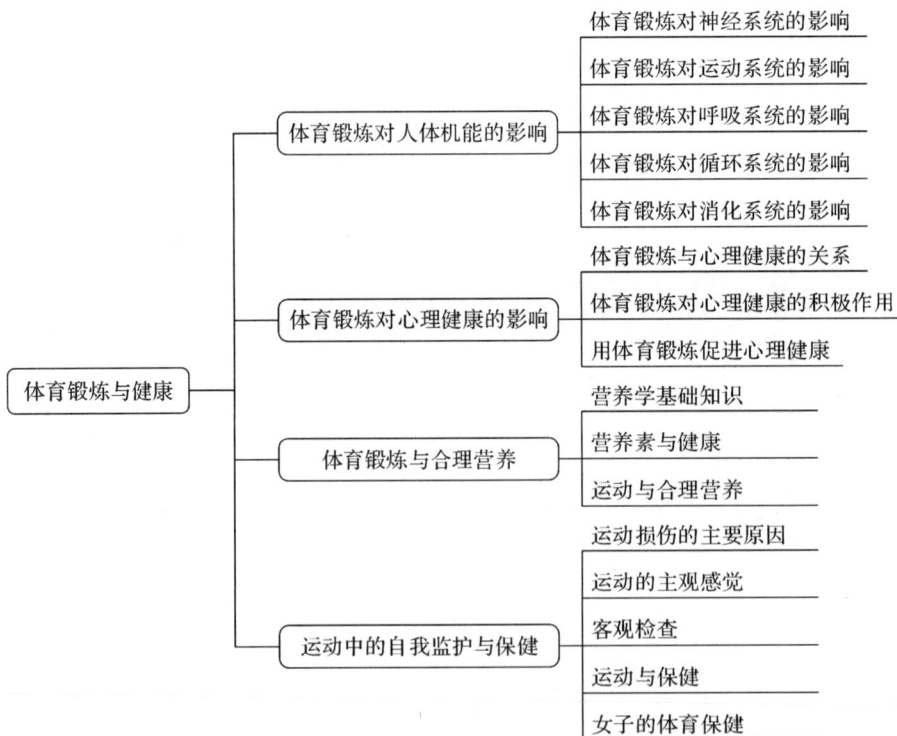

生命在于运动,要使身体健康,就要经常运动。适宜的运动,可以增强人体各器官系统的功能,提高机体的适应能力,使人的体质在运动中不断增强,提高身体对疾病的抵抗力。不运动或错误的运动方法都是有害于健康的。

任务一　体育锻炼对人体机能的影响

人体是由神经系统、运动系统、呼吸系统、循环系统、消化系统等组成的。人体的运动是由人体各器官系统协调配合完成的。同时,体育运动增加了人体各组织、器官的负荷,使机体发生变化,这些变化通过新陈代谢又对人体机能的发展起着重要作用。

一、体育锻炼对神经系统的影响

神经系统是人体机能的调节系统。人体的各种活动都需要在神经系统的控制、调节下进行。而人体的各种活动,又使神经系统得到锻炼。经常进行体育锻炼的人,其神经系统对外界刺激的反应更准确、快速,可使分析综合功能及协调反应能力增强,还可以提高神经细胞抗疲劳的能力,有助于神经系统及全身器官组织功能的改善和提高,从而使人能保持长时间的大脑清醒、思维敏捷,提高学习、工作效率。反复的肌肉活动训练,使神经系统兴奋和抑制的调节能力更趋完善,从而调节大脑皮层的功能。特别是轻松、休闲的运动,可以缓和神经肌肉的紧张,起到放松、镇静的作用,对神经紧张、情绪抑郁、失眠、高血压等都有良好的治疗作用。

科学工作者在对出生 6 周的婴儿进行脑生物电流测量后发现,长期对婴儿进行右手的屈伸练习,能加速大脑左半球语言区的成熟。科学家还发现,以右手劳动为主的成年人,其大脑左半球的体积也大于右侧。这些足以表明体育有助于神经系统的发育和完善。一个乒乓球运动员,对瞬间反弹回来的球准确还击,其大脑正确地判断取位,对恰当的姿势、拍形、角度、落点的分析在瞬间完成,可见其大脑反应之敏捷,非长期锻炼是难以奏效的。

二、体育锻炼对运动系统的影响

人体所进行的各种运动是在神经系统的支配下,进行肌肉的收缩和放松,牵动骨骼去完成的。运动系统由骨骼、关节、肌肉组成,正常成年人全身共有 206 块骨头。经常进行体育锻炼能加快血液的循环,加快体内新陈代谢,使运动器官获得充足的营养物质,促进骨骼的发育,防止骨质疏松,使骨骼增长。据中学生身高状况的调查情况来看,经常参加体育锻炼的学生比不常锻炼的学生的身高高 4～8 厘米。经常进行体育锻炼,可增强韧带、肌肉的伸展性和弹性,使关节周围的关节囊、韧带和肌腱增厚,伸展能力、肌肉力量增大,关节的活动幅度大、灵活性高,并能更好地防止关节脱位、韧带拉伤和撕裂等关节软组织损伤的发生。

人体一切活动都需要通过肌肉的收缩活动来完成。人体肌肉共有 600 多块,占体重的 44.2%(女性约为 35%)。肌肉收缩产生的力量,对人体的劳动和运动极为重要。通过体育锻炼,肌肉收缩能力增强,肌肉内蛋白质等营养物质增多,能使肌纤维变粗、肌肉横断面积增大、肌肉变得粗壮、收缩力增大,能防止肌肉萎缩。经常参加体育锻炼,肌肉内的脂肪在肌肉收缩时会产生摩擦,消耗能量,可以减少多余脂肪,既健美体形又可提高运动能力。

　　美国波士顿达佛兹大学人体生理实验室 1972 年研究了 200 个成年健康者（45～78 岁）男、女性骨骼肌质量与强度，发现性别差别很大，但均随年龄增长肌肉强度下降。再对 65 岁以上经常锻炼的男女进行比较发现，骨骼肌强度下降与步行运动速度成负相关，即常做快步走的骨骼肌退化慢。

三、体育锻炼对呼吸系统的影响

　　人体不断地从外界环境中吸取氧气，又不断向外界呼出二氧化碳，以此来维持人体的生命活动。人体的呼吸系统主要包括呼吸道和肺泡。通过长期的体育锻炼，特别是耐力性项目的练习，如中长跑，可以使呼吸肌力量增大，胸围、胸腔容积扩大，呼吸差增大，可以提高呼吸功能，增大肺的通气量，从而增加肺活量。我国正常成年人的肺活量男子为 3500～4000mL，女子为 2500～3500mL。经常锻炼的人可达 5000mL。特别是经常从事游泳训练的人，肺活量增加最明显。呼吸的深浅和频率也有所不同，参加体育锻炼后的人，呼吸深而慢，提高氧的供应率，呼吸肌不易疲劳，有较长的休息时间，能够参加剧烈的体育运动，抵御疾病的侵入，减少患呼吸系统疾病的可能。

四、体育锻炼对循环系统的影响

　　人体通过心脏有节律的舒缩，向全身供给血液，把氧气和营养物质输送到人体各组织、细胞中去。同时又把组织、细胞在新陈代谢过程中产生的二氧化碳和废物排出体外，维持人体正常的生理功能。在体育锻炼的作用下，体内血液循环加快，营养物质增加，心肌毛细血管大量增生，供血量增加，心肌纤维变粗，心壁增厚，心容量增大，心脏变得丰满壮实，比一般人的心脏肥厚。因此，医学上称之为"运动性心脏肥大"，能适应长时间的大负荷工作。经常参加体育锻炼，能使心肌收缩力量增强，心容量增大。在轻微运动时，心血管机能的变化幅度比一般人小，出现"节省化现象"，使其能够完成剧烈的体育运动，且运动后恢复较快。经常参加体育锻炼，使血管壁弹性增强，血压正常或较低，可以推迟血管弹性降低或硬化的现象；还可以使血液中的红细胞和白细胞增多，提高运输氧气的能力和增强身体抵抗疾病的能力，可促进青少年生长发育，延缓中老年人衰老，防止血管硬化。

五、体育锻炼对消化系统的影响

　　体育锻炼能使神经系统功能得到改善，消化器官的功能得到加强，使食物更好地被消化和吸收，食欲增强，饭量增大。同时，体育锻炼能增强腹肌和盆腔肌的功能，使腹腔内的消化器官保持正常的位置，并能强化消化道内平滑肌的作用，防止内脏下垂和便秘等疾病的发生。

任务二　体育锻炼对心理健康的影响

　　健康不仅仅是指身体没有疾病、伤残或不适的状态。随着社会的进步和科学技术的发展，人们已经认识到健康还包括心理健康、社会适应和道德健康。从广义上讲，心理健康是指一种高效而满意的持续的心理状态。从狭义上讲，心理健康是指人的基本心理活动的过程内容完整、协调一致，即知、情、意、行、人格完整协调，能适应社会。

一、体育锻炼与心理健康的关系

《礼·大学》中说的"心宽体胖",即心理健康促进身体健康;反过来,身体健康,也有利于心理健康。如果长期处于紧张、恐惧、焦虑、忧伤、沮丧、悲观、嫉妒等情绪下,会使人身心疲惫。体育锻炼除了可以增强体质、增进健康外,还可以促进心理健康。体育锻炼可使人头脑灵活、思维活跃、反应敏捷,可以让人产生快乐、饱满、愉悦等积极情绪,能提高人的心理承受能力和应变能力,有利于人应付各种精神压力,做一个身心健康的人。

二、体育锻炼对心理健康的积极作用

(一)体育锻炼可促进人大脑的开发与利用,提高智力

人脑的重量占体重的2.1%,但大脑消耗的能量却占全身消耗能量的20%。现代医学研究表明,人右脑的信息容量、记忆容量和形象思维能力都大大超过左脑。体育运动可以使右脑得到充分的锻炼,提高人的记忆能力和抽象思维能力;体育运动可以使神经系统的兴奋和抑制过程更加集中,对外部刺激的反应更加迅速、准确,还可以提高人的视觉、听觉、感觉、神经传导速度、神经过程的均衡性和灵活性,促进神经系统功能的增强。人在学习过程中,大脑皮层的有关区域处于高度兴奋状态,随着学习时间的延长而产生疲劳,导致学习效率下降。这时参加体育运动,由于体力劳动与脑力劳动的合理交替,导致运动神经中枢兴奋,使得与文化学习有关的区域的脑细胞得到休息,这样就能消除脑力劳动所产生的疲劳,提高学习效率。

(二)体育锻炼能使人快乐,控制和调节情绪

情绪是指人对客观事物是否符合自己的需要而产生的态度体验。不良情绪使人产生过多的紧张、焦虑、压抑。美国某医院对45名医科大学学生观察30年后,发现凡喜怒无常、容易被情绪困扰的人有77.3%的患癌症、高血压、心脏病和情感失调等病。丰富多彩的体育活动能给人带来欢乐、刺激、挑战和成功,消除不愉快的意识、情绪和行为,摆脱烦恼和痛苦,宣泄不良情绪,让人体验满意、愉快、自信、乐观的情感。

美国心理医生康诺说过,运动是情绪的氧化剂,你不需要马拉松,也不需要跑万米长跑,只要参加一项能加快心跳和呼吸频率的有氧运动,坚持每周3次,每次30分钟,就能使你感到愉快、舒服,放松精神,减轻焦虑,强化身体应付压力的机能,淡化敌意及攻击行为,鼓舞正面自我形象,增加自信,缓解沮丧情绪。

(三)体育锻炼能培养坚强的意志品质,增强自信心

勇敢、顽强、敢于拼搏、有较强的成就感是现代人所应具备的意志品质。人们参与体育活动就是不断克服困难、战胜自己的过程,就是要克服气候条件、动作的难度或外部障碍等客观因素和胆怯与畏惧心理、疲劳等主观因素的影响。因此,体育锻炼可培养人坚强的毅力,不断克服各种胆怯心理和勇敢无畏的精神,能够改善人的身体表象,提高自信心。

(四)体育锻炼能改善人际关系,促进社会和谐

体育活动的集体性、公开性、竞争性使人与人之间不断地沟通和交流,拉近了人与人之

间的距离,产生了默契,特别是集体项目(排球、篮球、足球等)把每个人都融入集体中,发扬了团队精神,使自己心情舒畅、精神振奋,能增强社会交往能力,克服孤独和寂寞感,培养团结合作和适应能力。

(五)消除疲劳,治疗心理疾病

疲劳是一种综合性症状,表现为倦怠、困、不舒服、烦躁或乏力等不良感觉。当自我疲劳出现时,积极地参与体育锻炼,不仅使自己的身体素质得到改善,身心也得到一种舒适的感受,减轻疲劳,摆脱压抑、悲观等消极情绪。当今,体育运动已被公认为是一种有效的心理治疗方法。

三、用体育锻炼促进心理健康

大量的研究证明,不同的运动项目,对人的心理有着不同的影响。有针对性地选择和参加体育锻炼,可以起到事半功倍的效果。

性格孤僻、不太合群者,可多参加足球、篮球、排球以及接力跑、拔河等集体项目。坚持参加这些项目的锻炼,可帮助你逐步改变孤僻的性格,适应与同伴的交往。

胆子不大、做事怕风险、容易害羞者,可多参加游泳、溜冰、滑雪、拳击、摔跤、单双杠、跳马、平衡木等活动。这可帮助你不断克服各种胆怯心理,以勇敢拼搏的精神去越过障碍,战胜困难。

办事犹豫不决、不够果断者,可多参加乒乓球、网球、羽毛球、拳击、摩托车、跨栏、跳高、跳远、击剑等体育活动。这可帮助你增强果断的个性。

遇事容易急躁、冲动者,可多参加棋类、太极拳、慢跑、长距离步行及游泳、骑自行车、射击等运动。这能调节你的神经,增强自我控制能力,稳定情绪。

做事缺乏自信者,可多参加跳绳、俯卧撑、广播操、跑步等项目。这可使你的成就感逐步得到增强。

做事容易紧张、失常者,多参加公开激烈的体育比赛,如足球、篮球、排球比赛,可缓解紧张、不安的情绪。

好逞强、易自负者,可多参加难度较大、动作较复杂的技巧项目,如跳水、体操、马拉松、艺术体操等。这可减少盲目自负、骄傲的心态,收敛不良个性。

要使体育锻炼达到转变心理的目的,应该选择自己喜欢的运动,每次锻炼时间保持在30分钟左右,中等运动强度,运动量应从小到大、循序渐进,3个月为一个周期,进行两个周期以上才能有效。

知识拓展

大学生心理健康的标准

由于社会风俗习惯的不同,人们对心理健康的理解也存在一定的差异。综合国内外专家的观点,大学生心理健康的标准主要包括以下几个方面:

(1)具有适当的情绪控制能力。

（2）智力正常。

（3）能保持良好的人际关系。

（4）能对自己做出适当的评价。

（5）心理行为符合年龄特征。

任务三　体育锻炼与合理营养

人体的生长发育离不开营养,而科学合理的营养则是增强机体质量、完善生理机能、提高健康水平的主要物质基础。在现代社会,经济高速发展、城市化进程加快、生存条件大大改善繁重的体力劳动由机器取代。"亚健康"、"富贵病"越来越多,这与膳食不平衡、运动量减少、心理压力过大等密切相关。近年来,我国青少年体质健康与营养状况出现营养不良和肥胖问题并存的现象。学龄儿童、少年营养不良与超重肥胖的比例高达 11%。营养不良主要表现为膳食结构不合理,钙、铁、锌和维生素 A 等微量营养素缺乏。更严重的问题是肥胖。肥胖儿增幅比 10 年前增长了一倍。调查显示,我国城市高收入家庭儿童少年的脂肪供能比达到 39%,远远超过世界卫生组织推荐的 30%。

只注重营养而缺乏体育锻炼,会导致肥胖症、高血压、糖尿病、心脏病等病症;只注意体育锻炼而缺乏必要的营养保证,会使身体消耗的能量得不到补充,也会影响身体健康。体育锻炼与营养必须科学配合,才能促进身心健康。

一、营养学基础知识

(一)营养

营养是人体不断从外界摄取食物,经过消化、吸收、代谢和利用食物中身体需要的物质来维持生命活动的全过程。营养是一个全面的生理过程,而不是专指某一种营养素或成分。

(二)营养素

凡是能维持人体健康以及提供生长、发育和劳动所需要的各种物质均称为营养素。人体所必需的营养素大概有 50 多种,有蛋白质、脂肪、糖、无机盐(矿物质)、维生素、水和维素 7 类。正处于生长发育旺盛时期的青少年应多补充碳水化合物、蛋白质、维生素、矿物质、食物纤维、水等营养素。

(三)合理营养

合理营养是指从食物中摄取的各种营养素与身体对这些营养素的需要达到平衡,既不缺乏,也不过多。合理营养的原则:

（1）不挑食、不偏食,食物多样化。

（2）安排好一日三餐,特别要重视早餐。

（3）食品要荤素、粗细搭配,多吃新鲜蔬菜、水果。

（4）适当增加奶、蛋、瘦肉和豆类等优质蛋白,少吃盐、甜食和动物脂肪。

（5）科学烹调,尽量减少对食物中营养素的破坏和损失。

二、营养素与健康

不同的营养素在身体代谢中有着不同的功能,被身体的各个组织器官所利用,用以维持生命活动,促进生长发育,调节生理功能,保证人体的健康。

(一)蛋白质

1.蛋白质在体内的主要作用

蛋白质是生命活动中第一重要的物质,它在人体内的主要生理功能是:构成机体组织、促进生长发育;是酶和激素的成分,调节酸碱平衡及全身生理机能;增强机体抗病免疫能力;供给热能等。机体一旦缺乏蛋白质,会引起肌肉萎缩,甚至贫血、肝脏功能下降,并出现抗病力下降、内分泌紊乱、易疲劳、伤口不愈合,妇女可发生月经障碍等现象。

2.蛋白质的来源与日常需要量

日常膳食中的肉、蛋、奶等是运动性蛋白质的主要来源;豆类是植物性蛋白质的主要来源。米、面等谷类食物含蛋白质较少,只有 10% 左右。

我国成人蛋白质摄入量为每日每千克体重约 1.0~1.9g,青少年应当多一些,可达每日每千克 3.0g 左右。参加体育锻炼的人,在各自原基础上应适量增加一些。

(二)脂肪

1.脂肪在体内的主要作用

脂肪在体内构成细胞膜及一些重要组织,参加代谢、供给热能、保护内脏、保持体温,并有促进脂溶性维生素的吸收等作用。

2.脂肪的来源与日常需要量

动物性脂肪来源于各种动物油,如奶油、鱼油、蛋黄等,而植物性脂肪主要来源于各种植物食用油,如芝麻油、菜籽油、花生油等。就我国目前的生活水平来看,普通膳食能满足每天脂肪的需用量。食物中的粮类,在体内也很容易转变成脂肪供机体利用或储存。膳食中脂肪过多对人体有害,是导致高脂血症、冠心病、高血压、胆结石症等的主要原因,还会引起肥胖。

(三)糖(碳水化合物)

1.糖类在体内的主要作用

糖类在体内的首要作用是供给热能。人体所需能量的 60% 是由糖类供应的。糖类还构成组织成分并参与其他物质代谢,对中枢神经系统的特殊营养起作用;调节脂类代谢,具有解毒作用;具有保护肝脏的功能。机体缺糖时血糖下降,首先影响中枢神经系统的机能,使其兴奋性下降、反应迟钝、四肢无力、动作协调性下降,甚至昏厥。

2.糖的来源与日常需要量

糖的来源较为广泛,食物中的米、面、谷物约有 80% 属于糖类,因此,日常膳食供应要充足。也可直接适量摄取糖果及饮用含糖饮料,提高肝糖原、肌糖原储备。一般而言,日常膳食即可满足机体对糖的需求,没有必要另外补充糖。

(四)维生素

维生素是维持人体健康的一类营养素。种类很多,目前发现的大概有 30 多种,按其溶解性质,分为脂溶性与水溶性两大类。脂溶性维生素主要有维生素 A、维生素 D、维生素 E、维生素 K;水溶性维生素主要有维生素 B1、维生素 B2、维生素 C 及维生素 PP 等。它们在体内的储存量很少,必须经常从食物中获得。当膳食中维生素长期不足或缺乏时,会使抵抗力下降,运动能力降低。

1.维生素 A

维生素 A 主要功能是维持正常视力,保证眼睛以及维持上皮组织结构的健全与完整性。如果缺乏会引起视觉及暗适应能力下降,甚至患夜盲症。维生素 A 最好的来源是各种动物的肝脏、鱼卵、乳品类、蛋黄,以及胡萝卜、菠菜等黄绿色蔬菜。

2.维生素 D

维生素 D 对机体的钙磷代谢和骨骼生长发育极为重要,能促进钙的吸收,促进骨骼钙化及牙齿的正常发育。缺乏时,钙的吸收受到障碍,会导致佝偻病或骨质软化症。维生素 D 的主要来源是鱼肝油、肝脏和禽蛋。皮肤中的 7-脱氢胆固醇在阳光紫外线照射下可转化成维生素 D,一般不至于缺乏。

3.维生素 E

维生素 E 可增强机体对缺氧的耐受力,减少组织细胞的耗氧量,扩张血管,改善循环,提高心脏功能,增强肌肉力量与有氧耐力。如果与维生素 C 结合使用,能缓和及预防动脉硬化。维生素 E 主要来自动物性食品、小麦胚芽、玉米,绿叶蔬菜中其含量也较丰富。

4.维生素 B1

维生素 B1 的主要功能是辅助糖代谢,促进肝糖原、肌糖原生成,保护神经系统机能。充足的维生素 B1 可有效地缓解机体疲劳。维生素 B1 广泛地存在于谷物杂粮中。人们也可通过服用维生素 B1 片剂补充。

5.维生素 C

维生素 C 能加强体内氧化还原过程,提高 ATP 酶的活性,使机体得到更多的能量来维持运动、提高耐力、减缓疲劳、促进体力恢复,并能促进伤口愈合、促进造血机能、参与解毒过程、增强机体抗病力。维生素 C 广泛地存在于蔬菜和水果中。

（五）矿物质（无机盐）

人体内矿物质元素种类很多,总量约占机体的 5%～6%,是构成机体组织成分、调节生理的重要物质。其中较多的有钙、镁、钾、钠、硫、磷、氯 7 种常量元素,其他如铁、碘、氟、锌、铜、硒含量很少,称为微量元素。人体在物质代谢过程中,每天都有一定量的矿物质排出体外,因此必须从食物中得到补充。矿物质在食物中分布极广,正常膳食一般都能满足机体的需要。其中最易缺乏的是钙和铁。

（六）食物纤维

食物纤维是指食物在人体肠道内不被消化的植物性物质。它包括纤维素、半纤维素、果胶、藻胶、木质素等一些过去认为不能被身体利用的多糖物质。当美国总统里根患直肠癌的消息传出后,全美甚至整个欧共体国家掀起了一股研制开发纤维食品的热潮,以往不被人们重视的食物纤维,像维生素一样成为人们谈论的重要话题,成为发达国家广泛流行的保健食品。

食物纤维的生理功能包括:保护皮肤,降低血脂,控制血糖,保护口腔,防治息肉,防治结石,预防乳癌,防治便秘,预防肠癌,增加营养。食物纤维还可降低胃癌、肺癌等患病率,对防治冠心病有良好作用。富含纤维的食物有麦麸、糙米、大豆、燕麦、荞麦、茭白、芹菜、苦瓜、水果等。富含食物纤维的食品虽然好处很多,但是,过多的食物纤维可能会影响钙、铁和一些维生素的吸收。

(七)水

水是生命之源,健康之本,是人体赖以生存的重要物质,它占人体重量的 60% 左右。水是构成机体的主要成分,参与全身所有的物质代谢,完成机体的物质运输,调节体温,保证腺体正常分泌。体内的水分必须保持恒定,体内不储存多余的水,也不能缺水。缺水若不及时补充,将影响正常生理机能。大量出汗后在补充水分的同时,也要补充适量的盐分,以补充电解质的丢失。

三、运动与合理营养

(一)营养对体育锻炼的影响

进行体育锻炼时,中枢神经系统活动紧张,新陈代谢旺盛,激素分泌增加,大量排汗,消耗大量的热量,体内的糖、脂肪被大量分解供能,蛋白质代谢更新加快,大量的维生素、无机盐参与分解代谢。这些变化,使机体对各种营养物质的需求量增大。

营养与体育运动关系密切,对锻炼效果有着很大的影响。体育锻炼造成的能量消耗,要在运动结束后通过合理的营养膳食得到补充。如果缺乏合理的营养保证,消耗得不到补充,机体处于一种"亏损"状态。久而久之,对机体健康不利,会使锻炼的生理机能及运动能力下降,出现乏力疲劳甚至疾病状态。在这种情况下,想要提高锻炼效果或运动成绩是很困难的。"合理营养＋体育锻炼"在获得健康的同时,也获得了良好的身体素质。

(二)不同运动项目与营养

速度性运动,如 400 米以内的短跑、跳远、跳高和跨栏等,能量来源主要靠糖的无氧酵解。为了迅速供给体内能源物质、减少体内酸性物质的形成,应该多吃一些容易消化吸收的糖类、维生素 B1、维生素 C、磷以及蛋白质,并应增加蔬菜和水果摄入量。

耐力性运动,如中、长跑以及各种球类运动等,总能量消耗大,对各种营养素的需要量较大。因此,需供给较多的蛋白质、铁、维生素 B2 与维生素 C。食物中可适当提高脂肪供应。

力量性运动,如投掷、举重、摔跤和拳击等要求肌肉有较大力量和爆发力,同时,热量消耗较大,体内蛋白质代谢快,以及由于肌肉蛋白增长的需要,对蛋白质要求高,因此,应多吃含蛋白质的食物。

体操的动作复杂、紧张,对神经系统、力量的要求很高,应多吃一些富含蛋白质、维生素 B1和磷的食物。游泳时由于水中散热增加,能量消耗很大,要求多吃热量较高、脂肪及维生素 A较多的食物。短距离游泳要多吃些含蛋白质的食物,长距离游泳应多吃些碳水化合物。

(三)运动与饮食

1.运动前的饮食

运动前适当的饮食可以提高运动的效果和比赛的成绩,不适当的饮食会引起肠胃不适或较早感到疲劳,无法发挥出应有的运动能力。不要空腹运动或避免食用难以消化的食物,宜在运动前1.5小时食用以高糖低脂低蛋白为主的食物,如面食、米饭和水果等,这些食物容易消化,又能提供糖类,作为运动时的能量来源。如果运动的时间超过60分钟,可以选择糖指数较低的食物,如面食、运动饮料,这些食物较易消化,能够迅速地提供糖类,并以七成饱为宜。

2.运动后的营养与恢复

运动后恢复的好坏不仅直接影响到锻炼的效果,而且还关系到第二天的运动能力。大量研究表明,运动后如果能适当地补充营养,将对体能的恢复有很大帮助。

剧烈的运动消耗了大量的热量,排出了大量的汗水,体内大量水分和电解质丢失,身体感到不适应,运动能力下降。除在运动中要适时地补充水分外,运动后,应根据运动前后体重的变化来补充水分,每减少1千克体重,就表示至少需要补充1千克水,甚至更多,也可以根据口渴的感觉喝水,一般以2~3杯为宜。可在运动后以淡盐水或运动饮料来补充水分和电解质。不能补高浓度的果汁、生水、冰冻的饮料。

在运动后两小时内,身体合成肝糖原的效率最高,两小时后则恢复到平常的水平。因此,在运动后应迅速补充糖类,一般建议是在运动后15~30分钟之内吃进50~100克的糖类(大约是每千克体重1克),每两小时再吃50~100克糖类,直到进餐为止。

任务四　运动中的自我监护与保健

在运动过程中,机体将产生一系列具有"双向效应"的适应性变化,既可以增强体质,也可能引起运动损伤和运动性疾病。运动中的自我监护与保健是指运动参加者,在体育运动过程中对自己身体的健康状况和身体功能状况,经常进行观察的一种方法。运动中的自我监护和保健能够帮助和指导我们合理地进行体育锻炼,预防运动性损伤,提高运动水平。

自我监护的内容有主观感觉和客观检查两方面;自我保健的内容是维护健康、预防疾病、自我诊断和治疗以及医疗机构治疗后的继续自我康复。自我监护要了解运动损伤的主要原因,然后采取有效的预防措施,同时要熟悉自我监护的内容和方法,才能达到自我保健的目的。

一、运动损伤的主要原因

(一)运动水平低,身体状态不佳

体质弱以及不经常参加体育锻炼的人,缺乏运动经验,身体素质较差,尤其是肌肉、肌腱和关节的辅助结构薄弱,关节的稳定性、灵活性较差,动作既不协调也不合理,大脑的反应和自我保护能力差,一旦突然参加剧烈运动和长时间运动就容易受伤。

(二)运动负荷安排不合理

运动负荷小,达不到锻炼效果;运动负荷过大,尤其是局部负担量过大,超过了人体生理承受力,就容易导致运动损伤。

(三)违反运动原则

准备活动不充分,带伤病继续参与剧烈的运动,缺乏对易伤部位的保护,疲劳过度,不按照运动技术的规律练习,急于求成等都容易受伤。

(四)运动环境不良

运动场地凹凸不平、沙石满地,积水地滑、无安全保护措施,风沙大雾、光线暗淡、气温过高或过低,器材陈旧或质量差、维护不当,锻炼者的着装、护具不符合要求,人员拥挤等都很容易造成损伤。

(五)思想意识与心理因素

思想上麻痹大意、安全意识不强,在运动中动作粗野、违反规则,注意力不集中、情绪不稳定、赌气斗殴是造成运动损伤的重要原因。

二、运动的主观感觉

主观感觉是对机体功能状况,尤其是对中枢神经系统状况的反应,是自我观察和记录体育锻炼的感觉及反应的方法。

(一)身体感觉

身心健康的人在运动时总是感觉精神饱满、精力充沛、活泼愉快、积极性高,学习、工作效率高。但在运动过度或患病时,就会感到精神不振、身体乏力、行动迟缓、头晕、容易激动等。在进行自我医务监护时,根据具体情况可填写"良好"、"一般"或"不好"。

(二)运动心情

运动心情是一个人精神状况的反映。如果一个人在运动中心情愉快,对运动表现出积极的态度,这是身体健康、精神状况良好的表现。反之,出现对运动不感兴趣、缺乏热情、态度冷漠,甚至厌倦,则可能是早期过度疲劳和健康状况不佳的征兆。记录时可根据自己的具体情况,填写"很想锻炼"、"愿意锻炼"、"不想锻炼"、"厌恶锻炼"等。

(三)不良感觉

一般来说,在运动后,由于人体生理活动过程的有序性受到暂时性破坏,都会出现肌肉酸痛、肌肉痉挛、四肢乏力等,这是正常的生理现象,只要经过适当的休息,便可消失。运动水平越高,这些现象消失得也越快,有的甚至感觉不到肌肉酸胀。如果在保证休息或营养的情况下,上述现象长时间不能消退,在运动中或运动后,出现异常疲劳、头晕、头痛、恶心、呕吐、气喘、胸闷、心前区疼痛等不良感觉,说明机体对运动的内容、方法、运动量等的安排不适应或身体功能状况和健康状况不良,这就需要休息调整,必要时可到医院检查,以防运动性伤病的发生。在自我医务监护记录中,可填写具体的不良感觉,如"肌肉酸痛"、"关节疼痛"、"头晕"、"心悸"等。

(四)睡眠

睡眠对消除运动后的疲劳具有重要意义。正常的睡眠状态应是入睡快、睡得深、少梦或无梦,晨起后感觉头脑清醒、精神状态好。但平时偶尔出现一天或数天睡眠不好并不是异常现象。经常参加锻炼的人,若出现长时间的入睡难、失眠、多梦、睡中易醒、日间无力或嗜睡等,大多是运动负荷不适应或是过度疲劳的早期反应,应引起注意。填写自我医务监护记录时,可填写睡眠状况,如"良好"、"一般"、"不佳"、"失眠"、"多梦"等。

（五）食欲

在运动过程中，能量消耗较多，故经常参加运动的人，食欲一般都较好。偶尔食欲不强，也是正常的。但在正常进餐情况下，出现不想进食、长期性的食欲不振、容易口渴等现象，则可能是与过度疲劳或全身慢性疾病的反应有关。记录时可按食欲程度的不同，填写"良好"、"一般"、"减退"或"厌食"等。

（六）排汗量

人体运动时排汗量的多少，与运动负荷或运动强度、训练水平、情绪、饮水量、气温、湿度、风速、衣着及汗腺的数目等因素有关。人体剧烈运动时由于能量代谢水平增高，产生的热量增多，排汗量较平常多，这是正常的生理现象。如果在适宜的外界条件和运动量情况下，出现大量排汗或重复排汗的情况，特别是夜间盗汗现象时，表明身体极度疲劳或有其他疾病。在自我医务监护记录中，可填写排汗量"一般"、"量多"、"大量"以及"盗汗"等。

三、客观检查

客观检查常用的指标主要是测定脉搏、体重和运动成绩的变化情况，有条件的还可以测握力、肺活量、血压等指标。女子还要记录月经情况，以便为综合评定提供参考。

（一）脉搏

脉搏作为心血管系统的一个重要功能指标，在一定程度上能反映人体的健康状况。经常从事运动的人，由于迷走神经紧张性增高，安静时脉搏频率常较缓慢，为心动徐缓现象，并且随着运动年限的增长和运动水平的提高，脉搏频率也会减少，这是进行锻炼后心脏功能的良好反应。在自我医务监督中，常用早晨脉搏（晨脉，又称基础脉搏）来评定身体功能状况。测量晨脉时，要在早晨起床前进行，一般记录10秒的脉搏数值，但应求其稳定值，即连续两次测量的数值要一样，否则应重测，直到达到要求为止。也可测量30秒的数值，然后计算出每分钟的数值，并记录下来。

（二）体重

在进行耐力运动（中等运动强度）时，体重应该是平稳的。但在锻炼初期，由于水分和部分脂肪的丢失，可使体重下降2～3千克，以后因肌肉体积增加，体重会回升而保持平衡。如果体重持续下降，并伴有其他异常征象，则可能是早期过度疲劳或患慢性、消耗性疾病的表现，应查明原因。在进行自我医务监督时，每周可测量体重1～2次，须在同一时间进行（最好在早晨）。此外，还可测运动前、后的体重，以观察运动对体重的影响。

（三）运动成绩

坚持科学、合理的训练，运动成绩可逐步提高，并能稳定在一定的水平上，动作协调性也会变好。如经过较长时间的训练，运动成绩没有提高，甚至出现下降，动作协调性和训练程度也比过去差，可能是身体功能状况不良或早期过度训练的表现。记录时，应根据实际情况填写运动成绩的变化情况、动作协调性等。

（四）其他记录

其他记录包括缺席情况、受伤情况、中断运动时间和气象条件等。

在客观检查中，除了上述指标外，还可根据实际情况和条件，选择其他一些指标，如肺活量、握力、拉力、呼吸频率等。

四、运动与保健

(一) 运动前

(1) 在运动前，应选择卫生和安全的体育用品。要穿着美观大方、质地柔软、舒适、便于活动的服装，夏季要穿透气性能好、浅色、宽松的棉织衣服，冬季要以保暖为宜。选择平底、干净的运动鞋袜。

(2) 到优雅、空气新鲜且又安全的地方进行锻炼，避免到人群喧闹、噪声较大、交通拥挤的地方去锻炼，也不要到自己不熟悉、人迹稀少的偏僻地方去锻炼。最好的场所是操场、公园、河边。夏天天气炎热，要注意防晒，可涂抹防晒霜和戴遮阳帽及太阳镜，避免长时间的阳光直射，防止中暑，要注意补充水分；冬天，避免在雾中、大风的环境中运动。

(3) 避免空腹或吃得过饱去参加运动，运动前可适当补充水分。

(4) 运动前要做充分的准备活动，避免运动性损伤。大多采用活动强度较小的慢跑、徒手体操和一些游戏活动，时间大约为 5～10 分钟。

(二) 运动中

(1) 运动时动作要准确，符合人体解剖和生理的规律，根据不同的锻炼目的来选择不同的体育项目。

(2) 在运动时要因人制宜、量力而行、循序渐进，确定自己的活动强度，合理控制运动量。体育锻炼中经常运用"180－年龄"的数值作为锻炼者的最高心率。如 20 岁的青年，体育锻炼时的最高心率不要超过 160 次/分。

(3) 要懂得自我保护，特别是保护易伤部位，如踝关节、肩关节。由于运动量过大而出现了过度疲劳或不良感觉，如心悸、头晕、头痛、气喘、恶心时就应调整运动量或停止运动。

(4) 运动中不应大量饮水和补充食物，冬天尽量采用鼻呼吸。

(三) 运动后

(1) 在运动临近结束时，运动量要逐渐减小，可以放松慢跑、自由走、做放松性的徒手操。整理活动要注意肌肉的放松，要加深呼吸，以利于气体交换及血液循环。

(2) 运动后要注意疲劳的消除。运动后可进行按摩、温水浴或局部热敷，加速致疲劳物质的排除，进行积极休息。

(3) 运动后，及时补充水分和电解质，喝淡盐水或运动饮料，用热水洗澡、擦身，避免冷水浴。运动半小时后才可进食。可多补充富含维生素和矿物质的食物。不能用饮酒、吸烟除乏。

五、女子的体育保健

(一) 女子发育的解剖生理特点

1. 骨骼的特点
骨组织中的水、无机物和脂肪比同龄男子少，骨较细而轻，韧性较大。
脊柱骨之间的椎间软骨较厚，弹性较好，躯干较长，脊柱容易弯曲。

四肢骨较短而细,小腿明显较短,因此,女子身体重心低,易于维持身体平衡。

从月经来潮到生殖器官发育成熟称为青春发育期。在这一时期,女孩子下肢生长发育比躯干慢,外形为上体细长,下肢粗短,骨盆较宽较大。

2.肌肉的特点

女子肌肉的重量比较轻,约为同龄男子肌肉重量的 $80\%\sim89\%$。肌肉中的水分和脂肪比男子多,故肌肉力量比男子弱。女子的运动能力比同龄男子小,但耐久力并不差,甚至有可能超过男子。

3.血液循环的特点

女子血量比男子少,红细胞和血红蛋白的数量也比男子少,这说明女子通过血液运输氧和二氧化碳的能力比男子弱。女子心脏的重量比男子低 15% 左右,心脏的容血量比男子少,心脏每分钟跳动的次数比男子多,心脏的收缩力比男子弱,心脏每跳一次射出的血量比男子少,血压比男子低。

4.呼吸系统的特点

女子的胸廓较小,肺容量较小,肺活量小,呼吸深度较浅,每分钟吸入和呼出气体的量约相当于男子的 73%。

女子的摄氧能力比男子低,而利用氧的能力与男子差不多。

5.月经期生理特点

月经是进入青春发育期的一种正常的周期性生理现象。一般 $23\sim42$ 天出现一次,持续 $3\sim7$ 天。月经来潮时小腹微微发胀,腰部发酸,有轻度不适感觉,一般会随月经的结束而自然消失。但少数女子可能出现月经周期不稳定,经量时多时少,有时会出现全身性不适感觉,如情绪容易激动、轻度头痛、疲倦、嗜睡等。

(二)女子体育锻炼的卫生要求

(1)根据女子柔韧性好、身体重心较低、比较协调灵敏等特点,适于多锻炼些动作优美、节奏感强的运动项目,如艺术体操、韵律操、体操、舞蹈等。经常参加这些运动,有助于女子体形的健美。

(2)根据一些器官系统的生理功能比男子弱、身体素质比男子差、体内脂肪和水分比男子多的特点,适合参加一些运动不剧烈、持续时间稍长、有助于提高心脏功能和健康水平、有助于消耗体内多余脂肪和水分的有氧运动项目。如跑步、打球、游泳、步行等。

(3)根据女子肌肉力量比较弱,尤其腹部肌和骨盆底部肌肉力量比较差的特点,在全面锻炼的基础上,必须加强对这些部位的锻炼,提高这些部位肌肉的机能。这不但对维持盆腔器官(如子宫、卵巢)的位置和腹部的形态有重要作用,而且从女子将来做母亲的需要以至于对女子毕生的健康都有重要意义。锻炼这些部位常用的运动有:仰卧起坐、仰卧举腿、体前后屈、体侧屈、转体运动、前后劈叉、左右劈叉、前后踢腿、侧踢腿等。此外,仰卧吸气同收缩骨盆部肌肉、抬臀提肛、呼气时还原,也对提高骨盆部肌肉的功能有重要作用,而且室内外都可进行。

(三)月经期体育锻炼的卫生要求

(1)月经初潮时,如无异常,最好不要完全停止体育锻炼。

(2)月经正常、身体健康的女子,月经期可适当地进行一些体育锻炼,这对提高新陈代谢水平,改善盆腔的血液循环,减轻盆腔充血,减轻小腹部的轻度疼痛、下坠感觉等是有好处的。

(3)月经期适当参加一些体育锻炼,可使大脑皮层兴奋和抑制过程更协调,有助于改善月经期出现的过度兴奋、情绪易激动、烦躁不安等不良情绪。

(4)月经期毕竟不同于平时,不宜参加剧烈的运动,如快速跳跃、奔跑、负重较大的运动,时间长的耐力运动,明显增加腹部压力的运动及下水游泳等。

(5)月经不正常者,如痛经、经量过多、周期过长或过短、生殖器官有炎症等,月经期间应停止体育锻炼。

项目四　运动创伤防治

学习目标

1. 知识目标

(1)了解常见突发性运动创伤的表征。

(2)理解常见突发性运动创伤的原理及基本概念。

(3)掌握常见突发性运动创伤的防治与处理方法以及保健按摩的基础知识。

2. 思政目标

(1)掌握常见运动创伤的急救方法,坚持以人为本的原则。

(2)培养积极向上的生活态度。

思维导图

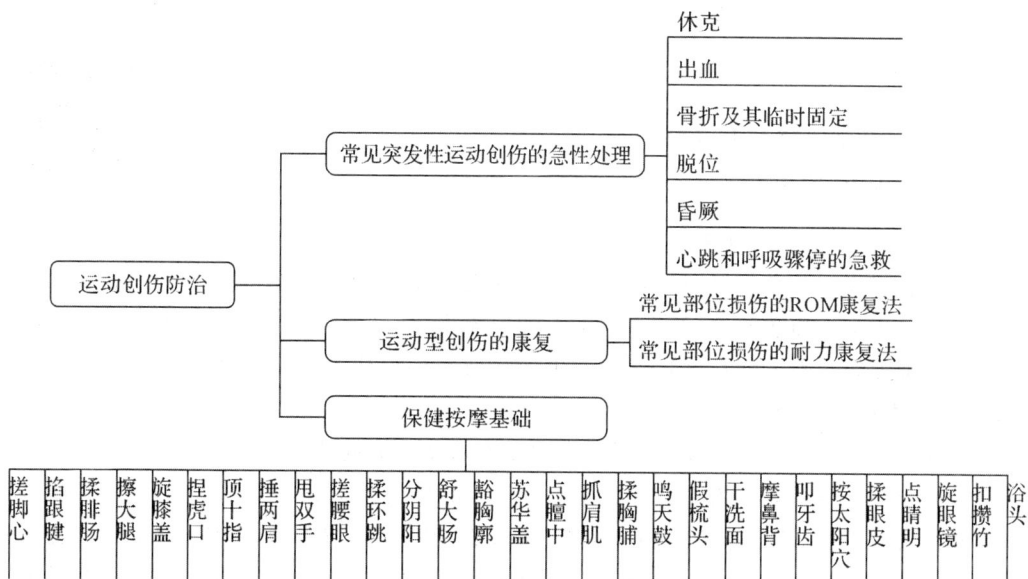

任务一　常见突发性运动创伤的急性处理

在体育运动中难免会出现运动创伤和运动性疾病,一旦发生,就应迅速正确地急救与处理。急救应本着挽救生命第一的原则,如因骨折疼痛而引起休克,应先处理危及生命的休克而后做骨折的固定。常见的运动创伤操作及其急救处理方法如下。

一、休克

休克是一种急性有效血液循环功能不全而引起的综合征。

(一)原因

运动过程中造成休克的原因是多方面的,主要有运动量过大、身体生理状态不良,还有肝脾破裂大出血、骨折和关节脱位的剧烈疼痛等。

休克如何急救

(二)症状

早期常有烦躁不安、呻吟、表情紧张、脉搏稍快、呼吸表浅而急促等症状,因其较短而易被忽略。继后,表现为脸色苍白、口渴、畏寒、头晕、出冷汗、四肢发冷、血压和体温下降,严重者出现昏迷。

(三)急救方法

急救时应使病人安静平卧,注意保暖。对伴有心力衰竭的严重病人,应保持安静,使其半卧。可给其服白开水及饮料,针刺或点揉骨关、足三里、合谷、人中等穴位;由骨折等外伤的剧痛而引起的休克,应给镇痛剂止痛。休克是一种严重而危险的病理状态,因此,在急救的同时,应迅速请医生来处理或尽快送往医院。

二、出血

血液从破裂的血管流出,称为出血。

(一)出血的分类

出血急救

1.按破裂血管的类型分类

(1)动脉出血。血色鲜红,出血量多,危险性大,呈喷射状间歇式流出,速度快。

(2)静脉出血。血色暗红,缓慢地、不间断地流出,速度较慢,危险性比动脉出血要小。

(3)毛细血管出血。血从伤口慢慢渗出,常自行凝固,基本没有危险。

2.按出血的流处分类

(1)外出血。身体表面有伤口,可以见到血液从伤口流向体外。

(2)内出血。身体表面没有伤口,血液由破裂的血管流向组织间隙(皮下组织、肌肉组织)形成淤血或血肿;流向体腔(胸腔、腹腔、关节腔)和管腔(胃肠道、呼吸道)形成积血。流入体腔或管腔的内出血,不易被发现,容易发展成大出血,造成失血性休克,故需特别注意。

(二)止血

据研究,健康成人每千克体重平均有血液75毫升,全身总血量4～5升。若一次出血达全身总血量的10%及以下时对身体没有伤害。急性大出血达血液总量的20%时即可出现

乏力、头晕、面色苍白等一系列急性贫血症状。当出血量超过全身血量的30％时,将危及生命。因此,对有出血的伤员,尤其是大动脉出血的,都必须在出血的早期立即进行止血。止血的方法很多,在没有药物和医疗器械的条件下,现场急救的常用方法如下。

1.冷敷法

冷敷可降低组织温度,使血管收缩,减少局部充血,还可减少神经的兴奋,起到止血、止痛、减轻局部肿胀的作用。此法适用于急性闭合性软组织损伤,伤后立即施用,一般常用冷水或冰袋敷于损伤部位。冷敷与加压包扎和抬高伤肢同时应用,效果更佳。

2.抬高伤肢法

抬高伤肢法用于四肢出血后抬高伤肢,使伤处血压降低,血流量减少,达到减少出血的目的。一般常与绷带加压、包扎并用,对小血管出血有效,对较大血管出血,只能作为一种辅助性止血方法。

3.压迫止血法

压迫止血法可分为直接压迫伤口止血法和压迫止血点止血法两种。

(1)直接压迫伤口止血。一种是用绷带加压包扎伤口止血。可先在伤口上敷以无菌敷料,再用绷带稍加压力包扎起来。此法适用于小动脉、静脉和毛细血管出血。另一种是指压止血。用指腹或掌根直接压迫伤口。此法简便易行,但违背无菌操作原则,容易引起伤口感染。因此,非十分紧急的情况下,不应轻易使用。

(2)压迫止血点止血。用大拇指指腹压在出血动脉近心端相应的骨面上,暂时止住该动脉血管的血流。这种止血方法操作简便,止血迅速,是一种临时性止血的好方法。

三、骨折及其临时固定

骨的完整性遭到破坏的损伤,叫作骨折。骨折可分为闭合性骨折与开放性骨折两种。前者皮肤完整,治疗较易;后者皮肤破裂,骨折端与外界相通,容易发生感染,治疗较难。运动中发生的骨折多为闭合性骨折,它是严重的损伤之一。

骨折及其临时固定

(一)原因

1.直接暴力

骨折发生在暴力直接作用的部位。

2.间接暴力

骨折发生在接触暴力较远的部位。

3.肌肉强烈收缩

如摔倒时手撑地而发生锁骨骨折;提起杠铃时突然的翻腕动作,可因前臂屈肌强烈收缩而发生肱骨内上髁撕脱骨折;投掷手榴弹时,因动作错误而发生肱骨骨折。

(二)征象

1.碎骨声

骨折时伤员偶可听到碎骨声。

2.疼痛

疼痛是由于骨膜破裂、断端对软组织的刺激和局部肌肉痉挛所致。一般疼痛剧烈,活动时加剧,严重者发生休克。

3.肿胀及皮下淤血

骨折后,由于附近软组织损伤和血管破裂,出现肿胀及皮下淤血。

4.功能丧失

骨完全折断后,失去杠杆和支持作用,加上疼痛,功能因而丧失。如髋骨骨折后,小腿就不能抬起。

5.畸形

由于外力及肌肉痉挛,使断端发生重叠、移位或旋转,造成成角畸形和肢体变短现象。

6.压痛和震痛

骨折处有明显压痛感。有时在远离骨折处轻轻震动或捶击,骨折处也出现疼痛。

7.假关节活动及骨摩擦音

完全骨折时局部会出现类似关节的活动,移动时可产生骨摩擦音。这是骨折的特有征象,但在检查时要慎重,不能故意寻找骨摩擦音,以免加重损伤。

(三)骨折时的临时固定

骨折时,用夹板、绷带把折断的部位固定起来,使伤部不再活动,称为临时固定。这是骨折的急救方法。其目的是减轻疼痛、避免在操作中继续受损和便于转送。如有休克,应先抗休克,后处理骨折;如有伤口出血,应先止血,包扎伤口,再固定骨折。

各部分骨折的临时固定方法如下。

1.上肢骨折

锁骨骨折时,用2个棉垫分别置于双侧腋下,将2条三角巾折成宽带,分别绕过伤员两肩前面,在背后作结,形成肩环。再用1条三角巾折成宽带,在背后穿过两环,拉捆作结。最后用小悬臂带将同侧上肢挂起。

肱骨骨折时,用1块长短合适的夹板,放在伤臂的外侧,再用2条绷带将骨折的上下部绑好,然后用小悬臂带将前臂挂在胸前,不要托肘,最后用绷带把上臂固定于胸廓。

前臂骨折时,用2块长短合适的夹板,放在前臂的前侧和背侧,再用两条绷带固定,然后用大悬臂带挂起。

手部骨折时,让伤员手握纱布、棉花团或绷带卷,然后用夹板和绷带固定手及前臂,最后用悬臂带吊起。

2.下肢骨折

股骨骨折时,取三角巾5～8条,折成宽带,分段放好,取长夹板2块,分别置于伤肢的外侧和内侧,外侧夹板自腋下至足部,内侧夹板自腹股沟至足部。放好后用上述宽带固定夹板,在外侧作结。

髌骨骨折时,伤员取半卧位,一名助手以双手托着伤肢大腿,急救者缓慢地将其小腿放直,在腿后放1块夹板,其长度自大腿至脚跟,夹板与伤肢之间垫上软物,然后用3条三角巾折成宽带,于膝上、膝下和踝部固定。

小腿骨骨折时,用2块夹板,一块在外侧自大腿中部至足部,另一块在内侧,自腹股沟至足部。然后用4～5条宽带分段固定。

足部骨折时,将鞋脱去,在小腿后面放1个直角形夹板,用棉垫垫好,然后用宽带固定膝下、踝上及足部。

3.脊柱骨折

如疑有胸腰椎骨折,应尽量避免骨折处移动,更不能让伤员坐起或站起,以免引起或加剧脊髓损伤。准备好硬板担架(床板或门板),由 4 人抬伤员上担架。抬时,3 个人并排站在病员一侧,跪下一条腿,将手分别摆在伤员的颈、肩、腰、臀、腿及足部,由一人发口令,同时抬起;对侧第四人帮助抬腰臀部,并将担架迅速放在伤员下面,同时轻轻放下伤员。放下时应使伤员俯卧在担架上,胸部稍垫高,固定不动。

颈柱骨折时,应由 3 人搬运,其中一人管头部的牵拉固定,使头部与身体成直线位置不摇动,将伤员仰放在硬板床上,在颈上垫一小垫,不要用枕头,头颈两侧用沙袋或衣服垫好,防止头部左右摇动。

四、脱位

由于暴力的作用使关节面之间失去正常的连接关系,叫作关节脱位。关节脱位可分为完全脱位和半脱位。前者是关节面完全脱离原来的位置,后者为关节面部分错位。完全脱位时常伴有关节囊撕裂、关节周围韧带和肌腱的损伤。

(一)原因

运动中发生的关节脱位大多是由于间接外力所致。如摔倒时手撑地,则可能引起肘关节脱位或肩关节脱位。

(二)征象

(1)受伤关节剧烈疼痛,并有明显压痛感。这主要是由于关节位置的改变,使神经和软组织受到牵扯和损伤。

(2)关节功能丧失,受伤关节完全不能活动。

(3)畸形。由于关节正常位置的改变,正常关节隆起处塌陷,而凹陷处则隆起突出,整个肢体呈现一种特殊的姿态。与健康肢体比较,伤肢有变长或缩短的现象。

(4)用 X 线检查可发现脱位的情况及有无骨折存在。

(三)急救

伤后应立即用夹板和绷带在脱位所形成的姿势下固定伤肢,保持伤员安静,并尽快送往医院处理。

1.肩关节脱位

肩关节脱位时,可取三角巾两条,分别将顶角向底边对折,再对折一次成为宽带。一条用以悬挂前臂,悬臂带斜挎胸背部,于健康肩上缚结;另一条绕过伤肢上臂,于健康侧腋下缚结。

另外,可用局部包扎法,取大三角巾,先把底边与顶角对折成宽带,将宽带中部放在腋下,两端在肩上交叉,分别绕过胸、背部,最后在对侧腋下缚结。为了避免缚结处压迫腋下组织,可在腋下垫以棉花或其他松软物品。

2.肘关节脱位

用铁丝夹板弯成合适的角度,置于肘后,用绷带缠住,再用悬臂带挂起前臂。若无铁丝夹板,可用普通夹板代替或用三角巾固定。

用小三角巾包扎肘部的方法:先令伤员的肘关节屈回,将三角巾顶角放在上臂后面,然后把两底角于前臂前面交叉，再绕至上臂上面作结，最后将顶角反折塞入结内。

关节脱位的整复，应由有整复技术的医生进行，没有整复技术经验的人，不可随意做整复处理，否则会引起严重的损伤，影响以后的功能恢复。

五、昏厥

昏厥是由于脑部一时血液供应不足而发生的暂时性知觉丧失的现象。

昏厥如何急救

（一）原因

常由受惊、恐怖等引起的精神过分激动；长时间站立或下蹲稍久骤然起立，使血压显著下降；疾跑后站立不动，大量血液由于本身的重力关系而积聚在下肢舒张的血管中，回心血量减少，心输出量也随之减少，使脑部突然缺血而发生昏厥。

（二）征象

昏厥时，病人失去知觉，突然昏倒。昏倒前，病人感到全身软弱、头昏、耳鸣、眼前发黑、面色苍白。昏倒后，面色苍白，手足发凉，脉搏慢且弱，血压降低，呼吸缓慢。轻度昏厥一般在晕倒片刻之后，由于脑贫血消除即清醒过来。醒后精神不佳，仍有头昏感。

（三）急救

使病人平卧，足部略抬高，头部放低，松解衣领，注意保暖，用热毛巾擦脸，自小腿向大腿做重推摩和全手揉捏。在知觉未恢复以前，不能给以任何饮料或服药。如有呕吐，应将病人的头偏向一侧；如呼吸停止，应做人工呼吸。醒后可给以热饮料，注意休息。

六、心跳和呼吸骤停的急救

当人体受到意外严重损伤（如溺水、触电休克等），有时出现呼吸和心跳骤然停止，这时如果不及时进行抢救，伤员很快就会死亡。人工呼吸与胸外心脏按压是进行现场抢救的重要手段，它可以帮助伤员重新恢复呼吸和血液循环。

（一）人工呼吸

人工呼吸的方法甚多，其中以口对口吹气法效果较好，而且还可同时进行胸外心脏按压。施行时使伤员仰卧，头部尽量后仰，把口打开并盖上一块纱布，急救者一手托起他的下颌，掌根轻压环状软骨，使软骨压迫食管，防止空气入胃；另一手捏住他（她）的鼻孔，以免漏气。然后深吸一口气，对准他（她）的口部吹入。吹完后松开捏鼻孔的手，让气体从伤员的肺部排出。如此反复进行，每分钟吹 16～18 次（儿童 20～24 次）。

（二）胸外心脏按压

对心跳骤然停止的伤员必须尽快地开始抢救，一般只要伤员突然晕迷，颈动脉或股动脉触不到搏动，即可诊断为心搏骤停。这时往往伴有瞳孔散大、呼吸停止、心前区听不到心跳、面如死灰等典型症状。此时应马上开始进行胸外心脏按压，以恢复伤员的血液循环。操作时，伤员仰卧，急救者以一手掌根部按住伤员胸骨下半段，另一手压在该手的手背上，肘关节伸直，借助体重和肩臂部肌肉的力量适度用力，有节奏地、带有冲击性地向下压迫胸骨下段，使胸骨下段及其相连的肋软骨下陷 3～4 厘米，间接压迫心脏。每次压后随即很快将手放松，让胸骨恢复原位。成人每分钟挤压 60～80 次（儿童 80～100 次）。

挤压胸骨可间接压迫心脏,使心脏内血液排空。放松时,胸廓由于弹性而恢复原状,此时胸膜腔内压下降,静脉血回流至心脏。反复挤压与放松胸骨,即可恢复心脏跳动。

操作中,如能摸到颈动脉或股动脉搏动,上肢收缩压达 60 毫米汞柱以上,口唇、牙床颜色较前红润或者呼吸逐渐恢复、瞳孔缩小,则为挤压有效的表现,应坚持操作至自主心跳出现为止。

任务二　运动性创伤的康复

一、常见部位损伤的 ROM 康复法

关节活力度(Range of Motion,ROM)有两个含义:一是按该关节所具有的解剖活动轴的运动范围进行活动;二是应尽可能地做大范围活动。

常用的 ROM 锻炼方法有以下几种。

(一)被动性 ROM

被动活动对恢复正常活动范围的运动能力有较好的帮助,特别对有轻度关节粘连和肌痉挛的病人,在神经功能恢复前,及早进行被动活动,对维护正常关节形态和功能是不可缺少的方法之一。

(二)放松性 ROM

肌张力常受意识的影响,对有肌紧张度增高从而限制关节活动范围者,若采取一定的放松练习,能较好地增大关节活动范围。放松时除要有一定的技巧外,还要使病人明确放松的含义和作用,加强合作,提高放松效果。放松练习时的体位以卧位和坐位多见。

(三)对比法

对比法的生理依据是肌肉强力兴奋收缩后可以在同一肌肉产生相同强度的抑制松弛。通常从远端肌群开始,逐渐引向近端;从一侧肢体放松开始,再至双侧以及上下肢。如用力握拳、放松,用力屈腕、放松,用力屈肘、放松,用力外展肩、放松,以及整个上肢一起用力、放松。对侧上肢、下肢、躯干同此。此时,最好同时进行深呼吸:用力时吸气,放松时呼气。对有明显肺部疾病及高血压患者不用此法。

(四)交替法

交替法的依据是拮抗肌可因主动肌的紧张用力收缩而产生抑制松弛。如屈肌过分紧张,可采用伸肌的紧张用力,可使屈肌得以松弛。

(五)暗示法

暗示法要求在温暖、通风良好的房间,舒适的床位,轻柔的被褥,柔和的光线,赏心悦目的色调环境中进行。用平静、催眠性的语调,使病人思想集中于身体某一部位。如要使某一肢体放松,先要想到它"很重"并重复数次,直至该部松弛,此时可让病人抬起该肢体,但病人无法移动它,并感觉似乎在飘忽一样。

(六)下垂摆动

将上肢或下肢置于下垂位,做前后放松摆动,直至肢端有麻木感为止。亦可加 0.5～1

千克重量于肢体,再做摆动。这种摆动特别适宜减轻强直性震颤,多用于肩、髋、膝关节。放松练习不仅用于减轻痉挛,增进关节活动范围,也可用于增强肌力练习或其他运动疗法,以消除肌肉疲劳。

(七)主动性 ROM

各种徒手体操或借助简单的设备,如体操棒、肋木等增加关节活动范围。徒手体操是增加关节活动范围最常用的方法。如手指功能障碍时,在主动屈伸各指尖关节的同时,用健康手帮助患病手屈伸。但亦应看到,由于粘连所引起的功能障碍,利用主动的肌肉收缩运动常难以达到牵开粘连的目的,因此,可借助一些简单的设备进行活动。如肘关节屈伸障碍可用肘关节旋转器或强拉力器。

(八)悬挂练习

用三角肌和相应塑料的绳索及挂钩,将拟活动的关节或肢体用三角肌拖住,用绳挂于挂钩上。将欲活动的关节部位对准挂钩,这样可使外周肢体得到最大的、在水平方向的自由活动。一个关节的几个活动轴的活动应用不同的体位来完成。其优点是设备简单,在消除远端肢体的重量后可使关节活动范围得到增大。

(九)重力摆动肌练习

可依据不同的关节部位,选用不同重力摆动肌,进行被动摆动练习。利用有节律的摆动,可牵伸因粘连而造成的活动范围受限,增进活动范围。但应注意控制在无痛范围内进行,起始治疗时重量不宜过重,摆动幅度不宜过大,以免引起损伤。

(十)持续关节功能牵引

持续关节功能牵引是通过持久牵引破坏关节周围粘连组织的黏滞性,但又不破坏其组织弹性,从而达到增加关节活动范围的目的。其要点是重量中等、时间较久才能达到要求。具体方法是:固定障碍关节的近端,将该关节的远端套上牵引套具,挂上适宜重量的器具,此时病人的患肢必须处于比较舒适的体位,以利于放松被牵引关节附近的肌群。重量可从0.5千克开始,逐渐增加至被牵引的关节有酸紧感觉为止。

(十一)水中运动

水中运动是一种有利于增加关节活动范围的较好的练习方法。它利用水的浮力,使严重无力的肌群无须使用多大的力量即可进行活动。而在一般情况下,如无支持和帮助是很难完成的。

二、常见部位损伤的耐力康复方法

耐力训练又称有氧训练法。这是以发展耐力运动为主的运动疗法。其运动强度约为最大耗氧量的 $40\%\sim70\%$,因而体内的能量代谢主要以有氧形式进行。这种训练对发展心、肺功能和改善糖及脂肪代谢具有较突出的作用。常用的运动项目有行走、健身跑、自行车、游泳、划船等。因为这类训练均以下肢周期性运动为主(划船则同时有上肢肌参加),约有 75% 的肌群参与运动,对心、肺和代谢功能有比较明显的影响。

(一)行走

行走是简单易行且有效的有氧训练活动,强度较小。它又可分为平地行走和坡地行走两类。行走一般从短距离和慢速（60～80 步/分钟）开始，以后可逐步延长距离并加速至中速（80～100 步/分钟），甚至快速（大于 100 步/分钟）。

坡地行走也称医疗行走，是一种定量的医疗运动，即应规定上下坡所需的时间、运动的节律和休息间歇等。由于坡地行走时心、肺的负荷明显大于平地行走，故必须在指导老师的指导下进行。

（二）健身跑

健身跑运动强度大于行走，有大量大肌群参加运动，可以增加肺的通气量，增加气体交换，对提高心、肺功能效果良好。健身跑的常用方式有以下几种。

1.慢间歇跑

慢间歇跑可以是慢跑和行走相交替的一种过渡性练习（见表 4-1），也可以是慢跑和快跑相交替。

表 4-1　慢间歇跑

阶段	慢跑	行走	每次练习重复次数	总时间	总距离
第 1 周	30 秒	30 秒	开始 8 次，以后每天加至 12 次	8～12 分钟	500～800 米
第 2 周	1 分钟	30 秒	开始 6 次，以后每天加至 10 次	9～15 分钟	1200～2400 米
第 3 周	2 分钟	30 秒	开始 6 次，以后每天加至 10 次	15～25 分钟	2400～4000 米
第 4 周	4 分钟	1 分钟	开始 4 次，以后加至 6 次	20～30 分钟	3200～4500 米

2.重复跑

重复跑与间歇跑的区别在于跑步后（跑步距离稍长）有较长时间休息，使心、肺功能得到恢复，即心率下降到 100 次/分钟以下，呼吸几乎不出现短促时再重复进行。间歇跑则是跑短距离（100～400 米）的重复，且休息时间短，不必等心、肺功能恢复。

3.速度游戏

速度游戏是不拘泥于形式上的快慢交替跑，可以在自己喜欢的自然环境中，如草地、林荫小径等处跑，也可以将以上各种训练方法混合在速度游戏中。

任务三　保健按摩基础

保健按摩是一种在人的体表进行适当推动的保健方法。其手法颇多，动作轻柔，运用灵活，便于操作，适用范围甚广。不论男女老幼、体质强弱、有无病症，均可采用不同的施术手法进行保健按摩。现在有的人自学保健按摩知识，进行自我保健按摩；有的人到按摩院进行保健按摩；有的人请按摩师前往住宅或宾馆进行按摩。按摩在我国已流传了 2000 多年，可调节神经的功能，促进血液循环，提高机体抗病能力，有舒筋活络、消炎散瘀止痛的作用。常用的保健按摩方法如下。

一、浴头

两手掌心按住前额，稍用力擦到下额部，再翻向头后两耳上，轻轻擦过头顶，恢复到前额,这算 1 次,共擦 10 次。接着用指肚均匀轻揉整个头部的发根 10 次,能调和百脉,使气血不衰、面色红润、减少皱纹。

二、扣攒竹

用拇指弯曲的突出部位左右交替叩击双侧攒竹穴(位于眉头陷中),每穴 15～20 次,用力以微感不适为度。有消除额痛、眼胀、疲劳,恢复视力等作用。

三、旋眼睛

端坐,两眼向左旋转 5 次,然后向前注视片刻,再向右旋转 5 次,前视片刻。对保护视力极有好处。

四、点睛明

以两食指分别按双侧睛明穴(眼内眦角上方 0.33 厘米)15～30 秒,以微感不适为度,有止眼痛和明目的作用。

五、揉眼皮

以两手拇指轻按在双侧眼皮上,然后旋转揉动,顺、逆时针各揉 20 次,有消除眼痛和明目的作用。

六、按太阳穴

用两手食指端分别压在双侧太阳穴上旋转,顺、逆时针各揉 10～15 次,有止痛、醒脑的作用。

七、叩牙齿

口轻闭,上下牙齿相互轻叩 20～30 次,有防止牙齿松动脱落,促进消化功能的作用。

八、摩鼻背

用拇指背用力摩擦双侧鼻背至局部发热,有助于通气,预防感冒。

九、干洗面

两手手指互相并拢,由额向下洗脸 20～30 次,有醒脑、降压的作用。

十、假梳头

两手指尖接触头皮,从额到后枕后,从头顶到颞侧进行梳头,以头部有热感为度,有醒目、止痛、降血压的作用。

十一、鸣天鼓

两手掌心紧按两耳孔,两手指轻击后枕部 10 次,然后掌心掩按耳孔,手指轻按后枕部不动,再突然抬离,接连开闭放响 10 次,最后用两食指插入耳孔内转动 3 次,再突然放开。这样算做 1 次,共做 3～5 次,有醒脑、增强记忆、强化听力、预防耳病的作用。

十二、揉胸脯

以两手掌按在两乳外上方,旋转揉动,顺、逆时针各揉 10 次,有加速血流,减少胸肌疲劳的作用。

十三、抓肩肌

以右手拇指、食指、中指配合捏起左肩肌,左手则捏起右肩肌,交叉进行,各 10 次,有松肩去疲劳作用。

十四、点膻中

以拇指肚稍用力压两乳头连线中点处(膻中穴),约 30 秒后突然放开,如此重复 5 次,有豁胸、顺气、镇痛、止喘作用。

十五、苏华盖

端坐,心神宁静,深吸一口气,然后慢慢呼出,重复 10 次,有吐故纳新、健肺顺气、改善呼吸功能的作用。

十六、豁胸廓

两手微张五指,分别放于胸前两旁的胸壁上,手指端沿肋间隙从内向外滑动,重复 10～15 次,有开胸顺气、止咳止喘作用。

十七、舒大肠

一手叉腰,另一手五指张开,指端向下,从心口窝,沿脐两旁向下腹部,再向右向上至右肋下再向左,即沿大肠走行方向擦揉 10 次,有疏通大肠、增进消化、预防便秘的作用。

十八、分阴阳

以肚脐为中心,两手虎口相对,平置于脐眼左右,两手向内向外揉抚,共 10 次,有顺气、消胀、促进消化的作用。

十九、揉环跳

坐位或站位,左手拇指端揉左侧环跳穴(股骨大转子与骶管裂孔连线外 1/3 处),再用右手拇指端揉右侧环跳穴,交叉进行,各 10 次,有通经活络、壮筋强足作用。

二十、搓腰眼

两手紧按腰眼,用力向下搓到骶尾部,左右手一上一下同时进行,共 30 次,有壮腰强肾、防治腰痛的作用。

二十一、甩双手

两臂自然下垂,向前向后甩动 30～50 次,有放松肩、臂、腕、指关节,通畅气血,增强手臂的作用。

二十二、捶两肩

左、右手握空拳,在对侧上肢从肩到手腕扑打共 20～30 次,有通经活络、灵活关节、防止关节炎及手臂酸痛的作用。

二十三、顶十指

两手掌心相对,左、右手指用力相顶共 10 次,有活动指关节、促进手部功能的作用。

二十四、捏虎口

以右手拇指、食指捏左手虎口,再以左手拇指、食指捏右手虎口,各 10 次,有增进手部功能,治疗头、面部疾患的作用。

二十五、旋膝盖

两手掌心紧按双膝,先向外旋转 10 次,再向内旋转 10 次,有灵活筋骨、增强膝部功能以及防止关节炎的作用。

二十六、擦大腿

两手抱紧一侧大腿根部,用力下按到膝盖,然后擦回大腿根部,来回共 20 次,有促使关节灵活、增强腿肌、防止腿病等作用。

二十七、揉腓肠

以两手掌挟紧一侧小腿肚旋转揉动,每侧 30 次,有疏通气血、加强肌力的作用。

二十八、掐跟腱

以拇指、食指掐跟腱,每侧掐 20 次,有改善足部功能、消除下肢疲劳、增强脚力的作用。

二十九、搓脚心

两手搓热后,用手搓两脚心,左、右各搓 80 次,有导虚火、舒肝明目的作用。

项目五　运动处方与科学身体锻炼的方法

学习目标

1.知识目标

(1)了解运动处方和体育锻炼处方的概念。

(2)理解科学锻炼的原则与方法。

(3)掌握运动处方的制定步骤和方法。

(4)学会根据身体状况进行体育锻炼处方的制定、实施和调整。

2.思政目标

(1)能够科学地进行运动锻炼。

(2)能够通过科学运动增强个人体质。

运动处方与科学
身体锻炼的方法

思维导图

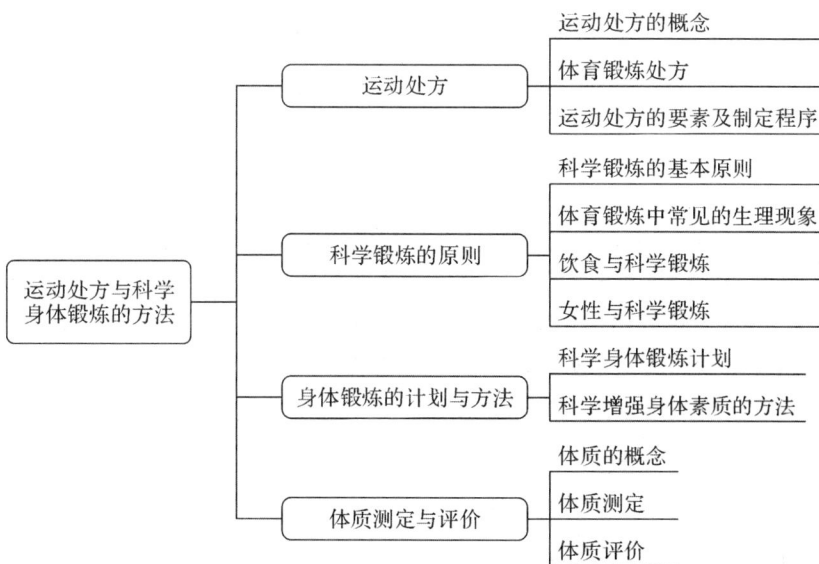

我国正在实施全民健身计划,高等学校是实施全民健身计划的重要阵地。大学生增强体质和健康水平不能仅限于掌握一定的运动技术和动作,更重要的是要如何科学地进行运动锻炼。如何进行科学的身体锻炼,达到增强体质、增进健康、防病治病、延年益寿,是每位学生首先要明确的问题。要想获得良好的锻炼效果,必须依照人体生理变化规律,掌握身体锻炼的基本原则,制订科学身体锻炼的计划以及选择科学的锻炼方法是非常重要的。

任务一　运动处方

运动处方早在 20 世纪 50 年代由美国生理学家卡波维奇提出。1960 年,日本猪饲道夫教授首先使用运动处方这一术语。1969 年,世界卫生组织(WHO)使用了运动处方术语,在国际上得到确认。

一、运动处方的概念

运动处方是对从事身体锻炼者或病人,根据医学检查资料(包括运动实验及体力测验)按其健康、体力以及心血管功能状况,结合生活环境条件和运动爱好等个体特点,用处方的形式规定适当的运动种类、时间、强度、频率,并指出运动中的注意事项,以便有计划地经常性锻炼,达到健身或治病的目的。它与临床医生开方取药有相似之处,但不同点是,一个是用药作为治疗手段,一个是用运动作为强身健体的主要措施。

二、体育锻炼处方

体育锻炼处方源于运动处方。西方国家于 20 世纪 50 年代初开始研究和应用运动处方。科学技术的飞速发展,给人类社会带来了高度的物质文明,而高度自动化、现代化的生产方式,一方面大大减轻了人们的劳动强度,增加了人们的休闲时间,但也带来了肥胖症、高血压、隐性糖尿病、贫血、脑溢血等多种现代"文明病"。

"运动综合征"单靠药物是无法治愈的,于是人们不得不在运动锻炼上想办法。体育学家和生理学家也开始合作,研究怎样根据不同的情况来选择运动项目,确定运动负荷,以恢复健康,增强体质。现代社会的健身锻炼处方即源于此。美国生理学家库珀是最先研究体育锻炼处方的人。1953 年,联邦德国的赫廷格和缪拉发表文章,论述了运动强度、持续运动时间和频率不同而对人体造成的不同影响,对体育锻炼处方的兴起有着积极的推动作用。20 世纪 60 年代初,美国开始运用运动处方、康复运动处方等,应用对象也从中年人为主逐渐发展到不同身体条件的各年龄层次的人。随着人们体育锻炼科学文化意识的增强,运动处方开始得到广泛的应用。体育锻炼处方具有如下特征。

(一)以健康为目标和出发点

人人都希望自己身体强健。但迄今为止,人们对体质的内涵和增强体质的途径的认识还不一致。有些人认为,灵丹妙药和山珍海味可永葆身体健康,对于运动锻炼不屑一顾;也有人认为,只要经常运动,就可以保持健康。但事实却并非如此。众所周知,历史上靠吃灵丹妙药以求长生不老的帝王不少,而真正的长寿者却寥寥无几。在传统的体育锻炼中,人们往往注重的是运动的文化形式,只是在模仿和学习"动作",对体育锻炼的效果——健康却知之甚少。有些人因锻炼不当损害了健康还茫然不知,有些人则将健康和竞技比赛混为一谈。

健身锻炼和竞技锻炼的自身目的在于通过肌肉活动,不同程度地促进人体机能的提高。竞技锻炼是对人体某些特定技能极限的挑战,竞技运动的世界纪录代表了一定时期人类某种能力的上限。健身锻炼则是对人体达到理想健康状况的适当性训练。人们参加活动有各种不同的需要和目的,如强健身体、促进生长发育、愉悦心境、开发智力等。但无论为何种目的的运动,只要是身体运动,就必然涉及运动的强度、时间、类型、每周的频度、持续的周期等。这些是构成运动处方的基本要素,而这些要素的实施,必须根据运动的目的和个人身体状况的不同,采用不同的运动处方种类。

当前,我国正在实施全民健身计划,高等学校是实施全民健身计划的重要阵地。增强大学生的体质和提高大学生的健康水平不仅仅限于传授运动技术和动作,更重要的是学会如何科学地进行运动锻炼。

(二)具有针对性和科学性

体育锻炼处方是利用科学理论和方法来合理有效地指导健身者增强体质,具有针对性和非随意性的特点。漫不经心地随意运动不利于增进健康。要想通过体育锻炼来健身,就必须按照有科学根据的体育锻炼处方来实施锻炼。体育锻炼处方很像医生给病人开的处方,一是选配锻炼项目,二是为各个项目科学定量。要求选用简便可行、有实效性的锻炼项目,根据每个健身者的特点确定适合自己的运动负荷量。

体育锻炼处方有着很强的科学性。体育锻炼处方是随着对体质研究的深入而产生的。在这里应明确指出,体育学与医学对人类身体健康的关注侧重点不同。医学注重于治疗,或以免疫的方法预防疾病,或以卫生保健的方法恢复人体健康;体育学的注重点是,采用运动锻炼加合理的饮食营养及良好的生活习惯来增强人的体度,提高机体的抗病能力,积极保护健康人的身体,预防疾病的发生。体育学是在医学研究的基础上对人类体质进一步研究,所以我们论述的体育健康处方有一个适用范围,这个范围是根据健康与体质的统一来制定的。通过体质测试,每个人都可以找到自己所在的位置。如果所定的健身目标脱离了自己的体质基础,就会进入临界区,就需要接受医务监督和医生治疗。

三、运动处方的要素及制定程序

(一)运动处方的要素

运动处方的内容一般包括:①锻炼的目的;②运动形式;③运动强度;④运动持续时间;⑤运动频率;⑥进展速度;⑦注意事项及微调整等。其中②～⑤称为运动处方的四要素。

1.运动形式

依据运动时代谢的特点,将健身运动分为有氧、无氧及混合运动,如表 5-1 所示。

表 5-1　有氧、无氧及混合运动项目示例

有氧运动	无氧运动	混合运动
步　行	短距离全速跑	足　球
慢　跑	举　重	羽毛球

续表

有氧运动	无氧运动	混合运动
自行车	拔河	乒乓球
网球	跳跃项目	篮球
排球	投掷	冰球
高尔夫球	肌力训练	间歇训练
远足	潜水	手球

在运动处方实施中,选择运动形式的条件是:①经医学检查已许可;②运动强度、运动量符合本人体力;③有过去的运动经验或本人喜欢的项目;④场地、设备器材许可;⑤有同伴与指导者。

现代运动处方中,运动形式包括三类:

第一类是有氧耐力运动项目。如步行、慢跑、速度游戏、乒乓球、羽毛球、游泳、骑自行车、滑冰、划船、跳绳、网球运动等。

第二类是伸展运动及健身操。包括广播体操、气功、武术、舞蹈等各类医疗体操和矫正体操等。

第三类是力量性锻炼。采用中等强度,每次 8～10 组,每组重复 8～12 次,每周至少 2次,对发展力量素质有明显效果。

2. 运动强度

运动强度是运动处方四要素中最重要的一个因素,也是运动处方定量化与科学性的核心问题。运动强度可根据锻炼时的心率、主观用力感觉(RPE)进行定量化。

(1)心率:是确定和监控运动处方强度的最常用指标,主要有:

①年龄减算法(Junkman 标准):运动适宜心率=180(或 170)－年龄。

②净增心率计算法:按体质强、中、弱三组分别控制运动强度。

40 次/分≤运动后心率－安静时心率<60 次/分,为强组。

20 次/分≤运动后心率－安静时心率<40 次/分,为中组。

0≤运动后心率－安静时心率<20 次/分,为弱组。

此法适用于患有心脏病、高血压、肺气肿等慢性病人。

③运动量百分比分级法:(运动后心率－运动前心率)/运动前心率×100%。评定:

运动后净增心率达 71% 及以上者为大运动强度。

运动后净增心率在 51%～70% 者为中等运动强度。

运动后净增心率为 50% 及以下者为小运动强度。

此法在运动疗法中广泛应用,尤其适用于高血压、冠心病等的患者和体质较差的学生。

(2)主观用力感觉:用于运动处方中强度的确定。用这一指标可反映人体在进行工作时感觉到真正用力程度,给定的数值与相对运动强度呈正相关。当 RPE 直接被采用时,证实这一指标用于监测运动强度是非常准确的。

瑞典生理学家博格(Borg)认为:"在运动时来自肌肉、呼吸、疼痛、心血管各方面的刺激都会传到大脑,而引起大脑感觉系统的应激。"博格据此设计了主观用力感觉等级表(简称

RPE)作为运动时心理负荷的标志,该表按自我感觉分为6～20级(见表5-2)。如果此时心率为等级×10,运动处方的适宜强度应为12～13级或15～16级。

表5-2 RPE量表

RPE	主观运动感觉	相应心率/(次·分)
6	安静	
7 8	非常轻松	70
9 10	很轻松	90
11 12	尚轻松	110
13 14	稍累	130
15 16	累	150
17 18	很累	170
19 20	精疲力竭	195 最大心率

3.运动持续时间

我们应该都知道运动量等于运动强度乘以时间。从这一关系可以看出,当运动量一定时,运动强度增大,运动持续时间应缩短。从运动生理来说,5分钟是全身耐力运动所需的最短时间,60分钟对于坚持正常工作的人是最大限度的时间。库珀研究认为,心率达到150次/分以上时,持续5分钟即可开始收到效果,如果心率在150次/分以下就需要5分钟以上才会有效果。最近更多的研究提出,每天坚持20～30分钟的运动效果最佳。但这需要强度来配合,一般原则是,如果运动强度小,则运动时间要长,如果运动强度大,则运动时间要短。在运动处方中,运动的形式、强度和时间有多种变化,在某些场合采用低强度较长时间的运动较为有效,如肥胖者的减肥运动;反之,在另外一些场合采用短时间高强度的运动较为有效,如训练肌肉力量。

4.运动频率

运动频率是指每周的锻炼次数。有人研究观察到:当每周锻炼多于3次时,最大吸氧量(VO2max)增加逐渐趋于平坦;当锻炼次数增加到5次以上时,VO2max的提高就很小;而每周锻炼少于2次时,通常不引起改变。由此可见,每周锻炼3～4次是最适宜的频率。但由于运动效应的蓄积作用,间隔不宜超过3天。作为一般健身保健者,坚持每天锻炼1次当然更好,但前提条件是次日不残留疲劳。因此,各人可选择适合自己情况的锻炼次数,但每周最低不能少于 2 次。

(二)制定健身运动处方的程序

为某人或为自己制定健身运动处方时,首先应该按照一定的程序进行系统的检查,获得为制定运动处方必需的全面资料,这样所制定的健身运动处方才能切实符合个人的身体条件。整个程序如图 5-1 所示。这个程序除一般的医学检查外,还有为从事运动而进行的运动负荷试验及体力测验,因此,可统称为运动医学检查。最后再经过运动教育讲座进入运动实施。

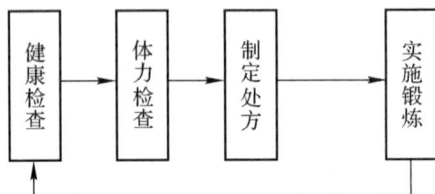

图 5-1 运动处方的实施步骤

制定运动处方的具体步骤如下:

第一步,一般体验:收集病史、运动史。①了解运动的目的,对运动的期望;②询问病史,如既往史、家庭史;③询问运动史,如运动爱好、目前的运动情况等;④了解社会环境条件,如生活环境、经济条件、营养状况等,周围能够利用的运动设施,有无指导等。

第二步,临床检查(包括人体测量及体质测定):这里所指的临床检查相当于成人病的检查。检查的目的:①对现在的健康状况进行评价;②判明能否进行运动、运动负荷试验;③有否潜在性疾病或危险因素,预防事故。总之,医学检查的基本目的在于掌握个人状况,为制定运动处方提供必要的信息。

第三步,运动试验及体力测验:运动试验是制定运动处方的基本依据之一。运动负荷试验的方法很多,根据检查的目的、被检查的特点来选择适合的方法。现在最普遍、最常用的方法是"递增负荷运动实验"。这是利用活动平板或功率自行车等,在试验过程中逐渐增加运动负荷强度,同时测定某些生理指标,直到受试者达到一定用力程度。

运动负荷无异常的人,才能接受体力测验,即进行肌肉、爆发力、柔韧性等运动能力和全身耐力测验。目的是了解被检查者的体力,发现潜在的疾患或异常,为确定适宜的运动强度提供依据。

12 分钟跑检查法是目前国内外普遍使用的较实用的体力检查方法。这种方法是测定在 12 分钟内能够跑完的最大距离,它表示全身耐力的水平。

测验的方法最好在 400 米的跑道上进行,每隔 10 米或 20 米设一个标记。测验前要充分做好准备活动,在跑的过程中尽量快跑,如果感到呼吸困难,应减慢速度,及时调整呼吸。但在开始和结束时,应避免全速跑和冲刺跑。最后计算 12 分钟跑的总距离。

把自己所测的 12 分钟跑的距离与 12 分钟跑测验评价标准进行对照(见表 5-3 和表 5-4),就可以找到自己对应的体力等级,从而正确认识自己的耐力水平。这是制定运动处方的可靠依据。

表 5-3　男子 12 分钟跑测验的评价标准　　　　　　　　（单位：千米）

年龄/岁	体力等级					
	1	2	3	4	5	6
	非常低	低	一般	高	非常高	最高
20～29	1.95 以下	1.95～2.10	2.11～2.39	2.40～2.62	2.63～2.82	2.83 及以上
30～39	1.89 以下	1.89～2.08	2.09～2.32	2.33～2.50	2.51～2.70	2.71 及以上
40～49	1.82 以下	1.82～1.99	2.00～2.22	2.23～2.45	2.46～2.64	2.65 及以上
50～59	1.65 以下	1.65～1.86	1.87～2.08	2.09～2.30	2.31～2.53	2.54 及以上
60 以上	1.39 以下	1.39～1.63	1.64～1.92	1.93～2.11	2.12～2.49	2.50 及以上

表 5-4　女子 12 分钟跑测验的评价标准　　　　　　　　（单位：千米）

年龄/岁	体力等级					
	1	2	3	4	5	6
	非常低	低	一般	高	非常高	最高
20～29	1.54 以下	1.54～1.78	1.79～1.95	1.96～2.14	2.15～2.32	2.33 及以上
30～39	1.50 以下	1.50～1.68	1.69～1.89	1.90～2.06	2.07～2.22	2.23 及以上
40～49	1.41 以下	1.41～1.57	1.58～1.78	1.79～1.98	1.99～2.14	2.15 及以上
50～59	1.34 以下	1.34～1.49	1.50～1.68	1.69～1.89	1.90～2.08	2.09 及以上
60 以上	1.25 以下	1.25～1.38	1.39～1.57	1.58～1.74	1.75～1.89	1.90 及以上

体力检查的方法较多,再介绍一种:用最大吸氧量指标自我检测及评价体能(力)强弱的方法。

如果被测试者想定期自我检测及评价自己的体能(力)状态,可准备一个台阶(高度:男 40 厘米,女 33 厘米),受试者按口令以每分钟 22.5 次的频率上下台阶 5 分钟(即丁压法),结束时即刻测定受试者 10 秒心率次数,将 10 秒的心率次数乘以 6 换算成 1 分钟心率次数。再将心率次数及受试者体重(千克)代入下列公式,即可推算出最大吸氧量:

$$最大吸氧量(L \cdot min-1) = 1.488 + 0.038 \times 体重(kg) - 0.0049 \times$$

台阶负荷第 5 分钟后即刻心率(次 · min-1)

这样推算出来的是每分钟多少升,可将这一数值转化成毫升,1L 等于 1000mL,如测得最大吸氧量为 3500mL · min-1。将这一数值除以本人体重,则得到每千克体重的最大吸氧量值(mL/(kg · min)),然后在表 5-5 中查到自己的等级。

第四步,制定运动处方,安排锻炼计划:通常根据以上检查的结果,能掌握此人的健康状况、体力(能)水平及运动能力的限度等,接着按其情况制定运动处方。处方中主要包括运动强度的安全界限和有效界限、一次必要运动量(运动时间)以及一周的运动频度等内容。一般按照初定的运动处方试行锻炼,对不适当的地方进行微调整,待适合后坚持锻炼 3～6 个月,再进行体力测验,重新制定长期的运动处方,以不断提高锻炼效果。

年龄/岁	差	一般	中	良	优
表 5-5 最大吸氧量评定等级					(单位:mL/(kg·min))
男子					
20~29	40.6 及以下	40.7~45.3	45.4~51.4	51.5~56.1	56.2 及以上
30~39	34.5 及以下	34.6~40.0	40.1~47.1	47.2~52.6	52.7 及以上
40~49	29.4 及以下	29.5~34.9	35.0~42.0	42.1~47.5	47.6 及以上
50~59	24.2 及以下	24.3~29.7	29.8~36.8	36.9~42.3	42.4 及以上
60~69	18.4 及以下	18.5~23.9	24.0~31.0	31.1~36.5	36.6 及以上
女子					
20~29	27.4 及以下	27.5~31.9	32.0~37.8	37.9~42.3	42.4 及以上
30~39	22.2 及以下	22.3~26.9	27.0~33.0	33.1~37.3	37.8 及以上
40~49	18.0 及以下	18.1~22.7	22.8~28.8	28.9~33.5	33.6 及以上
50~59	14.9 及以下	15.0~19.6	19.7~25.7	25.8~30.7	30.8 及以上
60~69	12.2 及以下	12.3~16.9	17.0~23.0	23.1~27.7	27.8 及以上

第五步,善后工作和复查:原则上体育指导者要当面为对方制定运动处方,不宜只按体检资料或由别人代办。首先要向对方说明医学检查结果的概要,要正确对待体检异常结果。其次指出注意事项,并进行相应的运动教育、咨询指导。再次是隔一定时间要与被检查者接触,询问运动情况,判断有无副作用或疲劳。另外,可要求对方写运动处方锻炼日记,并每 1~2 周来体育指导门诊咨询一次。最后是至少一年全面复查一次,总结一年的运动实施情况,评价期间的运动效果,必要时进一步改变运动处方。

(三)制定体育锻炼处方的原则

了解和掌握健身锻炼处方的原则,对于完善身体的科学锻炼有着重要的意义。

1.意识性原则

人们的活动,除了有机体的自律活动和反射活动外,所有的活动方式都伴随着一定的意识。健身处方锻炼的意识与竞技训练的意识有着本质的不同。前者的意识指向是健身、增寿,后者的意识指向则是为提高运动技艺。两者的意识指向不可替换或混同。

健身目标一经确定,剩下的就是为实现这一目标而有意识地参与健身活动,提高健身锻炼的积极性,并有意识地观察其效果。随着现代体育科学的发展与完善,增强体质的规律和方法已被揭示,即健身锻炼的中心不在于运动技能的学习和创新,而在于异化作用占优势的健身锻炼过程和同化作用占优势的健身恢复过程。

所以,在贯彻意识性原则中,要注意健身的时效性和方法的简洁性,要有意识地选择健身的手段和方法,有意识地体会锻炼的强度、时间和频度并观察其效果。同时,根据效果的反馈不断地调节锻炼的强度、时间和频度。在锻炼恢复过程中,结合健身目标有意识地选择 营养物质的种类,以适合健身运动后身体对营养物质的需要。

在贯彻意识性原则的同时,要对健身运动的效果实施评价。因为评价健身运动的效果是评价健身目标的主要依据,可以通过它提高健身者实施健身锻炼的意识。

2.全面性原则

全面性原则是指运用健身锻炼处方来完善身体,让身心全面发展的重要的健身准则。人体是大脑皮层统一调节下的有机体,人体各系统的功能是互相联系和互相促进的。同时各系统又有各自的功能,它们之间不可互相替代。因此,必须全面地发展和完善身体。那么,如何才能贯彻全面性原则呢?我们认为,在选配健身锻炼处方时,要考虑处方内容和方法,从而获得身心的全面发展。在锻炼的恢复过程中,要结合健身目标选配饮食结构,以保证营养物质与健身目标有机结合,促使机体与健身目标协同发展。

3.个别性原则

个别性原则是指在实施健身锻炼处方过程中,每个人按照自身体质状况和特点选择适当的锻炼内容、手段、方法和运动负荷,以求达到增强体质的良好效果。在贯彻个别性原则时,需要根据个人的体质特点确定锻炼的强度、时间和频度,应用的手段也要根据自己体质评价状态来选择。这是健身锻炼处方的基本原则。

健身锻炼处方的个别性原则中,分为可接受性和个别对待两大因素,所以必须根据自身的体质状况和锻炼方法的可征收性安排运动负荷量。在锻炼后的恢复期,应根据自身营养状况、负荷量的强弱和锻炼过程营养消耗的种类,结合健身目标配置饮食结构,这样才能促进身体的恢复,为健身目标提供能量的保障。

4.渐进性原则

健身锻炼处方的渐进性原则是根据逐步增强体质的规律,应用处方的内容和方法来锻炼身体所确定的法则。它按照循序渐进的性质,遵循超量恢复的法则来逐步提高运动负荷量。如果仅用一种健身锻炼处方的内容和方法,数月或长年不变地进行健身运动,就不可能逐步提高健身水平和增强体质,而只能起到维持健康的作用。如果突然进行一次大强度、长时间和多次重复的锻炼,则违背了逐渐的宗旨,也不符合身体发展的规律,甚至可能导致身体机能失调,破坏同化优势的法则,使身体受到伤害。

健身锻炼处方的逐渐性原则是根据体质增强的规律确定的,在实施过程中要求针对个人体质状况由小到大逐步增加锻炼的难度和负荷量。每次持续的时间和渐进的量应按照负荷和有效价值阈所规定的时间合理确定渐进的指标,并且按照每个指标安排渐进的幅度和阶段时间。

值得一提的是渐进性和阶段性的关系问题。客观存在的一切事物都是按照由量变到质变的规律发展的,所以应该按此规律去认识渐进性。但是,在增强体质的健身锻炼中,不能天天平均加量,应该依照人体运动的适应性和科学性以及超量负荷的要求,有阶段地逐步增加锻炼的负荷量。在对人体施加一定的运动负荷和一定的时间、次数之后,身体的机能才能产生一定的变化,体质才能加强,所以增强体质的过程是有阶段性的。在实施健身锻炼处方的渐进性原则过程中,应按照体制的适应变化阶段去掌握渐进的步骤。

5.反复性原则

反复性原则是指用健身锻炼处方的手段来增强体质的过程,具有一遍又一遍的多次重复性。在人类社会几千年的文明史上早有关于健身过程需要运动、需要有恒心的论述。现代科学也再次证明,人体在外界环境条件作用下,经常处于适应性变化中,锻炼的结果不是长期有效不变的,所以需要多次连续地进行反复锻炼。

根据大量的史料得知,少数几次的反复锻炼对人体作用不大,反复锻炼至一定程度对人体有良好作用,反复次数过多则对人体有害。因此,反复之中也有规律。根据反复的规律来确定反复的健身方法,才能更有效。

反复性的规律首先是锻炼和间歇相结合,也就是人们常说的劳逸结合。锻炼之后必须适当休息,使机体在恢复过程中产生同化优势,循环往复,连续进行。现代体育科学已经证明,在运动锻炼之后,要有充分的休息,同时施以科学的营养配比,运动疲劳才能充分消除,同化过程才能占优势,运动锻炼才能延续。运动锻炼的强度和间隙的关系是:运动强度小则反复次数多,间隙时间短;运动强度大则反复次数少,间隙时间长。间隙时间的长与短、运动强度的大与小、重复次数的多与少,不能用一个定量来规定,要以恢复的状态来调节,否则,将会带来严重后果。

反复性的另一个规律是,要在周间、月间、年间、长年间连续不断地进行健身锻炼。在健身锻炼过程中,如果三天打鱼,两天晒网,就会失掉锻炼的连续性,违背了反复性的规律,也就得不到强健体质的效果。长期连续进行运动锻炼,增强体质的效果才会明显。

总之,体育锻炼处方的原则是身体锻炼过程中的客观规律的反映。它反映了人在体质增强过程中物质代谢的异化过程和同化过程以及两者的相互关系。也就是说,身体锻炼增强过程中和体力恢复过程中的转换是健身锻炼要遵循的基本规律。

任务二　科学锻炼的原则

一、科学锻炼的基本原则

体育锻炼的原则是人们长期锻炼实践经验的概括与总结,是体育锻炼规律的反映,同时又是进行体育锻炼的准则。

(一)自觉积极性原则

体育锻炼可以促使体质的增强,但它是一个长期积累的过程,也是一个艰苦的过程。从身体锻炼的实践来看,人们必须克服自身的惰性,强迫自己去"吃苦"。通过身体锻炼使体质增强,提高健康水平,并非一朝一夕可以实现的,非长期努力不可。

(二)因人而异原则

体育锻炼应从实际出发,根据每个人的具体情况及客观条件来确定锻炼的内容、负荷和方法手段等。身体锻炼要想取得理想的效果,必须有适宜的负荷。所谓负荷,是指运动强度、运动时间和运动密度的总和。体育锻炼的负荷一定要因人而异,锻炼者应根据自己的年龄、性别、健康状况等实际情况掌握好运动负荷。

(三)经常性原则

人的体质增强是不断积累、逐步提高的过程。如果经常参加体育锻炼,那么每一次体育锻炼对有机体都会产生良好影响,同时为以后的体育锻炼打下基础。这样,日积月累就必然能达到理想的锻炼效果。

(四)循序渐进原则

循序渐进原则的"序"是指体育锻炼的内容、方法和运动负荷应有合理的安排,按合理的顺序逐步提高。这是根据人体机能适应能力、动作技能形成规律及人的认识规律提出来的一项体育锻炼的原则。因此,进行体育锻炼,特别是初次参加体育锻炼时,锻炼的时间应由短到长,选择的内容应由少到多,技术动作应由易到难。例如,初练长跑的人,开始阶段跑的距离不要太长,跑的速度也不要过快,可以采取先走后跑的方式。

(五)全面锻炼原则

全面锻炼原则是指体育锻炼应全面发展身体的各个部位、各器官系统的机能和各种身体素质(速度、灵敏、力量、耐力、协调等)以及基本活动能力。

(六)安全性原则

安全性原则是指在固定的时间范围内进行身体各部位、各器官的医学检查,根据结果开出不同的运动处方,以保证人体生理功能的不断提高。安全性原则是随着社会的高度发展而形成的。就目前来看,它的必要性显得特别重要。高度发达的现代医学,使我们能够用最简便的医疗仪器测出人体各功能的指标,再根据不同的年龄、不同的运动项目以及不同的锻炼阶段,选择、制定适合自己的运动处方,做到自我监控、量力而行,切忌盲目模仿、照搬别人的做法。

上述 6 个原则,是相互联系、缺一不可的。如果违反了这些原则,盲目地进行自己力所不能及的体育运动,则后果非但无益,反而会损害健康。

体育小幽默

关心教授是个和善而幽默的老头。班上有个高大强壮的体育生。每次上课当教授的声音响起时,体育生就开始睡觉,直至下课才准时醒来。有一天体育生迟到了,教授亲切地对他说:"×××,以后请不要迟到,这会影响你正常睡眠的。"

二、体育锻炼中常见的生理现象

(一)肌肉酸痛

运动后肌肉酸痛,与肌肉中乳酸积聚有关,还与运动中部分肌纤维不能充分放松有关。它是对运动不太适应的一种正常生理反应。一般经过几天的调整和坚持锻炼,适应后疼痛便会消失了。

(二)"极点"和"第二次呼吸"

剧烈运动不久会出现呼吸急促,胸部发闷,下肢沉重,动作失调甚至呕吐等现象,这就是"极点"。"极点"出现后,可稍微降低运动强度,并加深呼吸,各种不良感觉会逐渐消失,动作会逐渐协调有力,运动能力也会重新提高。这种现象在运动生理学上称为"第二次呼吸"。"极点"的产生与训练水平、强度、准备活动有关。不经常参加体育活动的人,"极点"出现早,持续时间长,身体反应也严重;经常参加锻炼的人或有一定训练水平的人,"极点"出现得晚,持续时间短,身体反应也较轻。这主要是因为通过体育运动,内脏器官的机能得到提高,在运动中能发挥最高水平。

（三）抽筋

抽筋是指人体某一部分肌肉发生强直性收缩,引起局部疼痛和活动障碍,多发生在小腿部位。游泳时,大腿、脚趾、手指甚至腹部肌肉都可能发生抽筋。发生抽筋的原因主要有:

(1)运动前没做准备活动就进行剧烈运动,使肌肉突然猛力收缩。

(2)在锻炼和比赛时,小腿肌肉收缩过快,未能充分放松或收缩与放松的交替不协调。

(3)长时间紧张而剧烈的运动,使身体大量出汗,体内丧失大量电解质,导致过度疲劳。

(4)强烈的冷刺激。如游泳,身体在低温水中待的时间过长,皮肤和肌肉受到过冷的刺激,发生强烈的收缩。如果运动中发生抽筋,尤其在游泳时,首先要保持镇静,不可慌乱,对抽筋部位的肌肉做牵拉、伸展动作或掐穴位。小腿抽筋,可足尖上翘,足跟用力蹬,并用力揉捏小腿肚,一般即可解除。还要注意上岸休息、保暖。

（四）运动性腹痛

多在右上腹出现钝痛,有的人在上腹中部或左部有钝痛、胀痛或刺痛,个别有绞痛。发生腹痛的原因有:

(1)准备活动不充分或没做准备活动就进行剧烈运动。

(2)长时间剧烈运动使心脏功能降低,血液淤积在肝脏,引起肝区疼痛;呼吸与动作配合不协调,膈肌产生异常活动或疲劳。

(3)由于大量排汗,体内电解质丧失过多,引起胃、肠痉挛。

(4)饭后立即进行激烈运动。

(5)运动中大量饮水。

这几种情况引起的腹痛不是疾病,而是机体不适应的表现。腹痛时应减少运动量或停止运动,按压疼痛部位并做深呼吸运动即可缓解。

（五）重力休克

当剧烈紧张的运动后立即停止不动,出现面色苍白、气喘、头晕、出虚汗、恶心甚至晕倒现象,这在运动生理学上称为"重力休克"。出现这种现象主要是因为运动停止,肌肉对血管的挤压作用也停止,血管处于扩张状态。由于重力作用,血液滞留于下肢,造成心脏血液输出量减少,血压下降,脑部供血不足,产生暂时性脑贫血。为避免"重力休克"的发生,运动后应做好整理活动。

（六）中暑

在高温或烈日暴晒下进行长时间的运动使机体体温调节机能紊乱会引起中暑。中暑一般发病较急,在初期感到头昏、眼花、全身无力,随后出现头痛、烦躁心慌、恶心、呕吐、口渴舌干、体温上升、面色潮红、脉搏加快、呼吸急促。严重的出现冷汗、面色苍白、血压下降、昏迷不醒等现象。为了预防中暑,在高温、闷热天气下工作或运动时,应穿浅色、轻而薄、便于散热的服装,并且要适当注意休息。

知识拓展

一般性准备活动的方法

1.伸展肌肉

伸展肌肉的活动顺序一般为颈、上肢、躯干、下肢,伸展动作包括前后、左右以及绕环等。

(1)颈部肌肉的伸展。颈部肌肉的伸展动作包括低头,仰头,分别向左、向右侧头,分别由左向右或由右向左绕环。

(2)上肢肌肉的伸展。上肢肌肉的伸展动作可以是两臂上举后摆,两臂下垂后摆,还可以是两手交叉,手掌上翻,手臂向上伸展。

(3)躯干肌肉的伸展。躯干肌肉的伸展动作包括体前屈,上体分别向左或向右侧屈和腰分别由左向右或由右向左绕环。

(4)下肢肌肉的伸展。下肢肌肉的伸展动作为跪撑在垫子上,慢慢向后倒体使得腿部前群肌肉伸展,然后向前体前屈使膝关节微屈向下压,使得腿部后群肌肉伸展。

2.简单的热身活动

(1)走。走一段距离,可以使被牵拉肌肉的弹性得到恢复。走的时候可以先自然走,也可以是用脚后跟走、用前脚掌走、用脚外侧走以及用脚内侧走等。走的速度应由慢到快。

(2)慢跑。在冬季或气温较低的时候,慢跑的时间可以相对长一些;反之,在夏季或气温较高的时候,慢跑的时间可以相对短一些。慢跑的速度也应由慢到快。

3.伸展韧带

伸展韧带可以增加关节的活动幅度和灵活性,能够有效地防止受伤。在训练过程中应该重点伸展肩、躯干、髋、膝、踝等部位的韧带。

(1)肩关节韧带的伸展。适当拉长前部的韧带,可以增加肩关节的活动幅度。准备活动中可以采用扶墙压肩、双人相互压肩以及振臂等练习。

(2)躯干关节韧带的伸展。伸展躯干关节韧带也就是伸展脊椎前后、左右的韧带。准备活动中可以采用体前屈、跪撑后倒体、俯卧两头起、向后下腰以及体侧屈等练习。

(3)髋关节韧带的伸展。髋关节韧带直接影响到运动员跑步动作的幅度。准备活动中采用纵劈腿、横劈腿、正压腿、正踢腿、侧踢腿和前后踢腿等练习来伸展髋关节周围的韧带。

(4)膝关节韧带的伸展。伸展膝关节韧带可以使大小腿在膝关节处能够充分伸展。准备活动中可以采用正面压腿的练习来进行,注意勾脚尖,这样能够达到更好的练习效果。

(5)伸展踝关节韧带。运动中踝关节的韧带最容易受伤。准备活动中可以采用脚内翻压、脚外翻压、脚后蹬压等动作练习。

三、饮食与科学锻炼

(一)体育锻炼所需补充的营养物质

1. 蛋白质

蛋白质是人体一切细胞、组织的主要成分,是生命的物质基础。蛋白质的营养功能是构成机体组织、调节生理功能、供给热能。体育锻炼时,体内蛋白质代谢加强,因此需要额外补充。科学家计算过,参加体育锻炼的青少年,男性每天大约需要增加 90 克蛋白质,女性每天大约需要增加 80 克。含蛋白质较多的食物有肉类、鱼类、奶类、蛋类、坚果类和豆类等。参加体育锻炼者要特别注意以上食物的摄取。因为这些食物所含的蛋白质是优质蛋白质,含人体所必需的 8 种氨基酸,营养丰富。而且这些蛋白质与人体蛋白质相近,摄入后便于人体吸收,对于跳跃类、投掷类及仰卧起坐、引体向上等项目的成绩提高有很大的帮助。如果体育锻炼后长时间得不到蛋白质补充,人会出现疲倦、体重下降、肌肉无力等症状。同时,对疾病的抵抗能力下降,严重影响生长发育和身体健康。

2. 糖

糖又称碳水化合物,是人体最主要的能源物质。糖具有供应热能、构成机体成分、保护肝脏、维持心肌和骨骼肌的正常工作等功能。对于绝大多数人来说,经常参加体育锻炼要消耗比平时更多的糖。由于人体内糖储备很少,大约 300 克,因此,需要及时摄取糖类食物,以保证及时补充耗去的糖。另外,气候的不同也影响人体对糖的需求,寒冷天气比炎热夏天需要量大。为了保证人体对热量的需要,每天必须进食适量的糖类食物,如谷类、豆类、果类等。

3. 脂肪

脂肪是人体不可缺少的重要营养素。脂肪具有供给热能、构成机体成分、促进脂溶性维生素的吸收利用、保护机体、增加食物的美味和饱腹感等营养功能。参加体育锻炼时,特别是进行有氧耐力练习,脂肪就成为能量供应的重要来源,这时,消耗的脂肪就多一些,需要适当补充。每天大约摄取 60 克。但是,要注意的是,脂肪必须在供氧充分的条件下才能氧化放能。脂肪氧化时耗氧多,在负有氧债时脂肪氧化受阻,不能被有效利用,会增加体内酸性代谢产物,对人体运动不利。因此,膳食中脂肪不宜过多。另外,膳食中脂肪过多,易使人产生饱足感,降低食欲,影响对其他营养素尤其是蛋白质的吸收。脂肪来源于两个方面:一是动物性食物,如猪油、牛油、奶油、鱼油、骨髓及蛋黄等;二是植物性食物,如芝麻、菜籽、大豆、花生等。

4. 维生素

维生素是维持机体健康所必需的营养物质。这类物质虽然身体需要量很少,但由于大多数维生素在体内不能合成,因此必须由每天的食物供给。维生素在体内既不供给热能,也不参与构成机体,它的主要功用是调节生理功能,如在物质代谢中起重要作用等。锻炼时,由于代谢旺盛,激素分泌量增加,以及排汗量增加,维生素的损失较多,所以,要适当增加维生素的供给量。合理增加维生素,可以提高运动成绩。进行体育锻炼的人应注意早期维生素缺乏症的出现。早期维生素缺乏症表现为运动能力下降、容易疲劳、免疫力下降等,大大影响锻炼的效果。

　　预防维生素缺乏的措施是平衡膳食。在日常生活中,要特别注意荤素结合,粗细粮混吃,多吃含维生素多的食物,如动物肝脏、谷物、鸡蛋、奶制品以及新鲜蔬菜水果等,纠正不当节食和偏食、忌口习惯,做到饭菜多样化,还可以饮一些含维生素多的饮料。

　　5. 矿物质(无机盐)

　　无机盐是人体内的重要成分,其作用是维持体内环境的稳定和促进生长发育,分为常量元素(如钙、镁、磷、钠、钾、硫、氯等)和含量甚微的微量元素(如铁、锌、硒、碘等)。锻炼时,会有一定量的矿物质从不同的途径排出体外,如果不能及时得到补充,会对运动者造成很大的影响,如引起抽筋、恶心、腹泻、呕吐、倦怠、肌肉无力、虚脱、运动性贫血等。因此,必须注意及时补充,如适当喝一些功能饮料,喝适量的淡盐水等。平时膳食也要注意选择含人体所需矿物质丰富的食品。如乳制品、豆类和海产品中钙的含量丰富;动物肝脏、豆类、海带、黑木耳等食物中铁的含量丰富;谷类、豆类、核桃、青菜等含镁较多。

(二)合理安排吃饭与锻炼之间的时间间隔

　　吃饭时间和体育锻炼时间有一定的间隔,这不仅关系到锻炼效果和质量,而且涉及身体健康问题。如果饭后马上进行运动,体内血液就相对地集中于肌肉和皮肤的血管,而消化系统的供血相对减少,致使消化液分泌减少,消化道蠕动减弱,不利于消化吸收,阻碍人体营养物质的摄取,不利于身体健康。同时,运动时,胃内的食物会随运动而震荡,会牵扯肠胃膜而引起运动性腹痛。长此以往,还会引起慢性肠胃病以及消化功能紊乱。锻炼结束后也不宜立刻进食。因为这时候循环系统、运动系统、呼吸系统还没有恢复到相对安静的状态,血液仍然滞留在这些系统的组织器官内。通常情况下,应在饭后半小时以上才可以进行轻微的体育活动,1小时以上再进行剧烈运动。平时缺乏体育锻炼或体弱的人,饭后间隔还宜长一些。运动结束后,至少间隔半个小时才能进食,大运动量后则应间隔40分钟。但进食与运动时间也不能间隔太长,如果吃饭后4~5小时再进行运动,这时胃已排空,血糖下降,也会影响运动能力和锻炼效果。

(三)锻炼时怎样正确补充水分

　　在体育锻炼时,特别是在炎热的夏天运动,人们会大量出汗,从而失去大量的水分。如果不能及时补充,会使人出现疲劳感,运动能力大大下降,严重时还会造成代谢紊乱,出现晕厥甚至生命危险。一般认为,失水量为体重的3%~4%时,基本上对运动无不良影响;失水量占体重的5%时,最大吸氧量和肌肉力量下降10%~30%。因此,在体育锻炼中或锻炼后,应及时饮水。但是,无论是在体育锻炼中还是在锻炼后,都不能一次饮水过多。如果图一时痛快饮水太多,不但不能达到解渴目的,还会对身体造成危害,如增加胃肠负担、妨碍呼吸、增加心脏负担、加速无机盐损失等。

　　体育锻炼过程中正确的饮水方法是:首先区别是否体内真的缺水。在短时间的体育运动中或剧烈的体育运动中感到口渴,主要是由于口腔和咽部黏膜水分蒸发、唾液分泌减少引起,或者由于心理紧张造成,这时就不必补充水分,只需用水漱漱口,以增加口腔湿润感即可。体育锻炼中水分的补充,要采取多次少量的办法。预防运动失水最好的方法是每15~20分钟饮水150毫升左右,这样既随时补充了水分,又可避免对身体的损害;在锻炼前10~15分钟,可饮水300~500毫升,以保证体内充足的水分。补水最大量每小时不能超过800毫升。

四、女性与科学锻炼

女性经常参加体育锻炼,不仅可以促进身体发育、增进健康,更好地完成担负的工作任务,而且还能使身体各部分肌肉得到协调均匀的发展。特别重要的是,通过身体锻炼能使腹肌、腰背肌和骨盆底肌的力量得到增强,这对女子的形体美、怀孕期的身体健康和顺利分娩都是很有好处的。但是,由于男、女身体的解剖结构和生理机能均有不同,在进行体育锻炼时,必须充分考虑到女性的生理特点,采取正确的方法,提高她们的健康水平和体育成绩。

(一)女性锻炼的一般要求

女性在青春发育期,特别是月经初潮时,在形态、机能、心理、智力和行为方面都要发生一系列的突变。为此,锻炼的内容和要求均应强调区别对待,切莫强求一律。

(1)一般来讲,女性循环系统和呼吸系统的机能较男性差,这影响了女性的耐力和速度水平,因此,运动负荷应相对小一些。

(2)女性的肩部较窄,肩带肌较细弱,重心较低,因此,进行两臂支撑、悬垂和大幅度的摆动动作相对较困难,所以在安排这些动作的练习时,要特别注意循序渐进。

(3)女性在青少年时期,骨盆尚未发育完全,不可过多地进行负担量过大的练习,或做过量的负重跳跃练习,特别是少做不对称的负重练习。从高处跳下时,地面切不可太硬,应注意落地姿势的正确性,以免身体受到过分的震动,影响骨盆的发育和形态。

(4)女子在进行体操、武术、舞蹈等项目的活动时,应加强肩带肌、腰背肌、腹肌和骨盆底肌的锻炼,有利于更好地发展女性的协调性、灵敏性和柔韧性。

(二)月经期的体育锻炼

身体健康、月经周期正常的青少年,在月经期间参加适当的体育活动,对身体是有益的。但要注意以下事项:

(1)不宜参加剧烈运动和比赛,也不要做跳跃和收腹动作以及带有屏气和静力性的练习。因为这些动作和练习会使腹内压明显增高,子宫受压而造成经血过多,甚至造成子宫位置的改变。例如,排球运动中的原地跳起扣球,篮球运动中的跳起投篮,田径练习中的跳高、跳远、推铅球,以及体操练习中的各种跳跃动作、后倒成桥、俯卧撑、仰卧起坐等,均能引起较大的腹内压,应少做或不做。

(2)月经初潮的青少年,由于她们的月经周期还不稳定,运动负荷更不宜大,更应注意循序渐进。但要促使她们逐步养成长期坚持适当的体育活动的好习惯。而健康状况良好、月经周期稳定者,来月经的第一、二天可做少量轻微活动,如徒手操、打乒乓球和羽毛球、垫排球等。通过这些轻微的练习,可以促进盆腔内的血液循环,增强对腹肌、盆底肌的收缩与放松,对子宫还可起到按摩作用,有助于经血的排出;同时,能调整大脑皮层的兴奋和抑制过程,减轻全身不适的感觉。在月经的第三、四天,则可逐渐加量,第五、六天就可照常活动,但不宜参加过分剧烈的运动和比赛。

(3)月经不正常的人,在月经期间,可进行些轻微活动,如散步、打太极拳等。上体育课的时候,可见习。

(4)月经期间不宜游泳。因为来月经时,局部抵抗力下降,子宫内膜进行着复杂的蜕变过程,内膜功能层脱落,小血管断裂开放,子宫口松弛,阴道内的酸度降低,容易感染细菌,引起炎症。

任务三　身体锻炼的计划与方法

制订身体锻炼的计划与选择身体锻炼的方法,是大学生身体锻炼首先要解决的问题。计划的制订与方法的选择是否合适,直接影响大学生参加身体锻炼的积极性,以及能否经常持久地参与练习,以实现良好的锻炼效果。

一、科学身体锻炼计划

大学生按照一定的计划进行身体锻炼,可以克服身体锻炼中的盲目性和片面性,有利于提高身体锻炼的质量,养成良好的生活习惯。

一个完整的身体锻炼计划包括锻炼的目标、内容、方法、时间等。下面仅就大学在制订个人身体锻炼计划中最突出的3个问题,即锻炼内容的合理搭配、锻炼次数和时间的分配以及周锻炼计划做简要介绍。

(一)身体锻炼内容的合理搭配

在选配锻炼内容时,应注意以下几点:

(1)注意把课外锻炼的内容和体育课的学习内容结合起来。

(2)注意把个人兴趣与实际需要相结合。既要发展提高自己有兴趣的或擅长的项目,又要努力克服自己的弱项和不足。

(3)注意身体素质练习与其他活动的有机结合。如速度与力量练习的结合;力量与耐力练习的结合;动力性与静力性练习的结合;大肌肉群与小肌肉群练习的结合;身体素质锻炼与运动技术学习相结合等。

在一般情况下,每次锻炼应安排一项活动性游戏(球类活动),再配以1～2项身体素质练习为好。如表5-6所示为一次身体锻炼计划示例。

表5-6　一次身体锻炼计划(课外活动)示例

本次身体锻炼的目标:①促进血液循环、增进健康;②提高灵敏素质;③发展上肢和腰腹力量;④复习巩固课堂内容			
内容方法	准备部分	基本部分	结束部分
	5～10分钟	45～60分钟	10～20分钟
内容	准备活动: ①慢跑200～400米 ②徒手操	球类运动: ①羽毛球或足球 ②乒乓球或篮球(任意选择一至两项锻炼)	身体素质练习: ①引体向上8～12次/2～3组 ②收腹举腿10～15次/2～3组 ③自然积极放松活动
方法	慢跑:自由跑、轻松自然 徒手操:从远心端向近心端	以比赛形式进行锻炼	最好两人相互监督、相互帮助进行

当以长跑练习为主时,可配以上肢力量和腰腹力量练习,在练习中间或最后以球类活动作调节。

(二)周锻炼次数和时间的安排

根据学校特点,大学生在制订锻炼计划时,一般以一年或一学期为锻炼周期,以此来确定每周早操、课外活动的锻炼次数以及每次锻炼的时间(见表 5-7)。

表 5-7　身体锻炼周次数和时间计划(示例)

时期	有体育课时				无体育课时			
	早操		课外活动		早操		课外活动	
	周次数	时间/小时	周次数	时间/小时	周次数	时间/小时	周次数	时间/小时
春(秋)学期	3～5	0.5	2～3	1.5	3～5	0.5	3～4	1
夏(冬)考试期			2～3	1			2～3	1
暑(寒)假			3～4	2			3～4	2

注:表中时间均指每次锻炼时间。

安排时要注意:

(1)期末准备考试和考试期间,仍要坚持经常性的身体锻炼,但周锻炼次数和每次锻炼的时间,以及锻炼的强度和量都要相应地减少。

(2)早操时间不宜过长,一般不超过 30 分钟。早操活动强度宜小,不要进行剧烈活动,以不出现疲劳为度。

(3)课外活动时间约为 1～1.5 小时,应在晚饭前半小时结束。

(4)若在睡眠前进行晚锻炼,主要结合洁净身体的冷水浴或太极拳进行锻炼,不宜进行剧烈运动,以免影响睡眠。

(三)周锻炼计划

各种锻炼计划制订起来比较复杂,大学生只要掌握了周锻炼计划,就可以在实际中运用了。这种方法简便易行,现以一年级某男生为例,该生以全面发展身体和复习、巩固体育课内容为目标,制订的周锻炼计划如表 5-8 所示。此表以安排早操和课外活动为主,表中各项内容均应有一定的强度、量和时间要求,具体因人、因时、因地酌定。注意课外活动时间,尽量不要安排在有体育课的当天进行。

表 5-8　周锻炼计划(示例)

星期	早操	课外身体锻炼	备注
一	晨跑 1200 米 一般体操练习		
二		耐力跑 2000 米 足球活动 30 分钟 引体向上或腰腹力量练习	
三	晨跑 1200 米 太极拳练习		

星期	早操	课外身体锻炼	备注
四	晨跑 1200 米 一般体操练习		
五		30～50 米反复跑；立定跳远或跨跳练习； 复习体育课内容；篮球或羽毛球活动 20 分钟	
六	晨跑 1200 米 太极拳练习		
日		野外活动或球类活动（如羽毛球、网球等）	

二、科学增强身体素质的方法

(一)提高全身耐力的方法

1.持续练习法

持续练习法有两种：一种是连续负荷法，即在较长时间内保持速度不变，如以中等强度持续跑 15～20 分钟；另一种是交换负荷法，即在连续负荷的基础上，短时间加大负荷强度，使机体的呼吸能力和血液循环能力产生良性刺激。

2.间隙练习法

间隙练习法用较高强度的持续练习法（心率为 150～170 次/分）进行 1 分钟左右之后，再进行 2～3 分钟的轻微运动作为积极性休息，反复做 4～8 次，其锻炼效果比较明显。注意：由于这种方法运动强度大，只有有一定耐力基础的人才能采用这种方法。

(二)提高肌肉耐力的方法

通过发展全身耐力的锻炼，会使腿部的肌肉耐力得到相应的提高。另外，通过用最大肌力的三分之一或四分之一的负荷强度反复进行数组动力性练习，使人体某部分肌肉长时间克服小阻力达到疲劳的状态，能有效地提高肌肉耐力。为了提高腹肌和上臂肌的耐力，可以做仰卧起坐和俯卧撑（或斜体俯卧撑），使之达到疲劳的程度，每天做 3～5 组，效果较好。

(三)提高肌肉力量的方法

肌肉力量是人们日常生活、生产劳动和体育锻炼所必需的素质。由于肌肉用力的性质不同，因而有效地增强肌肉力量的方法有静力性练习和动力性练习之分。

1.增强静力性肌肉力量的练习方法

静力性肌肉力量的练习方法的主要特点是肢体不产生明显的位移，肌肉产生张力但不发生长度变化。其方法是：

(1)让身体保持一定姿势（站立或仰卧），推或蹬住固定重物，以肌肉最大收缩力坚持几秒钟，可以提高上肢或腿部的静力性肌力。如果用两手在胸前相交，用全力互相推或互相拉，也能够锻炼上臂的静力性肌肉力量。

(2)静力性肌肉力量练习还可以用很慢的速度，不借助反弹力和惯性力，单纯依靠肌肉的紧张收缩来完成。如在健美锻炼中经常运用多功能健身器、杠铃、哑铃等以较大的负荷慢速做练习,使肌肉粗壮有力。

2.增强动力性肌肉力量的练习方法

动力性肌肉力量的练习方法的主要特点是使肢体或身体某部产生明显的位移,或用较快的速度推动物体进行运动。其方法有:

(1)增强绝对力量。绝对力量是用最大力量或接近最大力量克服阻力的能力,如以较少次数快速推举接近人能举起的最大的重物。

(2)增强速度力量(爆发力)。速度力量是人体快速克服小阻力的能力,要求在最短时间内以最快速度发挥最大力量,如快速跑、跳高和羽毛球的大力扣球、足球的踢球射门以及拳击的冲拳等,这些运动对增强速度力量有上佳的锻炼效果。

(四)提高灵敏性的方法

羽毛球、乒乓球、网球、篮球、足球、手球等球类运动,是发展灵敏素质最有效的运动。滑雪、滑冰、剑道、击剑、体操等也是提高灵敏性较好的运动。

(五)提高柔韧性的方法

柔韧性是人体各个关节的活动幅度和肌肉、韧带的伸展能力。实践中,经常把动力性练习和静力性练习结合起来,把主动练习和被动练习结合起来,可以收到更好的效果。例如发展肩部、腿部的柔韧性,可采用压、摆、踢、绕环等练习;发展腰部柔韧性,可采用站立体前屈、俯卧背伸、转体、甩腰、涮腰(绕环)等练习。

(六)提高平衡性的方法

因为神经系统与人体平衡机能的发展密切相关,因而在生长发育期进行平衡练习容易提高效果。滑冰、滑雪、器械体操、舞蹈等项目是很好的提高平衡性的运动,闭目单足站立的练习也有相当好的效果。

任务四　体质测定与评价

一、体质的概念

体质是人的生命活动和劳动工作能力的物质基础。简要地说,体质是指人的有机体的质量。它是在遗传的基础上由于变异而造成的人体在形体、生理、生化和行为上相对稳定的特征。体质既反映着人体生命活动的水平,也反映着人体身体运动的水平。生命活动是身体运动的基础,反映着人的自然属性。身体运动又是生命活动得以充分发展的必要条件,相当程度地反映着人的社会属性,两者是统一的。

听任身体运动的任意发展,会损害人体的生命运动和身体运动的对立统一。只有科学地把握和处理生命运动和身体运动的矛盾统一,才能达到身体发展的最高成就。这个成就,也就是体育工作的根本目的。从这个角度可以加深我们对"发展体育运动,增强人民体质"深刻意义的理解。

二、体质测定

体质测定一般包括如下内容和指标。

(一)形态指标

形态指标由身高、体重、胸围、上臂围、坐高和身体组成(皮脂厚度、体脂比重、去脂体重等)。

(二)功能指标

功能指标是指安静时心率、血压、肺功能及心血管运动试验等指标。

(三)身体素质指标

(1)力量指标:握力、背肌力、腹肌力、腿肌力、仰卧起坐、单杠引体向上(男)、单杠屈臂悬垂、双杠双臂屈伸、俯卧撑。

(2)爆发力指标:纵跳(垂直跳)。

(3)悬垂力指标:单杠屈臂悬垂。

(4)柔韧性:立定跳远、单杠斜身屈臂悬垂(女)、站立体前屈、俯卧仰体。

(5)灵活和协调性:反复转跨、14 米往返慢跑。

(6)平衡性:闭眼单足立。

(7)耐力项目:耐力跑 1500 米(男)、1000 米(女),蛙泳或自由泳 200 米。

(8)速度滑雪:1000 米(女)、1500 米(男)。

(四)运动能力指标

(1)跑:快速跑(50 米、100 米)。

(2)跳:急行跳远、跳高、摸高(弹力跳)。

(3)投:投实心球、投手球、掷垒球、推铅球、投掷手榴弹。

二、体质评价

评价体质强弱的综合指标有如下五方面:

(1)身体形态发育水平:即体格、体型、姿势、营养状况及身体组成成分等。

(2)生理生化功能水平:即机体的新陈代谢功能以及各系统和器官的工作效率。

(3)身体素质和运动能力水平:即身体在运动中表现出来的力量、速度、耐力、灵敏性、柔韧性等素质,以及走、跑、跳、投、攀等身体运动能力。

(4)心理发展状态:包括个体感知能力、个体意志力、判断能力等。

(5)适应能力:对外界环境条件的抗寒抗热能力和对疾病的抵抗力等。

影响体质强弱的因素是多方面的,它与遗传、环境、营养、体育锻炼有着密切的关系。遗传性状给体质的发展提供了可能性或前提条件,而体质强弱的现实性,则有赖于后天环境、营养、卫生和身体锻炼等因素。因此,有计划、有目的地进行科学的锻炼,是增强体质最积极 有效的手段。

项目六　身体基本运动能力

学习目标

1. 知识目标

(1) 掌握走、跑、跳跃、投掷、悬垂、支撑、攀登、爬越、涉水等基本动作。

(2) 增强体质，熟练掌握身体基本运动能力。

2. 思政目标

培养锻炼身体的习惯，树立终生体育观念。

思维导图

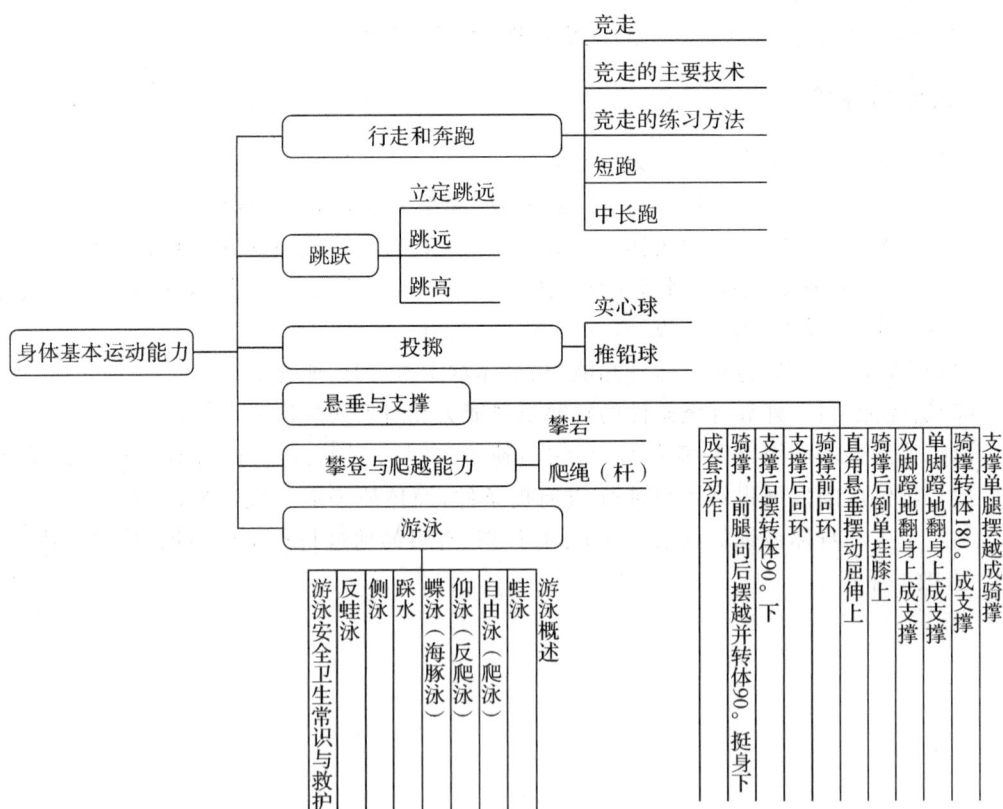

身体能力是指人体从事身体活动时表现出的基本活动技能,由具有不同表现形式和不同作用的走、跑、跳跃、投掷、悬垂、支撑、攀登、爬越、涉水等能力构成。体育能力是人体活动的各种最基本的因素,也是人类活动的基础。青少年时期,重视发展体育能力,对促进身体的生长发育、改善各器官和系统的机能、提高身体素质、提高基本活动能力和运动水平、增强人体对各自然环境的适应能力有显著效果。

任务一　行走和奔跑

一、竞走

(一)定义

竞走是与地面保持不间断接触地向前跨步。每步中,在后脚离地之前,前脚必须与地面保持接触(不得有肉眼可见的腾空)。支撑腿在垂直部位时至少有一瞬间必须是伸直的(即膝部不得弯曲)。

(二)特点

竞走的技术是在普通走步的基础上发展起来的。现代竞走技术的特点是骨盆的转动转绕身体垂直轴为主,步幅大、步频快、支撑时间短、速度快。竞走的速度比普通走快一倍以上。合理的技术在于紧张用力之后能迅速而充分地放松肌肉,但动作频率越快,动作的协调和肌肉的放松越难。

二、竞走的主要技术

(一)腿部动作

腿部动作是竞走技术的主要环节。竞走可分为单脚支撑和双脚支撑两个时期,单脚支撑又有前蹬和后蹬两个阶段。当身体处于垂直部位时,支撑腿完全伸直,全脚着地(见图 6-1),摆动腿还在摆动着,其膝关节比支撑腿的膝关节略低,大小腿间的角度略大于直角,骨盆的横轴稍有倾斜(见图 6-2)

图 6-1　　　　　　　图 6-2

当身体重心前移超过垂面时,立即开始后蹬。摆动腿屈膝向前摆动,带动骨盆沿上下轴向前转动,小腿依靠大腿向前摆动的惯性而前摆,逐渐伸直膝关节,并用脚跟先着地,从而加大了步幅。在摆动腿的脚跟和地面接触时,形成了刹那间的双脚支撑。这时要两腿伸直,防止重心下降。当摆动腿的脚跟着地时,后蹬腿的脚尖立即蹬离地面,从而结束后蹬动作。

（二）躯干和两臂动作

两肩与躯干为了配合两腿动作，也要沿着身体纵轴稍有转动，以维持身体平衡和加强后蹬的效果。摆臂时两臂屈肘约成90°，两手半握拳在体侧，轻松有力地前后摆动。前摆时一般不超过身体中线，高度不超过下颏；后摆时肘部稍向外偏，上臂约与肩平。

（三）身体重心的移动

在竞走过程中，当身体垂直时，身体重心处在最高点，双脚支撑时，身体重心处在最低点，重心轨迹上下起伏。身体重心变化不但与竞走技术有关，而且与速度也有关系。应尽量防止出现重心离开直线的轨迹而向左右摇摆的现象。

三、竞走的练习方法

（1）沿直线做普通大步走（脚跟先着地）。

（2）沿直线做直腿走（体会脚跟着地和后蹬动作）。

（3）慢速和中速竞走（100m、200m、400m），逐渐加大动作幅度和骨盆转动，增大步幅（体会在身体垂直部位时向前迈步）。

（4）骨盆扭转的专门练习：

①原地做骨盆回环转动练习。

②交叉步走，使骨盆前后转动。

③原地交换支撑腿（两脚平行站立，体重由一腿移到另一腿）。

（5）摆臂练习：

①原地摆臂练习。

②结合竞走做摆臂练习（要注意和腿部动作协调配合）。

（6）改进和提高竞走技术练习：

①由普通大步走过渡到竞走。

②较小步长的慢、快步竞走。

③较大步长的中速竞走。

④变速竞走（100m快、100m慢交换进行）。

⑤快速竞走（200m、400m），要特别注意由直道转入弯道的技术。

四、短跑

400m和400m以下的竞赛项目称为短跑。短跑是人的快速能力的重要标志，是在人体大量缺氧状况下持续高速跑的极限强度运动。

跑步技术分解训练

（一）100m跑的技术特点

100m跑技术可分为起跑、起跑后的加速跑、途中跑、终点跑四部分。

1. 起跑

起跑过程包括"各就位"、"预备"、"鸣枪"三个阶段。

听到"各就位"口令后，下蹲，两手的四指并拢与大拇指成八字形置于起跑线后沿，两脚依次踏在前、后起跑器上，脚掌紧贴起跑器，脚尖触地面。背、颈部自然放松，两臂伸直同肩宽，后腿膝部支撑身体。

听到"预备"口令后,臀部抬起,与肩同高或稍高,肩部稍超出起跑线,体重主要落在两臂和前腿上,前、后小腿趋于平行,两脚紧贴起跑器抵足板,整个动作要求连贯、协调而有力,注意力高度集中。

听到"枪声"后,两手迅速推离地面,两臂屈肘有力地做前后摆动,两腿依次用力猛蹬起跑器,使身体向前上方运动,后腿迅速屈膝向前上方摆出,同时前腿快速有力地蹬伸髋、膝、踝三个关节,以较大的前倾姿势把身体向前推进。

2. 起跑后的加速跑

起跑后的加速跑是从后腿蹬离起跑器到途中跑之间的一个跑段,这段距离一般为25～30m。起跑后,两臂加快用力摆动,摆幅较大,两腿交替用力蹬伸,步长不断增加,步频逐渐加快,两脚着地点逐渐合于一条直线上,上体逐渐抬起自然进入途中跑。

3. 途中跑

途中跑的任务是继续发挥和保持高速度到终点。跑是周期性活动,在一个跑的周期中,包括后蹬与前摆、腾空、着地缓冲等动作阶段。

(1)后蹬与前摆阶段:当身体重心移过支点垂直面时,就进入了蹬地腿的后蹬与摆动腿的前摆阶段。这时,摆动腿的膝关节(大小腿折叠姿势)超越支撑腿开始,迅速有力地向前上方摆出,并且带动同侧骨盆前送,大腿与水平面约成15°～20°,支撑腿在摆动腿积极前摆的配合下,快速有力地伸展髋、膝、踝关节,蹬离地面(见图6-3),形成支撑腿与摆动腿协调配合动作。这是途中跑的关键。

图 6-3

(2)腾空阶段:当支撑结束后蹬进入腾空阶段时,小腿随着蹬地后的惯性和大腿的摆动,迅速向大腿靠拢,形成大小腿折叠前摆的动作。与此同时,摆动腿以髋关节为轴积极下压,膝关节放松,小腿随摆动下压的惯性自然向前下方伸展,准备着地。

(3)着地缓冲阶段:当摆动腿的前脚掌着地的瞬间,即开始了着地缓冲阶段,着地位置约距身体重心投影点的一脚半处,着地动作应是非常积极的。腿部各关节(特别是踝关节)缓冲过程不应是消极的,应主动用力来加速身体重心的前移,随即转入后蹬。

在途中跑时,头部正直,上体稍前倾。两臂以肩为轴,自然、轻快、有力地前后摆动。

4. 终点跑

终点跑包括终点线前15～20m的最后用力和上体撞线两个阶段。终点跑的技术是保持上体前倾角度,加快两臂摆动的速度和力量,保持或发挥最大速度。在距离终点线一步时,上体急速前倾用胸部或肩部撞终点线,跑过终点后逐渐减速,切不要突停。

(二)200m 和 400m 跑的技术特点

200m 和 400m 跑,同100m 跑在技术方面没有本质上的区别,不同的是有一半以上距离是在弯道上跑。为了适应弯道跑,必须改变跑的身体姿势以及后蹬与摆动的方向。同时,在赛跑时,应合理分配体力。

1. 弯道起跑和起跑后的加速跑

为了便于加速,起跑后开始一段距离应沿着直线跑,起跑器安装在跑道的右侧沿,正对弯道切点方向。弯道起跑后的加速跑距离短,较大前倾的身体要早些抬起。

2.弯道跑

进入弯道时,身体向内倾斜,后蹬时右腿用前脚掌的内侧用力,左腿用前脚掌的外侧用力。右肘内扣,右臂摆幅加大,前摆时稍向内,后摆稍向外,左臂稍离开躯干。弯道跑的蹬地 与摆动方向都应与身体向圆心方向倾斜一致。

(三)短跑的练习方法

1.跑的专门练习

(1)小步跑:体会跑时膝关节放松和脚"扒地"动作,改进落地技术,发展跑的频率。要点:两臂自然下垂,上体保持正直或稍前倾,大腿积极下压,膝关节放松,小腿顺惯性前摆,用前脚掌积极向后下方"扒地"。其练习形式可采用以下方法:

①两手扶器械或原地做脚尖不离地的交换支撑腿练习。

②由原地逐渐前移过渡到小步跑20～30m。要求动作由慢到快。

③小步跑过渡到途中跑40～60m。要求大腿逐渐抬高,步幅逐渐加大,自然过渡到途中跑。

(2)高抬腿跑:增加抬腿肌群力量,纠正抬腿不高的缺点。要点:上体正直或稍前倾,大腿向上高抬,脚跟向臀部方向收起,而大腿积极下压,用前脚掌落地并充分蹬直,切勿屈髋,保证身体重心始终在较高部位。其练习形式可采用以下方法:

①原地或支撑高抬腿跑。

②进行间高抬腿跑20～30m。

③高抬腿跑过渡到途中跑60～80m。

(3)后蹬跑:增强腿部力量,体会蹬摆技术,纠正后蹬不充分和"坐着跑"的缺点。要点:跑时上体前倾,两臂自然摆动,支撑腿用力向后下方蹬地,腿蹬直后,迅速前摆(小腿不要后撩),并带动同侧髋关节前送。当大腿摆至适当高度时,大腿积极下压,用前脚掌向后下方落地。其练习形式可采用以下方法:

①向前上方跨步跳。

②后蹬跑20～30m。

③后蹬跑过渡到途中跑60～80m。

2.直道途中跑练习

(1)原地摆臂练习:两脚前后站立,上体稍前倾,两臂弯曲成90°前后摆动。

(2)直道上中等速度反复跑60～100m。

(3)直道上60～100m的加速跑。

(4)30～60m的行进间跑。

3.弯道途中跑练习

(1)沿半径10～15m的圆圈跑,由慢到快,体会弯道跑技术。

(2)进入弯道跑练习:由直道上跑15～20m接着跑进弯道30～40m。在进入弯道前2～3步要有意识地加大右腿的蹬地力量和摆幅。

(3)弯道进入直道跑练习:弯道跑30～50m接着跑进直道。在出弯道时身体逐渐正直,体会顺惯性的自然跑。

(4)蹲踞式起跑和起跑后加速跑练习(直道上和弯道上)。

(5)安装起跑器的方法:以普通式为主安好起跑器,根据个人的特点调整起跑器安装的位置和角度。

4.终点跑和全程跑练习

(1)以最快速度跑过终点,不做撞线动作。

(2)以中速跑 30m 至距终点 1m 处,上体前倾做撞线动作。

(3)快速跑 30～40m 做撞线动作。

(4)100m 全程跑。

小故事

刘翔,出生于上海市普陀区,前中国男子田径 110 米栏运动员,绰号"亚洲飞人"。刘翔是 110 米栏史上第一位同时集奥运会冠军、世锦赛冠军、世界纪录于一身的选手,同时也是中国全运会史上第一个三连冠田径选手。他在 2006 年以 12 秒 88 的成绩打破了保持 13 年的男子 110 米栏世界纪录,后于 2015 年正式退役。

五、中长跑

800m 以上的竞赛项目常称中长跑。各种跑的技术基本相同,但由于距离长短和跑的强度不同,跑的动作上有不同程度的差异。当今中长跑的技术动作以一定步长并高频率跑法为发展趋势。

(一)中长跑的技术特点

中长跑一般采用站立式起跑方法,根据规则要求中长跑起跑的过程包括"各就位"、"鸣枪"两个阶段。

听到"各就位"口令后,先做一两次深呼吸,然后走或慢跑到起跑线后,两脚前后开立,有力的脚在前面紧靠起跑线后沿,前脚跟和后脚尖之间的距离约一脚长,两脚左右间隔约半脚,体重落在前脚掌,后脚用前脚掌 着地站立。两腿弯曲,上体前倾,眼看前下方 3～5m 处,身体保持稳定姿势,集中注意力听枪声或"跑"的口令。两臂在体前自然下垂或前后放置(见图 6-4)。

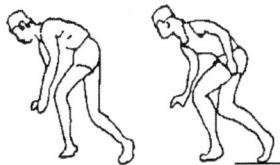

图 6-4

听到枪声或"跑"的口令时,两腿用力蹬地。后腿蹬地后迅速前摆,前腿迅速蹬直,两臂配合两腿动作做快而有力的摆动,使身体快速向前冲出,在短时间内获得较快的跑速。起跑后的加速跑应该迅速积极,加速跑的距离主要根据项目、参加人数、个人训练水平、战术要求等情况而定。一般 800m 加速跑要跑到下弯道结束;1500m 加速跑到直道末端结束,然后进入匀速而有节奏的途中跑。途中跑和终点跑与短跑要领类似,但强度不一样。始终以顽强的意志跑完全程是至关重要的。

中长跑的呼吸是很讲究的。中长跑体力消耗大,对氧的需求量很高,必须有一定的呼吸频率和呼吸深度。一般是跑两三步一呼气,跑两三步一吸气,并有适宜的呼吸深度。随着疲劳的出现,呼吸的频率有所增快,应着重将气呼出,只有充分呼出二氧化碳,才能吸进大量新鲜氧气。

（二）中长跑练习方法

（1）变速跑：主要用于发展速度耐力。常用的练习方法是 50m 慢跑,50m 快跑;直道快跑弯道慢跑;200m 快跑,200m 慢跑;400m 快跑,200m 慢跑。可由长距离到短距离的快跑和慢跑,也可以由短距离到长距离的快跑和慢跑。

（2）重复跑：主要是发展速度和速度耐力。一般采用 50m、100m、150m、200m、400m、600m、800m 距离反复跑。每组间隙时间应掌握好。

（3）定时跑：一般有两种形式,一是只规定跑的时间,不要求距离,主要是用来发展一般耐力和跑的能力,掌握和改进跑的技术,增强内脏器官机能。二是要求在规定时间内跑一定的距离。这种练习方法,不但用来发展耐力,而且更重要的是培养速度感。

（4）越野跑：不仅是在野外进行的一个竞赛项目,还是用于培养中长跑能力的手段,它不仅能发展耐力、灵敏、弹跳力等身体素质,以及培养勇敢、坚毅的品质,而且还能利用充足的阳光和新鲜的空气等自然条件锻炼身体。越野跑时,由于跑的地点地形复杂,环境变化大,因此跑的技术也要因条件而改变。进行越野跑练习时还要特别注意安全。

任务二　跳　跃

一、立定跳远

立定跳远可以发展下肢肌肉、腿部力量,特别是对发展爆发力具有重要作用。它也是《大学生体育合格标准》中规定的必测项目之一。

（一）立定跳远的技术特点

面对跳跃方向,两脚左右自然开立,与肩同宽。起跳前,手臂后摆,同时两膝微屈,上体稍前倾,体重落在前脚掌上。起跳时,两臂直臂由后经侧下方迅速向前摆,同时双腿由半蹲变成充分蹬直至两脚尖用力蹬离地面。完成起跳后,身体在空中充分伸展,在人体重心达到最高点时迅速收腹,小腿尽可能前送。落地时尽量用脚跟先着地再过渡到全脚,膝关节前屈缓冲;在落地瞬间两臂快速用力后摆,上体前倾,平稳落地。

（二）立定跳远练习方法

（1）发展弹跳能力：包括摸高、跳台阶、单足交换跳、跨步跳、跳过一定高度的障碍等。

（2）脚部与手臂摆动的协调配合：练习摆臂提重心的方法,有意识地做脚尖用力蹬地动作。

（3）收腹跳：双脚跳起,双手抱膝触胸。

二、跳远

跳远的完整技术由助跑、起跳、腾空、落地 4 个部分组成。决定跳远成绩好坏的因素主要是助跑起跳时的速度、腾空的角度,还有平衡的空中姿势和正确落地的技术动作。

（一）助跑

助跑的距离是根据运动员的身体素质及技术水平来确定的。助跑的测定可以从起跳板及延长线处开始,用助跑速度向反方向跑,最后一步踏点即为正向助跑起点。助跑的起动方式分两种:站立式起动和走或跑几步后踏标志线开始助跑。不管哪种方式的助跑都应用前脚掌跑动,做到快速、准确、平稳、直线、轻松、有节奏、有弹性。助跑的最后几步要达到最高速度;倒数第二步步幅稍大,重心略低;踏跳步步幅稍短,重心稍上升,进入起跳状态。

(二)起跳

助跑最后一步,当摆动腿支撑时,应用力蹬地,使身体尽快向起跳板方向运动。起跳腿快速折叠前摆,并积极下压大腿,使起跳腿快速地以脚跟触板并滚动为全脚掌,重心移到支撑腿上,此时起跳腿蹬直髋、膝、踝三关节;同时摆动大腿,向前上方摆至水平位置,小腿自然下垂,两臂协调配合。起跳腿同侧臂屈肘摆至身体前上方,异侧臂屈肘摆至身体侧上方,向上顶头,提肩、拔腰(见图6-5)。

图 6-5

(三)腾空

正确的腾空姿势应上体正直,摆动腿保持起跳时的前摆,起跳腿自然弯曲留在体后(见图6-6)。按空中不同的运动姿势,分为蹲踞式、挺身式和走步式。

(1)挺身式:起跳后,摆动腿自然下放,小腿向后下方弧形摆动,两腿迅速靠近,形成挺身姿势,两臂配合腿做绕环摆动,然后收腹举腿,小腿前伸,准备落地(见图6-7)。

图 6-6

图 6-7

(2)走步式:起跳后,摆动腿下落向后方摆动,起跳腿屈膝以大腿带动小腿前摆,形成空中"换步",两臂积极配合腿做大幅度绕环摆动,同时摆动腿屈膝以大腿带动小腿前摆与起跳腿靠拢,然后收腹抬腿,两臂由右上方向前下方摆动,小腿前伸,准备落地(见图6-8)。

图 6-8

(四)落地 当双脚即

将着地时,应保持上体稍前倾,高抬大腿,前伸小腿,当脚触地的一瞬间,迅速向前屈膝缓冲,髋部前移,两臂屈肘前摆,向前或向侧倒,避免后坐,使身体尽量移过双脚的落地点(见图6-9)。

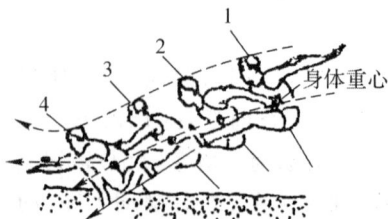

图 6-9

(五)跳远练习方法

1.学习短程助跑与起跳相结合技术

(1)原地模仿起跳练习。

①学习起跳腿技术:摆动腿在前,起跳腿在后,身体重心移到摆动腿上,起跳腿由后屈膝前抬,大腿下压,小腿向前,用全脚掌着地。

②学习摆动腿技术:一手扶墙,起跳腿在前,摆动腿在后。动作开始时,摆动腿屈膝向前上方摆动,摆到接近水平位时突然停止动作。

③学习两臂的摆动:两脚开立,起跳腿同侧的臂由后向前上方摆起,异侧的臂由前向后上侧方摆动,摆到肘略低于肩时突然停止动作。

④原地模仿完整起跳练习:起跳腿在前,摆动腿在后,两膝微屈站立,上体正直稍前倾,两臂自然弯曲于体侧。然后身体重心前移,摆动腿蹬地并屈膝前摆,起跳腿也随之蹬伸,两臂配合两腿前后摆动,完成起跳动作。

(2)短程助跑起跳练习。

①上1步或连续上步起跳练习。

②放松跑后上2步起跳。

③4～6步连续助跑起跳。

④4～6步助跑起跳(可用助跳板)。

(3)短程助跑起跳腾空步练习。

①4步助跑起跳成腾空步后摆动腿先落地。

②4～6步助跑起跳,保持腾空步,用摆动腿落在高物上。

③4～6步助跑起跳成腾空步后,用头顶高物。

2.学习全程助跑与起跳相结合技术

(1)在跑道上练习助跑。

(2)在跳远助跑道上进行助跑结合起跳的练习。

3.学习跳远的腾空姿势和落地动作

(1)学习挺身式跳远的腾空姿势。

①原地或站在高物上,下放摆动腿练习。原地起跳模仿练习成腾空姿势(脚不离地),

接着摆动腿下放,膝关节自然伸直,与起跳腿靠拢后略向后摆。当摆动腿下放时,两臂从侧向下放。

②站在跳箱盖一端,2步助跑挺身式练习。

③4～6步助跑挺身式练习(可用助跳板)。

④中、全程助跑完整技术练习。

(2)学习走步式跳远的腾空姿势。

①支撑在双杠和悬垂在单杠上,模仿走步式动作。

②原地模仿走步式动作:首先做起跳模仿练习,接着摆动腿自然下放,膝关节自然伸开,当摆动腿摆到体后时,屈膝并向后摆小腿。当摆动腿下放并后摆时,同侧的臂由后向上、向前摆,异侧的臂由前向下、向后摆。

③同练习②相似,但在摆动腿放下后摆的同时,起跳腿蹬地屈膝前摆,两腿立即前后交换,然后落地成弓箭步。这时摆动腿同侧的臂在身体的前下方,异侧臂在身体的后上方。

④原地完整走步式模仿练习。

⑤4步助跑起跳,做两腿交换动作,用弓箭步落在沙坑内,注意手臂的协调配合。

⑥4～6步助跑起跳,做两腿交换动作,在即将落地时,摆动腿屈膝移到体前与起跳腿靠拢落沙坑(可用助跳板)。

⑦短、中、全程完整技术练习。

(3)学习落地动作。

①站在高物上做立定跳远。

②在单杠上做前摆挺身。

三、跳高

跳高技术种类较多,我们着重介绍背越式跳高技术。通过助跑起跳、腾空转体后背向横杆并越过横杆的跳高技术叫背越式跳高。完整的跳高技术由助跑、起跳、过杆和落地组成。

(一)助跑

背越式跳高是弧线助跑,用身体远离横杆的腿起跳。助跑距离一般为6～8步,也可以适当加长。前段是直线助跑,后段(最后3～4步)是弧线跑(见图6-10)。

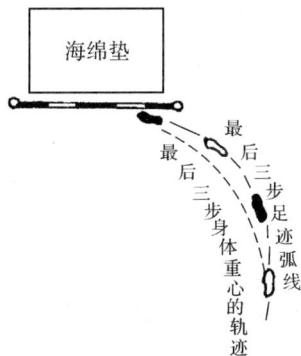

图 6-10

助跑的前段与普通加速跑相似;后段助跑时,身体向圆心倾斜,而且越到后面倾斜度越大,前脚掌沿弧线积极落地,步频快,有节奏,有弹性,身体重心稍高且平稳地向前移动。

（二）起跳

起跳点距横杆垂直面约为50～80cm,起跳脚顺弧线的切线方向稍外展,用脚跟外侧着地,着地后迅速滚动至全脚掌踏上起跳点(见图6-11之1—4)。同时摆动腿积极屈膝内扣,向异侧肩上方摆动,并带动髋部向内转动,当身体重心移至起跳腿上方时,身体由倾斜转为正直,起跳腿快速向上蹬伸完成起跳动作(见图6-11之5—7)。

（三）过杆和落地

由于髋部的转动,上体在腾空后也继续转动成背对横杆,这时起跳腿自然下垂(见图6-11之8—11)。摆动腿自然地由上向下伸,向后仰头,带动上体向后伸展,髋部上挺充分展开,身体在空中形成反弓,头、肩、背、臀依次越过横杆(见图6-11之12—14)。当臀部越过横杆后,以膝为轴,小腿主动上踢,并带动大腿向上摆动,同时低头、含胸、收腹,自然下落,以肩、背部落于海绵垫上(见图6-11之15—18)。

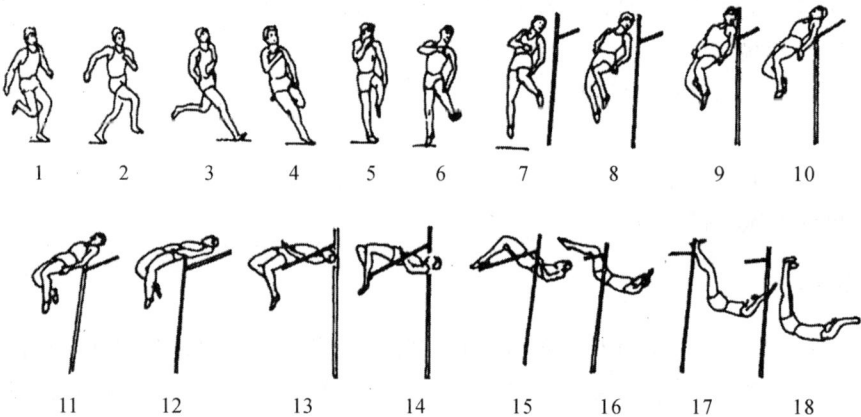

1 2 3 4 5 6 7 8 9 10

11 12 13 14 15 16 17 18

图 6-11

（四）跳高练习方法

1. 学习助跑技术

（1）直道加速跑和上、下弯道加速跑。

（2）半径为6～8m的圆圈跑、螺旋形跑和"8"字形跑。

（3）直线接弧线跑或直线切入圆圈跑。

（4）全程节奏跑:前段轻松有弹性地,后段逐渐加速,身体内倾,最后一步(起跳步)摆动腿后蹬时应积极充分,起跳腿前迈、脚跟着地后迅速滚动到脚尖,并结合起跳技术。

2. 学习助跑与起跳相结合技术

（1）1步起跳模仿练习:摆动腿在前,双手自然前摆,起跳脚前迈,脚跟着地,摆动腿积极充分后蹬,双手划弧上摆,起跳脚快速提踵,蹬伸髋、膝、踝,不蹬离地面。

（2）3～5步助跑起跳练习。

（3）全程助跑起跳练习。

（4）短、全程助跑起跳坐高垫练习。

3. 学习过杆练习

（1）仰卧挺髋练习。

（2）原地倒肩挺髋练习。

（3）原地跳起做倒肩挺髋练习。

（4）原地跳高垫练习。

（5）原地跳橡皮筋练习。

（6）3～5 步助跑起跳背卧上高垫练习。

（7）3～5 步助跑起跳过杆练习（可用助跳板）。

（8）短、全程助跑过杆练习。

📖 小 故 事

在田径领域中，我国一直以来的发展都较为弱势，因为亚洲人在田径方面的身体素质本身就比欧美人弱，但是即便如此，中国田径运动员也没有放弃，一直都在努力追逐。在 20 世纪 50 年代的时候，我国就有一位名叫郑凤荣的跳高运动员，被大家称赞为"中国跳高第一人"！她不仅是中国第一位打破世界纪录的女运动员，同时也是我国第一位打破田径纪录的女运动员。

1957 年，郑凤荣的奋力一跃创造了中国体育的历史，她跳出的 1.77 米的高度是中国田径历史上的第一个世界纪录。毛泽东、贺龙等党和国家领导人曾亲自接见她，周恩来曾亲自给她献花，国际奥委会主席萨马兰奇向她颁发奥林匹克银质勋章，称她是伟大的运动员。

任务三　投　掷

一、实心球

实心球可以有效地发展力量和协调用力的能力，是《大学生体育合格标准》中规定的考测项目之一。

（一）原地掷实心球的技术特点

面对投掷方向，两脚前后开立，左脚在前，双手头上持球，身体重心落在弯曲的右腿上。投掷前，上体稍向右转，两手尽量向后引球。随即右腿以前脚掌蹬地，转膝、转髋并充分蹬伸，上体逐渐抬起，转向投掷方向，重心逐渐移至左腿，形成左侧支撑。然后，两腿同时用力蹬地，挺胸并以胸带臂将球掷出。球出手后，降低身体重心，保持身体平衡。

（二）实心球练习方法

（1）左右开立，两臂下垂持球，向上自抛自接。

（2）单膝或双膝跪地，利用以胸带臂和快速挥臂的力量将球掷出。

（3）坐在地上，两腿自然分开，利用上体前后预摆和快速挥臂的力量将球掷出。

（4）仰卧于地上，两臂伸直持球与地面接触，利用快速收腹和挥臂坐起的力量将球掷出。

（5）双手头上持球掷出，要求掷中墙上的目标，或掷过前上方横拉的橡皮带。

（6）两人互掷互接。

二、推铅球

现在有多种推铅球的技术，在这里只介绍背向滑步推铅球技术。推铅球的完整技术由握球和持球、预备姿势、滑步、最后用力 4 个部分组成。决定铅球投掷距离的主要因素是铅球离手时的初速度、角度和高度。

（一）握球与持球（以右手为例）

握球的方法是五指自然分开、手腕背屈，把球放在食指、中指和无名指的指根上，拇指与小指自然扶于球的两侧（见图 6-12）。握好球后，屈肘把球放在肩上锁骨窝处，抵贴于颈部，手稍外转，掌心向前，肘低于肩（见图 6-13）。

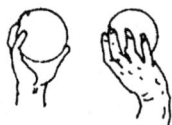

图 6-12   图 6-13

（二）预备姿势

（1）高姿势（见图 6-14）：持球后，背对投掷方向，两脚前后开立，相距 20～30cm。右脚尖贴近投掷圈后沿，脚跟正对投掷方向，左脚以前脚掌着地，自然弯曲，上体正直放松，左臂稍向内自然上举，身体重心落在右腿上。两眼看前下方 3～5m 处。

图 6-14   图 6-15

（2）低姿势（见图 6-15）：持球后，背对投掷方向，两脚前后开立，相距 50～60cm，右脚尖贴近投掷圈后沿，脚跟正对投掷方向，左腿以脚尖着地，左臂自然下垂，两腿弯曲，向前屈体，身体重心落在右腿上。两眼看前下方 2～3m 处。

（三）滑步

滑步前可先做 1～2 次预摆（见图 6-16 之 1—4）。当左脚收回靠近右腿预摆结束时，身体重心向后移离支撑点，这时向投掷方向摆伸左腿，右腿用力向后蹬伸（见图 6-16 之 5—7），使身体向后快速平稳移动。此时，迅速收拉右小腿，同时，右脚内旋、右膝内扣，以右前脚掌落地于投掷圈中心附近。这时，左脚要迅速以前脚掌内侧蹬踩着地于靠近抵趾板右侧处（见

图 6-16 之 8—10),重心落在右腿上。左、右脚着地时间间隔越短越好。

图 6-16

(四)最后用力

当左脚着地,滑步结束的一瞬间最后用力便开始了。右腿用力向投掷方向蹬转,带动髋关节也向同一方向转动、左臂由胸前向左上方快速摆动,此时身体稍有抬起,胸和头转至投掷方向(见图 6-16 之 11—14)。当左臂摆至体侧时,左腿向上蹬伸,右腿向前上方蹬伸,以左侧肩、髋、膝、踝为轴,身体快速转动至右肩对向投掷方向,抬头挺胸,右臂迅速而有力地推伸右臂(见图 6-16 之 15—17)。当球快离手时手腕稍内旋,用手指拨球,做抖腕的动作,将铅球以 38°～42°角的方向推出。铅球离手后,两腿迅速换位,降低身体重心,维持身体平衡(见图 6-16 之 18—19)。

(五)铅球练习方法

1.学习原地推铅球技术

(1)学习握球、持球和原地推铅球的准备姿势。

(2)徒手模仿练习。

(3)用实心球、铅球或轻铅球做原地推球的练习。强调动作的正确性,不追求远度。可通过辅助练习,原地正面和侧向推铅球,体会由下而上的发力顺序。

(4)侧向原地推球。

(5)原地背向推铅球。

2.学习滑步推铅球技术

(1)徒手蹬摆练习。成低姿的预备姿势后,两手拉住约同肩高的同伴的双手以给滑步者一定的阻力,当左腿回收靠近右腿后,臀部稍向后移动,左腿用力向身体的后下方摆出。同时右腿用力蹬地,推动身体前移,身体重心落在两腿之间。体会蹬摆力量的结合。

(2)右腿的拉收和转扣练习。成(1)的结束姿势后,拉收右腿,使重心落在右脚的前脚掌处。

(3)完整徒手滑步练习。要求上体起伏小,重心平稳,动作快而有力。

(4)持球滑步练习。

(5)投掷圈内进行完整技术练习。

任务四　悬垂与支撑

发展悬垂与支撑能力的主要方法包括单杠、双杠、天梯等。这里主要介绍单杠项目。单杠是男子竞技体操中的一个项目。单杠有摆动、屈伸、回环、转体、腾越、空翻、换握等动作。经常从事单杠练习能全面锻炼学生身体,对发展肩带、手臂及腹背力量,以及对训练人的平衡器官和辨别方向的能力、判断空间和时间的本领,有突出的作用。还能培养学生勇敢顽强的意志品质。在单杠教学中,由于动作变化较大,有些动作又具一定的惊险性,因此要加强保护与帮助。另外,练习时手掌不断与杠面发生摩擦,因此要注意保护手掌。

一、支撑单腿摆越成骑撑

动作(以右腿摆越为例):由支撑开始,直臂顶肩,右手推杠,重心左移,右腿摆越过杠成骑撑(见图6-17)。

图 6-17

教法:
(1)在低单杠上做推移重心的练习。
(2)在帮助下练习。
保护与帮助:站在杠后及练习者左侧,一手握上臂,一手托腿,帮助其摆越过杠。
常见错误及纠正方法:
(1)重心移动不够;推手、摆越不同时,采用教法(1)纠正。
(2)摆腿时屈膝,没有直臂顶肩,采用教法(1)、(2)纠正。

二、骑撑转体180°成支撑

动作(以右腿在前为例):由右手反握的骑撑开始,向右后方倒肩,重心移至右臂。左手松开,以右臂为轴,右大腿 外侧滚杠,用上体和头带动下肢向右挺身转体180°,同时左腿向前摆越,左手换握杠成支撑(见图6-18)。

图 6-18

教法：

（1）徒手练习：两腿前后站立，倒肩转体180°。

（2）在保护与帮助下练习。

保护与帮助：站在杠后，在练习者右后方一手扶右臂，一手托腿，帮助其摆越和转体。

常见错误及纠正方法：

（1）屈髋屈膝。采用教法（1）纠正。

（2）没有直臂倒肩，重心移动不够，不敢转体，采用教法（1）、（2）纠正。

三、单脚蹬地翻身上成支撑

动作：由两手握杠、两脚前后站立（重心在前）姿势开始，后腿直膝经前后上方用力摆起，另一腿蹬地，迅速与摆动腿并拢上摆，向后倒肩拉杠引体，使腹部贴杠。当两腿摆至杠后水平时，制动腿、翻腕、抬头、挺胸成支撑（见图6-19）。

图 6-19

教法：

（1）左脚踏杠前一定高度的器械，右腿摆动翻身上成支撑。

（2）在帮助下练习。

保护与帮助：站在杠前练习者体侧，一手托肩，一手托臀，帮助其翻上成支撑，随即换成一手托上臂，一手托腿。

常见错误及纠正方法：

（1）摆腿时没有屈臂引体，腹部没有贴杠。

（2）摆腿时没有及时倒肩。

（3）两腿后摆、翻腕、挺胸抬头过早或过晚。

以上错误，采用教法（1）、（2）纠正。

四、双脚蹬地翻身上成支撑

动作：由站立屈臂握杠开始。两脚蹬地，同时两臂用力拉杠引体，上体后倒，直膝向杠后上方举腿，使腹部贴杠，两腿举至杠后水平部位时，控制腰、腿、翻腕、抬头、挺胸成支撑（见图6-20）。

图 6-20

教法：

(1)单脚蹬地翻身上成支撑。

(2)练习者屈体俯卧杠上，由帮助者一手扶腿，一手托肩，使其体会翻腕、抬头、挺胸成支撑的动作。

保护与帮助：站在杠前练习者体侧，一手扶背，一手托臀，帮助其翻上成支撑，随即换成一手托上臂，一手托腿。

常见错误及纠正方法：

(1)收腹举腿时，没有屈臂引体，腹部没有贴杠，采用保护与帮助纠正。

(2)翻腕抬头过早或过晚，采用教法(2)纠正。

(3)翻上后没有控制腿，两腿下垂，采用保护与帮助纠正。

五、骑撑后倒单挂膝上

动作(以挂右腿为例)：由骑撑开始，两臂撑起，重心后移，后倒挂右膝。当左腿前摆至前上方时，制动腿，接着左腿以最大幅度向后划弧，摆至杠下垂直部位时，两臂用力压杠，翻腕挺胸成骑撑(见图 6-21)。

图 6-21

教法：

(1)挂膝摆动。

(2)挂膝摆动上成骑撑。

(3)在帮助下练习。

保护和帮助：站在杠后练习者摆动腿一侧，一手压大腿，一手托背。

常见错误及纠正方法：

(1)后倒时屈臂下坐。采用保护与帮助纠正。

(2)前摆时没有制动腿，后摆不协调。采用教法(2)纠正。

六、直角悬垂摆动屈伸上

动作:离杠约一步远站立,跳起直臂握杠,收腹举腿,直角悬垂前摆,至极点时,身体成一直线,利用回摆迅速收腹举腿、翻臂,使踝关节靠近杠。当肩部回摆过杠下垂直部位后,两腿沿杠向前上方伸出,直臂压杠,翻腕成支撑(见图6-22)。

图 6-22

教法:

(1)直角悬垂前摆,至极点时使身体成一直线,接着收腹举腿。

(2)垫上仰卧,肩背着地,收腹举腿,作伸腿展髋的练习。

(3)低杠直臂拉压杠跳上成支撑。

(4)低杠跑动屈伸上。

(5)在帮助下做完整练习。

保持与帮助:站在练习者一侧,一手托腿,一手托臂,顺势上托。

常见错误及纠正方法:

(1)直角前摆时,肩角没有充分拉开,采用教法(1)纠正。

(2)收腹举腿慢,臀部下坐,采用教法(1)纠正。

(3)伸腿的方向不对,采用教法(2)纠正。

(4)压杠时,两臂弯曲,翻腕不及时,采用教法(3)纠正。

七、骑撑前回环

动作(以右腿在前为例):由骑撑两手反握开始,两臂撑直。提高重心,右腿向前跨出,上体前倒,当上体回环至杠后水平部位时,右腿向下压杠,左腿后摆,同时两臂伸直压杠,翻腕成骑撑(见图6-23)。

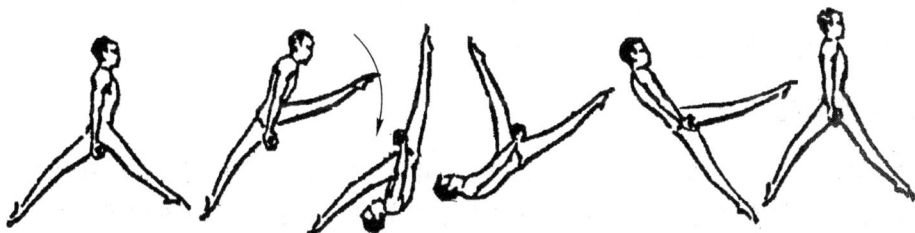

图 6-23

教法：

(1)右腿向杠前一定远度的标志跨出。

(2)上体回环至杠后水平部位时，在帮助下或用给信号的手段使其翻腕成骑撑。

保护与帮助：站在杠后侧，一手从杠下反握练习者手腕，回环过杠下垂直部位后，另一手托背。成支撑时，一手握上臂，另一手换托大腿。

常见错误及纠正方法：

(1)没有提高重心，右腿没有向前跨出，采用教法(1)纠正。

(2)回环时两臂弯曲，在保护与帮助下纠正。

八、支撑后回环

动作：由支撑开始，两腿后摆，直臂顶肩，稍前倾，接着身体下落，腹部贴近杠时迅速倒肩、两腿前摆，稍屈髋，当腿回环至杠后水平部位时，立即制动腿，抬头翻腕，挺胸成支撑(见图 6-24)。

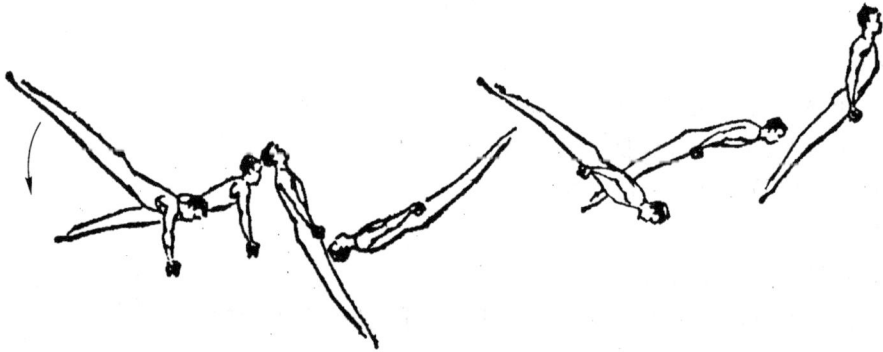

图 6-24

教法：

(1)后摆还原成支撑。

(2)双脚蹬地翻上成支撑。

(3)在保护与帮助下练习。

保护与帮助：站在杠前练习者侧方，一手托背，一手托臀，当两腿回环至杠后水平部位时，随即一手托肩，一手托腿。

常见错误及纠正方法：

(1)支撑后摆不高，采用教法(1)纠正。

(2)倒肩慢，腹部没有贴杠，采用保护与帮助纠正。

(3)翻腕、抬头、挺胸不及时，采用保护与帮助纠正。

九、支撑后摆转体 90°下

动作(以向左转体为例)：由支撑开始，两腿稍向前摆，同时肩前送，接着两腿用力向后上方摆起，腹部弹杠在接近最高点时，左手推杠展髋转体 90°挺身跳下(见图 6-25)。

图 6-25

教法：

（1）支撑后摆下。

（2）支撑小幅度后摆转体 90°下。

（3）在保护与帮助下练习。

保护与帮助：站在杠后练习者左侧，后摆时托腰部帮助其转体。

常见错误及纠正方法：

（1）腿前摆时，上体没有前倾，采用教法（1）纠正。

（2）转体没有在后摆接近最高点时进行（过早或过晚），采用教法（3）纠正。

十、骑撑

前腿向后摆越并转体 90°挺身下动作（以右腿在前为例）：由骑撑开始，左肩稍向前侧倒，右手推杠将重心移至左臂，同时右腿向右后摆越过杠，以左臂为轴向右转体 90°挺身下（见图 6-26）。

图 6-26

教法：

（1）在凳或鞍马上骑撑，右腿向后摆越转体 90°下。

（2）右腿在外的骑撑，向后摆越转体 90°下。

（3）在帮助下练习。

保护与帮助：站在练习者左后方，两手扶腰帮助其转体。

常见错误及纠正方法：

（1）转体时左臂弯曲，或右腿摆越时重心没有左移，采用保护与帮助纠正。

（2）右腿摆越过杠后收腹，采用教法（2）纠正。

十一、成套动作

(1)《国家体育锻炼标准》青年组(男子)单杠规定动作:单脚蹬地翻身上成正撑→单腿摆越成骑撑→后倒单挂膝上→前腿向后摆越转体90°挺身下(见图6-27)。

图 6-27

(2)双脚蹬地翻身上成支撑→右腿向前摆越成骑撑,两手同时换成反握→前回环→左腿摆越向右转体180°成支撑→后摆转体90°挺身下(见图6-28)。

图 6-28

任务五　攀登与爬越能力

一、攀岩

岩石峭壁的攀登技术简称攀岩技术。攀岩的技术有多种,这里只介绍徒手攀岩技术。徒手攀岩的基本要领是"三点固定",即在双手、双脚握(或蹬)牢3个支点的条件下才能移动第4点。

三点固定法是攀岩的基本方法,它对身体各部位的姿势和动作有一定的要求。

(一)身体姿势

攀登岩石峭壁时身体要自然放松,以3个支点稳定身体重心,而重心要随攀登动作的转换移动,这是攀岩能否稳定、平衡、省力的关键。要想身体放松就要根据岩壁陡缓程度,使身体和岩壁保持一定距离,靠得太近,会影响观察攀岩路线和选择支点。但在攀登人工岩壁时要贴得很近。在攀登自然岩壁时,上、下肢要协调舒展,要有节奏,上拉、下蹬要同时用力,身体重心一定要落在脚上,保持面向岩壁、三点固定支撑、直立于岩壁上的攀登姿势。

(二)手臂的动作

手在攀登中是抓住支点、维持身体平衡的关键,手臂力量的大小直接影响攀登的质量和效果。因此,攀岩者必须有足够的指力、腕力和臂力。对初学者来说,在不善于充分利用下肢力量的情况下,手臂的动作就显得更为重要。在攀登人工岩壁时,要求第一指关节用力抠紧支点的同时,手腕要紧张,手掌要贴在岩壁上,小臂也要随手掌紧贴岩壁而下垂,在引体时,手指(握点)有下压抬臂动作。其动作规律是:重心活动轨迹变化不大,节奏更为明显。在攀登自然岩壁时,其动作变化要根据支点的不同而采用各种用力方法,如抓、握、挂、抠、扒、捏、拉、推、压、撑等(见图 6-29)。

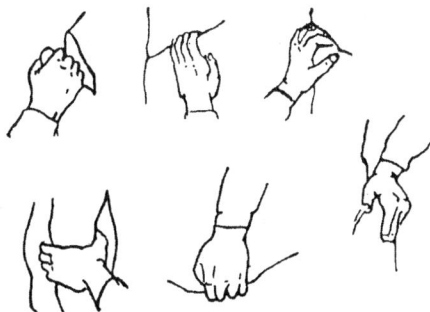

图 6-29

(三)脚的动作

攀登技术能否发挥,关键在于两腿的力量是否能充分利用(只靠手臂力量攀登不可能持久)。脚的动作要领是:两腿外旋,大脚趾内侧贴近岩面,两腿微屈,以脚踩支点维持身体重心(见图 6-30)。在自然岩壁支点大小不一和方向不同的情况下,要灵活运用动作。但要切记,膝部不要接触岩石面,否则会影响到脚的支撑和身体平衡,甚至会造成滑脱而使膝部受伤。另外,在用脚踩支点时,切忌用力过猛,并要掌握用力的方向(见图 6-31)。

图 6-30

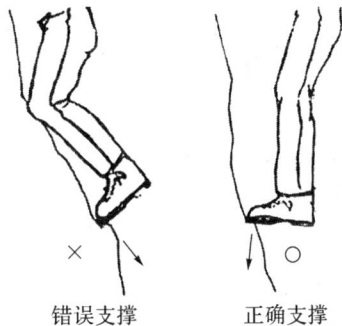

错误支撑　　正确支撑

图 6-31

(四)手脚配合

攀岩时,上、下肢力量是协调运用的;而且上肢力量显得更为重要,攀登时往往是上肢引体,下肢蹬压抬腿而移动身体。如果上肢力量差,攀登时就容易疲劳,表现为手臂乏力,酸疼麻木,逐渐失去抓握能力。失去抓握能力后,即使有好的下肢力量,也难以继续维持身体平衡。所以,学习攀岩,首先要练好上肢力量,上肢又以手指、手腕和小臂力量为主,再配合以脚腕、脚趾以及腿部的力量,使身体重心随着用力方向的不同而协调地移动,手脚动作的配合也就自如了。

(五)攀登岩石峭壁的注意事项

(1)要观察清楚攀岩路线,注意可能遇到的难点,并考虑好克服难点的办法。

(2)攀登动作一定要保持"三点固定",谨防蹿跳式攀登。

(3)攀登途中遇到浮石或松动的石块,一定不要乱扔,可放置在安全处或通知同伴注意后再处理。

(4)攀登者和保护者要密切配合,没有必要的保护要拒绝攀岩。

(5)在攀登中,切忌抓草或小树枝等作支点。有积雪或过于潮湿的岩壁不宜进行攀登。

(6)攀登者不能戴手套,但应戴安全帽。

二、爬绳(杆)

爬绳(杆)是一种力量性练习手段。它对增强臂力、两手握力和腹部肌肉力量,提高攀登能力和爬越能力有很好的作用。爬绳(杆)可分为爬垂直绳(杆)、爬横绳和荡绳三种。

(一)爬绳(杆)的技术特点

1. 爬垂直绳(杆)

爬垂直绳(杆)是将绳(杆)的一头悬挂在 5m 高的牢固物体上,下端离地 20~30cm。爬绳与爬杆的方法相同,有手脚并用和只用手两种。手脚并用的方法即手脚配合向上爬动的方法,有三拍法和二拍法两种。只用手的爬法是身体伸直在悬垂中两手交换引体向上爬。

爬垂直双绳(杆)是相邻约 1m 的两根绳(杆),以两手各握一绳(杆),采取两手轮流引体的爬法练习。也可采用一绳爬上,换另一绳爬下。

2. 爬横绳

爬横绳是将绳的两头固定在两边的牢固物体上,绳悬空横挂,挂的高度可在 1.5m 左右。爬的方法有挂膝法和挂踵法两种。挂膝法即两手握绳,两膝爬时交换挂绳,向头部方向用手、膝依次爬动。挂踵法同挂膝法的做法,只是由挂膝改成挂跟腱部位。

3. 荡绳

荡绳是利用垂直绳,由一边的高处(约 1m 高)握绳摆荡至另一边高处,也可由稍低处向稍高处或由高处向低处越过一定高度和宽度的练习。练习时两手紧握绳子,两脚蹬地荡至对面高处落下松绳,在摆荡中可以做各种屈腿、屈髋、分腿、转体等姿势。

(二)爬绳(杆)的注意事项

(1)注意安全,加强保护,随时检查绳的牢固程度。练习时下面要放置垫子。

(2)垂直绳(杆)爬到上面后,要换握绳慢慢爬下,严禁顺绳快速滑下或由较高处跳下。

（3）要根据动作掌握的熟练程度、身体条件和能力，确定攀爬的高度、远度和荡绳的宽度及练习的次数等。防止追逐嬉闹。

任务六　游　泳

游泳是水浴、空气浴和日光浴三者结合的运动，它对各种年龄的游泳者来说，是理想的锻炼活动，是达到全面健康的一个极好方式。它对肌肉群的锻炼比其他体育运动更好，尤其对心肺有帮助。游泳也经常被作为一种疗法，治疗那些由于中风而遭受痛苦或肌肉有问题的人。学习游泳最重要的理由是生存问题，如面对洪灾、海上事故等。另外，人们开始将较多的闲暇时间消磨在水上活动中，如果会游泳，生活内容将更为多姿多彩。游泳运动的技巧内容丰富，花样繁多，即使通常不喜欢参加体育运动的人，也能从中获得很大乐趣。

游泳在生产、科研和国防建设上有很高的实用价值。如水利建设、防洪抢险、渔业、水下考古、水下侦察、水下摄影等都需要掌握游泳技能。

一、游泳概述

游泳运动是一项借助自身肢体动作对水的相互作用力，在水上漂浮或潜游而进行的一项体育活动，适合任何群体锻炼。

在现代游泳产生和演进过程中，逐渐形成了自由游、仰游、蛙游和蝶游等正式游泳竞技比赛姿势，以及相应的比赛规则。

游泳是在水中进行的，人在水中运动所消耗的能量比在陆地上消耗的能量要大，这就需要人体利用自身各种功能、各种应激系统来适应外界温度变化、促进新陈代谢过程的加强。坚持游泳锻炼能提高肌肉的爆发力以及各关节的柔韧性和灵活性，有效地促进健康，提高运动技能，并对身体瘦弱、肥胖等创造一种积极的改善手段。

总之，游泳是一种集强体、健身、实用为一体的运动项目，有广泛的群众基础及深远的魅力，是人类征服自然、改造自然过程中形成的技能。对大学生来说，学会游泳，对丰富自己的精神生活也具有重要意义。

（一）游泳起源

据现有资料记载，早在5000多年前已经有了游泳活动。人类在布满江河湖海的地球上生活，不可避免地要和水发生关系，在生产劳动以及同大自然奋斗的过程中，是自然产生的。

（二）现代游泳发展概况

现代游泳起源于英国，1828年英国在利物浦乔治码头修造了第一个室内游泳池，随后游泳池在英国各地相继出现。1896年在希腊举行的第一届奥林匹克运动会时，便把游泳列为比赛项目，当时只有男子100m、150m和1200m自由泳三个项目。1908年在英国伦敦的第四届奥运会时，成立了国际业余游泳联合会（简称国际游联），审定了游泳的各项世界纪录，并制定了国际游泳比赛规则，规定比赛距离单位统一用"米"，比赛项目设置100m、400m、1500m自由泳和4×200m接力，仰泳设100m，增设200m蛙泳项目。1912年在瑞典斯德哥尔摩举行了第五届奥运会上，首次把女子项目列入正式比赛，设立了女子

100m 自由泳和女子 4×100m 自由泳接力。随着游泳技术的发展,游泳成为奥运会上比赛中仅次于田径的大项(见表 7-1)。

表 7-1　游泳项目

泳式	项目
自由泳	50m、100m、200m、400m、800m、1500m
蛙泳	100m、200m
仰泳	100m、200m
蝶泳	100m、200m
个人混合泳	200m、400m
接力	4×50m 自由泳、4×100m 自由泳、4×200m 自由泳、4×100m 混合泳

(三)我国游泳的发展

我国近代游泳运动是 19 世纪中叶由欧洲逐渐传入我国的,开始不在中国香港及广东、上海,而后传入其他地区,1887 年在广州沙面修建了 25m 室内游泳池。1912 年由菲律宾发起的,由日本、中国、菲律宾三国参加的远东运动会就有游泳。1920 年国内比赛增设女子项目,1924 年成立了"中国游泳研究会"。新中国成立后,在党和人民政府的领导与关怀下,在 1952—1959 年我国运动员频繁参加国际性比赛。随着我国游泳运动成绩不断提高,1980 年,国际游联恢复了中国合法席位。在 1992 年巴塞罗那举行的第二十五届奥运会比赛中,中国在游泳项目上夺得 4 枚金牌、5 枚银牌并破 2 项世界纪录。在 2004 年雅典奥运会上,罗雪娟又为中国夺得 1 枚金牌。在 2012 年伦敦奥运会上,中国游泳项目选手勇夺 5 金 2 银 3 铜,创下历史最佳战绩。

(四)游泳运动的分类

竞技游泳是指有特定技术要求,按游泳竞赛规则的规定进行竞赛的游泳运动项目。随着游泳项目的演进,其内容和项目也在不断发生变化和增加,并以其不同的特点形成各自独立的竞赛项目(见图 6-32)。

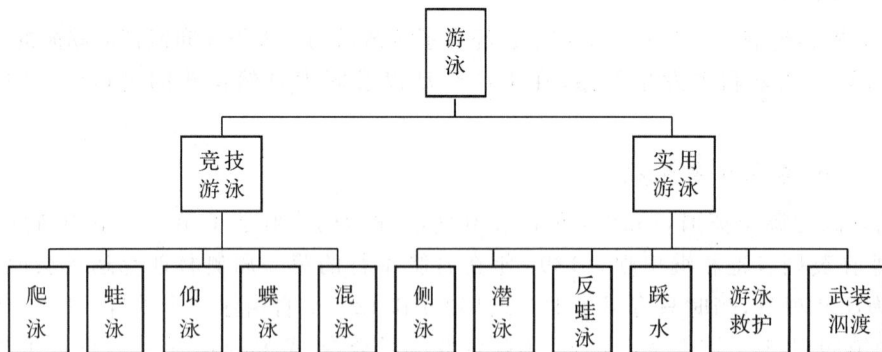

图 6-32

二、蛙泳

(一)姿势介绍与技术特点

蛙泳是古老的游泳姿势之一,因其动作结构模仿青蛙而得名。蛙泳时,呼吸方便、省力、持久、声响小、易观察、能负重,是一种实用性很强的泳式。

现代蛙泳的技术特点是:强有力的大划臂,快而窄的鞭打蹬腿,快速连贯的晚呼吸配合,上体起伏较大,两臂几乎在水面上向前伸出,蹬腿有明显的腰腹动作,身体有流线型的水下伸展滑行。

(二)蛙泳的基本技术

1.身体姿势

身体俯卧,保持自然伸直,稍收腹成流线型。身体 纵轴与水平面的夹角变化区间 5°～15°。手臂划水快结束时,头和两肩均抬出水面,臂前伸。蹬腿进入滑行阶段时,低头压胸,头和身体均潜入水下,游进时,身体明显上下起伏。

2.腿部动作

蹬腿是蛙泳推进力的主要来源之一,可分为收腿、翻脚、蹬腿和滑行 4 个部分。两腿动作要求对称进行,收腿为蹬腿作准备,翻脚是收腿的结束和蹬腿的开始(见图 6-33)。

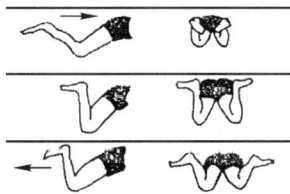

图 6-33

(1)收腿:先是由大腿带动小腿前收,边收边分,两脚和小腿在大腿正面投影截面内,两脚后跟尽量靠近臀部。此时,大腿与躯干约成 30°～150°,两膝分开最大时与肩同宽。

(2)翻脚:翻脚是腿部动作的关键,蹬水效果的好坏很大程度上取决于翻脚的质量。当收腿将完成时,脚仍向臀部靠近,两膝稍向内合,两脚外转勾脚尖,脚尖向外,小腿离开大腿的投影截面。

(3)蹬腿:翻脚后,以大腿发力向后弧形蹬腿,伸髋伸膝做快而有力的鞭打蹬腿动作。蹬腿是获得推进力的主要来源。

(4)滑行:蹬腿结束后,两腿并拢伸展,脚踝伸直。

3.臂部动作

臂部动作可分为抓水、划水、收手和伸臂 4 个部分(见图 6-34)。

(1)抓水:由水下前伸滑行开始(水下 15～20cm),两肩关节略内旋,手掌外转 45°,稍勾腕,直臂向外撑水。

(2)划水:当两臂分成 40°～45°时,逐渐屈臂形成高肘,向两侧、后下划水,至两臂之间为 120°时,肘屈成约 90°。

(3)收手:当两臂划至最宽处,开始向内划水,转腕使手掌和前臂始终对准水,直至两前臂和手掌心相对,此时肘下降低于手。

(4)伸臂:两臂由肩带动积极向前伸出、伸直,掌心由向上转向下。

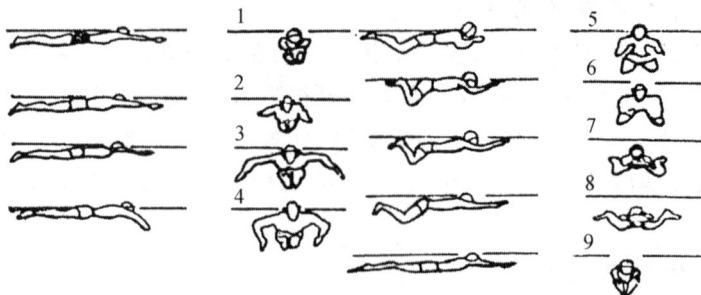

图 6-34

4.配合技术

蛙泳配合一般是蹬腿一次,划臂一次,呼吸一次。由于腿、臂、呼吸配合时间的不同,形成不同的技术特征。一般的配合技术是:两臂划水时腿伸直,收手的同时收腿、划水,至收手时抬头吸气之后,低头压胸、蹬腿,蹬腿时两臂前伸接近伸直,蹬腿后,滑行时大腿主动上抬。

(三)蛙泳的基本练习方法

蛙泳的学习方法是先腿后臂再臂腿配合和呼吸,一开始就要多做游泳呼吸方法的练习。

(1)坐地上,两臂后撑,做蛙泳腿部的模仿动作。

(2)坐在池边,两臂后撑,腿置于水中,两腿做收腿、翻足、蹬腿、停顿的动作(要求收腿两膝间距适当)。

(3)手持浮板做蛙泳蹬腿练习。

(4)陆上站立和水中走动,上体前倾,做蛙泳划臂练习。

(5)陆上或水中走动,做划臂与呼吸的配合。

(6)站立,两臂上举,做蛙泳臂腿配合动作[划臂、收手、收腿、上伸臂时蹬腿(用单腿做)]。

(7)坐池边,两腿置于水中,做蛙泳臂腿配合动作。

(8)做臂腿配合的憋气游。

(9)做两次臂腿配合一次呼吸的练习。

(10)做一次蹬腿、一次划臂、一次呼吸的配合游。

(11)蹬池壁后,蛙泳完整配合。

三、自由泳(爬泳)

(一)姿势介绍和技术特点

自由泳是不限姿势的一个游泳项目。在所有游泳姿势中,爬泳的速度最快,所以自由泳项目的参赛者几乎都采用爬泳。

自由泳身体姿势

自由泳腿部和
臂部动作

现代爬泳技术的特点是:身体姿势高平,采用高肘屈臂划水的晚呼吸配合技术。腿部动作:短距离采用 6 次打腿,中长距离采用 4 次或交叉打腿。

(二)爬泳的基本技术

1.身体姿势

身体水平俯卧于水中,脸没入水中,淹至发际与头顶之间,略收腹。游进时,因臂划水和转头吸气,身体沿纵轴自然转动,不应有起伏和左右摇摆。

2.腿部动作

爬泳腿部动作的作用是维持身体平衡、抬高下肢和产生推进力。两腿做上下打水动作,向下时用力,踝关节内转,向上时放松。动作以大腿发力带动小腿,膝关节适度紧张,屈度最大约 150°,成一鞭打动作。踝关节的灵活性与放松程度对打腿的效果至关重要。

3.臂部动作

手臂划水是爬泳推进力的主要来源。动作分为臂入水、抱水、划水和空中移臂(见图 6-35)。

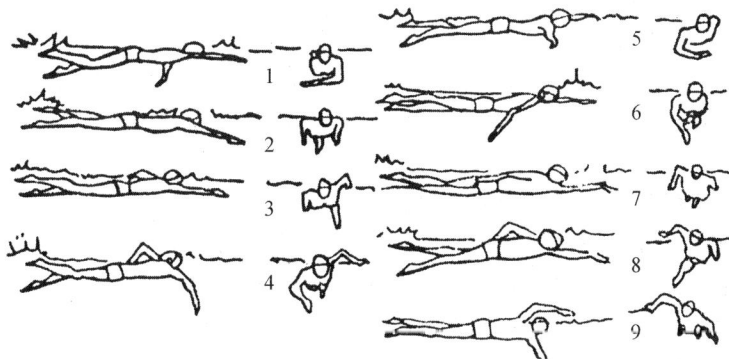

图 6-35

(1)臂入水:手掌入水点一般在肩延长线与身体中线之间,手指自然并拢,指尖触水,此时肘关节弯曲为 150°～160°。入水动作自然,手掌、前臂、上臂依次入水至臂伸直。

(2)抱水:手臂略前伸,肩带前送,接着上臂内旋,使肘处于较高部位,至前臂与水面成 40°时,形成高肘抱水,屈肘约 150°。抱水动作似用臂去抱一个大圆球,以利肩带肌群处于拉长状态,手掌、前臂乃至上臂的正面投影面迅速增大。

(3)划水:是指手臂在前与水平面成 40°,至后与水平面成 15°～20°的这一动态过程,是臂划产生推进力的主要阶段。划水又以肩垂直面为界,前为拉水,后为推水。

拉水是一个保持高肘逐渐屈臂的过程,划至肩垂直面屈肘约 90°。此时,整个臂的有效划水面最大。

推水是一个以最大屈肘为 90°开始的逐渐伸直臂的过程。应尽量保持前臂和手掌对水截面不会很快减小,防止肘向身体靠拢过早上提,应在体侧下方完成推水动作。

划水应连贯、加速。手移动的路线是一个 S 形,开始在肩前,中间在胸腹下,后至大腿旁。

在划水过程中要充分发挥肩带的作用。抱水时肩前送,划至中间部位肩后移至正常位,之后随着推水后移,这样有利于增长有效划水的路线和加大划水的力量。

（4）空中移臂：由上臂带动,肘部向外上,屈臂向前上转肩移动。先是掌心向后上方,手落后于肘;后是掌心转向前下方,手超过肘前伸准备入水。移臂过程应肘高于手,做到放松、协调、自然。

（5）两臂的配合：在臂入水时,右臂处于开始划臂阶段称为前交叉;左臂处于肩下称为中交叉;右臂已划至腹部身下称为后交叉。中交叉和后交叉配合,两臂衔接较紧凑,有利于速度的均匀性。

4. 呼吸与划臂的配合

爬泳采用转头吸气,一般是两臂各划一次、做一次完整的呼吸,即呼气、吸气和闭气。

以向右吸气为例,在手入水后,口和鼻开始慢慢地呼气,右臂划至肩下,向右侧转头,呼气量开始增加;推水快结束时,做快而有力的呼气;右臂出水时,张口吸气;移臂至一半时,吸气结束,并开始转头恢复面向下,而后闭气。

（三）自由泳的基本练习方法

学习爬泳一般按腿部动作、臂部动作、臂腿配合呼吸,再到完整配合的顺序进行。打腿是学爬泳的基础,呼吸是掌握爬泳技术的关键和难点。

（1）坐地上,两手后撑,两腿抬起做直腿上下打动,踝关节放松。

（2）坐池边,两手侧撑,身体重心前移至池沿,两腿伸入水中,做直腿打水,要求前踢水,踝关节内旋。

（3）水中做浮板打腿或蹬池壁滑行后憋气打腿。

（4）在陆上站立或水中走动做直臂划水,屈臂前移的练习。先练一臂,后两臂轮换。

（5）陆上做原地踏步6次,两臂各划1次的臂腿配合练习。

（6）蹬池壁滑行后做憋气臂腿配合游。

（7）陆上做6次踏步,划右臂头向右转换气,划左臂头回复常位憋气的配合模仿练习。

（8）进行两臂各划水1次、换气1次的配合游。

四、仰泳（反爬泳）

（一）姿势介绍与技术特点

仰泳是成仰卧姿势的游泳项目。仰泳的实用性强,适宜在水中拖运物体,救护溺水者。常用的仰泳有反蛙泳和反爬泳。反爬泳的速度快,即两臂轮流划水,两腿上下交替打水。

反爬泳的技术特点是：身体平衡,强有力、有规则上下打腿,手入水点远而深,入水早,划水路线长而呈S形,垂直高移臂,中交叉配合。肩带的柔韧性和灵活性对掌握和提高反爬泳技术特别重要。

（二）仰泳的基本技术

仰泳受解剖结构的限制,故而两臂在体侧划水,两腿交替进行比爬泳幅度大的踢水动作。

1. 身体姿势

身体自然伸展仰卧,头部适中,腰和腿部保持水平,身体纵轴与水平面成5°～7°。

头的"舵"性作用要求头部稳定,不能摇动。上体的左右转动至与水面成40°,以保证划水力量和效果。

2.腿部动作

腿部动作是保持身体高平卧姿、控制身体摇摆和产生推进力的决定因素。

动作与爬泳相似,不同在于仰泳以上踢为主,即"上踢下压"、"屈腿上踢、直腿下压"的鞭水动作,膝关节最大曲度为135°,打腿幅度大约45cm。

初学者易犯的错误是膝关节露出水面和脚背对不准水,不是踢水,而是向上挑水。

3.臂部动作

手臂划水是推进力的主要来源。仰泳采用垂直高移臂,臂部自然放松伸直,以小指向下,手和前臂约成150°～160°入水。入水点在肩延长线上,然后利用移臂的动量使臂下滑到入水深30～40cm处,转腕和肩臂内旋,同时开始屈臂至150°～160°,使手掌和前臂增大划水面,配合上体转动成抱水姿势(见图6-36)。

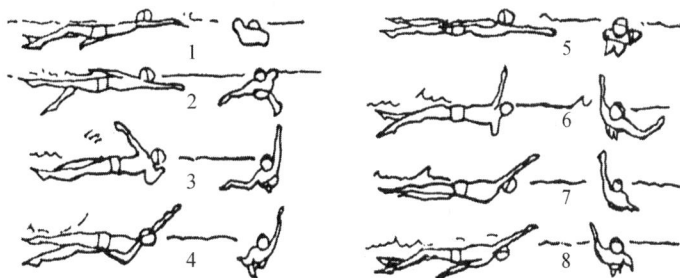

图 6-36

手臂划水以肩为轴做由下至上再向下的S形路线划动。划至肩平时屈臂最大为90°。推水结束时,手臂完全伸直,手掌在大腿侧下方,距臀部15～20cm处。

臂划水结束应做推压动作,然后以肩带动内旋上摆,大拇指向上直臂出水,开始移臂。

两臂配合,一般是当一臂划水结束时,另一臂正好开始划水,当一臂处于划水中段时,另一臂空中移臂至一半。这样配合能保证动作的连贯性和速度的均匀性。

身体的转动应与两臂动作紧密配合,有利于加强划水力量和效果。

4.臂腿配合与呼吸

现代仰泳技术采用6次打腿、2次划臂的配合,也有人采用4次打腿的配合。配合要整个动作平衡、协调,防止扭动和臀部下沉。

呼吸一般是两臂各划1次,呼吸1次,用口呼吸。当一臂移臂时开始吸气,然后短暂地憋气,当另一臂移臂时呼气。

(三)仰泳的基本练习方法

(1)蹬池壁两臂上举成仰卧后,做打腿(初学者可将打水板置于头后)。

(2)两臂上举蹬池壁打腿,做一臂划水。

(3)蹬池壁两臂上举仰卧打腿,一臂划水复位后再做另一臂划水。

(4)仰泳完整配合练习。

小 故 事

2017 年 4 月 12 日,在 2017 年全国游泳冠军赛暨第十三届全运会预赛上,徐嘉余以 51 秒 86 获得男子 100 米仰泳冠军,同时打破了该项目亚洲纪录;4 月 15 日,在男子 200 米仰泳项目中以 1 分 54 秒 03 打破了自己保持的全国纪录并获得冠军;4 月 16 日,在男子 50 米仰泳半决赛中,以 24 秒 42 刷新了自己在 2014 年创造的全国纪录,成为该届比赛唯一打破三个项目纪录(50 米仰泳全国纪录,100 米仰泳亚洲纪录,200 米仰泳全国纪录)的选手,该成绩位列 2017 年度世界第一。

同年 7 月,在布达佩斯进行的 2017 年世界游泳锦标赛上,徐嘉余以 52 秒 44 获得男子 100 米仰泳冠军,这是中国选手首次在男子仰泳项目上获得世界大赛(奥运会和世界锦标赛)冠军。

五、蝶泳(海豚泳)

(一)姿势介绍和技术特点

蝶泳是以两臂经空中前移的游泳姿势,因臂像蝴蝶展翅而得名。由于蹬腿的蝶泳不如两腿模仿海豚的上下波浪式击水蝶泳速度快,所以目前蝶泳打腿均采用此种技术。蝶泳是速度仅次于自由泳的泳式。

蝶泳的技术特点是:两臂屈臂划水,身体姿势高平,小波浪、快频率、晚呼吸。

(二)蝶泳的基本技术

与其他泳式相比,蝶泳的身体姿势不固定,两臂同时划水,头和上体起伏大,而腿同时成波浪形上下打水,晚呼吸配合。

蝶泳一般是两腿同时打水 2 次,两臂同时划水 1 次,呼吸 1 次。学会自由泳后,只要将两腿、两臂同时按 2∶1 配合,就能体会到蝶泳的动作。

1.打水动作

蝶泳的打水动作是由腰部发力,大腿带动小腿做鞭状打水形成的。动作成连贯、协调的波浪形。当两腿处于最低点时,髋关节屈成 160°,臀部上升至水面,然后两小腿伸直向上,髋关节展开,当膝关节弯曲成 110°~130° 时,髋至最低点,两脚移至水面,紧接着两脚向下打水,踝关节放松,脚内旋对水。这是打水的主要阶段。

2.划臂动作

蝶泳时两臂伸直与肩同宽入水,此时面向下,头低于臂,接着直臂开始划水,臂和手掌向斜外抱水,用口鼻呼气且逐渐屈肘,两臂尽量成高肘划开至 90~95cm 宽。当两臂向后内划至肩垂直部位时,两臂屈肘最大为 90°,两手距离最近约 10~15cm。这时,头向上抬出水面用力呼气,两手加速向后外推水,待口一出水即进行吸气。手臂划水结束时,两肘开始上提,利用加速划水的惯性力,两臂屈肘侧甩,直臂经体侧前移(见图 6-37)。

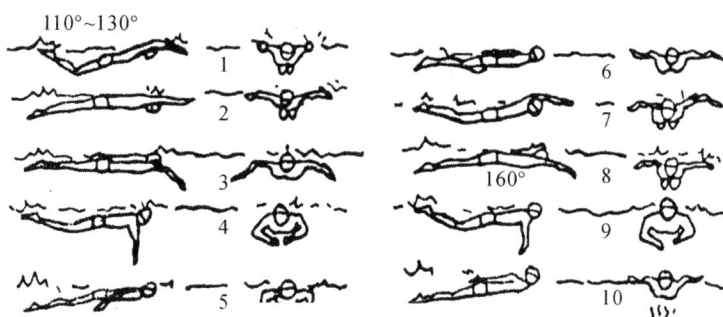

图 6-37

一般运动员均用高肘屈臂曲线划水技术。划水时,两手相对于身体的移动路线是先向外,再向内,又向外。划臂路线有"杯形"、"钥匙形"和"漏斗形"三种。

3.配合动作

蝶泳的配合动作:两臂入水做第一次打腿;臂抓水时腿向上;两臂划至胸腹下时开始第二次打腿;臂推水结束时两腿打水结束;两臂经空中前移时,两腿向上;臂快入水时屈膝最大。

(三)蝶泳的基本练习方法

在学会爬泳的基础上,再学习蝶泳就比较容易掌握。

(1)在水中利用浮板做两腿同时上下打水。

(2)陆上站立,上体前倾做两臂同时划臂的模仿练习。

(3)陆上站立,两臂上举,用单腿和两臂做打腿两次、划臂一次的练习。

(4)在水中用浮板做打腿两次、单臂划臂一次的练习。

(5)陆上站立,上体前倾,做两臂同时划水与呼吸配合的模仿练习。

(6)在水中做不带呼吸或带呼吸的蝶泳练习。

六、踩水

踩水是一项基本的实用游泳技术,应用较为广泛,如持物过河、通过逆流、救护溺者等。

踩水技术类似蛙泳,但在水中身体与水面的角度比蛙泳大,基本接近于直立姿态,头部始终在水面上,下颏接近水平面。

(一)腿的基本技术

腿部动作有两种基本技术。一种是两腿交替蹬水。这种方法的身体在水中起伏不大,大腿动作的幅度较小。做动作时先屈膝,小腿和脚向外翻,然后膝向里扣压,用脚掌和小腿内侧向侧下方蹬夹水;当腿尚未蹬直时往后上方收小腿,收腿的同时另一腿开始做蹬夹水的动作,两腿交替进行。脚的蹬水及回收的路线,近似于椭圆形。另一种方法是两腿同时蹬夹水,与蛙泳腿动作相似。但大腿动作的幅度较小,用小腿和脚内侧向侧下方蹬夹水,当两腿还未完全蹬直时收腿,依次进行(见图 6-38)。

图 6-38

(二)臂的基本技术

臂的基本技术动作:两臂弯曲,手和前臂在胸前做向外、向内的摸水动作,但手臂动作不宜过大,当向外摸水时掌心稍向外,向里摸水时掌心稍向内,手掌要有压水感,两手摸水的路线呈弧形。

同时腿和臂的动作配合要连贯协调,一般为两腿各蹬夹一次,或是两腿同时蹬夹一次,两手做一次摸水动作。当采用两腿交替蹬夹水的配合时,通常采用腿和手同时不停地进行的技术;当采用两腿同时蹬夹水的配合时,一般是在两腿做蹬夹水动作的同时,两手做向外的摸水动作。

当用踩水游进时,身体要略前倾,腿稍向后侧蹬水,两臂向后拨水,也可采用侧身向前的技术,这时后腿应较为用力。

同时呼吸要自然协调,应随腿、臂动作的节奏自然呼吸。

(三)踩水的基本练习方法

(1)站在与下颌平齐的水中,练习手分开向下划压水、脚蹬水。反复练习,直到熟练。

(2)在深水区,双手握住池边,练习双腿或单腿踩水动作。

(3)在学习手、腿配合时,可以在腰上系一根绳子,由同伴在岸上帮助练习。下沉时,同伴往上拉绳,头露出水面踩水时,绳子可以放松。

七、侧泳

侧泳的实用价值很大,武装泅渡、军事侦察、水中拖运物品和救护溺者等可用侧泳。因此,侧泳深受广大群众的喜爱,有广泛的群众性。侧泳时身体侧卧水中,两臂交替划水(或同时划水),两腿蹬剪水,呼吸时头稍向侧转动。

侧泳可分为手出水和不出水两种,一般来,后者更易掌握。这里主要介绍第一种侧泳技术。

(一)身体姿势

身体侧卧水中,稍向胸侧倾斜,头的下半部浸在水中,下面臂前伸,上面臂置于体侧,两腿并拢伸直,在游进时身体绕纵轴转动。

(二)腿的动作

腿的动作主要包括收腿、翻脚和蹬剪腿。

(1)收腿:上面腿向前收,大腿与躯干成 90°,小腿与大腿成 45°~60°。下面腿向后收,膝关节弯曲成 30°~40°(见图 6-39)。

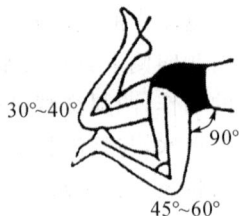

图 6-39

（2）翻脚：当完成收腿动作后，上面腿脚尖勾起，脚掌向后对准水，下面腿将脚尖绷直，脚和小腿前面向后对准水。

（3）蹬剪腿：上面腿用大腿带动小腿稍往前伸，以脚掌对着蹬水方向，由体前侧向后方加速蹬夹水。下面腿以脚和小腿对着蹬水方向，用力稍向下，再向后伸膝剪水，与上面腿形成蹬剪水的动作。

（三）臂的技术

两臂交替划水，一臂在空中移臂称为上面臂；另一臂在水下移臂称为下面臂。

1. 上面臂

上面臂与爬泳臂划水动作相似，不同的是当上面臂前移时，上体绕纵轴略有转动，这样就使两肩边线与垂直线之间的角度增大到45°～50°（见图6-40）。这个动作可使上面臂入水点距离身体较远，从而增加划水的路程。

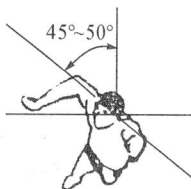

图 6-40

2. 下面臂

侧泳时下面臂的动作可分为准备姿势、滑下、划水和臂前移四个阶段。

（1）准备姿势：手臂前伸，掌心向下，手略高于肩。

（2）滑下：当手臂滑下与水平面成20°～25°时，稍勾手、屈臂，使手和前臂向后对准水，即过渡到划水动作（见图6-41）。

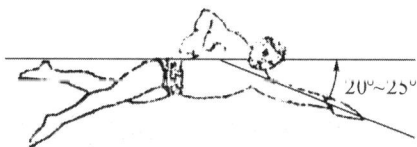

图 6-41

（3）划水：下面臂的划水动作不是在肩下进行的，而是在靠近胸侧斜下方进行的。当划至腹下后即结束。

（4）臂前移：当划水结束后，迅速收前臂，使手掌向上，并沿着腹胸前移动。当手掌移至头前时，随臂向前伸直，手掌逐渐转向下方。

3. 两臂的配合动作

上面臂开始划水时，下面臂开始做前伸动作，两臂在胸前交叉；上面臂划水结束时，下面臂开始滑下。

（四）臂、腿和呼吸的配合

侧泳主要有臂和腿及臂和呼吸两个方面的配合。

1. 臂和腿的配合

当上面臂入水后，下面臂开始前移并收腿，上面臂划至腹下开始做推水动作时，下面臂向前伸，同时腿用力向后做蹬剪动作（见图6-42）。

2. 臂和呼吸的配合

当上面臂开始划水时，逐渐呼气，划至腹下做推水时转头吸气。移臂和入水时，头还原,闭气。

侧泳的完整配合技术:两腿蹬剪水一次,两臂各划水一次,呼吸一次。两腿蹬剪水后,在上臂划水结束与下面臂前伸时,应有短暂的滑行动作。

(五)侧泳的基本练习方法

一般来说,学习侧泳先要学好腿的动作。但不能做成蛙泳腿的蹬夹水动作。

(1)陆上身体侧卧在地上做腿部模仿练习。

(2)水中手扶池壁做腿部模仿练习。

(3)水中做扶板剪水的腿部动作练习。

(4)陆上站立做臂部的模仿练习。

(5)水中站立做臂部的模仿练习。

(6)陆上臂部模仿练习加呼吸。

(7)水中臂部模仿练习加呼吸。

(8)侧泳完整技术练习:完整的侧泳配合采用两臂轮流划水各一次、腿部剪水一次、呼吸一次的配合方法。腿和臂的配合:上面臂入水和下面臂将开始前伸时收腿,当上面臂划到腹下开始做推水动作时,腿用力向后蹬剪水。

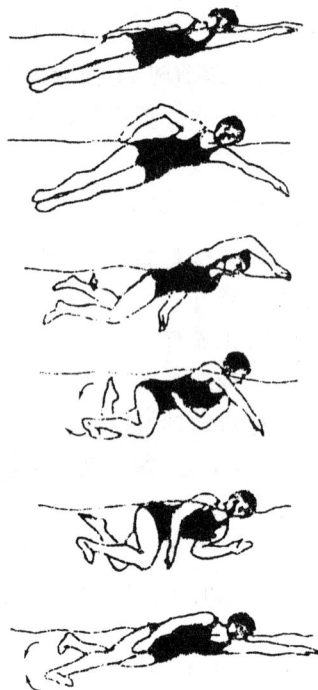

图 6-42

八、反蛙泳

反蛙泳是一种十分理想且经济的实用技术,具有很大的实用价值,在水中运物品,或救溺水者,或体力不支时都可采用。其主要姿势是身体仰卧水中,两腿同时向后蹬夹水,手臂在体侧同时向后划水的一种游泳姿势。

(一)身体姿势

仰卧水中,身体自然伸直,脸露出水面。

(二)腿的技术

腿的技术与蛙泳相似,但由于身体仰卧水中,所以收腿、蹬腿时膝关节不能露出水面。收腿时,膝关节向两侧边收边分,大腿微收,小腿向侧下方收得较多。收腿结束时,两膝略宽于肩,脚和小腿内侧向后对准蹬水方向。然后由大腿发力,使小腿和脚向侧后方蹬夹水。

(三)臂的技术

两臂要自然伸直,同时经空中在肩前入水,然后屈臂,掌心向后,使手和前臂对准划水方向,用力在体侧划水。当划水结束后,停留体侧,使身体向前滑行,然后两臂自然放松从空中向前移臂。

(四)臂、腿和呼吸的配合技术

反蛙泳的技术可分为以下两种:

(1)一种是臂的划水与蹬夹水、移臂与收腿同时进行。

（2）另一种是手划水和蹬夹水交替进行，但手、腿各做一次动作之后身体自然滑行。两臂前移的同时，"边收边分慢收腿"，两臂将入水时，两腿同时蹬夹水（见图6-43），然后两腿自然并拢，手臂划水。划水结束，身体自然滑行。

对于呼吸来讲，一般是在移臂肘时吸气，两臂入水后稍闭气，然后用口鼻均匀呼气。

（五）反蛙泳的基本练习方法

（1）水中仰卧漂浮。初学时可由同伴托住腰、背或头部。熟练后可自己做蹬池底或蹬池壁仰卧漂浮滑行练习。

（2）坐池边上做腿的蹬夹水模仿练习。

（3）水中滑行做腿的蹬夹水练习。

（4）水中完整技术练习。

图 6-43

九、游泳安全卫生常识与救护

（一）游泳安全卫生常识

游泳是在特定环境——水中进行的运动，必须将安全放在首位。特别是初学者，若没有任何安全保障是不能下水的。

游泳前应认真进行体检，防止患病者游泳时发生意外，同时避免传染他人。凡患有传染性肝炎、活动性肺结核、细菌性痢疾、化脓性中耳炎、心脏病、精神病、皮肤病、严重沙眼以及其他传染病者，均不得游泳；女生在月经期间，也不宜游泳；饭后1小时内或饥饿状态下，不宜游泳；剧烈运动后不宜马上游泳；不能带病游泳；不能长时间曝晒游泳。

下水前应认真做好准备活动，使身体适应激烈运动和低温水的刺激；在游泳中不准乱跳水、潜水和开玩笑；遵守游泳池（场）的规章制度，在指定水域内游泳，以免发生危险。游泳者要有同伴，以便互教互学，互相照顾。初学游泳者不得到深水区游泳。

在自然水域游泳要注意水质、水的深度和流速，不要在有污泥、乱石、树桩、漩涡、杂草丛生和船只来往频繁的地方游泳，以免发生危险。

注意公共卫生，淋浴后方可下水，禁止在水中吐痰和便溺，不要租借用他人游泳衣（裤）。

出水后应淋浴，然后擦干身体，穿衣保暖。出现头晕、呕心、冷战、抽筋等情况应及时上岸。

（二）救护

游泳救护是确保人身安全的一项重要措施，因此，要加强救护工作，进行安全教育，学会并掌握一定的游泳救护知识和技能。

1.自我救护

游泳时出现异常生理现象或遇险时，不要紧张，应沉着、冷静，想办法脱离危险，同时别忘了呼救，拍打水面，请求他人援助。

（1）防止抽筋。

游泳中，有时身体异常，引起抽筋现象。抽筋的部位主要是小腿和大腿，有时手指、脚趾也会发生。引起抽筋的主要原因是游泳前没有充分做好准备活动,身体过分疲乏,水凉刺激,精神紧张。发生抽筋时常用的自我救护的方法有:

①小腿、脚趾抽筋。先深吸一口气仰卧水面,用不抽筋的腿轻轻做踩水动作,以保持身体在水面平衡。然后用抽筋肢体对侧的手握住抽筋肢体的脚趾,用力向身体方向拉拽;同时,用力弯脚尖,另一只手放膝盖上,用力帮助膝关节尽量伸展。

②大腿股四头肌抽筋。先深吸一口气仰卧水面上,尽量向前收紧抽筋腿,双手抱脚加力使大腿靠近胸部。小腿紧贴大腿,然后用力伸腿。

③手指抽筋。手握拳,然后用力张开,反复多次,直至抽筋消除为止。

④腹部肌肉抽筋。吸满气仰卧水面,腿尽量收向胸前,收腹含胸,双手抱腿加力,然后用力伸展腿和身体。

(2)防呛水。

避免呛水的办法主要是掌握正确的水中呼吸方法。如果已经呛水,也不要慌乱,应迅速调整呼吸,用仰泳或踩水姿势,使头露出水面,镇静地缓解。

(3)水草缠身时。

切忌乱蹬踩,应先深吸一口气,冷静地用手慢慢解脱,解脱后改用仰泳通过水草区域。

(4)遇到漩涡时。

遇到漩涡时,应绕过去,万一进去,莫要踩水,要迅速使身体平卧于水面,然后用最熟练、最快的游泳姿势,顺着漩涡流向迅速冲出去。

(5)遇到风流时。

遇到小风浪时,可将头转向顺风浪一侧吸气;遇到大风浪时,则宜采用滑顶的蛙泳姿势游进,待浪头过后,抓紧时间换气。

2. 水上救护

游泳救护,人人有责。发现险情时,寻求更多、更广泛的援助,在专职救护人员的指导下积极参加救护。如果现场没有专职救护人员,在场游泳者应义不容辞地进行救护,面对险情应沉着、镇定,果断、迅速地采取措施。救援的同时也应注意自身的安全。

(1)间接救护。

一般溺水者往往很靠近岸边,只要递给他一根竹竿、长棒、可浮物、救生圈、绳子等就可进行救护。重要的是引起溺水者的注意,使他意识到救援者和救援物的存在。实践证明,使用救生器材既省力,又安全、迅速,效果好。

(2)直接入水救护。

在周围无救生器材或不便使用救生器材的情况下,应果断跳入水中进行救护。救护者应迅速脱去妨碍游泳的衣裤,同时注意观察溺水者的情况,选择恰当的入水处跳入水中,用抬头爬泳或反蛙泳接近溺水者,可协助其游回岸边;对于紧张、挣扎的溺水者,要从背后或潜入水中接近对方,避免被对方抱住。救护者先将溺水者转至背向自己,然后用侧泳或反蛙泳进行拖带时要使溺水者脸部露出水面。对于已经沉没在水中的溺水者,要快速寻找,并且组织打捞。救人上岸以后,一边进行人工呼吸,一边寻求医务救援。

● 专业术语中英文对照：

竞走运动员 walker	沙坑 landingpit	跳高 highjump
跳远 broadjump	推铅球 shotput	投掷圈 throwingcircle
起跑器 startingblock	跳鞋 jumpingshoes	体操馆 gymnasium
镁粉 magnesium	单杠 horizontalbar	山凹 gap
岩石小裂缝 crack	游泳池 swimmingpool	踩水 treadwater
侧泳 overarmstroke	蛙泳 breaststroke	蝶泳 butterfly

项目七　身体素质

身体素质

学习目标

1.知识目标

(1)了解身体素质的基本概念。

(2)初步掌握提高身体素质的基本练习方法。

(3)能通过常用手段进行身体素质的评价。

2.思政目标

培养良好的身体素质,拥有强健的体魄。

思维导图

```
                              ┌── 发展力量素质的方法
                      力量素质 ┤
                              └── 力量素质的自我评价
                              ┌── 发展速度素质的方法
                      速度素质 ┤
                              └── 速度素质的自我评价
                              ┌── 发展耐力素质的方法
            身体素质 ── 耐力素质 ┤
                              └── 耐力素质的自我评价
                              ┌── 发展柔韧素质的方法
                      柔韧素质 ┤
                              └── 柔韧素质的自我评价
                              ┌── 发展灵敏素质的方法
                      灵敏素质 ┤
                              └── 灵敏素质的自我评价
```

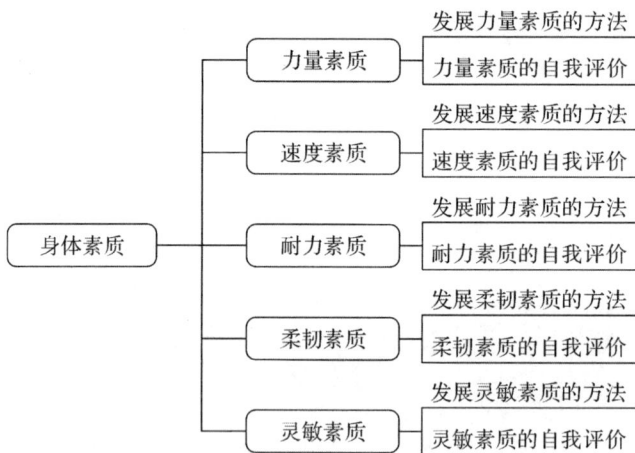

　　人体在运动、生产活动中所表现出的速度、力量、耐力、灵敏和柔韧性以及功率等总称身体素质。它不仅是掌握运动技术、提高运动成绩的基础,也是衡量一个人体质水平的重要标志之一。身体素质的水平取决于肌肉的解剖、生理特点,肌肉工作时的供能情况、内脏器官的协调配合、神经系统的调节机能以及遗传等因素。

任务一 力量素质

力量素质是指肌肉工作克服内外阻力的能力,是身体训练水平的重要指标之一,是运动的基本素质。肌肉力量主要由三种要素组成:其一是完成动作时肌肉群收缩的合力,这主要取决于参加身体活动的每一块主动肌的最大收缩力。力量可以通过逐渐增加阻力的锻炼而得到增长。其二是主动肌同对抗肌、协同肌、固定肌的协同能力。主动肌的协同能力可以通过有关动作的反复锻炼而得到改善。其三是骨骼的杠杆作用(力学上称骨杠杆的机械效率),这取决于肌肉群的牵拉角度、每个杠杆的阻力臂和力臂的相对长度等。

一、发展力量素质的方法

由于肌肉收缩有等长和等张两种形式,所以肌肉力量亦可分为静力性和动力性两种形式。

(一)发展静力性力量

静力性力量是肌肉做等长收缩时产生的力量,称为静力性力量或等长性力量,即肢体不产生明显的移位,而是维持或固定肢体于一定位置或姿态。练习方法有:

(1)对抗性静力练习——根据发展某部分肌肉力量的需要,确定一定的姿势,身体姿势保持静止不变,利用克服身体自身的重量来发展力量。

(2)负重静力练习——根据发展某部分肌肉力量的需要,确定一定的姿势,负一定重量,身体姿势保持固定不变。

(3)慢速动力练习——练习时动作速度很慢,不能借用反弹和惯性力,而靠肌肉的扩展收缩来完成动作。

(二)发展动力性力量

动力性力量是肌肉做等张收缩时所产生的力量,所以也称等张性力量,即身体产生明显的位移,或推动别的物体产生运动。动力性力量可分为重量性力量(如举重)和速度性力量(如投掷、起跑、踢球等)。爆发力是速度性力量的一种。

人体表现出的力量与本人体重的关系,可分为绝对力量和相对力量两种。绝对力量是不考虑体重的因素的最大力量;而相对力量是指每千克体重所表现的力量,即:

相对力量=绝对力量/本人体重

(1)发展绝对力量——一般以本人最大负荷的85%~100%进行锻炼,也就是以较少的重复(1~5次),完成最大负荷或接近最大负荷的练习。

(2)发展速度力量——因速度力量是肌肉在短时间内快速收缩的能力,因此,锻炼的方法应以中等或中小重量(即最大负荷的60%~80%),练习的重复次数较多,以最快的速度来完成。速度力量最典型的表现形式是爆发力,从事跑、跳、投掷等运动项目,对这种力量有特殊要求。

(3)发展力量耐力——一般采用最大负重量的60%或不到60%,重复练习要达到15次及以上,不追求完成动作的速度,但要求重复次数和坚持时间,力求做到极限。做俯卧撑、仰卧起坐等是发展上肢和腰腹力量耐力的有效方法。

发展动力性力量的方法,如表 7-1 所示。

表 7-1　发展动力性力量的方法

练习要求	绝对力量	速度力量	力量耐力
强度	80%~100%	60%~80%	40%~60%
组数	多(6~10 组)	中(4~6 组)	少(2~4 组)
次数	少(1~5 次)	较多(5~15 次)	多(15~30 次以上)
速度	混合速度	快速	快速或慢速
密度	较大	中等	较小

(三)发展力量素质的注意事项

发展力量素质应注意以下几点:

(1)进行力量练习前,注意力要集中,准备活动要充分,重量从轻到重,动作速度从慢到快。

(2)发展力量的一般规律是举一定重量→增加次数和组数→增加重量→再增加次数和组数→再增加重量。如此循环往复,不断提高水平。

(3)发展力量素质贵在坚持不懈,一般三五天以上不坚持锻炼,力量就会开始消退。有人把参加力量练习的人分成两组,一组采用隔日练习,另一组每天练习,经过一段时间,统计两组力量的增长率,发现隔日练习组的力量增长率为 77.6%,而每日练习的力量增长只有 74%。这说明,隔日进行发展力量素质的练习较好。

(4)发展力量素质练习,应结合速度练习和放松练习进行。如每组力量练习的间隙,可结合进行快频率的短距离跑步(或小跑步、高抬腿跑)练习。有人研究肌肉放松练习对速度力量发展的影响,他们把年龄相同、力量素质水平相仿的少年分为两组,一组进行肌肉的放松练习,另一组不进行放松练习,其他条件一致,经过一段时期,用肌张力计测发现经过放松练习的实验组,肌肉随意放松的能力比原来增长了 8 倍,而对照组只增长了 1.3 倍。从单腿三级跳远,行进间 30m 跑和 100m 跑的成绩增长上,可以看到肌肉放松练习有助于速度性力量的发展(见表 7-2)。

表 7-2　放松训练对力量和速度的影响

测验项目	实验组			对照组		
	前	后	提高/%	前	后	提高/%
单腿三级跳远/cm	586.4	712.1	21.05	598.6	674.2	12.6
行进间 30m 跑/s	5.15	4.32	19.38	5.18	4.46	15.36
100m 跑/s	13.91	13.12	6.02	13.87	13.44	2.77

(5)少年儿童参加发展力量素质的练习,应多采用以克服自身体重和发展速度力量为主的练习,适当采用轻器械练习。

(6)发展力量素质,应重视全面发展身体的各个部位的力量,包括上肢力量、躯干力量(腹肌、背肌、腰部两侧肌肉的力量)和下肢力量,以及举、提、蹲、负重和跳跃的能力。进行力量练习时,身体各部分交替进行或各种动作交替进行效果较好。在各种力量练习中,要注意形成正确的姿势和掌握正确的动作。

二、力量素质的自我评价

力量是完成各种运动技能的基础。力量是针对可动或不可动的物体所发挥的作用力，是肌肉紧张或收缩时所表现出的一种能力，它是人体运动时的首要素质，也是发展其他素质的基础。

根据肌肉收缩的形式，可将力量分为静力性力量（肌肉等长收缩时所产生的力量）和动力性力量（肌肉等张收缩时产生的力量）。肌肉发挥作用力，使物体在一定幅度内产生运动的肌肉收缩方式称为等张性收缩，如引体向上、仰卧起坐、卧推举等；肌肉在短时间内针对固体物质发挥作用力的收缩方式称为等长性收缩，如保持某种固定的姿势等。骨肉快速收缩所表现出的动力性力量称为爆发力；肌肉持续工作的能力称为肌肉耐力。下面介绍静力性力量、爆发力及肌肉耐力的自我评价方法。

（一）静力性力量的评价

静力性力量评价一般可用握力、背力等方法。握力测量前臂及手部屈肌力量。背力测量躯干伸肌力量。

（二）爆发力的评价

爆发力评价一般可采用纵跳、立定跳远等方法。纵跳测量垂直向上跳时下肢的爆发力；立定跳远测量向前跳跃时下肢爆发力。

（三）肌肉耐力的评价

肌肉耐力评价一般可采用引体向上（男生）、斜身引体（女生）、屈膝仰卧起坐（女生）、俯卧撑等方法。引休向上测量肩带及两臂的肌肉耐力；斜身引体测量臂肌耐力；屈膝仰卧起坐测量腹肌耐力；俯卧撑测量双臂和肩带肌耐力。

任务二　速度素质

速度是指人体进行快速运动的能力，即在单位时间内迅速完成某一动作或通过某一距离的能力。发展速度素质，能够提高大脑皮层兴奋与抑制过程转换的灵活性和中枢神经系统的协调性。进行速度练习的能量来源，大部分靠肌肉中无氧代谢供给。因此，通过锻炼，肌肉中的磷酸肌酸的贮备量得到增加，肌肉中糖原的含量也增多了，同时，无氧分解能力也得到增强。速度可分为反应速度、动作速度和移动速度。

一、发展速度素质的方法

（一）发展反应速度

反应速度是指人体对外界刺激反应的快慢。利用一定信号（哨声、击掌等）让练习者做出相应的反应动作是最常见的方法。

（二）发展动作速度

动作速度是指人体完成某一动作的快慢。提高动作速度的练习方法有：
（1）减小练习难度，加助力法。如顺风跑、下坡跑等。

（2）加大练习难度，发挥反效作用法。如跳远前的负重跳，紧接着做正常跳远。

（3）时限法。如按一定的音乐节拍或跟随在动作节奏快的人后面跑步，以改变自己的动作节奏和速度。

（4）缩小完成练习的空间和时间界限。如球类利用小场地练习可以限制活动的时间及活动范围，从而提高完成动作的速度。

（三）发展移动速度

移动速度是指在单位时间内人体位移的距离，一般指跑步、游泳等周期性运动项目。提高移动速度的练习方法有：

（1）最大速度跑。如短距离重复跑、接力赛跑、让距追逐游戏等。进行这类练习时，时间不能过长，重复次数不应过多，每次练习一般控制在 20 秒以内，负荷强度掌握在 85%～95%。

（2）加快动作频率练习。如快频率的小步跑、计时计数的高抬腿跑、快速摆臂练习等。

（3）发展下肢爆发力量。如负重跳、单脚跳、跨跳等。

（四）发展速度素质的注意事项

发展速度素质应注意以下几点：

（1）速度练习应在体力充沛、精神饱满、运动欲望强的情况下进行，以利于形成动作快速的条件反射。这样练习的效果比较好，而且也不易出现伤害事故。

（2）发展速度素质与增强力量、提高灵敏和完成动作的协调性是紧密相关的。周期性动作的每个动作效果（如跑步的步幅、游泳的划幅等）是提高移动速度的重要因素。

（3）速度提高到一定程度时，常会出现进展停滞、难以提高的现象，称为"速度障碍"。因此，除要坚持系统地、长期地进行练习外，还应积极采用牵引跑、变速跑、下坡跑、带领跑、顺风跑等手段予以克服。

（4）少年儿童时期是发展速度素质的最好时机。10 岁以后，发展速度素质效果比较明显。

二、速度素质的自我评价

速度素质是指以最短的时间间隔完成动作和对刺激产生反应做出应答的能力。反应速度是身体对刺激做出应答的时间间隔；动作速度是指人体完成动作所需要的时间；移动速度 指人体在特定方向上位移的速度。速度素质是运动中的重要素质之一。影响速度的因素很多，如感觉器官的功能、刺激强度、应激状态、肌肉张力、疲劳及健康状态等。不同的人速度素质相关程度不同。速度素质具有遗传性，但经过练习可以得到改善和提高。

（一）反应速度的评价

反应速度评价一般可采用选择→反应→动作，单手反应、双手反应、足反应等方法评价。选择→反应→动作测量对选择性刺激迅速、精确做出反应和动作的能力；单手反应测量手对 视觉刺激的反应速度；双手反应测量反应和双手运动结合的速度。

（二）动作速度的评价

因为动作速度寓于某一个技术动作之中，如抓举的动作速度、跳跃时起跳的动作速度、游泳转身的动作速度等，所以动作速度的测量是与技术参数测定联系在一起的。如测出手速度、起跳速度、角速度、加速度等。此外,通过连续多次完成同一动作,亦可求出平均的动作速度。

(三)移动速度的评价

移动速度评价一般可采用 50m 跑、30～60m 行进间冲刺跑等方法。

任务三　耐力素质

耐力是指人体长时间进行肌肉活动的能力,也可看作对抗疲劳的能力。发展耐力素质对提高人的健康水平和增强人的体质有着重要意义。发展耐力素质可以提高中枢神经系统支配有机体长时间肌肉活动的协调性,提高内脏器官尤其是心血管系统和呼吸系统的机体活动能力,以及提高人体的物质能量供给的能力。按人体的生理系统分类,耐力素质可分为肌肉耐力和心血管耐力。肌肉耐力也称为力量耐力,心血管耐力又分为有氧耐力和无氧耐力。有氧耐力是指机体在氧气供应比较充足的情况下,能坚持长时间工作的能力。有氧耐力练习的目的在于提高人体机体吸收、输送和利用氧气的能力,能促进有机体的新陈代谢。无氧耐力也叫速度耐力,它是指机体以无氧代谢为主要供能形式,坚持较长时间工作的能力。

一、发展耐力素质的方法

(一)发展有氧耐力

有氧耐力练习的负荷强度,心率可控制在 140～170 次/分。这个练习强度对提高人体心脏功能尤为有效,对改进肌肉的供血能力、直接吸收氧的能力也有特殊意义。据研究,心率控制在这个水平线上,机体的吸氧量可达到最大值的 80% 左右,心输出量增加,促进骨骼肌、心肌中的毛细血管增生。如果超过这个界限,心率在 170 次/分以上,机体就要产生氧债,使练习效应发生变化。如果低于这个界限,心率在 140 次/分以下,心输出量达不到较大值,同时吸进的氧气也少,则会影响练习的效果。

有氧耐力练习的负荷数量,取决于练习者的训练水平,水平高的人可承受较大负荷量,如可持续跑 1 小时以上,水平低的人只能承受较小的负荷量。一般地讲,有氧耐力练习持续时间最少 5 分钟,多在 15 分钟以上。

发展有氧耐力的方法主要有:

(1)各种形式的长时间跑。如匀速持续跑、越野跑、变速跑、法特莱克跑。

(2)长时间进行的其他周期性运动。如跳绳、滑冰、划船、自行车、游泳等。

(3)长时间重复做某一非周期性运动,如排球运动中多次做滚动练习。

(4)反复做克服自身体重的练习,坚持较长时间的抗小阻力的练习。

(5)循环练习。

(二)发展无氧耐力

为了保持快速跑的能力,多进行无氧耐力的练习。它对提高短距离跑(后程)的能力有显著效果,如 100m 跑、200m 跑、400m 跑等。在进行无氧耐力练习时,由于强度大,心率一般控制在 160 次/分以上,须十分重视医务监督。

发展耐力素质应注意以下几点。

（1）应从一定的时间、距离和数量开始，然后逐渐加长时间和距离，逐步达到"接近极限负荷"的要求（即超过原来耐力的水平）。耐力练习时负荷量的大小，取决于练习的绝对强度（位移的速度等）、练习的持续时间、休息的间歇时间、休息的性质（积极的还是消极的以及积极性休息的形式）、重复练习的次数等。这些因素不同的结合运用，对人体的作用也不同。

（2）由于力量与耐力有着密切的关系，因此发展力量的一些方法可用来发展耐力，但要减轻阻力的作用，增加反复的次数和练习的时间。

（3）只有克服一定的疲劳，耐力才会得到发展，因此耐力练习对学生的意志品质提出了较高的要求。在进行耐力练习时，要注意培养学生刻苦耐劳、坚忍不拔的意志品质。

（4）少儿进行耐力练习时，运动负荷要适当，年龄越小越应以有氧耐力练习为主。

二、耐力素质的自我评价

耐力是心血管功能水平的反映，是最重要的身体素质之一。下面介绍有氧耐力和无氧耐力的评价。

（一）有氧耐力的评价

经常采用的方法是定距离的计时位移运动，如 800～5000m 跑，定时计距离的 12 分钟跑等。

（二）无氧耐力的评价

可采用持续 1 分钟左右的练习作为评价指标，如 400m 跑。

任务四　柔韧素质

柔韧素质是指人体关节在不同方向上的运动能力以及肌肉、韧带等软组织的伸展能力。发展柔韧素质对于增大动作幅度，掌握与提高动作质量，以及避免伤害事故都有积极作用。柔韧取决于三个因素：第一，关节的骨结构；第二，关节周围组织的体积；第三，跨过关节的韧带、肌腱和肌肉的伸展性及弹性。另外，神经系统，特别是中枢神经系统调节对抗肌之间协调性的改善，以及对肌肉紧张和放松的调节能力的提高，也决定着柔韧素质的发展。

柔韧素质分为一般柔韧素质和专门柔韧素质。一般柔韧素质是指机体中最主要的那些关节活动的幅度，如肩、膝、髋等关节活动的幅度，这对任何运动项目都是必要的。专门柔韧素质是指专项运动所需要的特殊柔韧性，专门的柔韧素质是掌握专项运动技术必不可少的重要条件。

一、发展柔韧素质的方法

发展柔韧素质基本上采用拉伸法，分为动力拉伸法和静力拉伸法。

（1）动力拉伸法是指有节奏地、通过多次重复同一动作的练习使软组织逐渐被拉长的练习方法。每次动力拉伸练习（如踢腿、摆腿等）一般控制在 5～30 次。

（2）静力拉伸练习时，先通过动力拉伸缓慢的动作将肌肉等软组织拉长，当拉伸到一定程度的时候暂时静止不动，使这些软组织得到一个持续被拉长的机会。静力拉伸力量的大小，应以感到酸、胀、痛为限，并保持 8～10 秒，重复 8～10 次即可。

（3）实践中常常把两种方法结合起来，即在拉伸练习时有动有静，动静结合，可以收到更好的效果。如发展肩部、腿部、臂部和脚部的柔韧性，可采用压、搬、劈、摆、踢、绷及绕环等练习；发展腰部柔韧性，可采用站立体前屈、俯卧背伸、转体、甩腰、涮腰（线环）等练习。

（4）发展柔韧素质应注意以下几点：

①发展柔韧素质，应在做好准备活动、身体发热后进行，练习时动作幅度应逐渐增大，速度从慢到快，用力从小到大，以防止拉伤。

②柔韧和柔软两者有联系，如两者都指关节活动范围，但柔韧不同于柔软，柔韧是强调"柔中有刚"，要求在加大动作幅度的同时，加快动作的速度和加大动作的力量。因此，在发展柔韧素质时要注意结合发展速度和力量。

③发展柔韧素质见效快，消退也快，贵在经常坚持练习。要抓紧在 7 岁以前进行柔韧性练习，力争在 12 岁以前使柔韧性得到较好的发展。即使是成年人，也应注意和坚持发展柔韧素质的练习，这对于避免受伤和提高灵活性都有作用。其实，在日常的身体锻炼和生活中，只要注意增大动作的幅度，就能收到发展柔韧素质的效果。

二、柔韧素质的自我评价

柔韧性是指人体活动时关节、韧带、肌肉、肌腱和皮肤的活动幅度及其伸展能力。在体育运动中，柔韧性不仅对发展速度和力量起着重要的作用，而且能保证运动项目所要求的动作幅度及协调性，同时，柔韧性对防止运动损伤也有重要意义，特别是在体操、游泳、跳水、艺术体操等项目中尤显重要。柔韧性一般可采用立位体前屈、纵劈叉、肩背上抬、旋肩等方法评定。立位体前屈测量髋、腰、背弯曲和股后伸肌群的伸展程度；纵劈叉测量两腿前后伸展能力；肩背上抬测量肩、臂和手腕的柔韧性；旋肩测量肩关节的柔韧性。

上述五个运动素质，通常称之为基本运动素质。各个运动素质彼此是密切联系的。某一素质的变化，对其他素质也有影响。如速度素质不能脱离力量素质和灵敏素质，因此，在发展速度素质时，要结合发展力量素质和灵敏素质。又如过多发展速度素质会影响耐力素质的发展；反之，过多发展耐力素质，也会影响速度素质的发展。不论完成单个动作的速度还是移动速度，都离不开柔韧素质。

锻炼方法不同对运动素质的影响会不一样，如由于练习的重量不同，练习的次数不同，对增进力量和耐力所起的作用也不相同。

另外，各种运动素质的发展同身体锻炼的部位和动作特点也有关。如发展柔韧素质，只做压腿练习，其锻炼的效果主要表现在腿部的关节活动范围加大，肌肉和韧带拉长，但缺乏韧性。因此，进行身体练习，发展运动素质，应明确目的要求，合理地选择动作和确定锻炼的方法。

在青少年儿童时期，各个运动素质都有一个"敏感发展期"。在此期间，科学地发展有关素质，效果比较明显，但仍要兼顾全面发展各种运动素质，以促进身体全面发展。

任务五　灵敏素质

灵敏是指人在突变的或复杂的条件下,灵活、快速而准确地完成动作的能力。它是动作技能的掌握和运动素质的发展在运动过程中的综合表现。发展灵敏素质,对提高大脑皮层神经过程的灵活性,发展快速反应,提高速度和动作的准确性、协调性,以及掌握多种多样的动作都有积极的作用。灵敏素质可分为一般灵敏素质和专门灵敏素质。一般灵敏素质是指在完成各种复杂动作时所表现出来的适应变化着的外环境的能力。专门灵敏素质是指根据各专项所需要的,与专项技术有密切关系的,以及适应变化着的外环境的能力。

一、发展灵敏素质的方法

(1)让学生在跑、跳当中迅速、准确、协调地做出各种动作,如快速改变方向的各种跑、各种躲闪和突然起动的练习,各种快速急停和迅速转体的练习。

(2)各种调整身体方位的练习,如利用体操器械做各种较复杂的动作等。

(3)专门设计的各种复杂多变的练习,如立卧撑、十字变向跑及综合变向跑等。

(4)各种改变方向的追逐性游戏和对各种信号做出复杂应答的游戏等。

(5)发展灵敏素质应注意以下几点:

①发展灵敏素质应在准备活动后,体力比较充沛时进行。疲劳时不宜发展灵敏素质。

②发展灵敏素质,应遵守从易到难,从简到繁,不断变化动作内容和动作速度的要求。

③发展灵敏素质要结合掌握技术动作,发展速度、力量等运动素质进行。

④灵敏素质在少儿时期(一般在第二次生长发育高峰出现后的一年左右)发展效果较明显。女生应在青春期前基本解决灵敏素质的发展。

二、灵敏素质的自我评价

灵敏性是在复杂条件下,对刺激做出快速和准确反应、灵活控制身体及随机应变的能力,是运动技能和各种素质在活动中的综合表现。这种综合素质和力量、速度、柔韧、协调等有密切关系,是人体在活动过程中,各有关器官、系统、各种身体素质和运动技能协同配合的综合表现。学生掌握运动技能数量越多,运动中的动作就越显得灵活协调。通过大量的训练,能有效地提高灵活性。灵敏素质评价方法有立卧撑、反复横跨、折线跑、象限跳、十字变向跑、滑步侧跑等。

①立卧撑——评价人体迅速变换体姿和准确完成动作的能力。

②反复横跨——评价快速侧移能力。

③斩线跑——评价在快速中急停和快速转变运动方向的能力。

④象限跳——评价人体在双脚蹦跳时快速改变身体姿势的能力。

⑤十字变向跑——评价人体在快速奔跑中迅速变换方向的能力。

⑥滑步侧跑——评价人体在向前向后侧运动中的灵活性。

项目八　奥林匹克运动与体育欣赏

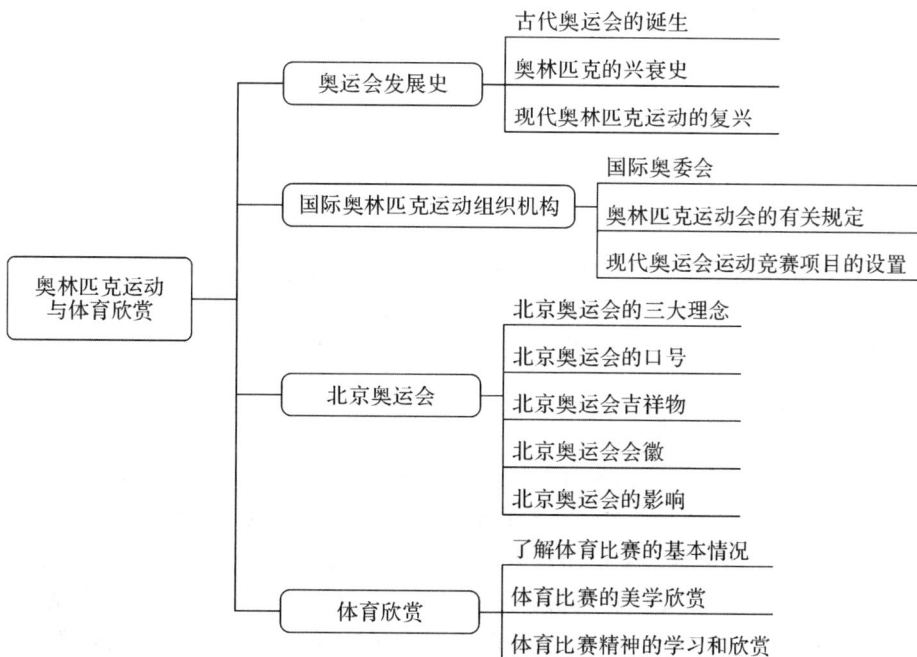

学习目标

1.知识目标

(1)了解奥林匹克运动的发展史。

(2)了解奥林匹克组织的机构。

(3)了解北京奥运会的概况。

(4)学会欣赏一般体育运动。

2.思政目标

(1)感受北京奥运会的精彩瞬间,增强民族自豪感与自信心。

(2)树立"更快、更高、更强"的奥运精神。

思维导图

```
                              ┌─ 古代奥运会的诞生
              ┌─ 奥运会发展史 ─┼─ 奥林匹克的兴衰史
              │                └─ 现代奥林匹克运动的复兴
              │
              │                          ┌─ 国际奥委会
              ├─ 国际奥林匹克运动组织机构 ─┼─ 奥林匹克运动会的有关规定
              │                          └─ 现代奥运会运动竞赛项目的设置
奥林匹克运动 ──┤
与体育欣赏      │                  ┌─ 北京奥运会的三大理念
              │                  ├─ 北京奥运会的口号
              ├─ 北京奥运会 ──────┼─ 北京奥运会吉祥物
              │                  ├─ 北京奥运会会徽
              │                  └─ 北京奥运会的影响
              │
              │                  ┌─ 了解体育比赛的基本情况
              └─ 体育欣赏 ───────┼─ 体育比赛的美学欣赏
                                 └─ 体育比赛精神的学习和欣赏
```

任务一　奥运会发展史

在古希腊的西部，坐落着一个风景秀丽、美丽富饶的小村，这里是一直崇尚"更快、更高、更强"的人们向往的体育胜地——古代奥林匹克运动发祥地奥林匹亚。

奥林匹克运动是人类历史不可分割的重要组成部分，是从现代奥林匹克主义中诞生的一个规模宏大的社会运动，其目的在于通过组织没有任何歧视和符合奥林匹克精神的体育活动来教育青年，从而为建立一个更加和平、美好的世界做出贡献。现代奥运会标志的"五环旗"，象征着世界五大洲的团结友爱与和平，鼓励全世界运动员以公正、公平、平等和友好的心态参加奥运会。每四年一届的奥运会经过2700多年的曲折发展，如今已成为人类社会公认的规模最大、参赛人数最多、所设项目最全的综合性体育盛事。它不仅对世界体育的发展起着举足轻重的作用，同时也是人类文明史上一项伟大的社会工程，对社会政治、经济、文化教育等领域产生了深刻的影响，在一定程度上推动了社会的进步与发展。

奥林匹克运动简介

一、古代奥运会的诞生

奥林匹克运动起源于古希腊宗教祭祀活动，富有浓厚的宗教色彩。同时，它也是古希腊民族文化的一部分，起到了团结各族人民、维护国家统一、减少和制止战争的作用，与政治有着密不可分的关系。古希腊由于其特殊的地理位置及商品经济的发展与繁荣，形成了古希腊人特有的性格与观念。古希腊是一个尚武的民族，它们以城邦为单位分散成不同的小国，城邦统治者为了追求自身利益，尤其重视军事扩充，使处于奴隶社会时期的各城邦间为了生存，不断进行着吞并和争夺，对于科技不发达的奴隶社会时期来说，制胜的关键就是以人为主体的军事战争。为了培养出体格健壮、行动敏捷、能征善战的士兵，各城邦都非常崇尚体育运动，以达到军事训练的目的。连年的战争使得生灵涂炭和社会经济发展滞后，人们渴望和平，怀念祭祀和庆典活动。于是，在公元前884年，古希腊各君王达成一致协议并签订了《神圣休战条约》。协议规定：各城邦之间定期在奥林匹亚举行集会（即奥林匹克运动会），集会期间任何人不得携带武器进入奥林匹亚，否则就是背叛了神的旨意，将会受到严罚，如果战争发生在奥运会期间，那么双方必须停战，准备参加奥运会。根据奥运会的起源，我们可以知道，奥运历史源远流长，它的举行与当时的人文、地理、政治、经济、宗教等都有着密切的联系，其目的是和平、友好、祭神祈福等。

二、奥林匹克的兴衰史

古代奥运会的目标是把个人本身的最大努力推至极限，获胜后的光荣除了属于参赛者本人外，同时也属于他所代表的城镇。有记载的奥林匹亚竞技从公元前776年开始举行，到公元394年，由于战争，奥林匹克运动被废止。从兴起到衰落经历了漫长的1100余年，共举行了239届。据文献记载，奥运会最初的比赛项目只有赛跑一项，是从阿尔提斯的宙斯祭坛跑到珀罗普斯墓，距离约192.27米。后来陆续增加了往返跑、五项运动、摔跤、拳击和赛马等项目。非正式比赛项目有火炬赛跑、传令比赛等，这也充分体现了当时的军事锻炼目的。

偶尔也举行一些诸如作战时可用的投掷、举重物等项目。奥林匹克运动会的竞技精神来自伯罗奔尼撒平原的一个部落民族,他们在举行宗教庆典时,加上了运动比赛项目。

古代奥运会的授奖仪式庄严隆重,比赛胜利的运动员被授予从阿尔提斯采摘的橄榄枝编成的桂冠。古希腊人认为,橄榄树是雅典娜带到人间的,是神赋予人类和平与幸福的象征。因此,能戴上用橄榄枝编成的桂冠,就说明他获得了最高的荣誉。这种至高无上的光荣,无论是远古,还是现在,都同样具有权威性。当优胜者凯旋后,城邦还会组织盛大的庆典活动,他们将受到英雄般的欢迎和尊崇。

(一)古代奥运会的兴盛时期

古代奥运会为人类留下了宝贵的文化遗产,对世界体育发展有着非常深远的影响。在一个多世纪的发展中,尽管奥运会面临许多困难和挫折,甚至陷入危机,但在奥林匹克精神的鼓舞下,人们经过不屈不挠的斗争,不断战胜自我,终于取得了进步和发展。

从公元前776年第一届古代奥运会开始到公元前720年的“埃里达时期”,奥运会只限于奥林匹亚所在地人员参加,竞赛项目比较少,规模也不大。公元前576至前338年,称为“金希腊时期”,这段时间古希腊的政治、经济、军事、文化非常发达,奥运会成了全希腊人民的盛大庆典,无论是参赛规模还是参加人数都是空前的,这一时期被称为古代奥运会的鼎盛时期。

(二)古代奥运会的衰落

公元前5世纪,希波战争胜利结束后,古希腊的城邦奴隶制进入了鼎盛期。奴隶为古希腊社会创造了巨额的财富,但未能防止社会的两极分化,贫富差距越来越明显。奴隶主不断剥削导致了城邦内部的阶级矛盾,因此战争频发,消耗了巨大的财力、物力。奴隶制的进一步发展,导致了对文化知识的更大需求,人们逐渐开始倾向于文化知识的许可性;同时,由于贫富差距的增大,许多公民丧失了对城邦的热情和对体育的支持。公元前5世纪末发生的伯罗奔尼撒战争是古希腊奴隶制衰败的开始,也是古代奥运会由兴到衰的转折点。

公元前4世纪,马其顿征服古希腊。这时奥运会虽然仍按期举行,但其规模以及人们对它的热情已大大减弱。

公元前146年,罗马人征服了古希腊。古希腊变成罗马帝国的一个行省,古代奥运会进一步衰落。奥运会成为罗马奴隶主贵族消遣取乐的“观赏会”。公元前1世纪,罗马统治者苏拉和尼禄曾先后破坏奥运会传统,篡改比赛规则。这时的奥运会已经面目全非。公元392年,罗马皇帝狄奥多西立基督教为国教,宣布古代奥运会为“邪教”活动,公元394年宣布废止奥运会。从此,历时1000多年的古代奥运会随古代奴隶制的衰亡而销声匿迹。

古代奥运会虽然衰亡了,但它给人类社会留下了一笔宝贵的文化遗产。古代奥运会的产生、发展是与当时的政治、经济发展水平相适应的,是当时人民对社会基本生活条件之外的生活需求,体现了人类对美好生活的向往。古代奥运会在世界体育史上有着广泛的影响,也为现代奥林匹克运动的发展积累了丰富的经验,对人类社会的发展起着积极的促进作用,为后人所尊崇和借鉴。

三、现代奥林匹克运动的复兴

现代奥林匹克运动在19世纪兴起,是多种因素作用的结果。从14世纪起,欧洲各国相继发生文艺复兴、宗教改革和启蒙运动,18世纪到19世纪,一个又一个的欧洲国家实行资产阶级工业革命,它们为现代奥林匹克运动的诞生扫清了思想障碍,奠定了社会基础。19世纪末,随着工业生产和经济的迅猛发展,人们开始追求刺激性体育活动来消除紧张的工作状态,尤其是户外运动和竞技运动的开展如火如荼,这大大地推进了复兴古代奥林匹克运动的进程。1793年,被誉为德国"体育运动鼻祖"的古茨穆特斯先生,首次提出了复兴古代奥运会的建议,但当时未能引起人们的重视和支持。

在众多为复兴奥运会而"战斗"的先驱中,法国人皮埃尔·德·顾拜旦是一位杰出的历史人物。他为现代奥运会的复兴做出了卓越的贡献,被誉为现代奥运会的创始人。他于1883年提出了定期举办类似古代奥运会的主张,并把它们扩大到世界范围。为了实现这一目标,他到各处奔走游说,不断发表文章,宣扬奥林匹克精神。

1889年7月,在巴黎召开的国际体育运动代表大会上,顾拜旦首次公开了用现代形式复兴奥运会的设想。1894年1月,顾拜旦草拟了复兴奥运会的具体步骤和需要探讨的10个问题,致函各国体育组织和团体。同年6月16日,国际体育运动代表大会在巴黎索邦神学院开幕,到会代表79人,代表着12个国家的49个体育组织。大会通过了关于复兴奥林匹克运动的决议,商定于1896年在雅典举办首届现代奥运会,以后每隔4年举办一次,并决定第二届奥运会在巴黎举行,如果奥运会年因故中止,届数照算。6月23日成立了国际奥林匹克委员会。国际奥林匹克委员会的成立,标志着现代奥林匹克运动的诞生。

在希腊人民的大力支持下,1896年4月6日第一届现代奥运会在雅典体育场正式举行,揭开了现代奥林匹克运动会的序幕。第一届奥运会只有13个国家的258名运动员参加,并且运动员多以个人形式参加比赛。比赛项目有游泳、举重、射击、自行车、网球、体操、击剑、古典式摔跤8个大项。运动员的成绩都比较低,没有团体成绩、名次。

至今,奥林匹克运动会已举办了32届,经历了风风雨雨。特别是在2004年,百年奥运回归雅典,使人类奥运史册又翻开了崭新的一页。经过100多年的风雨磨炼,这个竞争机制、组织日益完善,世界上最大最古老的体育盛会又回到了它的发祥地,回到了充满神话、充满神秘色彩的国度。从第一届奥运会只有十几个参赛国,少数运动员,项目设置不齐全,发展到21世纪的科技奥运、人文奥运,可谓发生了翻天覆地的变化。21世纪的奥运会已不仅仅是一个体育运动盛会,更是一个发展商业、繁荣经济的国际舞台。奥林匹克运动是人类社会的一个伟大杰作,它将体育的功能发挥得淋漓尽致,影响力远远超出了其狭义的范畴,对当代的政治、经济、文化、哲学、艺术、传媒、教育与科技等诸多方面产生了不容忽视的影响。奥林匹克运动构成了现代社会的一种独特的体育文化氛围,它以其特有的魅力愉悦着人们的身心,以其震撼的精神催人奋进、生生不息。随着奥林匹克运动在世界范围内的广泛开展,参加体育运动的人会越来越多,奥林匹克运动将会更加辉煌。

任务二　国际奥林匹克运动组织机构

一、国际奥委会

运动1894年成立的国际奥委会是一个国际性的、非政府的、非营利的组织,是领导奥林匹克运动和决定一切有关问题的最高权力机构。它的总部设在瑞士的洛桑。

《奥林匹克宪章》明文规定,国际奥委会的宗旨是:鼓励组织和发展体育运动和组织竞赛;在奥林匹克理想指导下,鼓舞和领导体育运动,从而促进和加强各国(地区)运动员之间的友谊;保证按期举办奥林匹克运动会;使奥林匹克运动会无愧于由皮埃尔·德·顾拜旦男爵及其同事们恢复起来的奥林匹克运动会的光荣历史和崇高理想。

(一)国际奥委会全会

国际奥委会全体委员会议称为全会,是国际奥委会的最高权力机构,其决定是最终决定。全会每年至少举行 1 次。特别全会由主席提议或应至少 1/3 委员的书面要求召开。全会有权通过、修改和解释奥林匹克宪章,选举国际奥委会委员、执行委员和主席,决定奥运会主办城市和其他重大问题。

(二)国际奥委会执行委员会

执行委员会管理国际奥委会事务,执行全会赋予的一切职责。执行委员会会议根据主席提议或执行委员会多数委员的要求由主席召开。执行委员会处理一切日常事务,以保证奥林匹克章程和规划得以严格实施。执委会由主席 1 人、副主席 4 人和执委 6 人组成,由国际奥委会全会秘密投票选举产生。在执委会中,主席任期 8 年,可连选连任 4 年,副主席和执委任期 4 年。

(三)国际奥委会主席

主席主持国际奥委会的全部活动并始终代表国际奥委会;主席在必要时建立常设或临时的专门委员会和工作组,确定其工作范围并指定成员。国际奥委会主席在奥林匹克周期第二年举行的国际奥委会全会上以无记名投票方式从委员中选举产生,任期 8 年,可连选连任 4 年。从 1894 年至今,国际奥委会主席已八易其人。他们依次是:维凯拉斯(1894—1896)、顾拜旦(1896—1925)、巴耶·拉图尔(1925—1942)、埃德斯特隆(1942—1952)、布伦戴奇(1952—1972)、基拉宁(1972—1980)、萨马兰奇(1980—2001)、罗格(2001—2013)和巴赫(2013 年至今)。

二、奥林匹克运动会的有关规定

(一)奥林匹克旗帜

奥林匹克旗帜为长方形、白底无边、中间有五个套连的彩色圆环,象征着五大洲的团结以及全世界的运动员以公正、坦率的比赛和友好的精神在奥林匹克运动会上相见。

(二)奥运会宣誓仪式

在奥运会的开幕式上,由主办国最著名的运动员宣读誓词:"我以全体运动员的名誉,保证为了体育的光荣和我们运动队的荣誉,将以真正的体育道德精神参加本届奥林匹克运动会,尊重并遵守指导运动会的各项规定。"之后,裁判员也要举行宣誓仪式。

(三)奥运会奖牌

奖牌分金、银、铜三色,圆形,直径至少 60 毫米,厚 3 毫米,上面有一女神像。

(四)奥运会举办期限

从 1932 年开始,国际奥委会规定,夏季奥运会的时间不得超过 16 天,冬季奥运会不得超过 12 天。

三、现代奥运会运动竞赛项目的设置

第一届现代奥运会举办时,国际单项体育组织还较少,奥运会项目无严格规定,基本上由东道国决定。因此,前几届奥运会不仅一些项目中的单项变化较大,而且大项也不稳定,还曾列一些在世界范围内开展很不广泛的项目,如马球、拉考斯球、汽船、壁球等。随着各种国际单项体育组织的先后建立,奥运会项目逐渐趋向稳定。

为了使奥运会在项目的设置上符合世界体育运动的发展,国际奥委会规定,每一届夏季奥运会至少应包括下列大项目中的 15 个,才能举行。1963 年,国际奥委会确定了这些夏季奥运会大项目的比赛顺序是田径、游泳、摔跤、体操、举重、曲棍球、马术、击剑、赛艇、拳击、射击、现代五项、帆船、篮球、皮划艇、自行车、足球、排球、射箭、手球、柔道 21 项。

1972—1984 年,奥运会比赛大项一直固定为 21 项。第 24 届奥运会则有历史性的突破,增加了乒乓球、网球两个大项目,使夏季奥运会的大项达到 23 个,单项数达 237 个,其中男子项目占 151 个,女子项目占 72 个,男女混合项目为 14 个。北京奥运会设置了 28 个大项 38 个小项的比赛项目。被列入奥运会正式比赛项目的批准条件是:夏季奥运会男子项目至少要在四大洲 75 个国家(地区)广泛开展,女子项目至少要在三大洲 40 个国家(地区)广泛开展。

现代奥运会诞生以来,经过 100 多年的曲折发展,已经成为当前国际生活中的一项重要活动。当今,奥林匹克运动几乎遍及世界各地,奥林匹克运动会已成为举世瞩目的高水平综合性运动会,"更快、更高、更强、更团结"的奥林匹克格言成了世界体坛响亮的口号。

任务三 北京奥运会

2001 年 7 月 13 日北京申办第 29 届奥林匹克运动会成功,这是中国第一次成功申办奥运会。成功申办奥运会后,中国政府和人民全力以赴,组建了第 29 届奥运会筹备委员会。北京奥运会的目标是举办一届有特色、高水平的有中国风格、人文风采、时代风貌、大众参与的特色奥运会。

北京奥运会开幕式
集锦

一、北京奥运会的三大理念

(一)绿色奥运

把环境保护作为奥运设施规划和建设的首要条件,制定严格的生态环境标准和系统的保障制度;广泛采用环保技术和手段,大规模多方位地推进环境治理、城乡绿化美化和环保产业发展;增强全社会的环保意识,鼓励公众自觉选择绿色消费,积极参与各项改善生态环境的活动,大幅度提高首都环境质量,建设宜居城市。

(二)科技奥运

紧密结合国内外科技最新进展,集成全国科技创新成果,举办一届高科技含量的体育盛会;提高北京科技创新能力,推进高新技术成果的产业化和在人民生活中的广泛应用,使北京奥运会成为展示新技术成果和创新实力的窗口。

（三）人文奥运

传播现代奥林匹克思想，展示中华民族的灿烂文化，展现北京历史文化名城风貌和市民的良好精神风貌，推动中外文化的交流，加深各国人民之间的了解与友谊；促进人与自然、个人与社会、人的精神与体魄之间的和谐发展；突出"以人为本"的思想，以运动员为中心，提供优质服务，努力建设使奥运会参与者满意的自然和人文环境。

二、北京奥运会的口号

"同一个世界 同一个梦想"（One World One Dream），文简意深，既是中国的，也是世界的。口号表达了北京人民和中国人民与世界各国人民共有美好家园，同享文明成果，携手共创未来的崇高理想；表达了一个拥有五千多年文明，正在大步走向现代化的伟大民族致力于和平发展、社会和谐、人民幸福的坚定信念；表达了13亿中国人民为建立一个和平而更美好的世界做出贡献的心声。

英文口号"One World One Dream"句法结构具有鲜明特色。两个"One"形成优美的排列，"World"和"Dream"前后呼应，整句口号简洁、响亮，寓意深远，既易记上口，又便于传播。

三、北京奥运会吉祥物

福娃是北京2008年第29届奥运会吉祥物，其色彩与灵感来源于奥林匹克五环，来源于中国辽阔的山川大地、江河湖海和人们喜爱的动物形象。福娃向世界各地的孩子们传递友谊、和平、积极进取的精神和人与自然和谐相处的美好愿望。

福娃是5个可爱的亲密小伙伴，它们的造型融入了鱼、大熊猫、奥林匹克圣火、藏羚羊以及燕子的形象，取名为福娃贝贝、福娃晶晶、福娃欢欢、福娃迎迎、福娃妮妮。每个娃娃都有一个朗朗上口的名字，当把五个娃娃的名字连在一起，你会读出北京对世界的盛情邀请："北京欢迎你"。

四、北京奥运会会徽

"舞动的北京"是一座奥林匹克的里程碑。它是用中华民族精神镌刻、古老文明意蕴书写、华夏子孙品格铸就的一篇奥林匹克史诗中的经典华章。

"舞动的北京"是一方中国之印。这方"中国印"镌刻着一个有着13亿人口和56个民族的国家对于奥林匹克运动的誓言；见证着一个拥有古老文明和现代风范的民族对于奥林匹克精神的崇尚；呈现着一个面向未来的都市对奥林匹克理想的诉求。

"舞动的北京"是这座城市的面容。它是一种形象，展现着中华汉字所呈现出的东方思想和民族气韵；它是一种表情，传递着华夏文明所独具的人文特质和优雅品格。

"舞动的北京"是中国人崇尚的色彩。在这个标志中，红色被演绎得格外强烈，激情被张扬得格外奔放。

"舞动的北京"召唤着英雄。奥林匹克运动会是成就英雄、创造奇迹、塑造光荣的舞台。在这个舞台上，每一位参与者都是不可或缺的角色。这充满力量与动感的造型是所有参与者用热情、感动和激情书写的生命诗篇，是每一位参与者为奥林匹克贡献力量与智慧的宣誓。

"舞动的北京"是中华民族图腾的延展。奔跑的"人"形,代表着生命的美丽与灿烂。优美的曲线,像龙的蜿蜒身躯,讲述着一种文明的过去与未来;它像河流,承载着悠久的岁月与民族的荣耀;它像血脉,涌动着生命的勃勃活力。

"舞动的北京"是一次盛情的邀请。会徽中张开的双臂,是中国在敞开胸怀,欢迎世界各国、各地区的人们加入奥林匹克这一人类"和平、友谊、进步"的盛典。

五、北京奥运会的影响

北京奥组委和中国政府专门成立的"北京奥运会的总体影响研究"课题组,对北京奥运会的影响进行了全方位的研究,为挖掘北京奥运会的丰厚资源和充分发挥北京奥运会的巨大作用做了科学的鉴定和正面的回答。

北京奥运会对经济发展产生影响,主要体现在:拉动旅游业的快速发展、为招商引资打下基础、增加就业机会、扩大体育产业化进程等。奥运会的举办加快了相关城市基础建设的步伐,交通、城市绿化、餐饮业、休闲娱乐业等也会在"奥运热"的带动下得到快速发展。举办奥运会将对各国的体育事业产生极大的辐射和影响,如促进人民体育价值观的转变,促进竞技体育、学校体育、群众体育的发展。北京奥运会,给北京带来的好处是全方位的,如申奥将使北京的环境更加美丽,使北京成为全球关注的热点,促进精神文明建设,提供更多的就业岗位,最主要的是为举办奥运会而开展的大规模城市建设将加快北京跻身现代化国际大都市的步伐。

为举办2008年奥运会,北京新建和改造了一批符合举办奥运会标准的体育场馆。同时从有利于北京城市长远发展的角度,对机场、火车站、城市道路、电信系统、新闻中心以及奥运村及其辅助设施等大型基础设施进行建设和改造,使北京的老百姓直接受益。因此,北京举办奥运会,促进了中国的全民健身运动,使奥林匹克主义成为一种有价值的文化资源,来充实、丰富中国人的生活。

奥运会是世界上最大规模的体育盛会,举办城市往往把办奥运作为向世界展示城市独特的民族风貌和现代化建设伟大成就的窗口,并把办奥运作为塑造国家形象的好机会。北京的"绿色奥运"大幅度提高了首都环境质量。"科技奥运"紧密结合科技最新进展,集成全国科技创新成果,使北京奥运会成为展示高新技术成果和创新实力的窗口。"人文奥运"普及奥林匹克精神,弘扬中华民族优秀文化,推进文化体育事业的繁荣发展,增强中华民族的凝聚力和自豪感。

综上所述,基于奥运会对举办城市的影响作用分析,举办城市应充分发挥奥运对社会、经济、环境的积极作用,避免奥运会的负面效应,如财政风险、场馆后期利用、经济衰退与通货膨胀等,将其负面影响降到最低限度,从而取得社会效益(国家影响力的极大提高)、经济利益(经济利益的最大化)和环境改善(生态环境的改善)的三统一。

任务四　体育欣赏

闲暇时欣赏一场精彩的体育比赛,可谓是一种享受。然而,要想最大限度地获得这种享受,却是件不容易的事,它要求观看者具有较高水平的

冲破世界纪录

体育欣赏能力。而这种能力的形成与培养,又取决于多方面的因素。一般说来,要欣赏一场体育比赛,应当从以下几个方面去努力。

一、了解体育比赛的基本情况

了解体育比赛的基本情况,这是欣赏体育比赛的首要条件。掌握必要的体育常识,才能看得懂,看出名堂,才能发表有意义的评论,所谓"内行看门道,外行看热闹",其区别就在这里。体育比赛的基本情况包括体育比赛的特点、制度、规则和体育运动的技术、战术等。

(一)了解体育比赛的特点

体育比赛是一种竞技运动,是为最大限度地发挥运动员个体与群体在体格、体能、心理、运动能力和技术等方面的潜力,取得优异运动成绩而进行的科学竞争。体育比赛的一般特点表现在:

(1)具有高度的技艺性。任何一种比赛项目,都是由一定的技术和艺术构成的,某一个动作的完成,既是技术的完成,又是艺术的完成。观众的浓厚兴趣,主要体现在对运动员高超技艺的欣赏。

(2)具有强烈的竞争性。竞赛是指为了战胜对方或为了表明自己的成绩优于别人而进行的活动。因此,追求最好成绩的目标是通过击败对手来实现的,双方都立志取胜,这是体育比赛的主要特征。因而胜负、输赢的意识也是每个观赏者的基本意识。

(3)具有严格的统一性。即按照严格统一的规则进行比赛。它表明运动员竞争的机会是基本均等的,衡量比赛成绩的标准是客观的,因而他们的成绩能够得到社会的普遍承认。所以,要正确评判一场比赛,观赏者心中必须有一把公正的、客观的尺。

(4)具有丰富的多样性。即指体育竞赛的内容十分广泛和丰富多彩。除世界盛行的项目外,各个国家、地区和民族也都有自己的特殊项目与传统项目,表现了体育竞赛的世界性和民族性。因而,我们在观赏体育比赛时,应当有比较开阔的视野,对一些体育项目的形成、演变与趋势应有个大致的了解。

(二)了解体育比赛制度

体育比赛制度是指为了保证体育比赛的统一方向和提高竞争质量而制定的制度。其目的是对体育比赛的项目、时间、方式、性质等做出全面的安排,使之有系统、有计划、有目的地顺利进行。它将各级别比赛分为综合性运动竞赛、单项赛、等级赛、对抗赛、友谊赛、通信赛等若干类。了解体育比赛制度对于观赏者的意义就在于帮助你弄清所观看的比赛项目属于什么范围、什么层次和什么级别的比赛,可使你做到"心中有数",减少盲目性和多余的担忧。

(三)了解体育比赛规则

体育比赛规则是指为进行比赛而制定的统一规范和准则。各项体育比赛均根据自身的特点,制定出相应的规则。其内容一般包括:裁判名称与职责,比赛组织方法,评定成绩、名次的方法以及有关场地器材等设备的规格的规定等。评定比赛成绩和名次的方法有:

(1)以时间、距离、重量、命中环数等客观标准为依据来评定。如田径、游泳比赛以时间评定;举重比赛以重量和时间评定;射击比赛以命中环数评定等。

(2)以规定条件和动作质量来评定,如竞技体操、武术、跳水等。

(3)根据战胜对方或特定因素来评定,如篮球、足球、排球等球类项目和击剑及摔跤等比赛。我国的体育比赛规则是结合国际标准由国家体委审定颁发的,世界比赛规则由相应的国际体育组织制定。了解体育规则对观赏者来说是非常重要的要求,如果对有关项目的知识一无所知或知之甚少,就会缺乏科学依据和自觉性,对欣赏水平有着直接影响。

(四)了解体育运动的技术和战术

运动技术,亦称"动作技术",是各项体育技术动作的总称,是指符合人体运动的科学原理,能充分发挥人体的潜在能力及有效地完成动作的合理方法。各项体育运动均是由一系列的技术动作所组成的,如足球项目中的踢球、传球、带球、射门等;武术项目中的劈掌、亮掌、弓步、弹腿、跳跃、腾空飞脚、弹踢冲拳等。各种不同的技术动作,都有不同的完成方法。一套完整的技术包括三个基本部分:

(1)技术基础。即按特定顺序和节奏组成的各技术环节的总称。如跳远中的助跑、踏跳、腾空、落地四个技术环节,其顺序既不能改变也不能减少。

(2)技术环节。是指组成运动技术基本结构的各个部分。任何技术不论有多少环节,其中必有主要环节,也就是技术关键。如跳高中的起跳,推铅球的最后用力等。

(3)技术细节。是指在不影响技术结构的前提下所表现出的个人技术特点。它取决于各运动员的身体形态、身体素质和技能等。简言之,就是因人而异。如身高、步长、速度不同的运动员,在球类活动中的身体姿势、动作频率等也都有所不同。

因此,我们在观赏体育比赛时,不仅要注意运动员完成一般技术动作的情况,更应当欣赏运动员是如何正确利用自身的有利条件,形成独特的技术特点的。

运动战术是指比赛双方根据不同情况,正确地分配力量和采取合理的行动,充分发挥己方优势,限制对方特长,以此取胜的竞争艺术。它由战术思想、战术意识和技术行动组成。各项不同的体育比赛,都具有不同的战术特点。在非直接对抗性的个人项目中,战术是根据自己的特点和对手的情况而制定的。如中长跑中的体力分配、速度安排及其领先跑、跟跑、变速跑等;跳高中为节省体力的免跳和起跳高度的把握等。在攻防性的个人项目中,战术则有灵活多变的特点,如击剑比赛中灵活地运用攻、防、抢等各种击剑动作,便是一种击剑战术。在集体行动中要求个人行动与集体战术行动密切配合。如足球比赛中的战术可分为进攻和防守两大部分,其中又分为个人战术、局部战术、全队战术和定位球战术等,而全队战术就是由个人和局部技术所组成的。能否正确地运用战术,以己之长克彼之短,是具有重要的意义与作用的。

二、体育比赛的美学欣赏

体育是现代文明生活方式的一项重要内容,体育比赛之所以有巨大的磁力吸引着成千上万的观众,一个重要的原因就在于它能给人以美的享受。人们观看体育比赛,不仅仅是为了看个输赢、分个高低,同时也是为了满足自身对美的追求,是为了获得所谓的美感。美感是指人们在接触到美的事物时所引起的一种感动,是一种赏心悦目和怡情的心理状态,是对美的认识、欣赏与评价。美感的基本特征具有形象的直线性和可感性。运动员如果有美的体验,就能在运动中产生动作节奏鲜明和优美的特点,引起愉快的情感,增强运动的效果,取得好成绩。而观众如果能从美学的角度来欣赏一场精彩的体育比赛,就能把运动员表现出来的这种美转化为一种美的享受。这种美的欣赏大致有以下几个方面：

(1)身体美。法国杰出的雕塑艺术大师罗丹曾经说过："在任何民族中，没有比人体美更能激起富有感官的柔情了。"五彩缤纷的时装虽然也能使人活泼而富有生气，但同样的服装穿在不同人的身上却会有不同的效果，这就表明了身体美的重要性。运动员的身体美是由体形美、体质美、肤色美、强壮美和姿势美等因素组成的。譬如，从经过训练的运动员的身上能看到由匀称、和谐而产生的体形美，即人们常说的曲线美。他们的体形和体质之所以能给人以美感，是因为他们身体的肌肉、骨骼运动力强，对外界环境的适应能力和抵抗疾病的能力高于一般人。肤色美是指伴随着运动员内脏机能发育、锻炼和通过阳光照射综合形成的健康肤色。强壮美是指从运动员健硕的身体中看到的美，壮实的骨骼、发达的肌肉不仅从外形表现运动员的美，而且表现出他们在弯曲、压缩和扭转等方面的性能以及新陈代谢的能力也优于一般人。

(2)技术美。从运动员在比赛中表现出来的技术审美观点去看，它也是一种艺术，也能给人一种美的感觉。无论是观看集体项目的比赛还是个人项目的比赛，都可以欣赏到这种技术美。技术美包括技巧美、统一美、韵律美、力量美和适应美等要素，也就是指技术结构、技术流程、力量的统一要素，恰当的韵律要素，技术的力量与运动员的力量的要素，以及和技术内容相适应的要素。例如，在体操比赛中，运动员在完成高超惊险的技术动作时，表现出一定的技巧美。而在音乐伴奏下进行的自由体操与艺术体操，则能给人一种节奏明快、自然协调、富于艺术性的韵律美，令人神往，心醉神迷。

(3)行动美。行动美是指运动员在比赛过程中采取的基本行动态度的美，这包括运动独立性的行动态度、积极的行动态度和协作的行动态度等具体要素。由于这些行动态度可使人奋发向上，对生活充满热情，因而也是一种美的享受。独立性的美是把自己的力量付诸行动所体现出来的美。通过独立性而形成的行动态度，表现了运动员在比赛场上行动的果断，以及在关键时刻能迅速做出正确的判断与抉择。积极性的美是指运动员在比赛场上表现出的主动性、开拓性和进取精神。比如，在对方技术水平处于劣势或自己遥遥领先时，其行动态度既不冷漠、轻视，也不狂妄自大，这便是一种积极的行动态度。协作性的美是指运动员在比赛中协调地与集体合作和谐的行动所表现出来的美。协作是获取竞争胜利的基本因素。"个人风头主义"的所作所为，会使观众产生反感，而为了集体的胜利而主动放弃表现个人，或与同伴默契配合，则能使人感受到行动协调所带来的轻松愉快。

三、体育比赛精神的学习和欣赏

体育竞争不单是体力和技术的竞争，也是精神的竞赛，甚至在一定条件下，精神因素起着举足轻重的决定作用。因此，从精神方面欣赏体育比赛，是提高体育欣赏水平的一个重要内容。这种精神的学习和欣赏，简言之，就是对运动员精神的学习和欣赏。运动员精神是指运动员在艰苦的训练和竞赛中培养起来的一种独特的精神，具体包括以下几个方面：

(1)爱祖国、爱人民，为国争光的献身精神。这是运动员获得成功的思想基础和主要精神支柱。竞技体育从来就是与政治密切相关的。体育上的较量实质上是民族、国家实力的较量，竞技场是显示民威、国威的场所。奔向世界，报效祖国，是体现在运动员身上的民族责任感和民族自尊心。攀登世界运动的高峰，是一条崎岖弯曲、坎坷不平的道路。在一般情况下，一个比赛项目的世界冠军只有一个，而世界上立志夺取这个冠军的人却成千上万，如果没有一种无私无畏的献身精神,怎能使冠军之梦变为现实?为了捧回金杯、金牌,为了让五星红旗高高升起,中国运动员付出了巨大的代价。正是这种高度的爱国主义精神和为祖国争取荣誉的责任感,使他们登上了世界体坛的冠军宝座。他们的这种行为表现出了中华民族的精神,是民族美的化身。这种精神,这种美,正是我们观看体育比赛所要追求的精华。如果我们每一个人能以这种献身精神去从事社会主义建设,我们的国家和民族何愁不富强、不昌盛呢?

(2)全力拼搏、争取胜利的竞争精神。竞争性是体育比赛最主要的特性,"更快、更高、更强"是现代奥林匹克运动的口号,它充分体现了体育的竞争性。任何体育比赛都是以战胜对方、取得胜利为直接目的的,为了达到这个目的,运动员表现出每分必争、每球必夺的竞争精神。比如,在比赛中,有时某一运动员就其技术实力来说不如对方,但由于他有夺取胜利的强烈需要和动机,身心始终处于积极状态,能得心应手地发挥自己的长处,最终是有可能战胜对手的。可见,有无竞争意识,竞争意识是否强烈,其结果是不一样的。这种运动竞争性为现代社会提供了竞争的模式和气氛,反映了人类勇于接受挑战、敢于拼搏、敢于胜利的气魄,寄托了人类征服自然、改造社会、超越自我的理想。具有强烈的竞争意识,既是运动员获得比赛成功的必要条件,也是我们处在发展社会主义市场经济、科学技术不断进步的社会环境下,获得其他事业成功的必要条件。

(3)坚忍不拔、克服困难的顽强精神。这主要是指运动员在比赛中表现出来的坚强的意志力。体育比赛所具有的特殊性,要求人们在神经高度紧张、拼争激烈的情况下合理支配四肢、肌肉等器官,因而比起其他活动来,更需要坚强的意志力,甚至可以说,它是作为优秀运动员的先决条件。我们在比赛场上所看到的运动员的"虎劲"、"硬劲",就是他们的优秀意志品质的表现。面对异常紧张激烈、短兵相接的体育比赛,如果没有坚强的意志力,没有勇敢和顽强的精神,是无法在极其困难和复杂的条件下战胜对方取得胜利的。正是这种不怕牺牲不畏艰苦的品质,使那些优秀的运动员能踏上尽管坎坷曲折但前程似锦的成功之路。这种精神也是我们从事其他工作所必需的。人生到处有矛盾、有困难,只有那些在困难、挫折面前不屈服的人才能成为战胜困难、夺取胜利的强者。

(4)严肃认真、一丝不苟的科学精神。竞技体育作为一种特殊的文化形态,有着它自身的特点与规律,并非是纯粹的娱乐消遣活动。在竞技体育中凝结着多种科学知识和理论,如人体科学、生物力学、仿生学,以及现代科学中的控制论、系统论、信息论等。从竞技体育的发展趋势来看,无论是从技术上还是对人的要求上,其科学性愈来愈强。人的意志行为只有符合客观规律,才能实现其预期目的。假如没有掌握该运动的特点和规律,那么任凭怎样顽强拼搏,也是不能克敌制胜的。因此,要想取得竞争中的优良成绩,就必须以严肃认真的科学态度去进行训练和比赛。科学的精神是一种踏踏实实的求实精神,按规律办事,在比赛中不抱侥幸心理和投机心理,把自己的思想和行动建立在对客观规律把握的基础之上,敢于正视自己的缺陷和对方的长处,以现实的眼光和客观的科学态度对待自己和别人,同时又要善于正确地发挥主观能动性,努力变不利条件为有利条件,扬长避短,使自己的优势得到充分发挥。特别是在比赛双方的身体条件和技术水平大致相当的情况下,能否巧妙地扬长避短、以利制弊,就显得十分重要了。而这种科学的求实精神也是我们做好任何一项工作的基本要求,没有踏踏实实、严肃认真的科学态度,违背客观规律,企图走"捷径",最终会受到规律的无情惩罚。

第二部分

体育教学与实践篇

项目九 足 球

学习目标

1.知识目标

(1)了解足球运动的基本知识。

(2)掌握足球运动的基本技战术。

(3)理解足球规则,学会欣赏高水平的足球比赛。

2.思政目标

培养团队精神和配合意识。

足球欣赏

思维导图

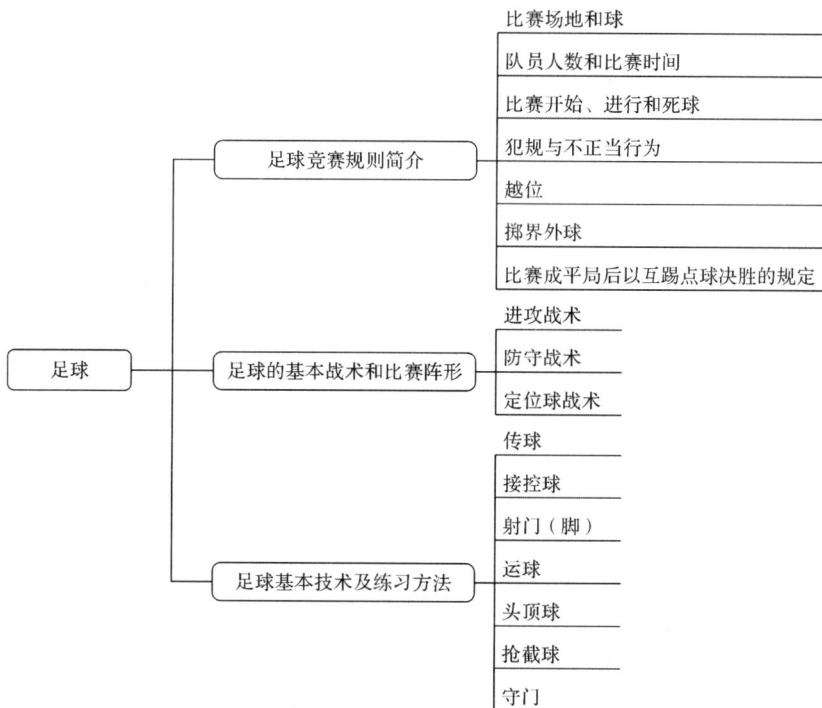

足球运动是两个队在一片两端各有一球门的长方形场地上,按照一定规则进行对抗活动的一种运动。比赛每队十一人,在分成上下两半时共九十分钟的时间内,主要用脚进行传、接、带、射、抢等技术进行竞争。进攻队力求将球踢进对方球门。防守队极力阻止,破坏对方进攻转守为攻。比赛以踢进对方球门球数多的一队为胜。

任务一　足球竞赛规则简介

现代足球规则源于 1848 年英国剑桥大学,现行规则共有十七章,其基本精神有如下三点:①对等的原则,即对比赛的双方都是公平合理的;②促进技战术的发展;③保护运动员的健康,维护裁判员的尊严,制止不良倾向。足球规则是裁判员临场执法的准绳,也是球队在比赛中谋取合法利益的依据。在广大学生中宣传足球规则对于整顿球场赛风、维护赛场秩序亦有积极作用。

一、比赛场地和球

比赛场地应为长方形,长为 90～120 米,宽为 45～90 米。国际比赛场地长 100～110 米,宽为 64～75 米。场上画有"四线、三区、二点、一圈弧——边线、端线、中线、球门线;球门区、罚球区、角球区;开球点、罚球点;中圈;罚球弧"。球门宽 7.32 米,高 2.44 米。球为圆形,其周长为 68～71 厘米,在比赛开始时球的重量为 396～453 克,充气后的压力为 0.6～1.1 个标准大气压。

二、队员人数和比赛时间

每队上场比赛的队员不得多于 11 名或少于 7 名,其中必须有 1 名为守门员。比赛分为两个 45 分钟相等的半场,每半场因故损失的时间应由裁判员酌情补足。

三、比赛开始、进行和死球

开球前,双方队员均应在本方半场内,开球的对方队员还须在中圈外。当裁判员鸣哨后,开球队员必须将放在场地中心的球踢入对方半场,待球滚动一周时方为比赛开始。

比赛开始至结束时间均在进行中,包括球碰门柱、横木、角旗杆弹回场内,球从场上的裁判员或巡边员身上弹落在场内,以及场上队员犯规而裁判员未予判罚。

当球的整体在地面或空中全部越过边线或端线,以及比赛被裁判员鸣哨停止时,均为死球。恢复比赛的方式为罚球门球、角球、任意球、点球、掷界外球和重新开始。

四、犯规与不正当行为

(1)队员有下列九项故意犯规之一时,应判罚直接任意球:踢或企图踢;绊摔或企图绊摔;跳向;猛烈冲撞;从背后冲撞;打、企图打或吐唾;拉扯;推;用手或臂部携带推击球。如果守方队员在本方罚球区内有上述犯规之一,应判罚点球。为了便于记忆,上述九条可归纳为"二脚、三身、四手"犯规(踢、绊;跳冲、猛冲、背后冲;打、拉、推、手球)。

(2)队员有下列八项犯规之一时,应判罚间接任意球:危险动作;球不在有关队员控制范围内做合理冲撞;故意阻挡对方;冲撞在本方球门区内没能抓住球又未阻挡对方队员的守门员;守门员在本方罚球区内违反"第二次用手触球",故意延误时间和用手触及同队队员故意传回的球;队员开球,掷界外球,踢球门球、角球、任意球、点球后连踢犯规;越位犯规;除规则 明文规定外的其他各种不正当行为。

（3）队员有下列四种行为之一应被警告:未经裁判员允许擅自进、离场;连续违反规则;用言语或行动对裁判员的判决表示不满;有不正当行为。

（4）队员有下列三种行为之一应被罚出场:有恶劣行为或严重犯规（包括进攻队员突破防守有明显得分机会时,守门员或其他防守队员故意犯规或用手阻挡球入门）;言语粗秽或辱骂;经警告后仍坚持不正当行为。

比赛中裁判员出示黄、红牌,分别表示对队员进行警告与罚出场的处罚,这是教育运动员,制止不良倾向,保证比赛顺利进行的重要手段。裁判员在使用黄、红牌时,要注意方式方法,同时要防止心慈手软或盲目滥用的倾向,关键在于"准"字。

五、越位

在什么情况下应判罚队员越位犯规,根据规则规定,可归纳如下。裁判员认为同队队员踢球时,队员处于越位位置,并且干扰比赛,或干扰对方,或企图从越位位置得到利益则应判罚越位。可见只有在"一个认为、三个条件"同时存在时方应判罚越位,否则缺了任何一个条件便不应判罚越位。所谓的"队员处于越位位置"是指该队队员所处位置满足如下条件:①在对方半场;②在球的前面;③在该队员与对方端线之间对方队员不足 2 人。若上述三点中缺了任何一点,队员均不处于越位位置,自然也不能判罚其越位。所谓的"同队队员踢球 时"包含两层意思:①只有同队队员踢球,才能判罚越位;②"踢球时"是指脚与球接触的一刹那,这也是判罚越位的时间。"干扰比赛,或干扰对方,或企图从越位位置取得利益",是"裁 判员认为"的核心问题。凡裁判员认为同队队员踢球时,处于越位位置的队员有"干扰"与"得利"的状况,便判该队员越位犯规。

另外按照规则规定,队员虽处于越位位置,但属直接接得球门球、角球、界外球及裁判员的堕球时,则不判队员越位犯规。

六、掷界外球

掷界外球时,掷球队员必须面向球场;两脚均应有一部分站立在边线上或边线外;单、双脚均不得全部离地;用双手将球从头后经头顶掷入场内;球未经其他队员踢或触及前,不得再次触球;不得将球直接掷入球门得分。

七、比赛成平局后以互踢点球决胜的规定

裁判员将双方队员集中于中圈,选定球门,召集双方队长猜币,猜中一方先踢。两队轮流各踢 5 球决胜,如未分出胜负,则两队应相继各出一人再决胜,直到分出胜负为止。踢点球的队员必须是比赛结束时的场上队员。决胜过程中,场上队员均可与守门员互换位置;如守门员受伤,场下替补队员可以替补。

知识拓展

世界杯

世界杯是 1928 年 FIFA 为获胜者特制的奖品,是由巴黎著名首饰技师弗列尔铸造。其模特是希腊传说中的胜利女神尼凯,她身着古罗马束腰长袍,双臂伸直,手中捧一只大杯。雕像由纯金铸成,重 1800g;高 30cm,立在大理石底座上。此杯为流动奖品,谁得了冠军,可把金杯保存 4 年,到下一届杯赛前交还给国际足联,以便颁发给新的世界冠军。此外,还有一个附加规定是:谁三次获得世界冠军,谁将永远得到此杯。

1970 年,第 9 届世界杯赛时,乌拉圭、意大利、巴西都已获得过两次冠军。因此都有永远占有此杯的机会,结果是巴西队捷足先得,占有了此杯。

为此,国际足联准备了一个新奖杯,以发给下届冠军。1971 年 5 月,国际足联举行新杯审议会,通过对 53 种方案评议后,决定采用意大利人加扎尼亚的设计方案——两个力士双手举起地球的设计方案。这个造型象征着世界第一运动的规模。新的奖杯定名为"大力神杯"。该杯高 36.8cm,重 6.175kg,其中 4.97kg 的主体由纯金铸造;底座由两层孔雀石构成,珍贵无比。1974 年第 10 届世界杯赛,德国队作为冠军第一次领取了新杯。国际足联规定新杯为流动奖品,不论哪个队获得几次冠军,也不能永久占有此杯。在大力神杯的底座下面有能容纳镌刻 17 个冠军队名字的铭牌——可以持续使用到 2038 年。

任务二　足球的基本战术和比赛阵形

足球技术可分为进攻和防守战术两大系统,其中又分别包含着个人战术和由两人或两人以上协同配合形成的集体战术。比赛阵形是指赛场上队员的位置排列,是本队攻守力量搭配和职责分工的形式,它有助于各种战术目的和方法的实现。目前普遍采用的阵形有"442"、"352"、"532"等。

一、进攻战术

(一)个人进攻战术

个人进攻战术是指队员在比赛中为战胜对手,完成全队进攻战术任务而采取的行动。个人战术重点介绍传球、射门。传球是足球场上的语言,队员之间的纽带,是完成战术配合、创造射门机会的主要手段。传球要选择传球目标、掌握传球时机和控制传球力量。射门进球是足球比赛的最终目标,比赛的成败集中体现在射门质量上,摆踢、抛踢、弹踢、削踢是常用射门方法。射门,准确是前提,力量是基础,突然是保证。比赛中,队员要积极创造射门机会,灵活地把握各种射门机会。

(二)二三人进攻战术

二三人进攻战术是指在局部区域 2 个或 3 个队员通过传带球、跑位配合,突破 1 个或 2

个防守队员的方法。比赛中经常采用的局部进攻配合有传切配合、二过一配合、掩护配合和三过二进攻配合等。重点介绍经常采用的五种"二过一"配合方法（见图9-1至图9-3）。

　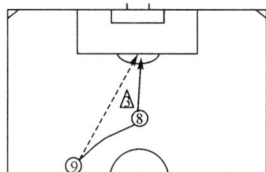　

图 9-1　　　　　　　　　　图 9-2　　　　　　　　　　图 9-3

1.斜传直插"二过一"

如图9-1所示，进攻队员⑥斜传，⑦直线插入在▲的身后空档接球，突破▲的防守。

2.直传斜插"二过一"

如图9-1所示，进攻队员⑪直线传球给⑩，⑩从防守队员▲的内档斜线插入至他身后的空档接球。

3.踢墙式"二过一"

如图9-2所示，攻方⑨带球向▲靠近并向⑧脚下传球，⑧直接将球传至▲背后空档，⑨快速切入接球。

4.交叉掩护"二过一"

如图9-3所示，⑦向内线横带球，防守队员紧逼⑦，在⑧与⑦交叉时，由⑧带球切入，突破▲的防守。

5.回传反切"二过一"

如图9-3所示，⑤传球给回撤的⑨，⑨回传给跟上的⑤，并立即反切接⑤的传球，突破▲的防守。

（三）集体进攻战术

集体进攻战术主要介绍边路、中路进攻。

(1)边路进攻：是指在对方半场侧面地区发展的进攻。边路进攻主要通过边锋或交叉到边上的中锋，套边插上的前卫和后卫，运用个人突破或传球配合突破对方防线，达到传中目的，由中路和异侧同伴包抄完成。

(2)中路进攻：是在对方半场中间发展的进攻。中路进攻主要通过中锋、内切的边锋或插上的前卫，运用个人突破，多变的"二过一"突破，制造隐蔽空当突破，外围传中和定位球战术等方法破中路密集，达到射门得分的最终目的。

二、防守战术

（一）个人防守战术

后场防守时应选位于对手与本方球门中心构成的直线上。一般情况，紧逼有球队员及附近可能接球队员，对离球远的对手采取松动盯人，对方接近球门时紧逼盯人。

（二）二三人防守战术

保护是补位的前提，队员间距离适当的斜线站位是保护选补的基本要求，也是后卫线防守站位的基本要求,这样可避免对方突破一点导致全线崩溃的局面。后卫的斜线站位,相互间的纵深距离不能太大。补位是防守队员间相互配合帮助的一种方法。补位有两种方法,一种是补空当,一种是队员相互补位,即交换防守,一般是临近队员之间进行的。

(三)集体防守战术

集体防守战术包括区域防守、盯人防守和混合防守。混合防守是现今比赛中运用较多的一种方法。一般2至3名后卫盯人,前锋、前卫区域盯人,拖后中卫执行补位任务,有时也要求拖后前卫盯死对方一重点人物。比赛中延缓对方进攻、快速回防到位、保持防守层次、局部紧逼、相互保护、及时补位、保护门前重地是防守的关键。

三、定位球战术

定位球战术包括中圈开球、掷界外球、球门球、罚点球、角球和任意球。定位球进攻对于一般的配合进攻有以下五个方面的有利条件:第一,球的罚出或掷出是在死球状态下,不存在控球问题。第二,除掷界外球外,对手都必须在距离9.15米(10码)以外的位置,无法对罚球队员施加防守压力。第三,投入的进攻人数较多,一般有8~9名队员,他们可以在不招致任何风险的情况下向前进入攻击位置。第四,队员可以在预先设计的进攻点站位,以最大限度地发挥每个队员的作用。第五,通过训练可以达到很高水平的协同行动与把握时机的能力。同样要想对任意球的防守获得成功,应当在以下几个方面使全体队员共同做出一致的努力:第一,个人与全队的纪律。全队的防守效率是以队员个人防守任务的出色完成为前提条件的,纪律是全队防守成功的一个重要因素。第二,严密的组织和详细的计划。对于不同的对手,全队防守的组织和计划是不同的。有计划地针对对手可能出现的进攻战术采取严密和详细的前期预测和准备,使得全体队员都能够在防守中齐心协力,战术配合协调,行动目的性一致明确,给对手的进攻以极大的破坏或阻碍,使对手在进攻中几乎没有防守漏洞可乘。第三,集中注意力。对于防守队员来说,仅知道防守行动的细节是不够的,每一名队员都要时刻高度警惕,注视场上的每一个细小变化,要在整个防守战术配合中始终心专神凝,以高度的警觉和机敏对随时出现的情况变化采取相应防守对策。

任务三　足球基本技术及练习方法

足球运动的技术是指运动员在从事足球活动和比赛中,有目的、有意识地运用脚和规则允许的身体各个部位去合理地支配球的动作方法的总称。足球基本技术包括传球、接控球、射门、运球、头顶球、抢截球、守门技术。

传接球

一、传球

传球是队员之间联系的主要方式,在球队保持控球权时,传球技巧运用得最为频繁。在比赛中,队员在接球后80%以上的情况会把球传给同伴,其次才是射门或运球。若传球不准确,全队的进攻机会就将奉送给对手。

(一)传球技术

在学习和掌握传球技术时,应把握三个要素:助跑、触球和跟随动作。

1.脚内侧推传球(见图 9-4)

用脚内侧(脚弓)部位触球的一种踢球方法。脚接触面积大,易控制出球方向,传球较准确,适用于近距离传球配合和射门。

推传时助跑的方向与出球方向一致。

支撑脚应置于球的一侧,脚尖指向传球方向,支撑脚距球约为15厘米,应保证踢球腿的自由摆动。踢球脚在触球时,脚应外转并使脚内侧以正确角度对准传球方向。踝部要紧张并保持坚硬,触球时头部要稳定,眼睛要看着球。为传低球,击球作用力要通过球的水平中线。完成触球动作后踢球腿的跟随动作与传球方向一致,可保证传球的准确性。

图 9-4

2.脚背内侧传弧线球(见图 9-5)

支撑脚的选位在球的侧方稍后一点,脚尖指向前方。若是右脚踢球,踢球腿应自左向右摆动。触球时,以第一足趾关节部位即踢球脚内侧的前部击球的右中部,就会使球自右向左旋转。若是传空中弧线球,触球点在球的中部偏下。击球点若在球的中部,球则会低平飞行。

图 9-5

3.脚背外侧传弧线球(见图 9-6)

助跑方向为直线,这可保证踢球腿的外摆。支撑脚位于球的侧方稍后,脚尖所指方向与助跑同向。以右脚踢球为例,踢球腿自右向左摆动,以脚外侧击球的右中部,可传出自左向右旋转的弧线球。触球后,踢球腿的跟随动作是继续向外上方摆动,与出球方向明显不一致。

图 9-6

4.脚背正面传球(见图9-7)

这是用脚背的正面部位接触球的一种踢球方法。踢球时,沿出球方向直线助跑,最后一步稍大并要积极着地,支撑脚的位置与球平行,离球10厘米左右。触球时,踝部应紧张且脚尖指向地面,这样可保证击球的后中部并使球低平飞行。击球后,踢球腿应随出球方向前摆,这样的跟随动作可辅助传球的准确性。

图 9-7

(二)传球的练习方法

(1)熟悉动作方法和要领,做各种踢球的模仿练习。

(2)一人用脚底踩在球的后上部,另一个人做跨一步和助跑踢球练习,练习触球的部位和支撑脚的选位。

(3)向前跨一步和助跑踢定位球。

(4)两人面对面踢由正面来的地滚球。

(5)原地和助跑踢对面抛来的空中球。

(6)两人相距25米,用脚背内侧传过顶球练习。

(7)迎面跑动接传球。

(8)迎面接传球向前跑。

(9)斜传直跑接传球。

(10)直传斜跑接传球。

(11)交叉跑动接传球。

(12)三人一组传球练习。

(13)三人一组跑动传球。

(14)五角形跑动传球。

(15)5～7名队员一组并形成一圆圈,一名队员朝另一名队员传球,接着即刻跑向这名接球队员所在位置,接球队员控球后,以同样方式继续进行。

(16)在20米×20米的练习区域内有5名进攻队员和1名防守队员。防守队员要迅速逼上控球队员,只断球而不能抢球,进攻队员应积极跑动以接应控制队员,防守队员应不断轮换。

(17)两个20米×10米的方格区域各有3名进攻队员和1名防守队员,先由一组进行三对一练习,进攻队员一旦出现长传机会应立刻传球越过中立区域给另一组进攻队员,防守队员应全力以赴,为进攻队员的长传增加难度,进攻、防守队员人数可增加。

二、接控球

运动员有目的地运用规则允许的身体各种部位,对整个球体进行立体控制,并把球控制在自己的范围之内。

(一)接控球技术

(1)尽快移动身体至球的运行路线上。

(2)迅速选定接控部位。

(3)接控球时有两种方式:一种是切压式,以这种方式接控球时,一般是在接控部位与地面之间挤压球。另一种接控球方式是缓冲式,触球部位在受到撞击的瞬间应回收,以此来缓冲来球力量。

①脚内侧接控(见图9-8)。脚接触球的面积大,易接稳。可以用来接地滚球、反弹球和空中球。

②脚外侧接控(见图9-9)。脚外侧接球常与假动作结合起来,具有隐蔽性。用于接地滚球和反弹球。

③脚底接球(见图9-10)。由于脚底接触球的面积大,易将球接稳。一般用于接正面地滚球和反弹球。

图9-8　　　　　　图9-9　　　　　　图9-10

④胸部接球(见图9-11)。由于胸部面积大,有弹性、位置高,用于接高球。

1　　　　　　2　　　　　　3

图9-11

(4)跟随动作。接控球只是达到下一目的的手段,在控球后应迅速连接射门、传球和运球的动作。

(5)头部应稳定。

(6)心态要放松。

(二)接控球的练习方法

(1)各种接球的模仿动作练习。

(2)接迎面地滚球,两人在对面站立,一人踢(抛)地滚球,另一人主动迎上接球。

(3)对墙踢球,迎上去接反弹回来的球。

(4)接两侧的地滚球。

(5)三人一组成横向站立,甲、乙传球,丙迎上向两侧或身后接球,再传向另一方。

(6)自己将球向上抛或踢起,练习接反弹球。

(7)自己向墙上抛或踢球,然后迎上去接反弹球。

(8)两人对面抛高球,练习接反弹球。

(9)两人对面互踢定位球,练习接反弹球。

(10)自抛自颠接空中球练习。

(11)互抛接空中球练习。

(12)两人对面互踢定位球,练习接空中球。

(13)消极对抗练习,为练习增加一名消极防守队员,使接控球队员必须意识周围情况。两人传球一人消防防守。

(14)积极对抗练习。

队员 A 给跑上接控球的队员 B 传球后,迅速逼上队员 B,队员 B 和队员 C 形成二对一的局面,并设法突破 A 的防守。

三、射门(脚)

一个队若要取胜,必须设法破门得分,无论个人行动或是全队配合,其最终目的均是射门得分,赢得比赛。

(一)射门技术

足球射门技术是指用踢球、头顶球、铲球等技术将球射向对方球门,是进攻的最终目的,也是比赛胜负的关键。方法有很多,可射地滚球、空中球、反弹球、直线球、弧线球;可直接射、带射、接射。射门时要求冷静、机智、果断、有信心,动作快速、准确、有力,并能随机应变。

(1)内脚背射门。力量大,多用于转身射门。当球在身体侧前方或距身体稍远时,都可用内脚背射门。它可以临时改变射门角度,如斜线插入时,守门员必然会移动位置,以封住球门近角,此时进行半转身射门,易直接射入球门远角。

(2)外脚背射门。威胁力大,突然性强,具有较强的隐蔽性,能射各种方向来球,如射正面、小角度、横侧、前后斜侧、凌空球等,并能射出直线球和弧线球。

(3)脚弓射门。准确性高,但力量小,宜做各种近距离射门和罚点球等。

(4)正脚背射门。力量较大、准确性很高、运用最广,是射门脚法的基础脚法,如射正面、斜侧、转身等低平球,又如射横扫、摆、弹、抽、倒钩等凌空球。

(5)脚尖射门。快速、突然,在门前争夺激烈时,没有摆腿的时间,用脚尖"捅球"射门能出奇制胜。但有时准确性相对较差。

（二）射门的步骤

1. 助跑

助跑是指运动员在踢球前的几步跑动。它的作用是使身体获得一定的前移速度并能调整人与球的位置、关系，以利于支撑脚处于正确的位置和增加击球力量。助跑最后一步，步幅应适当加大。为增大踢球的摆幅、制动身体前冲和提高踢球的准确性创造了有利条件。助跑分直线和斜线两种，助跑方向和出球方向相同的称直线助跑；助跑方向和出球方向成交叉的称斜线助跑。

2. 支撑

支撑是指在踢球过程中支撑脚的力量、踏地方法、足尖方向和维持身体平衡的动作。它的作用主要是移动身体重心，维持身体平衡，使踢球腿得以协调发力。

（1）支撑脚的位置是指支撑脚与球的距离。支撑脚的位置对踢球运作的协调性、脚触球部位的准确性和踢出去球的高度、性能和力量有很大关系。支撑脚踏地的前后距离直接关系到球踢出去的高度。当要踢出低平球（包括地滚球）时，为能有效地控制出球高度和加大踢球力量，支撑脚在踏地时，足尖一般落在球的后沿延长线上。左右的距离，原则上应使踏地支撑点和球的中心点连线的长度等于运动员骨盆横轴的宽度，这样便于踢球腿在快速摆动中，能够保证踢球时所运用的部位准确地击在球上。但有时由于运用踢球部位和用力方向的改变，其距离又必须进行适当调整。一般在大腿外展踢球时离球距离应适当近一些；在大腿内收踢球时应稍靠球远一些。

（2）踏地方法。支撑脚踏地的方法与运动员踢球前所处的状态有直接关系。一般在助跑踢球时，为能抵制身体向前的自然惯性，最后一步的步幅要适当加大，并要积极踏地。支撑脚踏地的顺序应是先以脚跟撑地，随后展腹，在送髋的同时，迅速地过渡到全脚掌，尖斜撑为直撑，特别是在小范围内直接跨步踢球时，更需要用积极快速有力的踏地来带动踢球的摆动。为了减小撑地时的反作用力，膝关节可适当弯曲，以保证身体重心能够较稳定地落在支撑脚上。

（3）足尖方向。支撑脚踏地时，足尖方向原则上应与出球方向保持一致，以便在踢球的刹那使身体正对出球方向，使踢球腿自然地前后摆动。同时对于踢球腿的摆动速度、击球力量的大小、击球方向的准确和身体的平衡等都有着直接影响。

（4）维持身体平衡，这是完成踢球动作的先决条件，它应贯穿在踢球动作的始终。支撑腿不仅要能够平稳地支撑住身体的重量，同时还必须能够在完成踢球动作过程中与踢球腿协调配合，以维持身体平衡。支撑腿的膝、踝关节的屈伸动作在控制身体平衡中作用极大。其屈伸必须在撑、摆、击球的过程中协调地进行，才能做到在任何情况下身体平衡都能保持稳定。如脚背正面踢球时支撑腿的支撑任务就是让踢球腿在摆动踢球的整个过程中有一个支撑点，使踢球腿绕着这个前移的额状轴摆动，以达到自如地摆动和踢球脚的脚背正面准确地击球。支撑脚着地应是积极而迅速地以脚跟着地，同时膝关节微屈，随着身体前移支撑脚成滚动式地由脚跟过渡到脚前掌。从而在完成支撑的同时又尽量减少制动；同时使身体重心起伏波动不大地"平行"前移。这样就能把助跑时人体所获得的速度保持下来，并把这个速度加到踢球腿的摆动上，发挥最大的摆速，以增加击球力量。

踢球时，支撑脚应踏在球的侧面，其距离应接近两髋关节间的髋度，并且稍小于这个宽度。这是因为在身体重心移至支撑腿时，踢球腿的髋关节上提，骨盆必须倾斜来调节身体重心的变化,以维持身体的平衡。踢活动球时,还要考虑到在支撑脚着地的同时,踢球腿才开始由后向前摆,而球却仍在运行中,因此在选择支撑脚的位置时,必须把摆腿所需要的时间计算在内,也就是有一定的提前量,才能确保踢球时支撑脚与球能够处于所需要的正确位置,以达到自如地摆腿和发挥最大摆速的目的。根据测定证明,踢球的刹那支撑脚处在球的侧面10~12厘米是比较理想的位置。

3. 摆腿

摆腿是踢球腿的动作。击球力量的大小由多方因素所决定,但主要取决于踢球腿的摆动。踢球腿的摆动方法有两种:一种是在跨步支撑的同时,大腿后引,小腿后屈前摆时以髋关节作轴,大腿带动小腿的摆动击球;一种是在跨步支撑时积极送髋,大腿前顶,小腿后屈,以膝关节作轴快速前摆小腿击球。踢球的摆动是踢球力量的主要来源。踢球腿的摆动分为后摆与前摆两个阶段。后摆是为了给踢球腿的前摆加大摆幅和加快摆速创造条件。踢球腿的前摆应在支撑脚着地的同时,以大腿带动弯曲的小腿绕前移的髋关节的额状轴,由后向前快速摆动,当膝盖摆到接近球的正上方时小腿则绕快速前移的膝关节的横轴(同时大腿绕髋关节的横轴)做爆发式的前摆,从而达到膝盖处在球的正上方时击球。

4. 击球

击球是踢球动作的核心。助跑、支撑和摆腿等动作的完成都是为了保证准确击球。它包括击球时间、击球点和在击球刹那的动作表现。击球动作是指踢球脚运用部位在击球的一刹那的动作表现。击球动作随着足球技术的不断发展,从实践中概括有以下几种:

(1)摆击。摆击动作的突出表现是在摆腿击球过程中有明显的随摆动作,踢球腿的摆动幅度大,距离长,这种击球动作出球力量大、平稳,多适于中远距离的传球和射门。

(2)弹击。弹击动作的突出表现是摆腿击球时,以膝关节作轴,充分利用小腿的快速前摆击球,击球后随摆动作自然。这种击球动作摆动幅度较小,起脚快,动作小而突然,适于踢地滚球和反射弹球的中、近距离射门。

(3)抽击。抽击动作的突出表现是在摆腿击球的刹那具有明显的提拉动作。提拉的时间是在运用脚踢球部位即将触脚的刹那,大腿积极上提,小腿前摆突停顺势上拉。抽击的击球点一般选在球的后中部稍偏下部,以有助于提拉动作的完成。抽击动作完成的关键在于提拉时间。这种击球动作出球急并带有强烈上旋、前冲力大,故适于向空档传球、落地反弹球和空中球射门。

(4)敲击。敲击动作的突出表现是后摆小、前摆快,击球动作急而快速,击球后具有较明显的突停和自然后撤动作。这种击球动作出球平直而急,多用于直接传球和近距离射门。

(5)推击。推击动作的突出表现是踢球腿没有明显的后摆,前摆击球动作类似弹击。当脚触球后,运用支撑腿的后蹬所产生的身体重心向前平移的速度平稳推球。推击多是在支撑脚离球较远,为能控制球高度,保证出球方向的准确时才采用。一般在冲刺切入射门时,由于步法不易调整,为做到不失时机地快速完成射门动作而采用之。

5. 随前动作

踢球的随前动作,是要求脚与球接触时踢球腿仍以触球时的同样摆动速度继续前摆和送髋。球是弹性体,用脚踢球时脚与球并不是触到即离开,而是经过一个时间,尽管其时间极短。如果用30米/秒的摆腿速度踢球(标准气压的比赛用球)时,脚楔入球体约6~7厘米,球由静止状态转入运动状态;与此同时,踢球脚仍以触球时同样的速度继续前摆,此时脚面紧贴球体,由于弹性体的球凹陷时内压增大,球又以极快的速度从凹陷恢复原状给紧贴球体的脚面以反作用力。虽然这个反作用力不会对击球刹那以同样速度继续前摆的脚发生降低摆速的影响,然而却对尚未达到最高速度的球自身运动速度起着进一步加快的作用,同时还影响出球的准确性。随着球速增大,脚速降低,球、脚分离。这时继续做随前动作对球的运动已不再发生任何作用,但是却能加长脚落地时的步幅,因而必能产生制动效果,从而达到逐渐缓和前惯性的作用。

相反,如果踢球脚触球就立即停止前摆和送髋,那就必然是在击球之前就开始减小用力。这样不仅会降低踢球腿的摆速,同时还会对快速前移的整个身体产生减速的影响,导致影响球速。总之,踢球的随前动作是影响踢球力量和出球准确性的完整踢球动作不可缺少的环节。在教学、训练中必须给予应有的重视。

(三)射门的练习方法

(1)队员 A 和 B 分别站在球门的两边,控球队员 A 把球向前推拨一步后射门,若守门员接住球,他就转身把球传给另一边的队员 B,由队员 B 练习射门。

(2)射侧面来球,应注意射门时机。队员 A 把球传给 B 后,在跑动中接队员 B 的横传球射门。

(3)供球队员 A 从边路传球,队员 B 和 C 包抄射门,每名队员在射门后捡球并送回供球队员处。

(4)队员 B 接 A 的传球后迅速转身并射门,然后队员 A 到 B 的位置,接队员 C 的传球后练习射门(见图 9-12)。

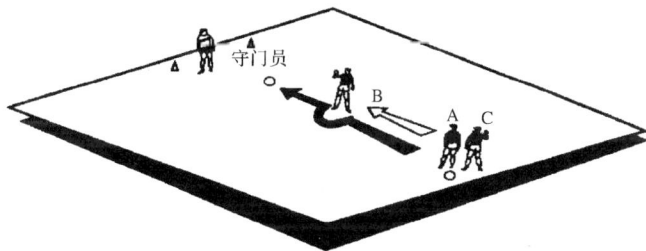

图 9-12

(5)队员 A 给 B 传球后要迅速前跑并接 B 的回传球,队员 B 在传球后要即刻对 A 逼近并形成一对一局面,A 应视情况射门或突破(见图 9-13)。

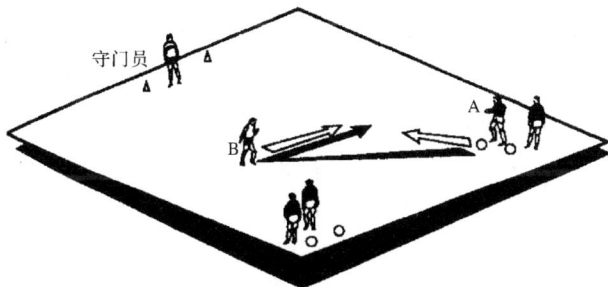

图 9-13

(6)队员 A 和队员 B 两人一组,供球队员位于他们身后,可以向他们的任一侧传球,传至队员 A 所在一侧,A 是进攻队员,B 是防守队员。

四、运球

运球是指在跑动中用脚的推、拨,使球保持在自己控制范围内的连续触球动作。

(一)运球技术

1.运球方法

(1)脚背正面运球:用脚背正面推拨球前进的一种带球方法,在快速带球前进的情况下使用。

(2)脚背外侧运球:用脚背外侧推拨前进的一种带球方法,触球面积大,有利于快速奔跑和改变带球方向。

运球

2.运球转身

(1)脚内侧扣球转身:右脚向前伸一大步;脚伸至球前以脚内侧把球扣回;转身时以左脚为轴;转身后以左脚把球运走并加速摆脱防守队员。

(2)脚外侧扣球转身:右脚向球前伸出;用脚外侧把球扣回,转身以左脚为轴;转身后以右脚把球运走并加速摆脱防守队员。

(3)踩停转身:用右脚踩停球;转身180°并用左脚外侧快速把球运走。

(二)运球的练习方法

(1)原地带球,两脚内侧左右拨球。

(2)脚底向左右拖拉球。

(3)单脚支持,另一脚底踩在球的上部,双脚交替连续做向后拖球的模仿练习。

(4)连续做脚背内侧扣球,脚背外侧拨球练习。

(5)慢跑中用各种脚法进行直线运球。

(6)沿中圈线做顺、逆时针两脚不同部位的带球练习。

(7)绕两个圆圈成"8"字带球。

(8)曲线变速变向带球。

(9)快速直线带球做急停急转。

(10)在中圈内变向自由运球。

(11)带球绕标。

(12)右脚脚背内侧扣球接左脚脚外侧拨球连续做带球练习。

(13)在练习区域内,每人一球。听哨音开始,队员在区域内自由运球,每听到教练员鸣哨,做一个运球变向假动作。

(14)两名队员一组各站一边,中间放置一个标志,控球队员向标志运球,到达后做运突假动作并超越标志,快速运球至同伴处,同伴再以相同方式按相反方向做回。

五、头顶球

尽管进攻头顶球与防守头顶球在技术上很相似,但目的却截然不同。进攻时,用于传球或攻门,要求准确性;防守时,顶球要有力量、有远度,这样才能把球从危险区域解围出去。

(一)头顶球技术

1.地面顶球(见图9-14)

地面顶球有跑动中和原地两种方式。两脚前后开立,上体后仰时身体不失平衡,击球力量来自于腿的蹬地、髋部和颈部的摆动。两臂在体侧自然张开,眼睛注视球。击球时应用前额部位,头要加速前摆;击球后,头和身体应向出球方向继续前移,以保证准确性。

图 9-14

2.跳起顶球(见图9-15)

助跑是跳起顶球技术较难掌握的环节,因为其涉及起跳时机,每名队员都应尽可能抢最高点击球。原地跳起顶球时,一般都为双脚起跳;助跑跳起顶球时,一般都采用单脚起跳。

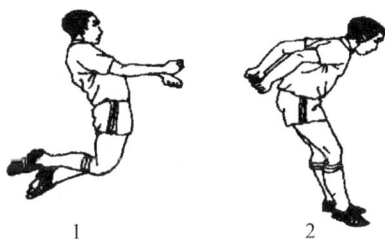

图 9-15

(二)头顶球的练习方法

(1)根据动作要领,做各种顶球的模仿练习。

(2)一人双手持球至适当高度,另一个用各种部位顶球,体会顶球时接触球的正确部位。

(3)顶吊球练习。

(4)自抛自顶练习。

(5)自己连续顶球练习。

(6)两人对面抛顶练习。

(7)两人对面掷顶练习。

(8)三人一组、两人抛球,另一人左右移动做顶球练习。

(9)对顶向后跑。

(10)头球射门。如抛球顶射、传中顶射。

(11)三人站成一条直线,练习防守顶球,队员 B 把队员 A 抛来的球顶给队员 C,C 接球后回传给 A,然后继续练习(见图9-16)。

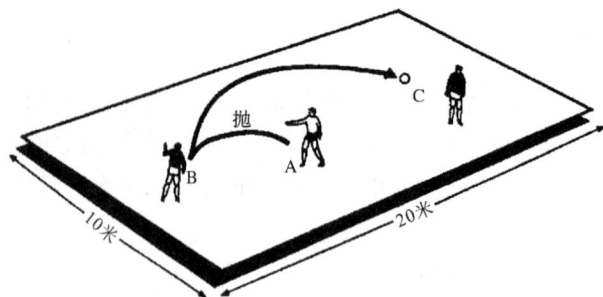

图 9-16

六、抢截球

抢截球是转守为攻的积极手段,是防守技术的综合体现。

(一)抢截球技术

1. 正面抢球

为增大抢球面积,应用脚内侧阻抢。支撑脚立于球的一侧,双膝微屈以降低重心和维持身体平衡,应在对手运球脚触球后即将着地或刚着地时实施抢截,抢截动作用力要通过球的中心,触球时上体应前倾且腿部用力。若球夹在双方的两脚之间,可顺势把球提拉过对方的脚面,或是把球拨向一侧,或者让对手用力推球,而防守队员随机转身并贴向对手。

2. 侧面抢球

侧面抢球是与运球对手并肩跑动或从后面追平对手时采用的抢球办法。在准备抢球前应尽可能地靠近球并设法使支撑脚立于球的前方,然后以支撑脚为轴转动身体,用抢球脚的脚内侧封阻球。还可利用合理冲撞的办法实施侧面抢球行动,在对手失去平衡时乘机夺球。

3. 铲球

铲球运用最多的局面是在对手已突破防线、防守队员又无法回到正面抢球位置时。最关键的因素是适时倒地,因此应首先尽可能接近控球队员,重心置于支撑脚上,看准时机抢球腿下滑,以脚底、脚背或脚内侧把球铲掉。

(二)抢截球的练习方法

(1)做正面抢球的模仿练习。一人脚内侧放一球,另一人做抢球练习。

(2)两人一球,对面站立,相距4～6米,中间放一球同时做向前跨步抢球练习。

(3)一人向前带球,另一人做正面抢球练习。

(4)无球的侧面冲撞。两人并肩在走动和慢跑中做合理冲撞。

(5)冲撞抢球。两个平行站立,一人先将球向前踢出,然后两人同时上去做冲撞抢球练习。

(6)一人带球前进,另一人在侧面做冲撞抢球练习。

(7)二对一攻防练习。正面、侧面抢球,以触球为准相互交换练习。

(8)固定球的铲球练习。一人站在固定球的后面做踢球动作;一人从侧面做铲球动作,然后加助跑铲球。

(9)自抛向前滚动球,追上去做铲球练习。

（10）两人一组，一人直线带球，另一人从侧面做铲球练习。

（11）在一定范围内做一对二、一对三和二对三的传抢练习。

七、守门

守门员的主要职责是守门，他是全队的最后一道防线，是具有特殊技术的队员，可用身体的各个部位阻止对方将球射入本方球门。

（一）守门员技术

1.位置选择

守门员为了守住球门，首先要选择正确合理的位置。位置的选择应根据对方的射门地点和射门时球所处的位置。

2.准备姿势和移动

向左右调整位置的移动，一般采用侧滑步和交叉步。当对方向球门两侧射低平球时，可采用侧滑步移动，使身体正对来球；一般在接两侧高球或扑接球时，为了便于蹬地跃起，多采用交叉步。

3.接球

接球是守门员最主要的技术，包括接地滚球（见图9-17）、接平直球（见图9-18）、接高球（见图9-19）和扑球等。

图 9-17

图 9-18

图 9-19

4.发球

(1)手抛球:利用手抛球发动进攻,是使用最多也是最有效的方式。手抛球能更及时、准确地将球发至占据有利位置的同伴脚下,因此更有利于进攻。

(2)踢球:是守门员把获得的球和球门球直接传给远离自己的同队队员的技术动作。踢球分为手抛踢球和踢定位球两种。

(二)守门员训练的练习方法

(1)结合手臂进行跳跃练习:①下蹲摸地面球;②手压球呈俯卧撑式;③恢复下蹲动作;④跳起举球触击球门横梁。

(2)屈腿跳跃:①蹲下摸地面球;②跳起举球触击球门横梁。

(3)屈身跳跃:①守门员屈身摸地面球;②双腿蹬地跳跃,双手举球触击球门横梁。

(4)移动跳跃:守门员蹬地跳跃,从右至左,双手举球连续触击横梁,由左到右练习。

(5)移动中跳跃:守门员向侧跃起,举球触击横梁顶端,左、右均要练习。

(6)移动跳跃:利用交叉步举球触击球门横梁;

(7)交叉步跳跃练习:守门员利用交叉步、跳起用球触击横梁,左、右均要练习。

(8)灵活、速度、跳跃、协调性:①迅速向前滚翻;②迅速站起;③双腿跳起举球触击球门横梁;④单腿跳起举球触击球门横梁。

(9)鱼跃、倒地、站起:守门员站在球门区中央进行防守,教练将球掷向球门任一部分,教练员可观察其最薄弱的环节并在此环节进行多次练习,指出问题所在。

(10)守门员接自己对墙掷出或踢出的各种反弹回来的球。

(11)守门员将球向上抛或掷向地面,做原地起跳或助跑起跳接高球动作。

(12)守门员助跑几步,同时将球向体前轻抛,做踢凌空球练习。

(13)守门员助跑几步,同时将球向体前轻抛,待球落地反弹起来时,做踢反弹球练习。

(14)守门员练习脚背内侧踢定位球。

● 专业术语中英文对照:

足球运动 football	球场 cancha	射门 shoot
球门 goal	传球 pass	头球 head
停球 trapping	守门员 goalkeeper	后卫 back
中场 midfield	前锋 forward	越位 offside
角球 corner	球门球 goalkick	点球 penalty
铲球 tackle	任意球 freekick	角旗 cornerflag

项目十　篮　　球

思维导图

篮球
- 篮球基本技术
  - 基本练习方法
  - 基本技术
- 篮球基本战术与主要规则
  - 篮球比赛中队员的位置和职责
  - 基础战术配合
  - 篮球竞赛的主要规则

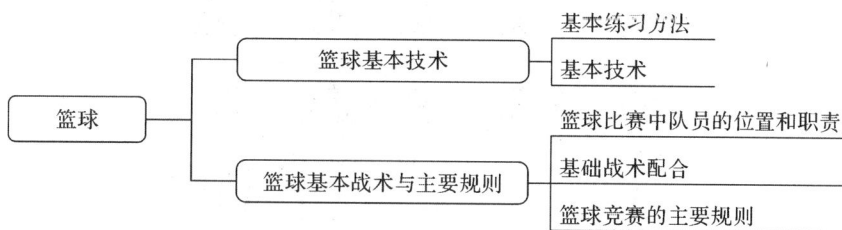

篮球运动最初称为"筐球"或"奈史密斯球"，1891年由美国的斯普林菲尔德学院（旧译春田学院）教授詹姆斯·奈史密斯博士发明。篮球运动于1895年前后传入我国。1908年美国全国高等院校体育协会制定了篮球竞赛规划，1936年第十一届奥运会将男子篮球列入正式比赛项目，1976年第二十一届奥运会又增加了女子篮球比赛。奥运会男、女篮球比赛，世界男、女篮球锦标赛，美国NBA职业篮球联赛，汇集了世界最强的队伍和最著名的球星，代表了现代世界最高层次的篮球水平。

任务一　篮球基本技术

一、基本练习方法

要培养能够自如地控制球的能力，首先要从基本功练习开始。

（一）弹拨球练习

方法：直立，两臂伸直，两手持球于身前，用手指和指端将球从一手传向另一手。两手之间要保持一定的距离，如图 10-1 所示。

图 10-1

（二）球绕身体练习

方法：两脚并立，两手持球于腹前。两手交替使球绕腰、绕头，然后绕腰、绕腿、绕踝。连续做，如图 10-2 所示。

图 10-2

（三）球在两腿间绕"8"字练习

方法：右手持球绕右腿外侧，在两腿之间交至左手，再绕至左腿外侧。连续做，如图 10-3 所示。

图 10-3

（四）身前抛接球，身后击掌练习

方法：两脚开立，两手持球于腹前，两手放开至身后击掌再快速伸回身前接球。连续做，如图 10-4 所示。

图 10-4

（五）三点探身持球触地练习

方法：两脚开立，两手持球于腹前，向左、向前和向右做三点箭步探身持球触地练习。球触地后立即蹬回。连续做，如图 10-5 所示。

图 10-5

二、基本技术

篮球技术是篮球战术的基础,包括投篮、运球、传接球、持球突破、个人防守和抢篮板球等技术动作。

(一)投篮

篮球的所有比赛都是以投篮得分为目的,即使有出色的比赛阵容、组织极佳的进攻战术、良好的传球和运球技术,如果最后关键的投篮失误,也是要失败的。尤其是身材矮小的队员,采用快攻战术和外围准确投篮是最有效的。

1.原地肩上投篮(见图10-6)

右脚在前,左脚稍后,两膝弯曲,重心落在两脚掌上,右手手指自然张开,手心空出,置球于右肩上,左手扶球,右肘内收。投篮时,双脚主动蹬地发力。右臂向前上方伸展,手腕前屈,食、中指用力拨球,球出手后,手指自然指向球篮,身体随投篮动作向上伸展,脚跟微微提起。

图 10-6

2.运球急停跳起投篮(见图10-7)

在运球中,采用跳步急停或跨步急停的方法接球跳起,身体接近最高点时投篮,出手动作与原地投篮相同。

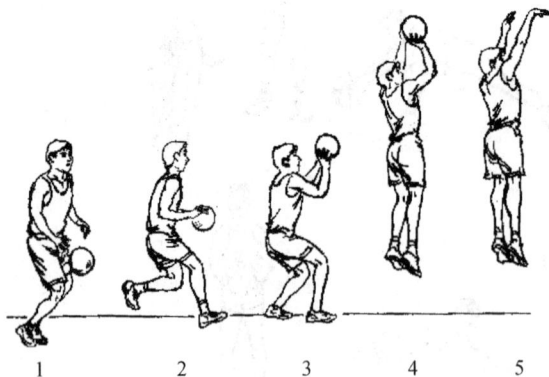

图 10-7

罗斯上篮完成动作

3.行进间单手高手投篮(见图10-8)

右脚跨出一大步的同时接球,接着左脚跨出一小步并用力蹬地起跳,举球于肩上,当身

体接近最高点时右臂向前上方伸直,手腕前屈,食、中指用力拨球通过指端投出。

图 10-8

4.行进间单手低手投篮(见图 10-9)

右腿跨出一大步的同时接球,左脚接着跨出一小步并用力蹬地起跳,右腿提膝,双手向前上方举球。当身体接近最高点时,左手离球,右手外旋,掌心向上,手掌向球篮方向伸展。

接着屈腕,食、中指用力投球,通过指端将球投出。

图 10-9

5.行进间反手投篮(见图 10-10)

右脚跨出一大步的同时接球,左腿迈出一小步并蹬地起跳,身体呈反弓形,控制向前的冲力,起跳后抬头、左手离球,右手托球向球篮方向伸展;右前臂外旋、屈腕,食、中指和无名指拨球,通过指端将球投出,球碰板入篮。

图 10-10

提示:单手投篮时,持球手臂的肘关节应自然指向侧前方,但不要过于外展,注意手腕翻腕动作。

(二)运球

运球技术由推进性运球和突破性运球两大类组成。

1.推进性运球

推进性运球是队员在获得球的基础上,在无人防守的情况下,从后场向前场推进的一种方法,如图10-11所示。

图 10-11

2.突破性运球

(1)体前变向运球:运球队员从对手右侧突破时,先向防守人左侧运球,当防守人向左移动堵截运球时,运球队员突然拍按球的右后上方,使球经自己身体右侧反弹至左侧,同时右脚向左侧前方跨出,上体向左转,侧肩挡住对手,左手拍按球的后上方,同时加速从防守人右侧突破,如图10-12所示。

图 10-12

(2)变速运球:通常采用急停急起。运球接近防守人时,急停,防守人也会停住,突然加速运球超越防守人,如图10-13所示。

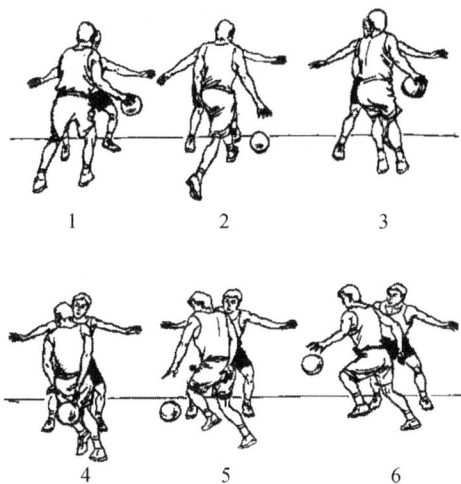

图 10-13

（3）运球转身：当对手逼近自己右侧时，左脚前跨作轴，顺势做后转身，右手将球拉至身体的后侧方落地，然后换左手运球，加速前进，如图 10-14 所示。

图 10-14

（4）背后运球：背后变向时，用右手将球拉到身体后拍球的外侧，同时右脚向前跨出，将球从身后拍至左脚的侧前方，并立即换左手运球突破防守，如图 10-15 所示。

图 10-15

提示：运球时眼睛要观察前方，不要只注意球，手腕要灵活，便于及时变向。

（三）传接球

传球由推进性传球、转移性传球和隐蔽性传球组成。接球由原地接球、跑动接球、摆脱迎上接球、摆脱反跑接球、摆脱插上接球等组成。

主要传接球技术有以下形式。

1. 双手胸前传球（见图 10-16）

传球前成基本站立姿势。十指自然分开，双手握球两侧的后上部，屈肘置于胸前，传球时，先做由下而后向前的弧线转动，当球转到胸前时，后脚蹬地，重心前移，同时向前伸臂，手腕翻转前屈，通过手腕、手指拨球，将球传出。

图 10-16

2. 单手肩上传球（见图 10-17）

双手持球于胸前，成基本站立姿势。传球时，左脚向传球方向迈出半步，转体使左肩对着传球方向，同时右臂引球右肩上方，手腕微后屈托住球，上臂与地面近似平行，前臂与地面垂直，重心落在右脚上，出球时右脚蹬地，同时转体迅速向前挥臂，手腕前屈，手指拨球，将球传出。

图 10-17

3. 体侧传球（见图 10-18）

传球手的异侧脚向侧前方迈出，上体向异侧移动做假动作，同时将球向后侧方引出，经体侧向前做弧线摆动，手腕前屈，用食指、中指拨球，使球从防守队员的体侧空当越过。

图 10-18

4.反弹传球(见图 10-19)

当防守队员的手臂上举或侧举时,将球迅速通过地面反弹给同伴。传球时向前下方伸臂,手的用力点在球的后上方,球的击地点为距离接球者三分之一的地方。

图 10-19

5.双手接球(见图 10-20)

接球前注视来球,双臂自然前伸迎接,手指自然分开,手腕后仰。接球时,当手指触球瞬间随球屈肘后引,缓冲来球力量,两手握球于胸前。

提示:双手胸前传球时,肘关节自然下垂,手指指向接球人;接球时,随球后引,减缓冲力,接稳来球,手掌心不能触球,要以手指控制球。

图 10-20

6.单手接球(见图 10-21)

接球时,接球手臂向来球方向伸出,五指自然分开,掌心朝向来球,腕指放松。当手指触球时,手臂顺势将球后引置于身前或体侧,左手迅速扶球,准备衔接下一动作。

图 10-21

(四)持球突破

1.交叉步突破(见图 10-22)

两脚左右开弓,两膝弯曲,持球于胸前。突破时,左脚前脚掌内侧用力蹬地,上身稍向右转,左脚向右侧前方跨出,接着运球,中枢脚蹬地向前跨出,迅速超越对手。

图 10-22

2. 顺步突破(见图 10-23)

突破时,右脚前脚掌内侧蹬地,右脚迅速向右前方跨出一步,同时右转,左肩下压,用右手将球放于右脚的侧前方,左脚迅速蹬地上步超越对手。

图 10-23

3. 转身突破(见图 10-24)

突破时,左脚为轴转身,右脚向右侧后方跨步,上体右转,脚尖指向侧后方,左手向左脚前方放球,左脚内侧迅速蹬地向球篮方向跨出,运球突破防守。

防守的技巧

图 10-24

提示:重心移动一定要快,持球做假动作时,必须确定好中枢脚。

(五)个人防守

主要任务:逼近对手,主动攻击球,积极封盖投篮,干扰传球,堵截运球,并伺机抢球,迫使对方处于被动局面。

防守位置:站在对手与球篮之间的位置上(见图 10-25),掌握对手离球篮近则离对手近,对手离球篮远则离对手远的原则。

防守动作:根据对手情况,左右开立,平步防守,两臂向两侧伸出(防运球和突破);或两脚前后开立,前后步站立,前脚同侧臂向前上方伸出(防投篮)的防守姿势。

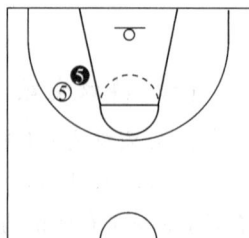

图 10-25

提示:防有球队员,充分运用手臂和脚步动作,封堵其投篮、传球和突破;防无球队员,视野要宽,人球兼顾,抢占有利的防守位置。

2.防无球队员

防守任务:要根据对方、球和离球篮的距离选择人球兼顾的位置。防守离球近的队员要贴近防守,切断对方的传球路线,不让对方接球;防守离球远的队员要缩小防守,在控制自己对手的基础上,协助同伴防守。

防守位置:如图 10-26 所示,当无球队员在有球队员的同侧时,防守者站在对手上侧,采用面向对手侧向球的斜前站位姿势(错位防守);当无球队员在有球队员的异侧时,防守者选择侧面或侧下面的位置,采用面向对手侧向球的站位姿势。

图 10-26

(六)抢篮板球

抢篮板球是由抢占位置、起跳动作、抢球动作和抢球后动作组成的。抢篮板球的能力对于掌握比赛的主动权、取得比赛的胜利起着很重要的作用,是攻守矛盾转化的关键。

篮板球的技巧

1.抢占位置

(1)抢进攻篮板球。进攻队员一般站在防守队员外侧,处于不利于抢篮板球的位置。因此,进攻队员抢篮板球要突出一个"冲"字。当同伴或自己投篮后,要准确判断球的落点,运用身体虚晃的假动作,摆脱防守队员的阻挡,利用绕前步法,抢占内线位置。

(2)抢防守篮板球。防守队员一般站在进攻队员内侧。因此,抢篮板球应突出一个"挡"字。当进攻队员投篮后,要准确判断球的落点,同时观察进攻队员的动向,利用移动动作挡住对手。

2.起跳动作

起跳时,两脚迅速用力蹬地向上跳起,同时双臂上摆,腰腹协调用力,充分伸展身体以抢占空间位置。抢进攻篮板球也可采用单脚起跳的方法。

3.抢球动作

在空中手接触球后,迅速屈指、屈腕、屈肘收臂将球拉下,可用双手,也可用单手;还可以在空中将球直接拨给同伴。

4.抢球后动作

当抢到进攻篮板球后,首先补篮或继续投篮,如果没有投篮机会则应迅速将球传给同伴,重新组织进攻。当抢到防守篮板球后,要及时将球传给接应同伴,为快攻创造有利条件。

📖 **知识拓展**

街头篮球

街头篮球(street-ball)起源于美国,其比赛并不需要在正规的篮球场上进行,在城市广场或街边开阔地划出半个篮球场大小的平坦硬地,立个篮球架,即可进行比赛。它以嘻哈文化街头篮球为背景,摒弃各种烦琐的规则,大家来到街头,一起来享受自由篮球的乐趣。近几年三人篮球传入我国,在一些大中城市已进行了多次比赛,很受人们欢迎。

街头篮球讲求风格,是因为街头体现了篮球的自由性和创意,不同的人有着不同的风格,使篮球更具有观赏性和艺术性。

首先是服装,最好是穿一些比较大或是很宽松的衣服,这样的衣服让人感觉很舒服,而且在做动作的时候也会觉得很自由。

其次是动作,如果想提升控球技术和感觉,那么一定要熟练交叉步突破这个基本动作,因为无论多花巧的动作都离不开控球技术。

最后是街头篮球的意义,有许多人因为死板的篮球规则,以及技术水平的限制,接受不了这种花巧和自由的篮球方式。然而街头篮球脱离了许多的限制,达到一种艺术的表现形式,让观众感觉更华丽,使其比正统的篮球比赛更具有观赏性和娱乐性。打街头篮球也是为了赢,但并不是为了赢得比赛的胜利,而是赢得观众的赞同和欢呼声,使观众也一起融入比赛中,那才是真正的胜利,才是街头篮球的魅力所在。

任务二 篮球基本战术与主要规则

篮球战术是指在篮球比赛中进攻或防守时有组织的集体配合与协调行动的组织方式。其目的是制约对方,争取比赛的主动权。它可以分为进攻战术和防守战术两种。

一、篮球比赛中队员的位置和职责

前锋:多处于进攻和防守的最前沿,活动范围广,承担队内的主要攻守任务。现代篮球运动向高速、高空方向发展,要求前锋身材高大,具有良好的身体素质,技术上既要全面、能攻善守,又要有特点。

中锋:主要落位于内线,活动区域在离篮5米以内的地带,攻守争夺激烈,是联系外围的中枢,承担着内线攻守的重任。因此,要求中锋身材高大、体格健壮、个人攻击能力强,具有良好的战术意识,能为全队战术组织起枢纽作用,增强全队整体力量,具有拼抢篮板球的意识和能力。

后卫:是临场比赛的组织者和指挥者,是比赛的核心队员,承担着组织全队攻守任务。后卫队员应该技术全面,具有很强的控制球、支配球能力,具有良好的战术意识,沉着、冷静、机智的头脑,以及敏锐的观察、分析、判断能力与组织指挥全队攻守的能力。

二、基础战术配合

(一)快攻、防快攻

(1)快攻:是以守转攻时,以最快的速度、最短的时间趁对方阵脚未稳,创造人数上、位置上的优势,果断而合理地进行速战速决的进攻战术。发动快攻的机会一般有抢到后场篮板球时、跳球得球时和抢断球后。组织形式一般有长传快攻、短传快攻和运球突破快攻。

(2)防快攻:防守快攻是防守战术的重要组成部分。防守快攻的关键在于:封堵对方的一传和接应。在逐步退守中,采取"堵中间、卡两边"的办法,切断先下队员与接应队员的联系。

(二)进攻战术基础配合

(1)传切配合:是指利用传球和切入技术组成的简单配合,如图 10-27 所示。

提示:切入队员要利用假动作摆脱防守队员,切入要快速,传球要及时到位。

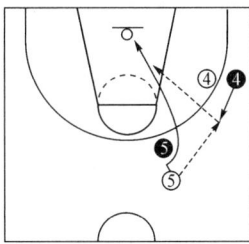

图 10-27

(2)掩护配合:是指进攻队员以自己的身体采取合理的动作挡住 同伴防守者的移动路线,使同伴借以摆脱防守的一种方法,如图 10-28 所示。根据被掩护者的不同方位,分为侧掩护、前掩护和后掩护。

提示:掩护队员动作要突然,被掩护队员用假动作吸引自己的防守队员,不让对方发现同伴的掩护意图。队员配合要默契。

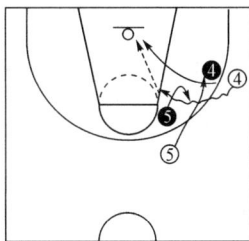

图 10-28

(3)突分配合:是指进攻队员持球突破防守队员向篮下切入,遇到防守方另一队员补防时,将球传给因对方补防而漏防的同伴,或传给转移到指定的配合位置上的接应同伴的简单配合,如图 10-29 所示。

提示:突破时,余光观察攻守队员的行动和位置,突破要快,传球要准。

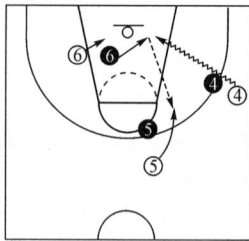

图 10-29

（4）策应配合：一般是指处于内线的队员背对或侧对篮球接球，由他作枢纽与外线队员的突切相配合而形成的一种里应外合的方法，如图 10-30 所示。

提示：策应队员要及时抢位，外围队员传球要准确，摆脱切入要迅速。

图 10-30

（三）防守战术基础配合

（1）防守掩护配合。

①抢过配合：在对方进行掩护配合时，防守者为了破坏对方的掩护，在掩护者临近一刹那，主动靠近自己的对手，并从两个进攻队员之间侧身挤过去，继续防住自己的对手。

②穿过配合：对方进行掩护配合时，防守掩护的队员主动后撤一步，让同伴从自己和掩护队员之间穿过去，以便继续防守自己的对手。

③交换防守配合：是为了破坏进攻队员掩护配合，防守队员及时交换所防对手的一种配合方法。

（2）关门配合：临近的两个队员协同防守突破的配合方法。

（四）区域联防和半场盯人配合

1.区域联防

区域联防是指当进攻队转入防守时，队员迅速退回到后场，每个人负责防守一定的区域，并把每个区域有机地联系在一起所组成的集体防守网。半场区域防守要求防守队员的行动随球的转移而变化，加强有球的一侧的防守，兼顾远离球的一侧，做到"近离球者紧，远离球者松，松紧结合，人球兼顾"。

区域联防有许多站位队形，但要根据比赛时进攻队的特点而改变防守落位的队形。如图 10-31 所示：对付内外线攻击力量较平均的队，可采用"2－1－2"队形；对付内线强于外围的队，应加强篮板球的争夺，可采用"2－3"队形；对付外围投篮较准，而篮下攻击较差的队，可采用"3－2"队形。不论采用哪种形式的联防，都要把身材高、弹跳好、善于抢篮板球的队员安排在篮下的位置和中间的位置,要把移动速度快、灵活机警的队员放在前面。

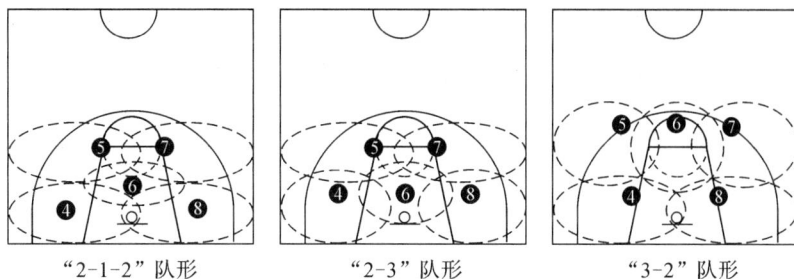

"2-1-2"队形　　　　　"2-3"队形　　　　　"3-2"队形

图 10-31

2. 半场人盯人防守

从进攻转入防守时,要快速退回后场,尽快地找到自己的防守对手,保持正确的防守位置和姿势,并要招呼同伴尽快地组织好全队的防守;选择防守对手时,应根据双方的身材、技术、位置的特点来决定,一般是大对大、小对小、快对快、慢对慢;要根据进攻队特点加强防守的针对性。当对方中、远距离投篮较准时,要扩大防守;对方中锋攻击能力强时,要缩小防守;对方突破能力强时,要注意进行"关门"防守;对方空切时,要注意防守补位;对方掩护时,要采用抢过、绕过或交换防守配合。如图 10-32 所示。

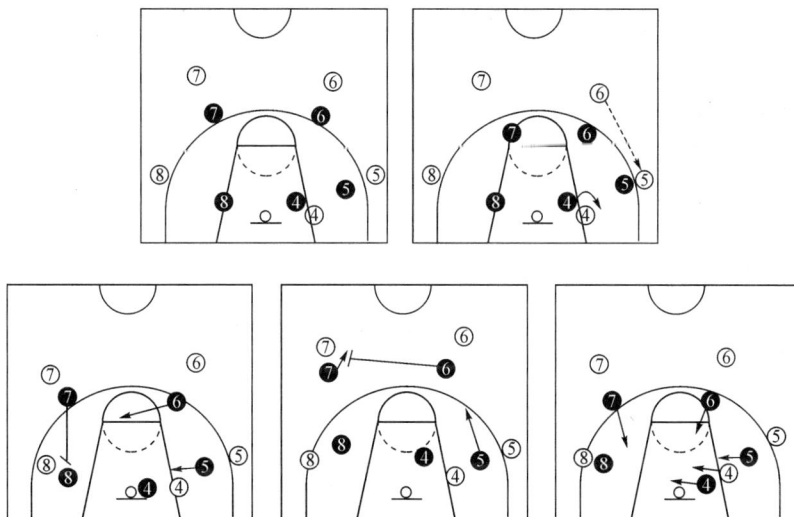

图 10-32

3. 半场人盯人防守

战术和进攻区域联防战术的队形,如图 10-33 所示。

2—2—1 队形,单中锋站在篮下附近。

2—1—2 队形,单中锋站在罚球线附近。

1—3—1 队形,双中锋上、下站位。

2—3 队形,单中锋站在篮下附近。

1—2—2 队形,双中锋篮下站位。

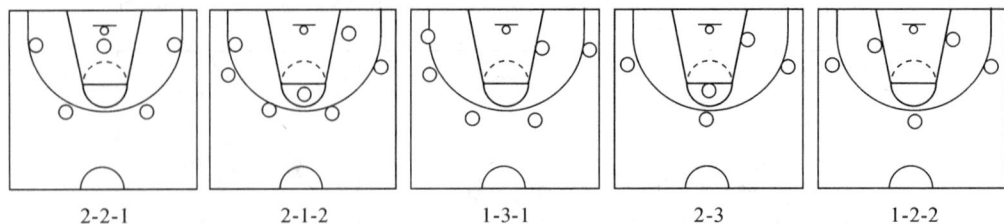

2-2-1　　　　2-1-2　　　　1-3-1　　　　2-3　　　　1-2-2

图 10-33

（1）进攻半场人盯人防守战术的运用提示。

①要动起来打。传完球以后，不要站在原地不动，要积极地穿插、换位，把对方调动起来。但不要盲目乱跑，要注意保持适当距离，要注意攻守平衡。

②要抓住对方的弱点，通过各种配合，结合中、远距离投篮。要内、外线结合，内、外互相牵制。

③每次投篮以后，要积极地冲抢篮板球，争取第二次进攻。

④要保持冷静的头脑，要有勇有谋，不要盲目蛮干。要敢于运用自己的特长。

（2）进攻区域联防战术方法运用提示。

①要有目的地快速传球，调动防守者移动，创造投篮的机会。接球后，不要停球不传。

②在自己有把握的区域内，要大胆、果断地进行中、远距离的投篮。

③无球队员要穿插移动，跑向空的位置，这样才能有威胁地调动防守者，从而创造投篮的机会。

④要明确每次投篮后有三人冲抢篮板球，另两人准备退守。要注意攻守平衡。

⑤要有耐心。急躁、蛮干很容易失误，给对方造成反击得分的机会。有耐心地进攻，即使 30 秒违例，也还能组织起防守，不让对方快攻得分。

4. 两者的特点

区域联防和半场人盯人防守特点，如表 10-1 所示。

表 10-1　区域联防和半场人盯人防守特点

方式	特点
区域联防	防球为主，人、球、区兼顾 划分防区，联合防守，利于补防、协防 制约个人突破、切入、内线攻击性强的队员
人盯人防守	防人为主，人球兼顾 分工明确，针对性强，攻击性强 制约突破能力弱，中远距离投篮准确的队员

三、篮球竞赛的主要规则

（一）场地设备

篮球场地是长 28 米，宽 15 米，由中线分成两个长方形平面。球场上线宽 5 厘米，长边的界线叫边线，短边的界线叫端线。场内有限制区、罚球区和 3 分投篮区，如图 10-34 所示。

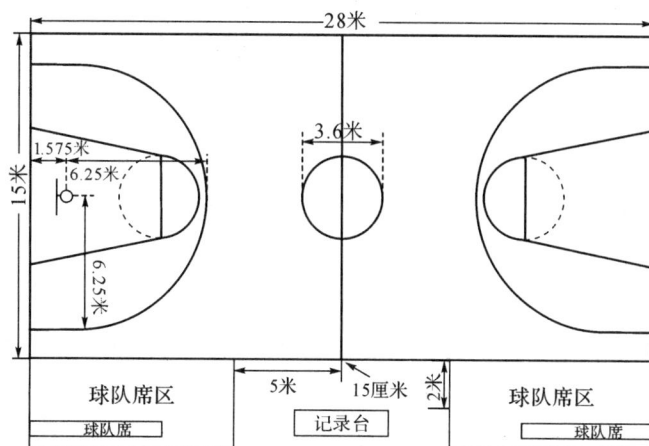

图 10-34

篮圈高 3.05 米,与篮板两垂直边的距离相等。篮板的横宽为 1.8 米,竖高为 1.05 米,下沿距离地面 2.90 米,它的中心垂直落在场地内距离端线内沿 1.20 米的地方。

(二)比赛时间与暂停、替换

篮球比赛时间由 4 节组成,每节 10 分钟,第一节和第二节之间、第三节和第四节之间以及每一决胜期之间,有 2 分钟的休息时间,第二节和第三节之间休息 15 分钟。如果在第四节比赛时间终了时比分相等,为了打破平局,需要一个 5 分钟的决胜期或多个这样的决胜期来继续比赛。

教练员请求暂停后,如果场上发生了争球、犯规、对方投篮得分、违例或裁判员中止比赛,此时,可以给予该教练员暂停时间。每队在头三节的每节中,可准予 1 次暂停,第四节中准予 2 次暂停,每一决胜期准许 1 次暂停。没有用过的暂停不可带入下一节或决胜期内。

争球、犯规、暂停、对方违例、队员受伤、裁判终止比赛时,可以替换队员,一方换人,另一方也可以换人。

(三)违例

违例是指违反规则。违例可分为带球走、非法运球、违反时间规则、拳击球和脚踢球、球回后场、队员出界和球出界、干扰球。

判断违例应遵循以下基本原则:

(1)带球走:确定中枢脚后,投篮和传球时中枢脚可抬起,球离手前不可落回地面,运球时只有球离手后中枢脚才能离地。

(2)非法运球:只准许运一次球,不得双手拍球;运球时,球在手中不得有明显的停顿、接球不稳,球落地拾起与抢到自己投篮的球均可以运球。

(3)违反时间规则:控制球的队的队员在一次进攻中,不得在对方限制区内停留 3 秒以上;发球或罚球队员必须在 5 秒内处理球,场内队员在有紧逼防守的情况下,持球不得超过 5 秒;一个队以后场控制球开始,在 8 秒内没有使球进入前场;一个队在场上控制传球时,在 24 秒内没有出手投篮。

(4)球回后场:控制球的队员在前场使球回到后场。

（5）拳击球和脚踢球：不得用拳击球，不得故意踢球或用脚、用腿阻挡球。

（6）队员出界和球出界：当队员身体的任何部分接触界线上、界线上方或界线外的除队员以外的地面或任何物体时，即判队员出界。球触及界线或界线以外地面、人、障碍物、篮板背面，为球出界。

（7）干扰球：投篮的球在限制区内的篮圈水平面上下落时，攻守双方都不得触球。

判罚违例后，由对方在违例地点最近的边线掷界外球。

（四）犯规

犯规是指违反规则的行为，含有与对方队员身体接触和（或）不道德的举止行为。

队员5次犯规，必须退出比赛。在一节中，全队犯规达4次时，该队处于全队犯规处罚状态，所有随后发生的对未做投篮动作的队员的侵人犯规应被判2次罚球；如果控制活球队的队员或拥有掷球入界球权队的队员发生了侵人犯规，不应判2次罚球，而是判给对方掷球入界的球权。

（1）侵人犯规：是队员的犯规，含有与对方队员非法接触，无论球是活球或是死球。

①与对方队员发生身体不合理接触所造成的犯规，攻守双方都有责任尽可能避免发生身体接触，攻守双方都有权占据没有被对方队员占据的位置。如果有了身体接触，不允许有明显通过伸展其手、臂、肘、肩、髋、腿、膝或脚，或将身体弯曲成"反常的"姿势（超出他的圆柱体）来拉、阻防、推、撞、绊对方队员以阻碍其行进，也不准放纵任何粗野或猛烈的动作。主要有阻挡、撞人、背后非法防守、拉人、非法掩护、非法用手、推人等。

罚则：记录个人及全队犯规的次数，由对方在犯规地点附近的边线掷界外球。对投篮队员的犯规，投中有效，加给罚球1次；没有投中，按投篮区域予以2次或3次罚球。

②双方犯规：两名对抗队员大约同时互相发生接触所造成的双方犯规。

罚则：由双方发生犯规时已经控制球的队在距违反地点最近的界外掷界外球；如果双方犯规时两队都未控制球，则由有关人员在最近的圆圈内跳球；如发生双方犯规的同时中篮，就由原防守队在端线掷界外球继续比赛；如球未中篮，则由双方犯规队员在就近的圆圈内跳球。

③违反体育道德的犯规：裁判员认为队员不是在规则的精神和意图的范围内合法地、直接地试图抢球所造成的侵人犯规。

罚则：均要判给对方2次罚球以及随后在中场的球权。如果对投篮队员的犯规，球中篮，则给1次罚球以及随后在中场的球权；球未中，按照试图投篮的地点，则判2次或3次罚球以及随后在中场的球权。

④取消比赛资格的犯规：是极其严重与恶劣的不道德行为犯规。如动手打人，或不顾对对手的伤害而采取恶劣的粗野动作等。

罚则：除与违反体育道德的犯规罚则一样外，还要让其离开此赛场。

（2）技术犯规：比赛的正当行为要求双方球队的成员与裁判员、记录台人员以及技术代表有完美和真诚的合作。任何故意的或一再的不合作，或不遵守规则的精神，应被认为是技术犯规并受到相应处罚。

罚则：队员的技术犯规，判给1次罚球以及随后在中场的球权；教练员、助理教练员、替补队员或随队人员的技术犯规，判给2次罚球以及随后在中场的球权。

● 专业术语中英文对照：

篮球运动 basketball	传球 pass	暂停 timeout
篮板 backboard	违例 violation	跳球 jumpball
运球 dribble	犯规 foul	联防 zonedefense
投篮 shoot	[马术]步幅 stride	人盯人防守 individualdefense
助攻 assist	撞人 charge	紧逼 press
篮板球 rebound	阻挡 block	全场紧逼 all-courtpress
扣篮 dunk	叫停 stopthecourse	请求暂停 chargeatimeout

项目十一　排　　球

学习目标

1.知识目标

(1)领会排球运动的特点及其锻炼价值。

(2)掌握排球的基本技战术并主动参与此项运动。

2.思政目标

(1)养成终身体育的好习惯。

(2)通过排球运动,培养集体精神。

排球欣赏

思维导图

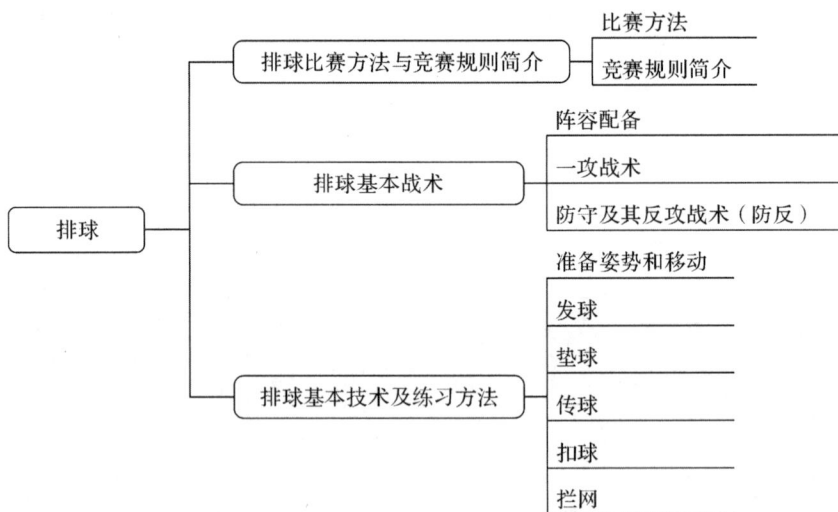

排球运动于 1895 年由美国霍利约克市斯普林菲尔德学院青年会干事威廉·摩根设计发明,迄今已有 100 多年的历史。根据这项运动隔网用手推击的技术特点,称为"volley-ball",意为推击球而不使球落地。这项运动产生之初,就以其适宜的运动量、新颖的运动形式普遍受到人们的喜爱。排球运动于 1905 年传入中国。

任务一　排球比赛方法与竞赛规则简介

一、比赛方法

排球比赛是两队在用球网分开的场地上进行比赛,它可以有多种比赛方式,以适应各种不同性质比赛的需求,如适合少年开展的 4 人排球,沙滩上开展的 2 人排球,以及通常所见的 6 人排球等。

比赛的目的,是各队遵照规则,将球击过球网,使其落在对方场区的地面上或造成对方失误,而防止球落在本方场区的地面上或避免本方失误。

比赛采用五局三胜制,一方先胜三局就取得了比赛的胜利。采用每球得分制,前四局,先得 25 分并同时胜出对方 2 分时为胜一局。若比分是 25 比 24 时,比赛双方继续进行至某一队领先 2 分为胜一局。比赛双方局数打到 2 比 2 平时,应采用第五局决胜局。决胜局的比分为 15 分并同时胜出对方 2 分时为获胜。当比分为 16∶16 时,一方先得到 17 分,则为胜队。决胜局中,任何一方打到 8 分双方应交换场地,比赛继续进行,场地不再交换,直至决出胜负。

二、竞赛规则简介

(一)场地与设备

1. 比赛场地

比赛场地包括比赛区和无障碍区。比赛区为长 18 米、宽 9 米的长方形,四周至少有 3 米宽的无障碍区,从地面量起至少有 7 米的无障碍空间。正式国际比赛场地边线外的无障碍区至少 5 米,端线外至少 8 米,比赛场地上空无障碍空间至少高 12.5 米。所有的界线宽 5 厘米,界线颜色应是与地面和其他线不同的浅色,边线或端线包括在比赛场区面积之内。每个场区各画一条距离中心线 3 米的进攻线。

2. 球网

球网长 9.5 米,宽 1 米,男子网高 2.43 米,女子网高 2.24 米。标志杆长 1.8 米,直径 10 毫米,分别设置在标志带外沿球网的两侧,标志杆高出球网 80 厘米。

3. 比赛用球

球由皮革制成,彩条色,内装橡皮胆。圆周为 65～67 厘米,重量为 260～280 克,气压为 $3.92×10^4～4.41×10^4$ 帕斯卡。

(二)队员的场上位置和轮转

1. 队员的场上位置

在发球队员击球时,双方队员(发球队员除外)必须在本场区内站成两排,每排三名队员。前排位置为 4、3、2 号位,后排位置为 5、6、1 号位。在发球队员击球瞬间,双方队员场上的站位必须与填写的上场队员站位表相符。球发出后,队员可以在本场区和无障碍区的任何位置。

2.轮转

接发球队获得发球权后,该队队员必须顺时针方向轮转一个位置(2号位队员转至1号位发球)。

(三)换人

每局每队最多可替换一人或多人。场上队员在同一局中可以退出比赛和再次上场各一次,只能回到原阵容的位置上。替补队员每局只能上场比赛一次,他只能由被他替换下场的队员来替换。

(四)比赛中的击球

每队最多击球三次(拦网除外),一名队员不得连续击球两次。身体任何部位都允许触球。击球的犯规有"四次击球"、"持球"、"连击"。

(五)发球

发球队员必须在第一裁判员鸣哨后的8秒内将球击出。发出的球落在对方场区内(包括球触击球网)视为好球。

(六)拦网

没有触及球的拦网行动称为拦网试图,触及球的拦网行动被认为完成拦网。只有前排队员允许完成拦网,拦网的触球不算作本队的一次击球。

(七)触网

队员不得在进攻时触及球网的任何部分或标志杆(除在非进攻时轻微触及球网)。

(八)过中线

队员的一只脚或双脚越过中线触及对方场区的同时,一脚的一部分还接触中线或置于中线上空是允许的。除脚以外,队员身体的任何部分都不允许触及对方场区。

任务二 排球基本战术

一、阵容配备

根据临场战术需要和本队实际情况,合理地安排和组合队员,最大限度地发挥场上每个队员的技战术特长和作用。比赛中常用的阵容配备有"四二"配备、"五一"配备和"三三"配备三种组织形式。

(1)"四二"配备:两个传球手安排在对称的位置上,其他位置安排扣球手,这样前后排都能保持一个传球手和两个扣球手,便于组织多种进攻技术。这种配备使用率很高(见图11-1)。

(2)"五一"配备:如全队队员的扣、传球和防守技术都较全面,为加强进攻力量,可采用"五一"配备(见图11-2)。传球手在前排中时,打"中、边一二",或"两次球"战术,传球手轮至后排时,则采用"插上"战术。

(3)"三三"配备:一个扣球手间隔一个传球手,这样在任何轮次上前后排都保持一至二个传手和扣手,便于组织"插上"和"两次球"战术,也便于转为"中、边一二"的进攻战术(见图11-3)。

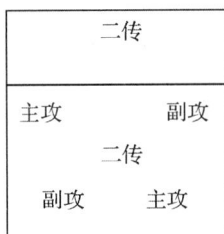

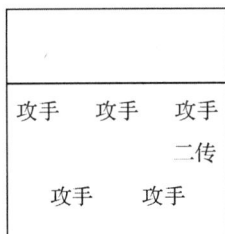

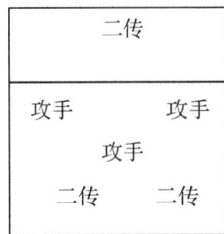

图 11-1　　　　　　　　　图 11-2　　　　　　　　　图 11-3

二、一攻战术

接发球进攻也称第一次进攻,简称"一攻",就是接起对方发过来的球,并力争垫、传到预定位置组织进攻战术。接发球进攻战术有"中一二"(见图 11-4)、"边一二"(见图 11-5)、"插上"(见图 11-6)三种战术阵形。

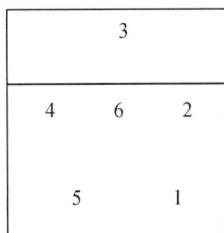

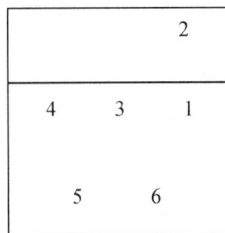

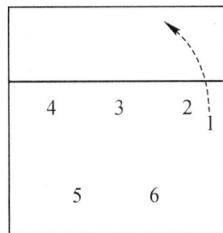

图 11-4　　　　　　　　　图 11-5　　　　　　　　　图 11-6

(一)"中一二"进攻战术

"中一二"进攻战术是进攻中最简单、最基本的战术形式。由 3 号位作二传手,把球传给 2 号位或 4 号位队员扣球。优点是战术容易组成,但变化少且只有两个进攻点,战术意图易被对方识破,其突然性较弱和攻击性较小。"中一二"进攻战术一般有两种变化。

(1)集中与拉开。二传手根据扣球手特点和临场情况,向 2 号位或 4 号位队员提供忽而集中、忽而拉开的传球,以迷惑对方队员的拦网(见图 11-7)。

(2)跑动掩护进攻。为了增强战术变化的突然性,可通过主副攻手的跑动和相互掩护,变定点进攻为活点进攻,设法摆脱对方的集体拦网,创造一对一的有利局面(见图 11-8)。

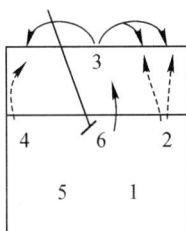

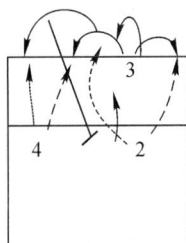

图 11-7　　　　　　　　　　　　图 11-8

（二）"边一二"进攻战术

接发球时将球垫给前排 2 号位队员,由他传球给 3、4 号队员扣球。其战术特点是便于两个进攻队员相互掩护,互相配合,构成较多的战术变化。其攻击性比"中一二"战术高,但对一传要求较高。"边一二"进攻战术变化常用"快球掩护"战术(见图 11-9)、"前交叉"战术(见图 11-10)、"围绕"战术(见图 11-11)三种方法。

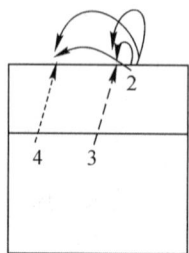 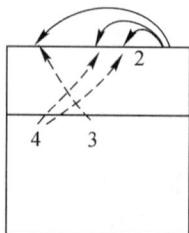 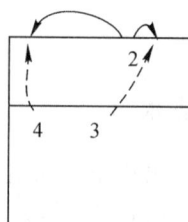

图 11-9   图 11-10   图 11-11

（三）"插上"进攻战术

这是当二传手轮到后排 1、6、5 号位时,从后排插上到前排作二传(见图 11-12),把球传给前排 2、3、4 号位任一队员扣球的组织方式。这种战术的优点是能充分利用网的全长,保持前排二人进攻,可以发挥每个队员的特长,组成以快攻为核心的跑动配合(见图 11 13),打出多种战术变化球。如"前交叉"、"后交叉"、"夹塞"(见图 11-14)、"梯次"(见图 11-15)等。这些战术,进攻突然性较大,突破点多,使对方难以有效地组织双人拦网防守。

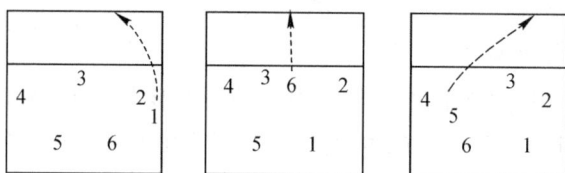

图 11-12

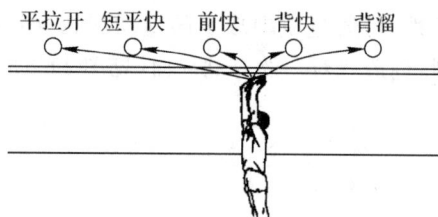 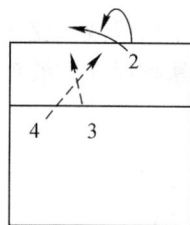 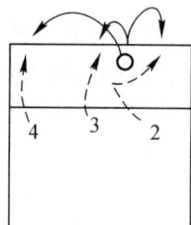

图 11-13   图 11-14   图 11-15

三、防守及其反攻战术（防反）

防反是对方组织进攻后,本方所进行的一系列防守与重新组织进攻的战术行动。其全过程由防守与进攻两部分组成。

（一）防守

1.单人拦网防守战术

一般是在对方扣球威力不大、变化不多或本方来不及组成双人拦网等情况下采用单人拦网。单人拦网的防守方法有两种：

（1）人盯人拦网。当对方在4号位或2号位进攻时，由本方2号位或4号位队员进行单人拦网，3号位队员后撤防守。

（2）以3号位队员为主拦网。当对方进攻时，由3号位队员去拦对方三个位置上的扣球，本方2、4号位队员后撤防守。

2.双人拦网的防守战术

通常所用的双人拦网有"心跟进"和"边跟进"两种防守战术。

（1）"心跟进"防守战术，又称"中跟进"或"6号位跟进"。当对方扣球威力较大，又善于轻吊球时采用这种防守战术。6号位队员前移至限制线附近，保护前排的拦网并准备接对方吊球。但在1、5号位队员之间和靠近端线处有较大的空隙地区。因此在防守中，首先要求拦网者封住中路，同时要求1、5号位队员具有高度的灵活性和防守技术（见图11-16）。

（2）"边跟进"防守战术。在对方扣球威力较大，扣球路线较多，能较多地运用超手扣球时采用。由1号位队员跟进至限制线附近，保护拦网和接吊球；若对方扣直线球就不跟进。"边跟进"的主要缺点是空隙大（见图11-17）

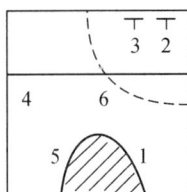

图 11-16

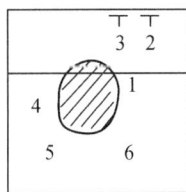

图 11-17

（二）防反

在防住对方扣球之后，可以组织各种战术配合，向对方"反攻"。但由于在防守时处于被动地位，防反战术的组织较"一攻"更难。因此，要求场上队员应十分注意攻防转换，捕捉战机，及时组织各种进攻战术。"防反"的战术组织形式与"一攻"相同。

📖 小 故 事

中国女排

在中国的运动队史上，有一支队伍堪称传奇，那就是中国女排。

过去30年里，队员换了一批又一批，倒下了又站起来，但女排精神尤在，一直保持着世界一流强队的实力。

就像郎平说的："打好每个球，今天我们没想太多，已无路可退，就是把技术水平、精神面貌打出来，不要后悔，什么结果都能接受。"

1981年，第三届排球世界杯在日本举行，中国女排七战全胜，力克卫冕冠军东道主日本队，获得冠军，这是中国在三大球（足球、篮球、排球）运动中获得的首个世界冠军。

1982年，中国女排征战在秘鲁举行的第九届世界排球锦标赛，以3∶0击败古巴队。随后，中国女排击败各支劲旅，挺进决赛，最终战胜秘鲁队，夺得中国首个世界女排锦标赛的冠军。

1984年洛杉矶奥运会，中国女排奥运会首秀，在决赛中以三比零战胜对手美国，首次拿下了奥运会金牌。至此，中国女排铸就了后来被人称颂的"三连冠"。

此后的中国女排获得了1985年第4届世界杯冠军和1986年第10届世界女排锦标赛冠军，成就世界女排史上首个"五连冠"的佳绩。

1992年的巴塞罗那奥运会上，中国女排只获得第七，1994年世界女排锦标赛中更是滑落至第八，1995年，曾经被誉为80年代世界女排"三大主攻手"之一的郎平临危受命，被排协聘为中国女排主教练。在她执教后的第二年，1996年亚特兰大奥运会，中国女排杀入决赛，夺得银牌。

2000年的悉尼奥运会女排止步八强，2003年，中国女排终于重新登上世界杯冠军的领奖台。2004年雅典奥运会，中国女排在0∶2落后的情况下，上演了惊天大逆转，一举在奥运会上折桂。2009年，中国女排跌入低谷。2015年世界杯，在郎平的执教下，中国女排以10胜1负的成绩夺得冠军。2019年9月28日下午2点，中国女排迎战塞尔维亚女排，以3∶0拿下塞尔维亚，取得十连胜，成功卫冕世界冠军。

任务三　排球基本技术及练习方法

一、准备姿势和移动

准备姿势和移动是完成各项基本技术的前提和基础。准备姿势的作用是为及时地移动和为完成击球动作做准备。移动的作用是为了及时接近球，调整人与球的位置关系，便于完成击球动作。

（一）准备姿势和移动技术要领

（1）半蹲准备姿势：两脚开立约比肩宽，两脚尖微内收，两膝弯曲成半蹲，脚跟稍提起并保持微动。身体重心稍前倾，两臂自然放松置于胸腹之前，两眼注视来球（见图11-18）。

图 11-18

（2）并步：当球离人体约1米远时用并步移动。移动时，前脚向来球方向跨出一步，后脚迅速跟上做好击球前的准备姿势。常用于二传、接发球、防守、拦网的移动。

（3）跨步：当来球较低且距身体较近时，用跨步移动。后脚用力蹬地，前脚向前跨出一大步，同时屈膝、上体前倾，身体重心移至跨出腿上。

（4）交叉步：当来球距身体约2米时可用交叉步移动。向右移动时上体稍向右转，左脚从右脚前向右交叉迈出一步，然后右脚再向右跨出一大步，同时身体转向来球方向，做好击球前的姿势。交叉步常用于防守、一传、拦网等。

（5）滑步：当来球弧线高且与身体较近时可采用滑步移动。向右滑步时，右脚向右迈出一步，左脚迅速并上，落在右脚的左侧，连续做并步即为滑步。常用于传球、垫球、拦网等。

（6）跑步：采用跑步时，两臂要配合摆动，应根据来球的方向，边跑边转身。

（二）准备姿势和移动技术的练习方法

1. 在简单的条件下掌握准备姿势和移动技术

（1）原地做模仿练习。

（2）两人一组，一人做准备姿势，另一人纠正动作。

（3）看手势分别做并步、跨步、交叉步、滑步、跑步等步伐练习。

（4）两人一组，一人做向各个方向的移动，另一人用"照镜子"的方法做相同动作练习。

（5）围绕场地慢跑，当看到手势立即急停，迅速做好准备姿势。

（6）准备姿势和移动相结合的练习。可先做移动，看手势立即急停做准备姿势，再看手势马上移动。

2. 结合场地进行移动技术练习

（1）左右移动练习。练习者面对边线站在中线上，用交叉步左右移动，用手摸中线和进攻线，若干次为一组。

（2）前后移动练习。练习者面对球网站立于端线上，做向前移动双手摸进攻线，向后移动双手摸端线，若干次为一组。

3. 结合球进行移动练习

（1）两人一组，一人将球向前、后、左、右抛出，另一人移动后用双手把球接住。

（2）移动接地滚球，两人对角站立各拿一球，同时将球向前滚出，迅速移动接对方的球，再将球滚出，若干次为一组（见图11-19）。

图 11-19

二、发球

发球技术是排球比赛中唯一不需要同伴配合、不受别人制约的自我完成动作。准确而有攻击性的发球，不仅可以直接得分，还可破坏或削弱对方的战术进攻，起到先发制人、争取主动、摆脱被动的作用。

（一）发球技术要领

1. 正面下手发球（见图11-20）

正面下手发球技术动作简单，准确性高，容易掌握，是初学者（特别是女生）常用的发球方法。

面对球网,两脚前后开立,左脚在前,两膝微屈,上体稍前倾,左手持球于腹前。左手将球平稳地抛在体前右侧,离手高度约一球之距,抛球的同时右臂伸直,以肩为轴向后摆。击球时,右脚蹬地,右臂由后向前摆,在腹前以"虎口"或掌根击球的后下部。

图 11-20

2. 正面上手发球(见图 11-21)

正面上手发球是比赛中常用的发球方法,也是跳发球的基础。

面对球网站立,两脚自然开立,左脚在前,左手持球于体前。左手将球平稳地垂直抛于右肩的前上方,高度适中,抛球的同时右臂抬起屈肘后引,肘与肩平,手指自然张开,上体稍向右转,抬头挺胸展腹,身体重心移至右脚上。击球时,利用蹬地上体向左转动,迅速收腹带动手臂向前上方挥动,在右肩前上方用全掌击球的后中下部,触球时手腕要迅速向前做推压动作,使击出的球呈上旋飞行。

图 11-21

3. 上手飘球

上手飘球是球在飞行过程中不规则地向前飘晃飞行,从而造成对方接发球困难,是目前采用最普遍的一种发球。

面对球网,两脚前后开立,左脚在前,左手持球于体前。左手将球平稳地垂直抛于右肩的前上方,高度较正面上手发球稍低并靠前。击球时,利用蹬地、转体和收腹的力量,身体重心前移,前臂突然加速运动,五指并拢,手腕稍后仰,用掌根平面击球的后中下部,作用力通过球体重心(见图 11-22)。击球瞬间,手腕紧张,手形固定,用力要突然、短促。击球结束,手臂要有突停动作。

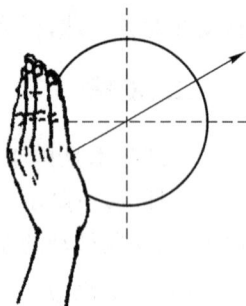

图 11-22

(二)发球技术练习方法

1. 在简单的条件下掌握发球技术

(1)抛球练习。一人一球,练习发球技术的抛球,抛出的球不旋转,高度、位置固定。

（2）徒手模仿发球动作练习。

（3）挥臂练习。练习发球的挥臂动作,体会挥臂击球和协调用力的动作要领。

（4）对墙或对网近距离发球,体会抛球和挥臂击球动作配合。

（5）距网4～5米的发球练习。逐渐加长发球距离。

（6）对墙定点发球。在墙上画一个圆圈,将球发到圆圈内。

（7）在发球区发球。

（8）发球对抗。双方在发球区轮流发球,计算各方成功率,进行对抗评比。

2.在较复杂的条件下巩固发球技术

（1）在端线外不同位置发直线、斜线球。

（2）提高发球成功率,如2～3人发球比赛,比谁在10次发球中成功率高。

（3）向网前和后场发球。

（4）向后场二角发球。

（5）向对方六个位置发球。

（6）结合接发球进行发球练习,统计发球效果。

（7）提高攻击性的发球,如2～3人发球比赛,比谁在10次发球中有攻击的发球成功率高。

（8）结合防守、扣球、拦网等技术进行发球练习,统计发球的效果。

三、垫球

垫球技术

垫球是用小臂从球的下部,利用来球的反弹力向上击球的技术动作。它在比赛中运用于接发球、接扣球、接拦回球,有时也用来处理球,是排球基本技术之一。

（一）垫球技术要领

1.正面双手垫球

面对正来球方向,两脚开立稍宽于肩,脚跟微起,两膝弯曲稍内收。两手手指重叠后合掌互握,掌跟靠拢。两拇指平行朝前,手臂伸直,手腕下压,两臂外翻,前臂形成一个击球平面(见图11-23)。击球点在腹前约一臂距离,用前臂腕关节以上10厘米左右,桡骨内侧平面触球(见图11-24)。击球时,手臂插入球下,蹬腿抬臂,身体重心向前上方移动(见图11-25)。同时含胸、压腕、顶肘等动作协调配合,身体和两臂要有自然的随球伴送动作,以便控制球的落点和方向。

图 11-23

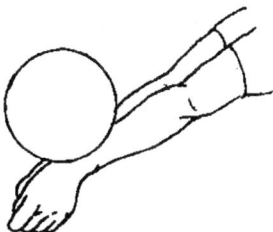

图 11-24

图 11-25

2.体侧双手垫球

当球向左侧飞来,右前脚掌内侧蹬地,左脚向左跨出一步,左膝弯曲,重心随即移至左脚上,两臂夹紧向左伸出,右肩稍向下倾斜,用向右转腰和提左肩的动作,使两臂击球面挡住球的飞行路线,垫击球的后下部(见图11-26)。

图 11-26

3.背垫球

判断好球的飞行方向,迅速移动到球的落点处,背对击球方向,两臂夹紧伸直,击球手形与正面垫球相同,击球点要高于肩部(见图11-27)。击球用力是通过抬头挺胸、展腹后仰、带动手臂向后上方抬送而实现的。在背垫低球时,也可以屈肘、翘手腕动作,用虎口处将球向后上方垫起。

4.单手垫球

单手垫球多在无法用双手垫球的情况下采用。体侧单手垫球方法是一脚迅速向侧前方跨出一大步,重心移至跨出的腿上,与跨出腿的同侧臂迅速伸出,用虎口或小臂击球的后下部(见图11-28)。在体前可用手背平面击球,手臂要伸直,有抬击动作。

图 11-27

图 11-28

(二)垫球技术练习方法

1.在简单条件下掌握垫球技术

(1)原地做徒手模仿垫球动作练习。

(2)垫固定球。两人一组,一人持球于腹前,另一人用垫球动作击球,体会垫球部位和用力动作。要求蹬腿抬臂协调用力。

(3)自垫球。一人一球连续向上自垫,垫球高度可固定,也可高、低结合。

(4)抛垫球。两人一组,相距4~5米,一人将球抛至同伴的腹前,同伴将球垫回。

(5)移动垫球。两人一组,一人抛出不同距离、方向、速度和高度的球,另一人在移动中采取正面、侧面、跨步、低姿或背向等法将球垫回。

(6)对垫球。两人相距4~5米,做连续对垫球练习,尽量采用正面垫球。

(7)对墙连续垫球。要求手臂角度固定,全身协调用力。

(8)转换方向垫球。三人一组,三角连续垫球。可任意或按顺时针、逆时针的方向依次垫球。先不结合球网,熟练后逐渐结合球网三角垫球。

(9)两人一组,相距7~8米,一人发球,一人垫球。

2.在较复杂的条件下巩固垫球技术

(1)两人一组,一人向各个方向交替抛出两个球,一人移动将球垫回。

（2）三至四人一组,迎面跑动连续垫球。

（3）四人一组,三角跑动垫球。

（4）连续防多球。一人向同伴前、后、左、右连续抛球,同伴连续移动垫球。

（5）垫击从对方抛来的球。

（6）垫击从对方发来的球。

（7）垫重球。两人相距4～5米,甲抛球给乙,乙扣给甲垫球;乙将甲垫回的球接住,然后抛给甲扣,甲又将球垫回。如此交替练习垫重球。

（8）传、扣、垫球综合练习。两人相距4～5米,甲传球给乙,乙扣球给甲,甲垫球给乙,乙传球给甲,甲扣球给乙,乙垫球给甲,如此交替练习。

（9）移动垫扣球。

（10）垫击扣球后再垫击吊球。

（11）垫击对方从高台上扣过来的球。

（12）三人一组接发球、调整传球练习。

（13）三人一组垫、调、扣练习。

四、传球

传球是排球比赛中防守和反攻的衔接技术。传球是利用手指、手腕的力量和身体的协调动作,将同伴防起送来的球传出,并改变方向、弧度、速度,供前排队员进攻的技术动作。

（一）传球技术要领

1. 正面双手传球（见图 11-29）

正面对准来球,两脚开立约与肩宽,两膝微屈,两臂弯曲置于胸前。两手五指张开,手腕后仰并内扣,手指微屈成半球形,小指在前,两手拇指相对,接近"一"字形,用拇指的内侧、食指的全部、中指的第二、三关节触球,无名指和小指在两侧辅助控制传球方向。在脸前或额上方一定距离击球,指腕保持适当紧张,以承担 球的压力。用手指的弹力、手臂和身体协调力量将球传出。

图 11-29

2. 背传球（见图 11-30）

背部正对传出球方向、抬头挺胸,手上举,手腕后仰,掌心向上,击球点保持在额前上方。传球时,利用蹬地、上体后抑、展腹、抬臂、向后翻腕及手指的弹力把球向后上方传出。

图 11-30

(二)传球技术练习方法

1.在简单条件下掌握传球技术

(1)抛接球。一人一球,将球向上抛起 1 米左右高度,用上手传球手形将下落的球接住,检查传球手形是否正确。

(2)传固定球。两人一组,一人按传球手形持球于额前,另一人用手压住球,传球者按传球用力方向,向前上方伸展,体会传球手形和身体的协调用力。

(3)对墙传球。一人一球,距墙 1 米,做近距离对墙传球练习。

(4)自传球。一人一球做连续向上自传球,传球高度约 30 厘米,然后逐渐增加传球高度。

(5)自抛自传球。两人一组(或单人对墙),传自抛球给同伴,同伴接球后用同样方法传回,传球的距离逐渐加长,体会蹬腿以及全身协调用力。

(6)传抛来的球。两人一组,一人抛球,一人传球。要求抛球尽量抛准,距离可逐渐加长。

(7)移动传球。两人一组,一人抛球,一人前后左右移动传球。要求抛出的球落点距传球人一两步远。

(8)对传球。两人相距 3~5 米对传球,传球距离由近至远,次数由少到多。

(9)转换方向传球。三人一组,三角连续传球,可任意或按顺时针、逆时针方向依次传球。先不结合球网,熟练后逐渐结合球网三角传球。

2.在较复杂的条件下巩固传球技术

(1)在一定范围内自传球一次再自垫球一次,交替进行。

(2)在网前沿网移动自传球。

(3)两人一组,平行移动对传球。

(4)迎面跑动连续传球(见图 11-31)。

(5)移动传球。两人一组,甲用两个球向乙左右抛球,乙移动后将球传给甲,一定次数后对换。

(6)四人三角移动传球(见图 11-32)。

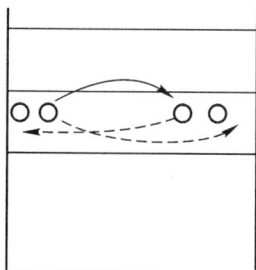
图 11-31

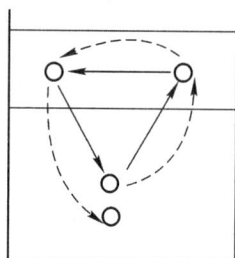
图 11-32

(7)背传球。三人一组,甲、乙两人面对站立,丙在两人中间面向甲,甲传球给丙,丙背传给乙后转身面对乙,把乙传来的球背传给甲。如此连续进行,一定次数后三人交换位置练习。

五、扣球

进攻扣球

扣球是排球基本技术中攻击性最强的一项技术,也是比赛中的主要得分手段。扣球是利用高、快、狠、变等打法将高于球网上的球击入对方场区的技术动作。

(一)正面扣球技术要领(以右手扣球为例)

一般站在离球网 3 米左右位置,两臂自然下垂,稍蹲,观察来球。助跑时,左脚先向起跳方向迈出一步,紧接着右脚再跨出一大步,左脚及时并上,落在右脚侧前方,脚跟先着地,脚尖稍内扣,即时起跳。在助跑跨出最后一步的同时,两臂绕体侧向后引,左脚在落地制动的过程中,两臂自后积极向前摆动,随着双腿蹬地向上起跳,两臂配合起跳用力上摆。起跳后挺胸展腹,上体稍向右转,右臂向后上方抬起,身体成反弓形。挥臂时,以迅速转体、收腹动作发力,依次带动肩、肘、腕各部关节成"鞭打"动作向前上方挥动。击球时,五指微张成勺形并保持紧张,以全手掌击球的后中上部,同时用力屈腕屈指向前推压,使扣出的球加速上旋。击球点在起跳和手臂伸直最高点的前上方(见图 11-33)。落地时,以前脚掌先着地再过渡到全脚掌着地,同时顺势屈膝、收腹,以缓冲下落力量。

图 11-33

185

（二）正面扣球技术练习方法

1. 在简单的条件下掌握扣球技术

（1）原地双脚起跳练习。要求两脚用力蹬地，两臂划弧摆动配合起跳，在空中扣球手臂抬起并后引成扣球前动作，落地要双脚前脚掌着地，屈膝缓冲。

（2）一步助跑起跳练习。要求手脚协调配合。

（3）网前助跑起跳。掌握助跑起跳步法。

（4）徒手挥臂甩腕练习或挥臂甩腕触一定高度树叶，体会"鞭打"动作。

（5）两人一组，一人双手举球至击球点位置，另一人挥臂击固定球，体会击球点和手形。

（6）自抛对墙扣球。一人一球，距墙5米，将球抛起后原地对墙扣球，抛一次扣一次。

（7）网上扣固定球。一人站在网前高台上，单手持球于网上沿作为固定球，练习者助跑起跳扣固定球。

（8）低网扣球。练习者站低网前1米处，把球向上抛起，原地把球击过网落在对方场内。要求尽量提高击球点。

（9）扣抛球。一人在3号位抛球，扣球者在4号位进攻线后向前助跑起跳，扣从3号位抛来的一般高球。

（10）扣传球。二传队员在3号位传球，扣球者从4（2）号位把球抛（传）给二传队员，然后助跑起跳扣从3号位传来的一般高球。

2. 在较复杂的条件下巩固扣球技术

（1）在4号位和2号位扣直线、斜线球。

（2）在3号位扣抛球，要求用转体和转腕动作将球扣到场区两腰。

（3）在4号位和2号位扣抛来的调整球。

（4）结合一传、二传扣快球。

（5）扣对方抛过来的探头球。

（6）在网前2、3、4号位连续扣球。

（7）在对方单人拦网的情况下扣球。

（8）在对方双人拦网的情况下扣球。

六、拦网

拦网是排球比赛中前排队员在靠近球网处阻拦对方进攻，具有进攻性的防御技术。成功的拦网可直接得分或削弱对方进攻锐气。拦网有单人拦网和集体拦网。

（一）单人拦网技术要领

面对球网，两脚平行开立约与肩宽，距网约30～40厘米，两膝微屈，两臂自然弯曲置于胸前，随时准备起跳或移动。为了对准对方进攻点，可采用并步、滑步、交叉步等相应移动步伐，取好起跳点。起跳时，降低重心，两膝弯曲，两脚用力蹬地，两臂在体侧划小弧用力上摆，带动身体向上垂直跳起。身体腾空后，两手从额前贴近并向球网上沿上方伸出，双臂伸直，前臂靠近网，两手尽量伸向对方上空接近球，两手自然张开，屈指屈腕呈勺形。两手触球时要突然紧张，手腕用力下压，盖住球的前上方。拦球后身体下落先以前脚掌着地，随之屈膝缓冲身体下落力量（见图11-34）。

图 11-34

（二）集体拦网的配合

集体拦网是为了扩大拦网的截击面，有二人拦网和三人拦网。集体拦网除对个人拦网技术的要求外，更重要的是拦网队员之间的配合，要注意以下几个问题：

（1）集体拦网要确定以谁为主，密切协作配合，防止各行其是。

（2）主拦队员确定拦网中心，配合队员要及时选好起跳点，起跳时应避免相互冲撞和干扰。

（3）起跳后，手臂在空中要保持适当距离，尽量扩大拦击面，但手与手之间距离不要过大，以防漏球。

（4）不同身高的队员应加强起跳时间的配合，一般是高个子队员起跳时间应稍晚于矮个子队员。

（5）把身材高、弹跳力强、拦网好的队员换到 3 号位或换到对方扣球威力大的位置上，以抑制对方扣球威力。

（三）拦网技术练习方法

1. 在简单条件下掌握拦网技术

（1）降低球网原地做徒手伸臂拦网动作练习。

（2）两人一组，在低网前隔网站立，一人将球举在网上，另一人原地做伸臂提肩压腕拦击球，体会拦网手形。

（3）两人一组，相距 1 米，原地一掷、一拦。要求掷球线路固定，使球击准拦网者的手。

（4）原地起跳拦网。练习者靠网站立，垂直向上起跳，两臂摆臂路线合理，不触网。

（5）面对球网站立，向两侧做并步和交叉步移动起跳的拦网动作。要求移动、起跳、伸臂、拦网动作连贯。

（6）两人一组，对网站立，向侧移动后跳起在网上相互击掌，向左或右若干次后停止。

（7）拦固定球。球网对面 2、3、4 号各一人站在高台上举球于网上沿，练习者从 4 号位起沿网移动、起跳拦固定球。

（8）拦抛球。两人一组，隔网站立，一人在网前抛高球，另一人跳起拦网，体会起跳时间和压腕动作。

（9）拦高台扣球。一人站在网对面高台上扣球，练习者跳起将扣来的球拦回，扣球人尽量对准拦网者的手扣。

（10）低网一扣一拦。两人一组，隔网站立，一人扣球，一人拦网。

（11）拦定位扣球。由同伴在4号位扣斜线或直线球，拦网者对正固定路线拦网。

（12）对方从4号位扣一般弧线较为集中的球，本方在2号位轮流拦网。

（13）对方在2号位扣球，本方在4号位拦网。

2.在较复杂的情况下巩固拦网技术

（1）对方在2、3、4号位任一位置扣球，本方在相对应的三个位置单人拦网。

（2）对方在4号位扣球，本方3号位队员向2号位移动组成双人拦网。

（3）对方在2号位扣球，本方3号位队员向4号位移动与4号位队员组成双人拦网。

（4）对方3号位强攻，本方2、4号位队员向3号位移动与3号位队员组成三人拦网。

● 专业术语中英文对照：

排球 volleyball	发飘球 floatingserve	持球 heldball
拦网 block	滚翻 roll	触网 contactwiththenet
连击 doublecontact	鱼跃救球 dive	上手发球 tennisserve
垫球 bumpreception	交换发球权 changeofservice	地上救球 sprawl
大力扣球 spike	主攻手 attackspecialist	扣球 hit
二传手 setter	吊球 makeadrop	

项目十二　乒乓球

学习目标

1.知识目标

(1)了解乒乓球的基本知识。

(2)掌握乒乓球的基本技术。

(3)培养学生对乒乓球的兴趣。

(4)学会欣赏高水平的乒乓球比赛。

2.思政目标

能够通过乒乓球运动强健体魄,愉悦身心。

乒乓球欣赏

起源与发展

思维导图

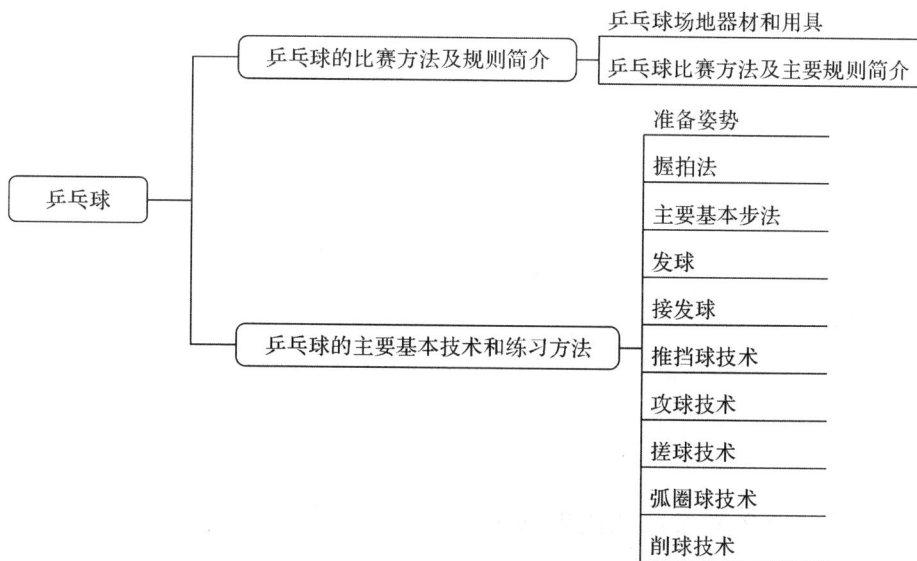

乒乓球于19世纪末起源于英国,也叫"桌上网球",自从使用赛璐珞制的球(由美国人"海亚特"发明)和改用木拍后,根据击球和落台时发出的声音又通称"乒乓"球。1926年在英国伦敦举行了第一届世界乒乓球锦标赛。乒乓球竞赛项目分为团体和单项比赛两大类。

团体赛有男子团体(斯韦思林杯)和女子团体(考比伦杯)两项。单项比赛有男子单打(圣·勃莱德杯)、女子单打(盖斯特杯)、男子双打(伊朗杯)、女子双打(波普杯)和混合双打(赫杜赛克杯)5项。

任务一 乒乓球的比赛方法及规则简介

一、乒乓球场地器材和用具

(1)赛区:应不少于14米长,7米宽,5米高,应由75厘米高的深色挡板围起。

(2)光源:距地面不得小于5米。从台面高度测得的照明度不得低于1000勒克斯,场地四周应为暗色。

(3)球台:球台的上层表面叫作"比赛台面",是与水平面平行的长方形,长2.74米,宽1.525米,离地面高度76厘米。

(4)球网:包括球网、悬网绳、网柱及将它们固定在球台的夹钳部分。整个球网的顶端距台面为15.25厘米,网长为183厘米。

(5)球:应为圆球体,直径为40毫米,重2.7克,呈白色或橙色,且无光泽,应用赛璐珞或类似材料制作。

(6)球拍:两面必须均是无光泽的,且一面为鲜红色,另一面为黑色。拍面覆盖物如果是胶皮连同黏合剂不得超过2毫米;如果是海绵胶,连同黏合剂不得超过4毫米。

知识拓展

乒乓球台面区域划分

乒乓球台面区域按左右方式可分为左半区和右半区;如果按前后方式划分,可分为底线区、中区和近网区。其中:

(1)左、右半区又称1/2区,其方向是对击球者本身而言。

(2)近网区,指距球网40cm以内的区域。

(3)底线区,指距端线30cm以内的区域。

(4)中区,指介于近网区和底线区之间的区域。

二、乒乓球比赛方法及主要规则简介

(一)单打比赛方法

在一场单打比赛中,首先由一方发球(称为发球员),再由对方接发球(称为接球员);然后双方交替进行合法还击。

单打比赛每场采用三局二胜制或五局三胜制。

在一局比赛中,每人只发 2 分(个)球就应立即交换发球权,以此类推直到一局比赛结束。每局比赛先得 11 分的单打(或双打)运动员为胜方;但双方比分达 10 平后,先多得 2 分者为胜者。在 10 平或实行轮换发球法后,每人不再发 2 个球后交换发球权,而是每人只发 1 个球即行交换发球权,先多得 2 分者为胜方。当一局比赛结束后或决胜局中当一方先得 5 分时,即应与对方交换方位。

(二)双打比赛方法

1.双打的击球次序

双打比赛是双方各出两名运动员,在确定发球和方位之后,先由发球方两名运动员中的一名运动员,如甲 1 发球,再由接球方的一名运动员如乙 1 接发球;然后由发球员的同伴甲 2 进行合法还击,再由接球员的同伴乙 2 合法还击。此后双方四名运动员按此次序交替合法还击。双打的击球次序是每人按规定的顺序轮流击一次球。

2.双打的发球区规定

在双打比赛中,对发球区域有所限制,发球员发球时,必须使球从本方台面的右半区落至对方台面的右半区(见图 12-1)。

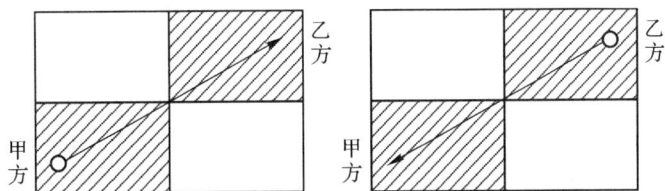

图 12-1

3.双打的发球、接发球次序

在一场双打比赛中,第 1 局比赛由裁判员主持抽签确定发球和接发球次序(包括方位)后,从第 2 局开始接发球方则成为发球方。这时先由发球方的两名运动员自己确定谁先发球,而首先接发球的运动员必须是上一局发球给他的发球员。在决胜局中,当一方先得 5 分时,接发球方应交换接发球员。

例如,第 1 局丙 1 发球,丁 1 接发球,他们的发球、接发球次序为

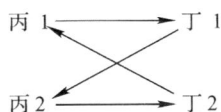

第 2 局比赛一开始,由丁方发球,丁方可自行任意确定谁先发球。这样使这一局的发球、接发球次序产生两种情况。

第一种:丁 1 先发球,必须由丙 1 先接发球。发球、接发球次序为

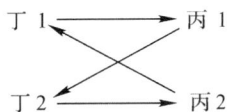

第二种：丁 2 先发球，必须由丙 2 先接发球。发球、接发球次序为

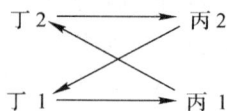

丁 2 ——→ 丙 2

丁 1 ——→ 丙 1

（三）世界锦标赛男、女团体比赛方法

世界锦标赛男、女团体赛每队可报 3～5 名运动员，每次一个队 3 名运动员出场比赛，采用五场三胜制。目前世乒赛男、女团体及国际、国内重要比赛均采用此形式。其比赛顺序为

主队客队

1. A———X

2. B———Y

3. C———Z

4. A———Y

5. B———X

（四）如何判定乒乓球比赛的胜负（规则）

（1）回合：球处于比赛状态的一段时间。它包括一个合法发球、若干个合法还击和一个不合法还击的比赛过程。

（2）得分：当对方未能合法发球，未能合法还击、阻挡、连击、两跳，用不符合规定的拍面击球，使比赛台面移动，不执拍手触及比赛台面，运动员或其穿戴的物品触及球网装置，双打中（除发球、接发球外）运动员未按正确的次序击球；实行轮换发球时，本方接发球并连续进行了 13 次合法还击，均判本方得一分。

（3）重发球，不予判分的回合。如当发球员发出的球擦网落入对方台区或被对方阻挡；发球员球已发出，接发球方未准备好，也未企图击球；发生了运动员无法控制的干扰，使运动员未能合法发球或合法还击；裁判人员暂停比赛；对打时，运动员错发或错接；纠正发球、接发球次序或方位错误；警告或处罚运动员；比赛环境受到了干扰有可能影响一个回合结果时，均应判此回合为"重发球"。

（4）轮换发球：一局比赛进行到 15 分钟仍未结束（双方已获至少 19 分时除外），或者在此之前任何时间应双方运动员要求，应实行轮换发球法，即每人轮流只发一次球则应交换发球权，直至该局结束。如果接发球方给予了 13 次合法还击，则判发球方失一分。

时限到时，球未处于比赛状态，应由前一回合的接发球员发球。时限到时，球若处于比赛状态，由原发球员发球。

一旦实行轮换发球法，该场比赛剩余部分均应继续实行，直至结束。

任务二 乒乓球的主要基本技术和练习方法

乒乓球的基本战术种类有：发球抢攻战术、对攻战术、拉攻战术、搓攻战术、削和攻结合打法的主要战术、接发球战术、双打战术、混合双打战术。下面均以右手执拍者为例进行介绍。

一、准备姿势

两脚左右开立,约与肩同宽,两膝自然弯曲稍内收并内旋;前脚掌内侧着地,提踵,重心置于两脚之间;稍含胸收腹,上体略前倾,两眼注视来球(见图 12-2)。

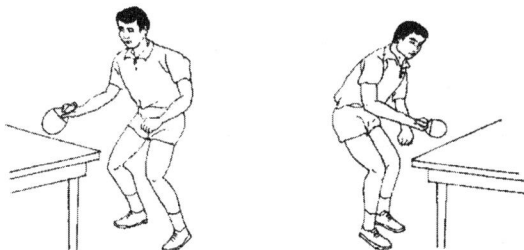

图 12-2

直拍握法与
横拍握法

练习提示:身体重心须置于前脚掌内侧,便于用力时的蹬、旋动作。

练习方法:①看教师手势做徒手模仿练习。由准备姿势向前、后、左、右方向移动,要求保持好身体平衡。②规定板数的推、搓、攻等技术动作练习,同时保持正确的准备姿势。③看优秀运动员技术录像,进一步建立准备姿势的正确概念。

二、握拍法

(一)直拍握法(中钳式握法)

拇指、食指自然弯曲,以拇指第一关节和食指第二关节压住球拍的两肩,两指间距适中(一般以一指宽距离)。中指、无名指、小指自然弯曲斜形重叠,以中指第一关节偏左侧部托于球拍背面上 1/3 处(见图 12-3)。

基本站位与
基本姿势

图 12-3

(二)横拍握法(八字式握法)

虎口压住球拍右上肩,拇指和食指自然弯曲分别握在拍身前、后两面。中指、无名指、小指弯曲握住拍柄(见图 12-4)。

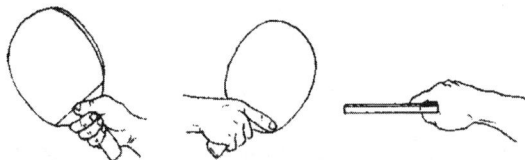

图 12-4

练习方法:①徒手模仿练习;②两人一组做若干次正、反手平提球或正手攻球后,互相检查,纠正握拍动作;③观看优秀选手握拍技术录像。

三、主要基本步法

基本步法

(一)跨步

来球方向的异侧脚前脚掌内侧用力蹬地,另一脚向来球方向侧跨一大步。同时,脚尖应转向来球方向,并用前脚掌内侧蹬地制动起缓冲作用;另一脚再迅速跟着移动。球一离拍后应立即迅速还原,保持准备姿势(见图12-5)。

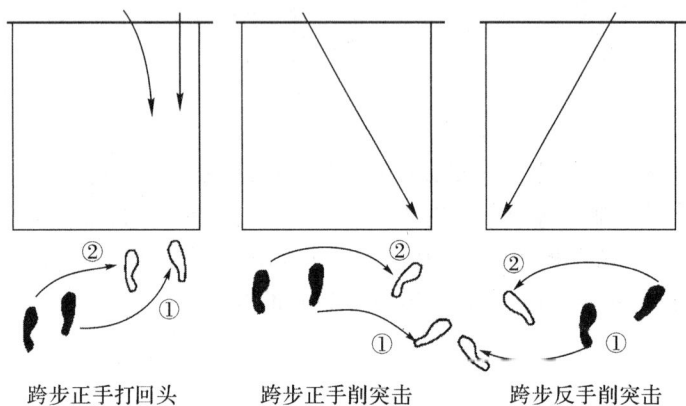

跨步正手打回头　　　　　跨步正手削突击　　　　　跨步反手削突击

图 12-5

(二)并步

并步亦称滑步或换步。移动时先以来球异方向的脚用力蹬地迅速向另一脚并拢;同时,来球同方向的脚用前脚掌内侧蹬地,用力向来球方向滑一步,两脚几乎同时蹬地与着地。第一步小、第二步大,保持成准备姿势(见图12-6)。

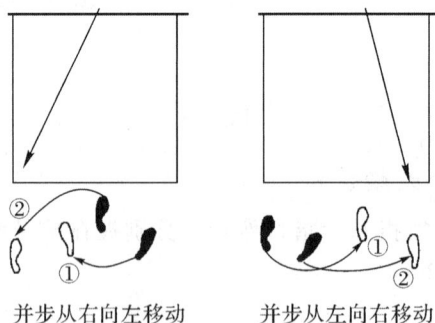

并步从右向左移动　　　　　并步从左向右移动

图 12-6

(三)侧身步

(1)并步侧身:右脚先向左脚靠一步,左脚再向左跨一步。侧身拉弧圈球时常采用此步法(见图12-7)。

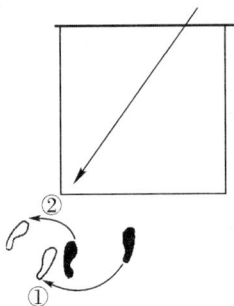
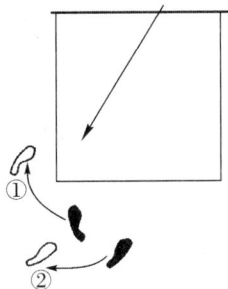

图 12-7   图 12-8

(2)跨步侧身(小侧身):左脚向左侧跨一步,右脚随即跟上击球。侧身快带弧圈球时用此步法(见图 12-8)。

练习方法:①单个或组合步法的徒手模仿练习。挥拍做单个步法,挥拍做跳步结合侧身、并步结合侧身步、侧身步结合交叉步和并步等。②看指导者手势,练习者快速变换前、后、左、右移动。要求重心保持在同一水平面上。③采用多球训练法。一组球的单个步法或 多种步法组合练习。可逐渐加大供球速度和难度。④规定步法的次数或组数练习,或规定时间的步法练习。⑤步法与手臂摆速结合练习。如手摸球台端线(1.525 米)两角,采用并步或跳步进行规定时间或规定次数的练习。⑥步法和手臂摆速的比赛练习。如 4 张球台,4 名学生分别站于每张球台边线(2.74 米)一端。指导者一声令下,练习者采用并步、交叉步或小跑步等步法移动,用一只手或两只手分别触摸边线两端。可规定一定的次数计算时间,或规定一定的时间计算移动的次数。看哪张球台练习者所用的时间最短或者移动的次数最多。⑦加强身体的一般素质尤其是腿部力量练习,提高爆发力。可采用蛙跳、蹬跨、单足起、杠铃蹲起等练习。⑧观看优秀运动员技战术录像。观看步法移动时重心的位置、重心的移动、步法的衔接与运用。⑨步法与手法综合练习。分别做并步、跨步、交叉步、侧身步的徒手推、搓、攻的动作练习。

四、发球

(一)正(反)手发急球

(1)发上旋急球:抛球同时执拍手向右(左)后方引拍,拍形稍前倾。当球下降时,持拍手以肘关节为轴心做内(外)旋向左(右)前方挥拍用力。触球后拍面前倾快速摩擦球的中上部。球的第一落点应在本方台面端线附近,执拍手迅速放松,立即还原。

发球技巧

(2)正手发奔球:抛球后,执拍手向后上方引拍。击球时运用手腕的弹击力量,拇指用力压在球拍左肩部位,触球后沿球体的右侧中部向中上部摩擦,使球具有较强的右侧上旋向对方右角偏斜运行,增大对手还击球的角度和难度。

(二)正手发左侧上、下旋球

(1)正手发左侧上旋球时,手臂自右上方向左下方挥摆,球拍从球的右侧中下部向左侧面摩擦。

（2）正手发左侧下旋球时，手臂自右后上方向左前下方挥摆，球拍从球的右侧中下部向左侧下部摩擦。以上发球时拍触球的一瞬间，以小臂发力为主、手腕为辅，以增强球的旋转。

（三）反手发右侧上、下旋球

（1）反手发右侧上旋球时，执拍手由左上方经身前向右下方挥摆，触球的拍面从球的左中下部向左侧上部摩擦。

（2）反手发右侧下旋球时，执拍手由左后上方向右前下方挥摆，触球时拍面从球的左侧中下部向右侧下部摩擦。

两者同时应注意配合转体动作，使腰、臂协调用力，有利于增大发球的速度和力量，增强球的旋转。

（四）高抛式发球

（1）侧身正手高抛发球：侧身抛球要稳，尽量使球接近垂直向上抛起，使球在身前右侧方降落。抛球的同时，执拍手向右上方引拍。在球下降至头部高度时，执拍手由右上方向左下方挥摆。

①发左侧上旋球时：球拍从球的右侧中下部向左侧面摩擦。

②发左侧下旋球时：球拍从球的右侧中下部向左侧下部摩擦。

③发直线急长球时：手腕在触球一瞬间做一个由左向右用力抖动的动作。

以上三种发球，拇指要适当用力压拍，使拍面撞击球的右侧面。发力方向和挥拍路线对准对方的右角，使球呈直线前进。球拍击球的空间位置，均应距右腰前约15厘米为宜。

（2）反手高抛发右侧上、下旋球：抛球手向上用力抛球，同时执拍手向左上方引拍。为增大拍与球之间的距离，上体略左转。

①发右侧上旋球时，执拍手从左上方经身前向右下方挥摆，拍触球的左中下部并向右侧部摩擦。

②发右侧下旋球时，执拍手从左后上方向右前下方挥摆，拍从球的左侧中下部向右侧下部摩擦。

以上为增强球的旋转，拍触球瞬间手腕可做抖动用力动作。

（五）发球的练习方法

（1）徒手做抛球、引拍与挥拍击球模仿练习。注意掌握发球时拍与球的时间、空间变化，保持合适的击球点。

（2）练习发各种急球：注意逐渐增大挥拍击球的速度和力量，掌握发球的用力大小和速度快慢变化；先练正手后练反手，先练斜线后练直线；速度由慢逐渐发力加快。注意抛球的高度应高于16厘米，在下降期击球。

（3）发一种旋转球，对方采用平挡接发球练习。练习者注意观察回接球的旋转方向变化，体会上旋、下旋、侧上旋、侧下旋等各种旋转球的反弹方向，掌握发各种旋转球的动作区别。

（4）采用两种旋转结合发至对方固定区域的练习。如交替发侧上、下旋球或转与不转球。注意用同种手法发不同旋转球的方法和落点准确性，体会摩擦球的击球部位、拍形角度、拍面方向和发力方向等。

（5）采用不同旋转性能的发球练习。先练不定点，后练定点。注意掌握和提高发球的变化和动作区别。

（6）采用同一动作手法发不同旋转和不同落点的球练习。注意提高发球技巧和变化，进一步体会拍触球的用力方向和用力方法。

（7）由低抛球逐渐增高抛球高度的高抛球练习。注意掌握击球时间和全身的协调配合。

（8）结合比赛实践的练习。如采用交替发左（右）侧上、下旋球或转与不转球，伺机结合发球抢攻等。

（9）采用多球训练法。用多球单练形式练习发各种旋转球和不同落点的球。注意提高发球的密度和强度，有利于建立正确的动力定型。

五、接发球

（一）站位的选择

一般，对方站在球台左半台，本方也应站在左半台；若对方站在球台右半台，本方也应相应调整至球台中间偏右约离球台端线30～40厘米的位置。

发球抢攻战术

（二）对来球的判断

判断球的旋转强弱，主要根据球拍在触球瞬间手臂、手腕动作的快慢、动作幅度的大小、摩擦球的力臂大小（即厚与薄）决定。一般，在摩擦击球瞬间，挥臂动作愈快、幅度愈大、摩擦愈薄，则球的旋转愈强。

1. 回接对方左侧下旋球

（1）采用搓球回接：拍面应后仰，并略向左偏斜，触球时应用小臂和腕部发力，向前下方发力摩擦球。

（2）采用攻球方法回接：易用拉抽（拉攻）。拍触球时向上向前摩擦球。

2. 回接对方左侧上旋球

（1）采用推挡回接：拍面触球的中上部，适当下压，向相反的方向回接。

（2）采用攻、拉球回接：应向对方挥拍方向相反的方向回接，同时调节拍形适当下压，防止球飞出界外。

3. 回接对方右侧下旋球

回接时拍面略向右偏斜，可采用搓、拉、点、削等方法。

4. 回接对方右侧上旋球

回接时拍面适当向右偏斜，用推、拨、攻、拉、削等回接。触球时，调节拍面，使拍形前倾击球中上部。

5. 回接对方低（高）抛发的急下旋球

采用推、搓、拉方法回接。若用推，拍面应略后仰，触球瞬间前臂旋外压球；用下旋推挡直接切球中下部，用前臂和手腕力量向前上方发力摩擦球。若用搓球，应向后移动，击来球下降期，引拍比接一般下旋球稍高些，加长球在拍面上的摩擦时间。若用攻球，应注意适当用力向上提拉，又要调节好拍形前倾角度。

（三）接发球练习方法

（1）回接对方平击发球练习。

（2）用推挡、快拨和快攻回接对方急球或侧上旋球练习。

（3）用搓球或拉球回接对方发过来的下旋球练习。

（4）回接对方两种旋转性能球的练习。

（5）回接对方不同旋转球的练习。

（6）接发球抢攻练习。

（7）多球练习。

（8）观看优秀运动员接发球技术录像。

直拍推挡技巧

六、推挡球技术

（一）平挡球（见图 12-9）

两脚平行或左脚稍前站立，两脚开立约与肩宽，两膝微屈，身体离球台 40～50 厘米。球拍置于腹前，上臂带动前臂沿台面做平行挥动。击球时拍形呈半横状，约与台面垂直，在来球的上升期击球的中部，以借助对方来球的反弹力 将球击回。

横拍反手平挡　　　　　　　直拍反手平挡

横拍正手平挡　　　　　　　直拍正手平挡

图 12-9

（二）快推球（见图 12-10）

两脚平行站立或左脚稍前。击球前手臂适当向后撤引拍，击球时上臂带动前臂迅速迎前，重心前移，在来球的上升期拍形前倾击球中上部。击球一刹那前臂稍外旋，并配合手腕的外展向前方发力，同时稍微向上辅助用力摩擦球。球拍顺势前送，迅速还原。

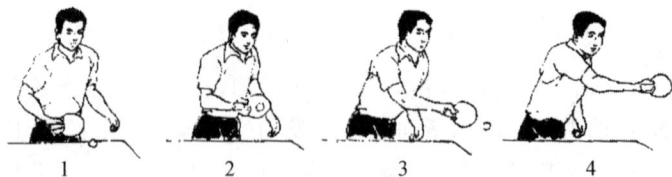

1　　　　2　　　　3　　　　4

图 12-10

（三）加力推挡

加力推挡的击球动作与快推球基本相同。其不同点是：击球时，上臂后收，前臂提起引拍位置较高。触球一瞬间拍形前倾,前臂用力向前推压,在来球的上升期后段或高点期击球中上部。

(四)推挡球的练习方法

(1)徒手模仿练习:体会身体重心保持在两脚之间向前上方移动和前臂平行台面的挥动方法。

(2)平挡一板球练习:平挡对方发来的平击发球。可站在球台中间位置,沿中路直线方向平挡。体会手指、手腕的用力动作,调节拍形角度、拍面方向。

(3)对挡球练习:体会和掌握借力击球的方法和双方击球的节奏以及全身的协调配合。

(4)对推球练习:如进行左方斜线、右方斜线、左方直线、右方直线等基本击球路线练习。注意重心迎前击球,手指与手腕应使拍面沿球体做弧形运动,亦称"包球"动作。

(5)划定落点的记板数练习:注意提高推挡的准确性,掌握双方击球的节奏。

(6)一快推一加力练习:体会击球时的借力与发力方法,掌握击球点、发力方向与发力方法。

(7)一点推两点或推三点练习:提高推挡时的落点变化能力。

(8)两点推回对方一点练习:提高步法与手法的协调配合。

七、攻球技术

(一)正手快攻(见图 12-11)

站住近台,离球台约 40 厘米;引拍于身体右侧方。上臂离身体约成 45°,与前臂约成 100°～110°,拍形垂直或稍前倾呈半横状。击球时,右脚前脚掌内侧蹬地用力,以前脚掌为轴,转动腿、髋、腰各部位并向前移动重心至左脚。同时,上臂带动前臂向前向左上方挥拍,手腕配合前臂旋内转动做内收,食指放松,拇指稍用力压拍使拍形前倾,在来球的上升期击球的中上部。击球后,执拍手及身体各部位迅速放松,随势挥拍至前额,立即还原。

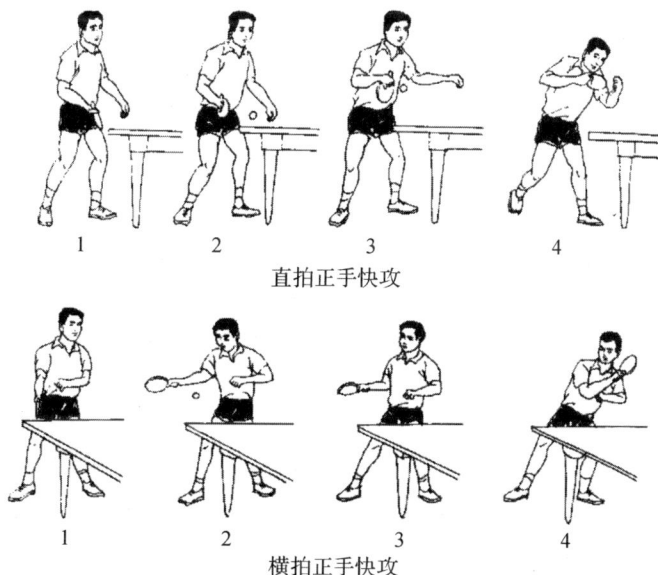

直拍正手快攻

横拍正手快攻

图 12-11

(二)反手攻球(见图 12-12)

反手攻打上旋球时,右脚稍前,上臂和肘关节随向左转体靠近腰腹,右肩略前,前臂与台面平行,上臂与前臂夹角约为 130°。引拍左侧上方,使拍略高于来球。由上臂发力带动前臂由左后方向右前方挥拍,手腕配合外旋,运用爆发力击球。在来球的上升期或高点期击球的中部或中上部。

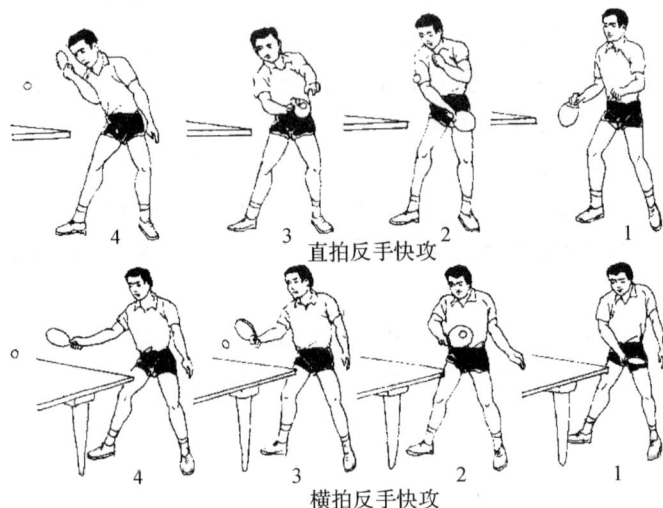

直拍反手快攻

横拍反手快攻

图 12-12

反手攻打下旋球时,两脚平行站立或左脚稍高。拍形垂直或略后仰,以前臂发力为主,用肘关节为轴击球下降前期。高于网的球少摩擦,低于网的球多摩擦,先摩后拉,制造一定的上旋。两脚平行站立,是为了能够更快地配合和发挥正手攻球的威力。

(三)正手快拉

站位近台,左脚稍前。引拍时身体重心移至右脚,球拍高度比快攻球时低。前臂随腰、腿右转稍向后引拍。拍形垂直或稍前倾,在来球的高点期或下降前期击球中部或中上部。手臂向左前上方挥动,前臂发力(向上大于向前)为主,手腕发力为辅,转动球拍摩擦球。同时,腰、腿蹬地协调配合向上向前用力。球击出后,迅速还原准备下一次击球。

(四)反手快拉

横拍反手快拉时,多采用单步、跨步向左前方、左方或左后方移动,前臂和手腕自然放松,主动向前迎球。拍形稍前倾,利用前臂和手腕向上向前方加速挥动,在高点期或下降前期摩擦球的中上部。若来球下旋较强,拍触球时以摩擦用力为主;若来球下旋较弱时,以碰撞用力为主。

(五)攻球的练习方法

(1)徒手模仿练习:建立各种攻球技术的正确动作概念。

(2)自抛自打一板球练习:可采用快攻、快拉等动作,攻自己抛在本方台面上的球,注意掌握击球时制造弧线的方法。

（3）攻一板球练习：如攻对方发出的一般上旋球、平击发球等。

（4）攻平挡球练习：对方采用平挡供球，主练者正（反）手攻球。

（5）攻推挡球练习：对方采用快推，主练者正（反）手攻球。

（6）正手对攻练习：双方均采用正手攻球，如右方斜线对攻，左方斜线侧身正手对攻，中路或左、右三条直线对攻，注意掌握节奏变化和重心转移。

（7）左推右攻的定点练习：注意掌握手法与步法结合。

（8）正（反）手两点攻一点的定点练习：注意提高判断与移动能力。

（9）正手三点（或多点）攻一点练习：注意进一步提高攻球的稳定性和准确性。

（10）正（反）手一点攻两点练习：注意提高攻球变线能力。

（11）推挡侧身正手攻练习：注意提高反手侧身进攻能力。

（12）移动中不定点正手攻一点练习：注意提高判断和移动能力。

（13）左搓右攻练习：注意拉打下旋球的能力。

（14）搓中侧身攻练习：注意提高侧身攻下旋球的进攻能力。

（15）发球抢攻练习：注意提高前三板球的进攻能力。

（16）接发球抢攻练习：注意提高接发球的判断和进攻能力。

（17）教学比赛：如规定主动抢攻成功可得 2 分，从而加强进攻意识，提高各种攻球技术在实战中的运用水平。

八、搓球技术

（一）慢搓（见图 12-13）

站位近台，两脚左右开立。反（正）手搓时，向左（右）上方引拍，拍形稍后仰。击球时，前臂做旋内转动，由上向前下方挥拍。拇指用力，食指自然放松使拍形后仰，手腕配合用力，在来球的下降前期或高点期，摩擦球的中下部或中部偏下。为保证合适的击球弧线，身体重心应向前移动。击球后，手臂立即放松，随势前送，迅速还原。

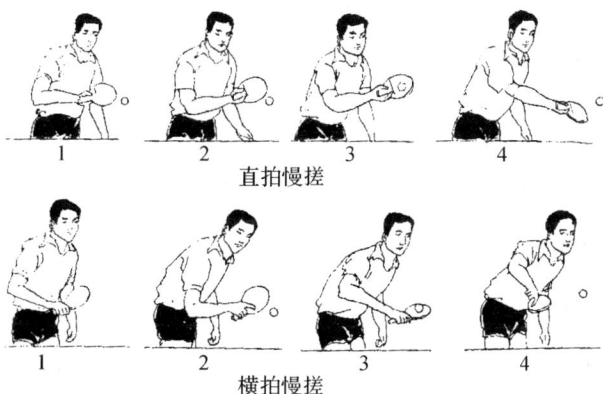

1　2　3　4
直拍慢搓

1　2　3　4
横拍慢搓

图 12-13

（二）快搓（见图 12-14）

站位近台。反（正）手搓时，引拍至身体左（右）上方。击球时，上臂迅速前伸，前臂由上向前下方用力,手腕控制拍面稍后仰,在来球的上升期击球中上部。若来球下旋较强,球拍多向球的底部摩擦,手指手腕多向前用力。若来球下旋较弱,拍触球中下部,手指手腕多向下用力。

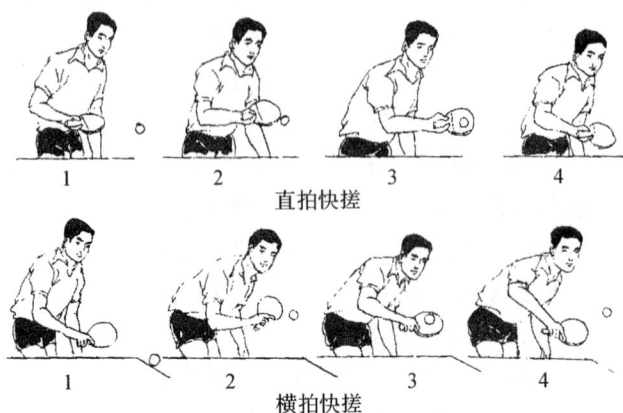

直拍快搓

横拍快搓

图 12-14

(三)搓转与不转球

站位近台。根据击球的旋转原理,慢搓和快搓均可搓加转球或不转球。若球拍击的作用力线未通过球心,搓球力量大,力臂长,旋转力强,即为加转球。若作用力通过球心,则为不转球。因此,搓加转球时,手腕加速用力向前下方切球,用球拍的下半部摩擦球;搓不转球时,手腕向前用力,用球拍的上半部或中部碰撞球。

(四)搓球练习的方法

(1)徒手模仿搓球动作练习:注意建立正确概念。

(2)自抛自搓一板球练习:注意掌握搓球的用力方向和方法。

(3)搓对方下旋发球的一板球练习:注意提高搓球的协调性与稳定性。

(4)对搓练习:先练慢搓后练快搓与转与不转球,注意提高搓球的节奏和旋转变化。

(5)两点搓回对方一点练习:注意加强正、反手搓球的落点与旋转变化和摆动速度。

(6)一点搓不同落点练习:注意提高搓球的落点变化能力。

(7)搓攻练习:注意提高在实践中搓球的运用能力。

(8)教学比赛:规定发球的方法,以搓球回接,形成以搓攻为主的比赛。

九、弧圈球技术

(一)正手拉加转弧圈球(见图 12-15)

两脚左右开立,稍大于攻球时距离,右脚在后,两膝稍弯曲,身体重心较低。执拍手沉肩垂臂,引拍至身体后下方,拍面稍前倾,身体重心移至右脚。大臂带动前臂向前上方挥拍,逐渐加快挥拍速度。根据来球旋转程度控制好拍形角度并找准击球时间。身体重心向左脚移动。拍触球时,右脚蹬地,身体向左侧转动,迅速收缩前臂,在摩擦球瞬间,通过手腕、手指加速发力,在来球下降期击球的中部或中上部。拉球后,球拍随势挥至头部高度,身体重心移至左脚上。

图 12-15

(二)手拉前冲弧圈球(见图 **12-16**)

两脚左右开立,右脚在后,两膝微屈。引拍手向右后方引拍,引拍位置比拉加转弧圈球稍高,比攻球稍低。身体重心移至右脚。眼睛看准来球方向和落点长短。执拍手向前上方挥拍,挥拍速度逐步加快。根据来球的旋转控制好拍面角度。在球的高点期或下降前期擦击球。身体重心逐步转移至左脚。右脚蹬地,转体用力,大臂带动前臂收缩。球拍前倾,触球瞬间通过手腕发力加速摩擦击球。击球后,球拍随势挥至前额处,身体重心转移至左脚。

图 12-16

(三)反手拉弧圈球(见图 **12-17**)

两脚平行或左脚稍后,准备击球时,两膝微屈,执拍手侧的肩部向前下沉。球拍引至腹

图 12-17

前下方,腹部稍内收,肘关节略向前,拍面前倾。执拍手向前上方挥拍,以肘关节为轴前臂快速摆动。拍触球瞬间,手腕在前臂的带动下,在球的上升期、高点期或下降前期加力摩擦球的中上部或中部;并伴随着两腿的蹬伸发力动作,以辅助用力摩擦球。球拍挥至头部偏右侧。

(四)弧圈球的练习方法

(1)徒手挥拍练习:注意体会完整的拉弧圈球技术动作和前臂及手腕的发力动作。

(2)自抛自拉练习:注意手上触球的感觉。

(3)一人发正手位斜线平击球,另一人练习拉弧圈球:注意掌握拉球的击球时间。

(4)一人发正手位斜线下旋球,另一个练习拉弧圈球:注意体会拍面的调节和拉球的有效用力以及前臂加速收缩和手腕用力。

(5)多球练习:注意拉球能力的提高。

(6)一推一拉练习、一搓一拉练习、一削一拉练习:注意提高运用步法及时抢位,在判断和移动中完成拉球技术动作。

(7)发球抢拉练习:注意提高实战能力。

十、削球技术

(一)削加转弧圈球(见图 12-18 和图 12-19)

根据来球落点的远近,选择好合适的削球位置。正手削球时,左脚稍前;反手削球时,右脚稍前。以将球的击球点选择在左、右腹前为宜。双膝弯曲度稍大些。正手削球时,持拍手向右后上方引拍,动作幅度稍大些,使球拍与击球点之间有适当的挥拍加速距离。反手削球时,引拍向左后上方,动作幅度略小于正手引拍。正手削球挥拍动作由右后上方向左前下方,反手削球挥拍动作由左后上方向右前下方。拍触球时,以大臂带动前臂发力为主,拍形稍立一些,手腕相对固定。手臂的发力顺序是先压后削再送,即先向下用力为主、向前为辅,手腕不要过分转动。击完球后,动作继续向前下方挥动,并迅速还原。

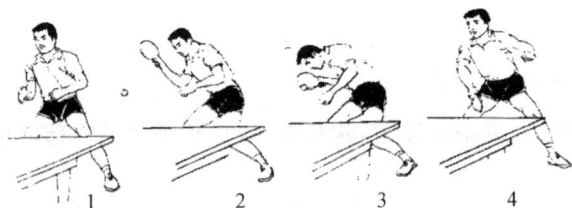

图 12-18

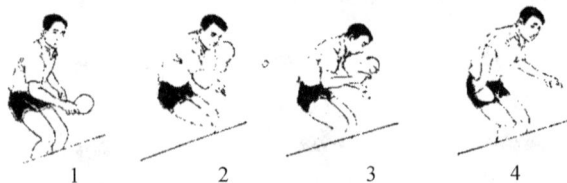

图 12-19

（二）削前冲弧圈球

选位的移动速度要快，并保持身体重心的稳定。无论是正手削，还是反手削，向后上方引拍的动作小些，拍面要稍立不能后仰。挥拍的动作应向前下方。拍触球时，手臂向前下方用力，并借助转腰的力量压住球，手腕防止后转。击完球后，球拍继续向前下方挥动，并迅速还原。

（三）削追身球

根据对方来球，判明球的位置偏于身体的左侧还是右侧，并迅速决定自己让位的方法。引拍至后上方，并根据来球的高低，控制好拍面角度。球拍向前下方挥拍，控制好拍面角度，找准击球时间。击球的中下部，并用手腕发力控制住球的弧线和旋转。通过手腕动作的外撇和内扣，控制好回球的落点。击球后，随势向前下方挥拍，以保证动作的连贯性和协调性。

（四）削球的练习方法

（1）徒手挥拍练习：注意在想象中拍触球时，挥拍动作有一个加速动作。

（2）用正、反手削对方发球练习：注意体会拍面角度调整对球弧线的影响。

（3）用正、反手连续削对方的拉球练习：注意提高控制能力。

（4）正、反手削直线和斜线球练习：注意提高球拍的控制能力。

（5）正、反手两面削球练习：注意建立起相应的动力定型。

● 专业术语中英文对照：

乒乓球 tabletennis	球拍 bat	单打 singlegame
双打 doublegame	混双 mixedgame	球台 table
换发球 changeservice	弧圈 curve	旋转球 spinball
远台 backcourt	近台 shortcourt	步法 footwalk
直握 penhold	横握 shake-handgrip	正手 forhand
反手 backhand	发球抢攻 thirdballattack	擦边球 edgeball

项目十三　羽 毛 球

学习目标

1.知识目标

(1)了解羽毛球运动的锻炼价值。

(2)掌握羽毛球的基本技术,积极参与此项运动。

(3)学会欣赏国内外重大羽毛球比赛。

2.思政目标

在羽毛球运动中释放压力,促进身心健康。

羽毛球欣赏

思维导图

羽毛球

羽毛球的比赛方法及规则简介
- 羽毛球场地、器材
- 羽毛球比赛方法及主要规则简介

羽毛球的主要基本技术和练习方法
- 手法
- 步法
- 羽毛球主要基本技术的练习方法
- 羽毛球比赛的各种球路练习

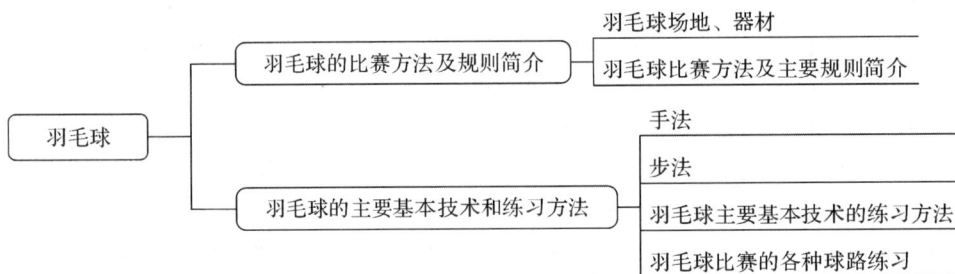

据有关资料记载,现代羽毛球运动起源于英国,它是由印度"浦那游戏"逐步演变而成的。目前世界上最引人瞩目、最有影响力的国际羽毛球赛是国际羽联主办的世界四大锦标赛,即汤姆斯杯赛、尤伯杯赛、世界羽毛球个人锦标赛和苏迪曼杯赛(世界羽毛球混合团体锦标赛)。

任务一　羽毛球的比赛方法及规则简介

一、羽毛球场地、器材

理想的羽毛球比赛是在室内体育馆进行的,场地上空的高度至少9～12米,场地采用化学合成材料铺设的地面。在基层的各级比赛中,也可在木板地面、水泥地或三合土地面上进行比赛。不论是什么质地的场地,都必须保证运动员在比赛中不感到太滑或太黏,还要求具有一定的弹性。

球场上空的灯光:一种是白炽灯泡,安装在每一球场两侧网柱的上空,灯光照度总计要在 400～500 勒克斯;另一种是荧光灯,要求挂在与球场边线平行且长度一样的地方。

羽毛球场呈长方形,长度是 13.40 米,单打球场宽 5.18 米,双打球场宽 6.10 米。球场外面两条边线是双打场地边线,里面的两条边线是单打场地边线。双打边线与单打边线相距 0.46 米。靠近球网 1.98 米与网平行的两条线为前发球线,离端线 0.76 米与端线相平行的两条线为双打后发球线。前发球线中点与端线中点连起来的一条线叫中线,它把羽毛球场地分为左、右发球区。各条线宽度均为 4 厘米。整个场地应从线的外沿计算。场地上空12 米或 9 米以内和四周 4 米或 2 米以内不应有障碍物(包括相邻的球场)。羽毛球场地如图 13-1 所示。

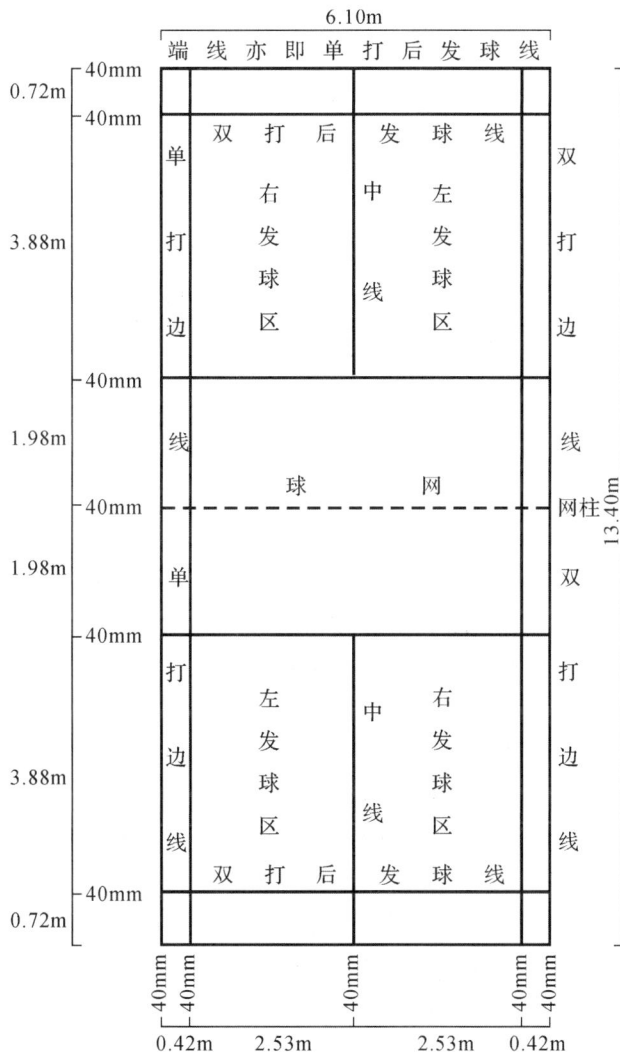

图 13-1

球场中央网高 1.524 米,双打边线处网高 1.55 米。

羽毛球重 4.74～5.50 克,应有 16 根羽毛插在半球形的软木托上。

羽毛球拍是用木料、铝合金或碳素纤维等质地轻、坚实而富有弹性的材料制作而成,拍框总长度不超过 680 毫米,宽不超过 230 毫米。

二、羽毛球比赛方法及主要规则简介

(一)比赛的项目

羽毛球比赛项目有男子单打、女子单打、男子双打、女子双打、混合双打、男子团体、女子团体。

(二)比赛的计分方法及规则

羽毛球比赛计分方法采用 21 分制,即双方分数先达 21 分者胜,三局二胜制。每局双方打到 20 平后,一方领先 2 分即算该局获胜;若双方打成 29 平后,一方领先 1 分,即算该局取胜。

(三)比赛中的站位

1. 单打

(1)发球员的分数为 0 或双数时,双方运动员均应在各自的右发球区发球或接发球。

(2)发球员的分数为单数时,双方运动员均应在各自的左发球区发球或接发球。

(3)如"再赛",发球员应以该局的总的分数来确定站位。若总分为 15 分(单数),双方运动员均应在各自的左发球区发球或接发球;若总分为 16 分(双数),双方运动员均应在各自的右发球区发球或接发球。

(4)球发出后,双方运动员就不再受发球区的限制而自由击到对方场区的任何位置,运动员的站位也可以在自己这方场区的界内或界外。

2. 双打

(1)一局比赛开始和获得发球局的一方,都应从右发球区开始发球。

(2)只有接发球员才能接发球;如果它的同伴去接球或被球触及,发球方得 1 分。

①每局开始首先发球的运动员,在该局本方得分为 0 或双数时,都必须在右发球区发球或接发球;得分为单数时,则应在左发球区发球或接发球。

②每局开始首先接发球的运动员,在该局本方得分为 0 或双数时,都必须在右发球区接发球或发球;得分为单数时,则应在左发球区接发球或发球。

③上述两条相反形式的站位适用于他们的同伴。

(3)任何一局的本方发球员失去发球权后,由该局首先发球员发球,然后首先发球员的同伴发球,接着由他们的对手之一发球,然后再由另一对手发球,如此传递发球权。

(4)运动员不得有发球错误和接发球的错误,或在同一局比赛中有两次发球。

(5)一局胜方的任一运动员可在下一局先发球,负方中任一运动员可先接发球。

(6)球发出后就不再受发球区的限制了。运动员可在本方场区自由站位和将球击到对方场区的任何位置。

（四）比赛规则

1. 交换场区

（1）以下情况运动员应交换场区：

①第一局结束。

②第三局开始。

③第三局中或只进行一局的比赛，进行至一方达到 11 分时。

（2）运动员未按以上规则交换场区，一经发现立即交换，以得分数有效。

2. 合法发球

（1）发球时任何一方都不允许非法延误发球。

（2）发球员和接发球员都必须站在斜对角线发球区内发球和接发球，脚不能触及发球区的界线；两脚必须都有一部分与地面接触，不得移动，直至将球发出。

（3）发球员的球拍必须先击中球托，与此同时整个球必须低于发球员的腰部。

（4）击球瞬间球杆应指向下放，从而使整个球拍明显低于发球员的整个握拍手部。

（5）发球开始后，发球员的球拍必须连续向前挥动，直至将球发出。

（6）发出的球必须向上飞行过网，如果不受拦截，应落入接发球员的发球区。

3. 羽毛球的违例

（1）发球不合法违例。

（2）发球员发球时未击中球。

（3）发球时，球过网后挂在网上或停在网顶。

（4）比赛时：

①球落在球场边线外。

②球从网孔或网下穿过。

③球不过网。

④球碰屋顶、天花板或四周墙壁。

⑤球碰到运动员的身体或衣服。

⑥球碰到场地外其他人或物体（由于建筑物的结构问题，必要时地方羽毛球组织可以制定羽毛球触及建筑物的临时规定，但其他组织有否决权）。

（5）比赛时，球拍或球的最初接触点不在击球者网的这一方（击球者击球后，球拍可以随球过网）。

（6）比赛进行中：

①运动员球拍、身体或衣服触及网或网的支持物。

②运动员的球拍或身体，以任何程度侵入对方场区。

③妨碍对手，如阻挡对方紧靠球网的合法击球。

（7）比赛时，运动员故意分散对方注意力的任何举动，如喊叫、故作姿态等。

（8）比赛时：

①击球时，球夹在或停滞在拍上紧接着又被拖带。

②同一运动员两次挥拍连续击中球两次。

③同一方两名运动员连续各击中球一次。

④球碰球拍继续向后场飞行。

(9)运动员违反比赛连续性的规定。

(10)运动员行为不端。

4.重发球

(1)遇不能预见或意外的情况,应重发球。

(2)除发球外,球挂在网上或停在网顶,应重发球。

(3)发球时,发球员和接发球员同时违例,应重发球。

(4)发球员在接发球员未做好准备时发球,应重发球。

(5)比赛进行中,球托与球的其他部分完全分离,应重发球。

(6)视线员未看清球的落点,裁判员也不能做出决定时,应重发球。

(7)"重发球"时,最后一次发球无效,原发球员重发球。

5.死球

(1)球撞网并挂在网上,或停在网顶。

(2)球撞网或网柱后开始在击球这一方落向地面。

(3)球触及地面。

(4)"违例"或"重发球"。

6.发球区错误

(1)发球顺序错误。

(2)从错误的发球区发球。

(3)在错误的接球区准备接发球,且对方球已发出。

7.发球区错误的裁判方法

(1)如果错误在下一次发球击出前发现,应重发球;只有一方错误并输了这一回合,则错误不予纠正。

(2)如果错误在下一次发球击出前未被发现,则错误不予纠正。

(3)如果因发球区错误而"重发球",则该回合无效,纠正错误重发球。

(4)如果发球区错误未被纠正,比赛也应继续进行,并且不改变运动员的新发球区和新发球顺序。

📖 知识拓展

汤姆斯杯与尤伯杯

一、汤姆斯杯

如同网坛的戴维斯杯赛,世界羽坛也有男子团体赛的最高荣誉杯赛——汤姆斯杯羽毛球赛(Thomas Cup Badminton),由英国著名羽毛球运动员汤姆斯捐赠。

汤姆斯杯高28cm,包括把手的宽距为16cm,由底座、杯形和盖3部分构成,在盖的最上端有一个运动员的模型。此杯的前部雕刻有这样的词句:"乔治·汤姆斯·巴尔特于1939年赠送国际羽毛球联合会(简称"国际羽联")组织的国际羽毛球冠军挑战杯。"据说此杯在伦敦用白金铸成,当时价值 5 万英镑。

汤姆斯的全名为乔治•汤姆斯,是英国著名的羽毛球运动员,多次获得英国羽毛球冠军。他曾连续 4 次获得全英羽毛球锦标赛男子单打冠军,9 次男子双打冠军,6 次混合双打冠军。他 21 岁开始获得冠军,并且年年都拿冠军,他最后一次拿冠军时已 41 岁。

1934 年国际羽联成立时,英国人汤姆斯被选为第一任主席。5 年后,汤姆斯在国际羽联会议上提出,组织世界性男子团体比赛的时机已成熟,并表示将为这一比赛捐赠一个奖杯,称为"汤姆斯杯"。

二、尤伯杯

尤伯杯羽毛球赛(Uber Cup Badminton)又称世界女子羽毛球团体锦标赛,是世界上最高水平的女子羽毛球团体赛,由国际羽联创办于 1956 年。

从 1956 至 1998 年间,国际羽联共举办了 17 届尤伯杯赛。如同汤姆斯杯一样,尤伯杯从 1984 年起改为每两年一届。

虽说羽毛球运动起源于英国,而且汤、尤杯赛都是由英国人发起的,国际羽联主要领导人也多是英国人,可英国羽毛球队却没有夺得一次汤、尤杯赛的奖杯。美国姑娘在前 3 届尤伯杯比赛中实力超群,蝉联"三连冠"。自 1966 年的第 4 届起,尤伯杯就告别了欧美,一直留在了亚洲,得主包括日本、中国和印度尼西亚。

任务二 羽毛球的主要基本技术和练习方法

羽毛球技术是指运动员在比赛中所采用的动作方法的总称。羽毛球的主要基本技术包括手法和步法两大类。手法有握拍法、发球法和击球法;步法有基本步法和前后左右移动的综合步法。

一、手法

(一)握拍法

1.正手握拍法

握拍法

虎口对着拍柄窄面的小棱边,拇指和食指贴在拍柄的两个宽面上,食指和中指稍分开,中指、无名指和小指并拢握住拍柄,掌心不要紧贴,拍柄端与近腕部的小鱼际肌平,拍面基本与地面垂直。正手发球、右场区各种击球及左场区头顶击球等,一般都采用这种握法(本章均以右手握拍者为例)。

2.反手握拍法

在正手握拍法的基础上,拇指和食指将拍柄稍向外转,拇指顶点在拍柄内侧的宽面上或内侧棱上,中指、无名指和小指并拢握住拍柄,柄端靠近小指根部,使掌心留有空隙。球拍斜侧向身体左侧,拍面稍后仰。一般说来,击身体左侧的来球,大多先转体(背对网),然后用反手握拍法击球。

(二)发球法

发球可分为正手发球和反手发球两种。若按球在空中飞行的弧线,又可分为高远球、

平高球、平快球和网前球等。

1.正手发球

站在靠近中线一侧,离前发球线约 1 米的位置上。身体左肩侧对球网,左脚在前,脚尖向网,右脚在后,脚尖稍向右侧,两脚距离与肩同宽,身体重心放在右脚上。准备发球时,右手握拍向右后侧举起,肘部微屈,左手拇指、食指和中指夹住球,举在腹部右前方,然后放开球,挥拍击球。击球时,身体重心由右脚移至左脚上。

用正手发不同的弧线球时(高远球、平高球、平快球、网前球),击球前的准备和前期动作是相仿的,只是在击球时及其后的动作有所不同。

正手发球网前球　　　　正手发球高远球　　　　反手发球　　　　平高球,高远球

2.反手发球

发球站位可在前发球线后 10～50 厘米及中线附近,也可在前发球线后及边线附近。面向球网,两脚前后开立(右脚或左脚在前均可),上体稍前倾,身体重心在前脚上。右手臂屈肘,用反手握拍将球拍横举在腰间,拍面在身体左侧腰下。左手拇指与食指捏住球的二三根羽毛,球托朝下,球体或球托在球拍前对准拍面。击球时,前臂带动手腕朝前横切推送,使球的飞行弧线略高于网顶,下落到对方前发球线附近。

反手发平快球时则要突然发力,拍面要有"反压"动作。

(三)接发球法

1.接发球的站位和姿势

(1)单打站位:单打站位于离前发球线 1.5 米处。在右发球区要站在靠近中线的位置;在左发球区则站在中间位置,主要是防备对方直接进攻反手部位。一般左脚在前,右脚在后,双膝微屈,收腹含胸,身体重心放在前脚上,后脚脚跟稍抬起。身体半侧向球网,球拍举起在身前,两眼注视对方。

(2)双打站位:由于双打发球区比单打发球区短 0.76 米,发高远球易被对方扣杀。所以,双打发球多发网前球为主。接发球时要站在靠近前发球线的地方。双打接发球准备姿势和单打的接发球姿势基本相同。略有区别的是身体前倾较大,身体重心可以随意放在任何一脚,球拍举得高些,在来到网上最高点时击球,争取主动。但要注意右场区对方发平快球突袭反手部位。

2.接发各种来球

对方发来高远球或平高球时,可用平高球、吊球或杀球还击。一般说来,接高远球是一次进攻的机会,还击得好,就掌握了主动。但初学者常因后场技术没掌握好,还击球的质量较差,以致遭到对方的攻击。因此,要提高后场的进攻技术。

对方发来网前球时,可用平高球、高远球、网前球、平推球还击;如对方发球质量不好,也可用扑球还击。要洞察对方发网前球的意图,如果是要发球抢攻,而自己的防守能力又不强,那就放网前球或平推球还击,落点要远离对方的站位,控制住球,不让对方进攻。当对方连续发球抢攻时,接发球一定要冷静、沉着,若疏忽麻痹,回球质量稍差,就可能让对方抢攻得手。

对方发来平快球时,可用平推球、平高球还击,以快制快。由于接球方还击的击球点比发球方高,下压得狠些可以夺取主动;也可以高远球还击,以逸待劳。不能仓促还击网前球,因为若击球质量稍差,就有可能遭受对方的进攻。

至于接发球中的球路和落点变化,以及如何"以己之长,攻彼之短",这就关系到战术的运用问题了。

(四)击球法

羽毛球击球技术,包括击高球、吊球、杀球、搓球、推球、勾球、扑球、抽球、挑球等,每一种技术又可分为正手和反手击球法。依据战术球路的需要,又可击出直线球或斜线球来。下面就各种击球动作的方法要领进行简述。

1.高球

高球是自后场打到对方后场端线经过高空飞行的球。高球分为正手、反手和头顶三种手法。

(1)正手高球:首先要判断好来球的方向和落点,侧身后退,使球处在自己的右肩稍前上方的位置。左肩对网,左脚在前,右脚在后,重心在右脚上。左臂屈肘,左手自然高举,右手持拍,手臂自然弯曲,将球拍举在右肩上方,两眼注视来球。击球时,右上臂后引,随之肘关节上提明显高于肩部,将球拍后引至头部,自然伸腕(拳心朝上)。然后在后脚蹬地,转体收腹的协调用力下,以肩为轴,上臂带动前臂,快速向前上方甩腕,在手臂伸直的最高点击球。击球后,持拍手臂顺惯性往前左下方挥动并收拍至体前,与此同时,左脚后撤,右脚向前迈出,身体重心由后脚移到前脚上。正手高球也可起跳击球,按上述要求做好准备动作,然后右脚起跳,随即在空中转体,并完成引拍击球动作。击球动作在球将从空中最高点落下的瞬间完成。

(2)反手高球:当对方将球击到己方左后场区时用反手击高球。首先判断好对方来球的方向和落点,迅速将身体转向左后方,移动步伐,最后一步用右脚前交叉跨到左侧底线,背对网,身体重心在右脚上,使球处在身体右上方。击球前,迅速换成反手握拍法,持拍于右胸前,拍面朝上。击球时,以上臂带动前臂,通过手腕的闪动,自下而上地甩臂,将球击出。在最后用力时,要注意拇指的侧压力与甩腕的配合,以及两腿蹬地转体的全身协调用力。

(3)头顶击高球:动作要领与正手高球基本相同,只是击球点偏左肩上方。准备击球时,身体偏左倾斜。击球时,上臂带动前臂使球拍绕过头顶,从左上方向前加速挥动,注意发挥手腕的爆发力击球,落地时左腿向左后方摆动幅度大些。

2.吊球

吊球是自后场打到对方前场向下坠落的球。吊球技术分为正手、反手和头顶三种手法,按球的飞行弧线和击球动作的不同分为劈吊、拦截吊和轻吊。

劈吊击球前动作和打高球、杀球相似。击球时用力较轻,带有劈切动作,落点一般离网较远。拦截吊是把对方击来的平高球拦截回去,击球时用拍面正对来球,轻轻拦切或点击,使球以较平的弧线、较慢的速度越网垂直下坠。轻吊击球前动作和打高球相似,击球时拍面正对来球,在触球的刹那,突然减速或轻切来球,使球刚一过网即下坠。

正手吊球:击球准备和前期动作同正手高球。只是击球时拍面稍向内倾斜,手腕做快速切削下压动作,击球托的后部和侧后部。若吊斜线球,则球拍切削球托右侧并向左下方发力;若吊直线球,则拍面正对前方向下方切削。

反手吊球:击球准备和前期动作同反手高球。不同点在于击球时对拍面的掌握和力量的运用。吊直线球时,用球拍反面切削球托的后中部,向对方的右半场网前发力;吊斜线球时,用球拍反面切削球托的左侧,朝对方左半场网前发力。

头顶吊球:击球准备和前期动作同头顶高球。头顶吊斜线球时,中指、无名指和小指屈指外拉拍柄,使拍子内旋,拍面前倾,以斜拍面击球托左侧部位;头顶吊直线球时,球拍击球托的正中部位。

3. 杀球

杀球是把对方击来的球在尽量高的击球点上斜压下去。这种球力量大,弧线直,落地快,给对方的威胁很大。它是进攻的主要技术。杀球分为正手杀直线和对角线球,头顶杀直线和对角线球,正手腾空突击杀直线球和反手杀直线球。

(1)正手杀直线球(侧身起跳),如图 13-2 所示:准备姿势和动作要领与正手击高球大体相同。步子到位后,屈膝下降重心,准备起跳。侧身起跳时,往右上方提肩带动上臂、前臂和球拍上举,以便向上伸展身体。起跳后,身体后仰挺胸成反弓形。接着右上臂往右后上摆起,前臂自然后摆,手腕后伸,前臂带动球拍由上往后下挥动,这时握拍要松。随后凌空转体收腹带动右上臂往右上摆起,肘部领先,前臂全速往前上挥动,带动球拍高速前挥。当击球点在肩的前上方时,前臂内旋,腕前屈微收,闪腕发力杀球。这时手指要突然抓紧拍柄,把手腕的爆发力集中到击球点上。球拍和击球方向水平面的夹角小于 90°,球拍正面击球托的后部,使球直线下行。杀球后,前臂随惯性往体前收。在回位过程中将球拍回收至胸前。

图 13-2

(2)正手杀对角线球(侧身起跳),如图 13-3 所示:准备姿势和动作要领与正手杀直线球相同。不同点是起跳后身体向左前方转动用力,协助手臂向对角方向击球。头顶杀直线和对角线球:动作要领和准备姿势与头顶击高球相同。不同点是挥拍击球时,要集中全力往直线方向或对角方向下压,球拍面和击球方向水平面的夹角小于 90°。

图 13-3

（3）反手杀直线球，如图13-4所示：准备姿势和动作要领与反拍击高球相同。不同点是击球前的挥拍用力要大，击球瞬间球拍与杀球方向的水平面夹角小于90°。

图 13-4

（4）腾空突击杀直线球，如图13-5所示：侧身右脚后退一步准备起跳。起跳后，身体向右后方腾起，上身右后仰或反弓形，右臂右上抬，肩尽量后拉。击球时，前臂全速往上摆起，手腕从后伸经前臂内旋至屈收，同时握紧球拍压腕产生爆发力，高速向前下击球。突击扣杀后，右脚在右侧着地屈膝缓冲，重心在右脚前；右脚在左侧前着地，利用左脚蹬地向中心位置回动，手臂随惯性自然往体前回收。

图 13-5

4.搓球

搓球是用球拍搓击球的左或右侧下部与球托底部，使球向右侧或左侧旋转与翻滚过网。搓球有正手搓球和反手搓球。

（1）正手搓球：侧身对右边网前，正手握拍。球拍随着前臂伸向右前上方斜举。当球拍举至最高点时，前臂向外旋转，手腕由后伸至稍内收闪动，握拍手的食指和拇指夹住拍，中指、无名指和小指轻握拍柄，球拍在手腕和手指的挥摆用力下，搓击来球的右下底部，使球旋转翻滚过网。

（2）反手搓球：击球前前臂稍往上举，手腕前屈，手背约与网同高，而拍面低于网顶，反拍面迎球。搓球时，主要靠前臂的前伸外旋和手腕由内收至外展的合力，搓击球的右侧后底部，使球侧旋滚动过网。

5.推球

推球是把对方击来的网前球推击到对方的后场两底角去。球飞行的弧线较低平，速度较快。

（1）正手推球：站在右网前，球拍向右侧前上举。在肘关节微屈回收时，前臂稍外旋，手腕稍向后侧，球拍也随之往右下后摆，拍面正对来球。这时，小指和无名指稍松开，使拍柄稍离开鱼际肌，拇指和食指向外捻动拍柄，拍面更为后仰。推球时，身体稍往前移，右前臂往前伸并带内旋，手腕和手指控制拍面角度，手腕由后伸至伸直并闪腕，食指向前压，小指和无名指突然握紧拍柄，拍子急速地由右经前上至左挥动推球，使球沿边线飞向对方后场底角。在回动过程中，拍子回收。

（2）反手推对角线球：站在左网前，以反手握拍前臂往前上方伸举。在前臂稍向左胸前收引，肘关节微屈，手腕外展时，变成反手推球的握拍法，球拍松握，反拍面迎球。当前臂前伸并带外旋，手腕由外展到伸直闪腕，中指、无名指和小指突然握紧拍柄，拇指顶压，往右前方挥拍时，推击球托的左侧后部，使球沿对角线方向飞行。击球后，手臂回收，恢复击球前的准备姿势。

6.挑球

挑球是把对方击来的吊球或网前球挑高回击到对方后场，这是在比较被动的情况下采取的一种防守性技术。挑球有正手挑球和反手挑球。

（1）正手挑球：正手握拍举在胸前。右脚向网前跨出一大步，左脚在后，侧身向网，重心在右脚上。同时右臂向后摆，自然伸腕，使球拍后引。然后以肘关节为轴，屈臂内旋，并握紧球拍，用食指及手腕的力量，将球向前上方击出。

（2）反手挑球：反手握拍举在胸前。右脚向左前方跨出一大步，重心放在右脚上。同时右肩向网，屈肘引拍至左肩旁，然后以肘关节为轴，握拍经体前由下往上，用拇指第一指关节压住拍柄的宽面，用力将球击出。

二、步法

（一）上网步法

（1）上右网前：如果站位靠前，可用两步交叉步上网；若站位靠后场，则采用三步交叉跨步的移动方法。为了加速上网，还可采用垫步上网。

（2）上左网前：基本方法同上右网前，只是方向相反。

（二）后退步法

（1）正手后退右后场：后退步法一般都用侧身后退，以便于到位后挥拍击球。如果右脚稍前的站位，则先完成右脚后蹬→髋部右后转→成侧身站位，然后采用三步并步后退或交叉步后退。

（2）后退左后场：后退左后场正手绕头顶击球的步法基本同正手后退右后场步法，只是移动方向是向左后而已。

（3）反手后退左后场：反手击球时，必须先使身体向左后转，背向网，在后退左后场时，无论是两步后退或三步交叉后退都要注意这一点。

三、羽毛球主要基本技术的练习方法

（一）握拍

（1）可通过看技术录像，观摩优秀运动员的比赛、技术、示范，进行模仿练习。

（2）在练习过程中要注意检查握拍的部位是否准确，体验握拍的松紧度是否合适，以及握拍的调整和正、反手握拍的转换是否灵活。

（二）正手发高球和正手挑球技术的练习

（1）正手向上颠球练习。

（2）用吊线球进行正手挑球练习：将球系在 5 米高以上吊线的下端，球的高度调至与练习者膝关节平齐或稍低一些。用球拍向前上方击球，模仿正手发高球动作。

（3）对墙发球练习。

（4）在场地上正式发球练习。

（三）后场上手击球（高、吊、杀）技术的练习

（1）按照技术动作要领，持拍做好准备、引拍、挥拍、击球、还原的基本功练习。练习过程中注意握拍要正确、合理，左右手、前后脚及转体收腹等动作协调，在最高点击球。

（2）原地进行起跳转体 90°着地后即返回原地，再反复起跳并完成上手挥臂动作的练习。

（3）多球式喂球或一对一陪练式喂球练习。先由原地完成动作→起跳完成动作；先固定回击一点直线球→回击两点直线加斜线球等。

（4）两人分边，用高吊、高杀直线或斜线球进行对练。开始速度可慢些，然后逐步加快。注意到位击球，以有意识提高稳定性、准确性。

（5）两人分边，用高、吊、杀综合半场或全场练习。注意高、吊、杀动作的一致性。

（四）网前高点搓、推技术练习

（1）定点多球式喂球，搓球、推球练习。

（2）两人隔网对练搓球。

（3）多球上网定点（或不定点）搓球、推球练习。

（4）吊上网搓、推组合练习。

（5）杀上网搓、推组合练习。

（五）接吊与接杀技术练习

（1）正手接吊挑与反手接吊挑：在正手挑技术基础上，由多球挑→多球定向挑→接吊挑；在反手挑技术基础上，由多球反手挑→多球定向挑→反手接吊挑。

（2）正手接杀放网与反手接杀放网：先做无球正、反手放网模仿练习→多球接杀放网→半场两人对练杀与接杀放网→全场两人对练杀与接杀放网。

（六）步法的练习

（1）单个基本步法练习：垫步、并步、蹬步、交叉步、跨步的反复练习。

（2）上网步法练习（持拍或不持拍均可）：由中心位置→上右网前→回中心位置→上左网前→回中心位置。

（3）正手后退右后场步法练习：从起动开始，右脚向右后侧移动，髋部带动身体转向右后场，以并步或交叉步向后移动到接近底线的位置，然后起跳（单、双脚均可）击球。完成击球后回中心位置再多次重复练习。

（4）后退左后场区正手绕头顶击球步法练习：从起动开始，右脚向左后方移动，髋部带动身体转向左后方，以并步或交叉步移动到位。右脚起跳，随即左侧髋部迅速转向左后方，带动左腿后摆到身后落地，缓冲并支撑身体重心。当右脚落地时，身体前倾，重心移向右脚,左脚开始回动。回中心位置后再多次重复练习。

四、羽毛球比赛的各种球路练习

(一)单项技术的重复练习

(1)两人分边对打直线或对角线高球练习:可规定每组次的时间或规定完成数量。

(2)两人各站一边,做一吊一挑练习:可规定吊、挑直线或对角线,两人轮换做。

(二)组合技术练习

(1)吊上网搓、推练习:正手吊对角上网搓如图 13-6 所示;正手吊直线上网推如图 13-7 所示。

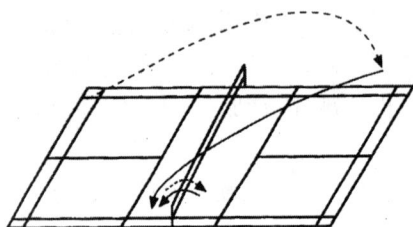 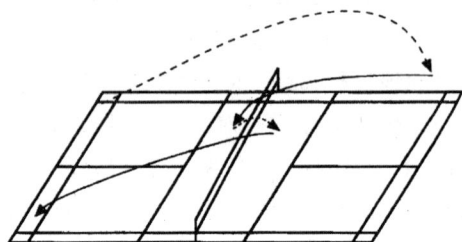

图 13-6   图 13-7

(2)头顶杀上网搓、推练习:头顶杀上网搓如图 13-8 所示;头顶杀 上网推如图 13-9 所示。

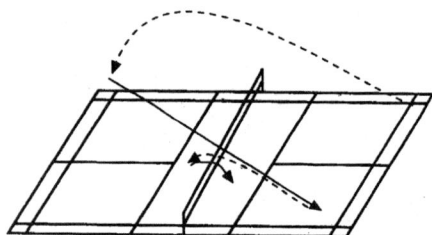 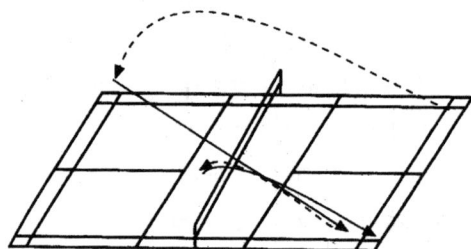

图 13-8   图 13-9

(三)一点打两点或两点打一点练习

(1)一人在指定位置原地起跳击高球到对方两底角,另一人在两底角移动击高球到指定位置。

(2)一点吊两点练习:一人在指定的后场区吊直线或对角线于网前,另一人(或两人)将网前球挑回到指定场区。

(3)两点吊一点练习:在两底角移动吊球到指定的一边网前。

* 专业术语中英文对照:

羽毛球运动 badminton	底线 baseline	发平球 drivenserve
吊球 dropshot	发近网短球 shortservice	边线 sideline
球拍 racket		

项目十四　网　　球

学习目标

1.知识目标

(1)了解网球运动的锻炼价值。

(2)掌握网球的基本技术,积极参与此项运动。

(3)学会欣赏国内外重大网球比赛。

2.思政目标

通过网球运动,增强体质,培养顽强的意志和作风。

网球欣赏

思维导图

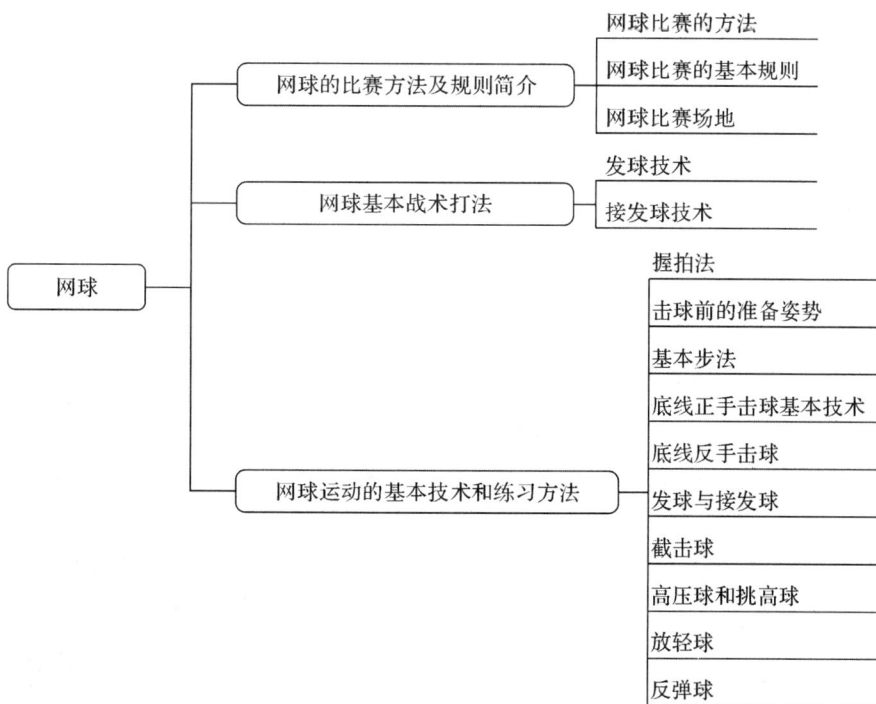

网球运动的起源及演变可以用四句话来概括:网球孕育在法国,诞生在英国,开始普及和形成高潮在美国,现盛行全世界,被称为世界第二大球类运动。

目前世界性的网球比赛很多,其中最负盛名的有:温布尔登网球锦标赛(Wimbledon Championships),始于 1877 年,单项,用单淘汰制进行;美国网球公开赛(U. S. Open),始于1881 年,单项,用单淘汰制进行;法国网球公开赛(FrenchOpen),始于 1891 年,单项;澳大利亚网球公开赛(AustralianOpen),始于 1905 年,单项;戴维斯杯赛(DavisCup),始于 1900年,男子团体;联合会杯(FedCup),始于 1963 年,女子团体。

任务一　网球比赛的方法及规则简介

一、网球比赛的方法

网球比赛有单打和双打两种形式,正式比赛项目分为 7 项:男子团体、女子团体、男子单打、女子单打、男子双打、女子双打和男女混合双打。一般男子采用五盘三胜制,女子采用三盘二胜制。

网球比赛采用一种特殊的记分方法记录每场比赛的胜负。记录的最小单位是分,然后是局,最后是盘。每一局采用 0、15、30、40、平分和 Game 的记分方法。比赛时先得 1分呼报 15,再得 1 分呼报 30,得第 3 分呼报 40,第 4 分呼报 Game,即本局结束。如果比分为 40∶40 时,叫平分,一方必须再连得 2 分才算胜此局。比赛双方,谁先胜 6 局者为胜 1盘。如果各胜 5 局,一方必须再连胜 2 局才能结束这一盘,这就是长盘制。为了控制比赛时间,近十几年普遍采用平局决胜制,即当局数为 6∶6 时,只再打一局来决胜负。在这一局中,先赢得 7 分者为胜,如果在此局打成 6∶6 平分,一方仍须连得 2 分才算胜此局,即胜此盘。

网球比赛时,运动员各占半个场区,发球一方先在端线中点的右区发球,球发到对方另一侧的发球区方为有效。每 1 分有两次发球机会。第一次发球出界或下网叫一次失误,第二次发球再失误叫双误,失 1 分。第 2 分换在左区发球,第 3 分再回到右区,如此轮换,直到本局结束。下一局改由对方发球。每 1、3、5 等单数局交换场地。每次发球为有效球后,双方来回击球,可在空中还击,也可落地一次后还击。

二、网球比赛的基本规则

网球比赛时必须按照以下基本规则进行。

(1)发球前:发球员应站在端线后、中点和边线的假定延长线之间的区域里,用手将球向空中抛起,在球接触地面前用拍击球。

(2)发球时:发球员在整个动作中不得通过走或跑改变原站的位置;两脚只准站在规定的位置内,不得触及其他区域。发出的球应从网上越过,落在对角的对方发球区内或其周围的线上。

(3)发球员的位置:每局开始先从右区端线后发球,得或失 1 分后,应换到左区发球。

(4)出现以下情况为发球失误:未击中球,即发出的球在落地前触及固定物(球网、中心带和网边白布除外);违反上述发球站位的规定。发球员第一次发球失误后,应在原发球位置进行第二次发球。

(5)出现以下情况为发球无效:发球触网后仍然落到对方发球区内,接球员未做好接球准备,发球无效均应重发球。

(6)交换发球:第一局比赛结束,接球员换为发球员,发球员成为接球员。以后每局终了,均依次交换,直至比赛结束。

(7)交换场地:双方应在每盘的第1、3、5等单数局结束后,以及每盘结束后双方局数之和为单数时或决胜局比分相加为6和6的倍数时,交换场地。

(8)发生下列任何一种情况,均判失分:①在球第二次着地前未能还击过网。②还击的球触及对方场区界线以外的地面、固定物或其他物件。③还击空中球失败。④故意用球拍触球超过一次。⑤运动员的身体、球拍,在发球期间触及球网。⑥过网击球。⑦抛拍击球。

(9)压线球:落在线上的球都算界内球。

(10)双打发球次序:每盘第一局开始时,由发球方决定由何人首先发球,对方则同样在第二局开始时决定由何人首先发球。第三局由第一局发球方的另一球员发球。第四局由第二局发球方的另一球员发球。以后各局均按此顺序发球。

(11)双打接球次序:先接球的一方,应在第一局开始时,决定何人先接发球,并在这盘双数局继续先接发球。他的同伴应在每局轮流接发球。

(12)双打还击:接发球后,双打应轮流由其中任何一名队员还击。如运动员在其同伴击球后触球,则判对方得分。

三、网球比赛场地

网球场有沙地、硬地(塑胶、水泥、沥青地等)和草地等。场地及尺寸:双打场如图 14-1 所示,单打场如图 14-2 所示。网球场四周应留有空地,端线外至少 6.40 米、边线外至少 3.66 米不能有障碍物。

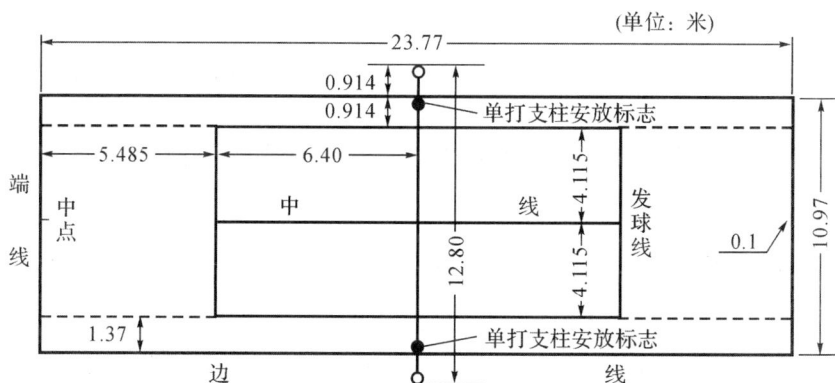

图 14-1

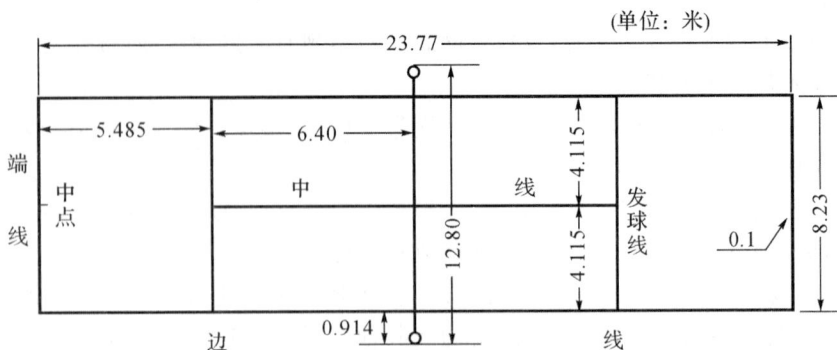

图 14-2

任务二　网球基本战术打法

网球比赛最基本的战术打法有底线打法、上网打法和综合打法三种。

底线打法:基本上保持在底线抽球,利用球的落点、速度和旋转,在有机会时也偶尔上网。

上网打法:积极创造一切机会和条件上网,利用速度和角度造成对方回击的困难。

综合打法:结合对象和时机采用不同打法,如底线或上网。

从目前来看,优秀的单打运动员还是以底线打法为主的占多数。不论用什么样的打法,基本上是利用速度、角度、落点与旋转等来战胜对方。这四个因素是相互联系地表现在各种技术上的。各种基本打法重点利用不同的四个因素,因而也就产生技术上的一些差别和不同的要求。

一、发球技术

(1)上网打法:抛球靠前,使击球时身体前倾角度大,以利于发球击球后迅速上网,并为了给自己更充裕的时间上网,发球的球速不宜太大,因此常采用以落点和旋转来造成对方接球的困难。

(2)底线打法:主要利用速度来制胜对方,第二发时才考虑采用旋转在提高把握性的基础上加强攻击性。

二、接发球技术

(1)上网打法:为争取缩短上网距离,接发球时一般站在底线内,而且要迎击上升球。

(2)底线打法:站在底线后一米左右的地方,如对方发球攻击性不太大,则也迎击上升球以加强反击的攻击性;如发球速度很快,则可延时击下降球,给自己更充分主动挥击的时间。

(3)由于打上升球快速反击与打下降球的方法不同,也造成基本握拍法的不同。上网打法分为大陆式或西方式;底线打法分为东方式或大陆式。

小 故 事

体坛风云人物——李娜

李娜,1982 年 2 月 26 日出生于湖北省武汉市,中国女子网球运动员;2008 年北京奥运会女子单打第四名,2011 年法国网球公开赛、2014 年澳大利亚网球公开赛女子单打冠军,亚洲第一位大满贯女子单打冠军,亚洲历史上女单世界排名最高选手;毕业于华中科技大学。

1989 年,6 岁的李娜就开始练习网球。1999 年转为职业选手。2002 年年底,李娜前往华中科技大学新闻专业就读。2004 年,在丈夫姜山的鼓励和支持下选择了复出。2008 年,在北京奥运会上,李娜获得女子单打第四名。2011 年,李娜在澳大利亚网球公开赛上个人第一次打进大满贯单打决赛并夺得亚军;同年,在法国网球公开赛女单比赛中登顶封后。2013 年,在 WTA 年终总决赛中获得亚军。

2014 年 1 月 25 日,第三次跻身澳大利亚网球公开赛决赛并最终收获了女单冠军。同年 7 月 31 日,李娜通过个人微博宣布自己将退出包括美网在内的北美赛季。9 月 18 日,李娜经纪公司确认其退出武汉和中网的比赛,并将正式退役。9 月 19 日,亚洲首位网球大满贯得主李娜正式宣布退役。12 月 15 日,李娜被英国的《金融时报》评选为“2014 年年度女性人物”。12 月 23 日,李娜入围“2014CCTV 体坛风云人物年度评选”的年度最佳女运动员。

在李娜十五年的职业生涯里,21 次打入 WTA 女单赛事决赛,共获得了 9 个 WTA 和 19 个 ITF 单打冠军,职业生涯总战绩为 503 胜 188 负,并以排名世界第六的身份退役。

2019 年 7 月 21 日,李娜成为首个入选名人堂的亚洲球员。

任务三　网球运动的基本技术和练习方法

一、握拍法

目前世界上流行的握拍法有两种,即东方式和西方式。但本节只叙述适合我国高校情况且比较流行的东方式正手、反手握拍法和双手反手握拍法以及大陆式握拍法。本项目均以右手击球为例进行介绍。

网球握拍法

(一)技术要领

1. 东方式正手握拍法

左手先握住拍颈,使拍子与地面垂直,然后手掌也垂直于地面,手握拍柄好像与人握手。故亦称“握手式”握拍法。准确地说,用右手掌根与拍柄右上斜面贴紧,拇指垫握住拍柄的左垂直面,食指微离中指,食指下关节压住拍柄右垂直面。由此拇指与食指成“V”形,对准拍柄的右上斜面和左上斜面的上端中间(见图 14-3)。

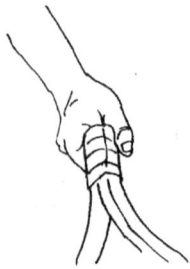
图 14-3

图 14-4

2. 东方式反手握拍法

从正手握拍法把手向左转动(即把球拍向右转动),使拇指与食指成"V"形,对准拍柄左上斜面与左垂直面的中间条线。用手掌根压住拍柄的左上斜面,拇指贴在左垂直面上,食指下关节压在右上斜面上(见图 14-4)。

3. 双手反手握拍法

右手是东方式反手握拍法,握在球拍拍柄的底部,手掌根与拍柄对齐。左手握在右手的上方,做东方式正手握拍法(此握拍法对于力量不足的学员来说反拍比较容易)(见图 14-5)。

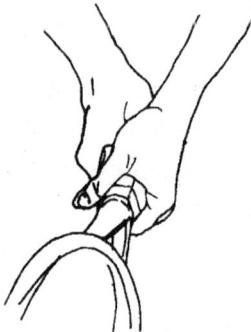
图 14-5

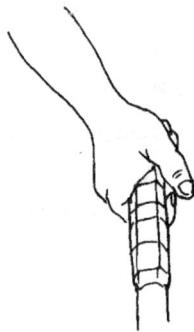
图 14-6

4. 大陆式握拍法

正、反手握法相同,无须换拍。用手掌根抵住拍柄上部的小平面,拇指直伸围住拍柄,食指下关节紧贴拍柄右上斜面(见图 14-6)。

(二)握拍的练习方法

(1)固定球拍,以持拍手的正确部位握拍,体会握拍感觉。

(2)在转动球拍中,练习者自己发出信号于瞬间以正确手法握拍。

二、击球前的准备姿势

面对球网,两脚分开与肩同宽,身体前倾,双膝微屈,重心落在前脚掌上,右手握拍,左手轻托拍颈,拍面垂直地面并指向对方,注意力集中准备迎击来球(见图 14-7)。

图 14-7

三、基本步法

网球的基本步法主要由跑步、滑步、交叉步、跨步、踮步等组成,其步法有"关闭式"(以前脚掌为轴,另一脚向前 45°跨步,形成击球步法)和"开放式"(两脚平行站立,以右脚掌为轴,转胯转体形成击球步法)两种。击球移动应是向来球方向斜插跑动,做到接近来球时已完成 引拍动作。

基本步法的练习方法:

(1)明确步法移动中的基本要领,深入领会,认真分析。

(2)徒手练习前、后、左、右移动脚步动作。

(3)结合挥拍动作练习步法。

(4)利用多球进行步法练习:注意由慢到快,由易到难。

(5)在平时的练习中要有目的、有针对性地把技术训练和步法练习有机结合起来。

(6)步法练习还要和专项身体训练结合起来,以增强下肢起动速度和力量。

(7)规定组数和次数,或规定时间完成一定的组数和次数的某一项步法。

四、底线正手击球基本技术

底线战术的运用

当发现来球在正拍位时,就开始向后拉拍,转髋的同时转肩,带动球拍向后引,成弧形做后摆动作;或直接向后拉拍,肘关节弯曲并稍抬起(注意手臂不要伸直),左手同时向前伸出,以保持身体平衡。当脚下采用关闭式步法时,应在球拍做后摆动作的同时,右脚向右转,约与底线平行,左脚向右前方以 45°迈出。开放式步法是在球拍后摆时,双脚基本与底线平行,但要做较多的转体动作来配合。两种步法击球前的重心都在右脚上,随着击球和动作的随挥,重心移向左脚。击球时尽量在腰部高度迎前击球,借助转髋和腰的快速短促扭转,利用离心力大力摆动身体并立即挥拍击球。此时手腕固定,肘微屈,击球点在轴心脚的侧前方,击球的中部或中部偏上位置。击球后,球拍沿着球飞行的方向继续向上挥动,肘关节向前方跟进前伸,球拍随挥至左肩上方结束,击球后应尽快还原到预备姿势(见图 14-8)。

图 14-8

底线正手击球的练习方法：

（1）徒手正手击球练习，体会向后拉拍、转肩及腰部扭转和重心交换等动作要领。

（2）持拍单个动作的分解练习，如准备动作是"1"；转体向后引拍，向侧前方跨步是"2"；腰部扭转，向前挥拍是"3"；脚步跟上，动作还原是"4"。然后再进行连贯动作的挥拍，直至动力定型。

（3）在原地练习挥拍的基础上，结合步法做挥拍练习，体会步法与手法的协同配合。

（4）对墙进行底线正手击球练习。这对初学者来说效率高、效果好，能很好地体会动作和球感。

（5）由教练陪练送多球，进行正手击球练习。

（6）两人底线用正手对打斜、直线练习。

（7）底线正拍一点打两点练习。先固定线路，逐渐加大难度到不定点线路。

（8）用正手击球两条斜线对两条直线的练习，亦称"8"字线路，先固定线路，然后到不固定线路。

（9）用正手击球打斜线与直线的交叉练习，亦称"N"字线路，先固定线路，然后到不固定线路。

五、底线反手击球

当来球在反拍时，左手轻托球拍的颈部，随着右脚向左侧前方约 45°跨出，向左转肩转髋至右肩侧对球网，并向后引拍，握拍手肘关节弯曲并贴近身体，拍头略低于来球。击球时要向前迎球，击球点在右脚的侧前方（双手击球在左脚的侧前方，并力争打上升球）。抽击球的拍面要垂直于地面，肘关节稍屈并外展，手腕紧锁，并由下向上奋力挥击，击球的中部偏下。在将要击球时，身体重心由后脚移向前脚。击球后球拍应向上挥到肩或头部的高度，同时保持身体平衡并准备下一拍的击球。削球时引拍应向后上方，拍头约与头部同高。击球时拍面要微展开（后仰），球拍由后上向前下方做切削动作，击球的中部或中部偏下，随挥动作应由下稍向上或弧形挥动，到肩或头部的高度并面向球网。双手击球应触球的中部或中部偏下，随挥动作应在肩部结束（见图 14-9）。

图 14-9

底线反手击球的练习方法：

（1）徒手反手击球练习，体会向后引拍、转肩及腰部扭转和重心交换等动作要领。

（2）挥拍时可先进行单个动作的分解练习，然后再进行连贯动作的挥拍，直至动力定型。

（3）结合步法做挥拍练习，体会步法与手法的协同配合。

（4）对墙进行底线反手击球练习。

（5）由教练（陪练）送多球，进行反手击球练习。

（6）两人底线用反手对打斜、直线练习。

（7）底线反拍一点打两点练习。

（8）用反手击球打两条斜线对两条直线的练习。

（9）用反手击球打斜线与直线的交叉练习。

接发球技术

六、发球与接发球

（一）发球（见图 14-10）

发球有平击发球、切削发球和上旋发球三种。采用东方式或大陆式握拍法发球时，侧身站立，左肩对着左网柱，面向右边网柱，两脚分开约同肩宽，左脚与端线约成 45°，右脚与端线平行，左手持球轻托球拍在腰部，抛球与后摆拉拍动作同步开始。当球拍向上向后引拍时，持球手同时下降至右腿处，并开始直臂，平稳地从左脚处向上抛球，球送至最高点再离开手指抛向空中。此时球拍从身后向头上方做大弧度摆动，身体做转体、屈膝、展肩，右肘向后外展约同肩高，拍头指向天空，左侧腰胯成弓形状。击球前握拍手的肘关节放松，使手臂产生一个完美的绕圈，手腕放松，使球拍在体后下垂（不能人为地用球拍做搔背动作）。当球下降至击球点时，迅速向上挥拍击球。击球时，身体、手臂、球拍要充分向上伸展，持拍手腕向前拌甩开带动前臂做"旋内鞭打"，球拍随挥至身体的左侧。击球后身体向场内倾斜，并自然跟进。"平击发球"的击球点应在身体的右眼前上方，以拍面中心平直对准球，击球的后中上部；"切削发球"的抛球应在右侧斜上方，球拍快速从右侧中上方至左下方挥动，击球的中部偏右侧；"上旋发球"的抛球应在头后偏左的位置，球拍快速从左向右上方挥动，从下向上擦击球的背面，并向右带出。

图 14-10

（二）接发球

对方发球前，两膝弯曲，两腿叉开。当对方抛球准备击球时，可提高重心，两脚快速交替跳动，并判断来球迎前回击。接球回击时要做到交换握拍及时，拦拍动作幅度要小，接球回位要及时。对发球威胁大的回击动作一般介于底线正、反拍击球的动作和截击球动作之间，对发球质量差的来球用底线正、反拍动作回击。

发球与接发球的练习方法：

（1）明确正确的发球握拍法，即大陆式或东方式反拍握法，并进行握拍练习。

（2）重视抛球练习，反复练习抛球。

（3）完整发球的徒手模仿练习，体会放松、准确、协调、完整、舒展的发球动作。

（4）距网球墙约12米的对墙发球练习，边模仿，边练习，边体会。

（5）在场地上用多球完成发球的练习。先练习发不定点球，后练习发定点球，逐步提高难度，即在发球区内不同的落点设立目标练习"打靶"，以提高命中率和准确性。

（6）练习发各种不同性能的球，并熟练掌握。

（7）结合场地上的各种发球，练习接发球。

（8）按指定的点和线路进行接发球练习。

七、截击球

在中场或近网处，凌空（除高压球外）击打对方来球称为截击球，又称拦网，分正拍和反拍截击球。握拍为大陆式或东方式反手握拍法。

网前战术的运用

（一）正拍截击

来球前，左脚向右侧前方做45°跨步，以转胯转肩来带动球拍后摆（不超过肩），肘关节微屈，手腕成45°，拍面略开。球拍触球时手腕要固定，击球点在左脚尖的延长线上，以短促而有力的动作向前迎击来球，击球的中下部。

（二）反拍截击

来球前，右脚向左侧前方做45°跨步，同时转肩转胯，左手托住拍颈帮助向后引（拉）拍，拍面略开在体前，后引动作不超过左肩，击球点位于右脚尖前面。击球时手腕紧固，肘关节微屈，利用前臂与手腕动作短促向前向下截击来球。

正、反拍截击来球时，来球高则拍面应垂直向前向下击球；来球低则拍面应打开些，击球的中下部向前搓顶过去。

截击球的练习方法：

（1）先徒手做模仿挥拍练习，然后再持拍模仿挥拍练习，并逐渐结合步法做挥拍练习。

（2）用多球进行单个动作对墙约3米固定手形的截击练习，体会动作和球感。

（3）一人供球、一人连续多球对网截击练习，以提高反应、判断和反正、反拦的相互变换能动。

（4）在网前中场或近网对底线进行截击球练习，先单线定点，后可加大难度进行左右移动截击或不定点截击。

（5）通过技术组合练习截击球。如发球上网或随球上网练习中场和近网截击，提高实战中的截击能力。

（6）网前两人对抗练习。

（7）网前截击无规律来球。

八、高压球与挑高球

（一）高压球

高压球的动作与发球动作相似，握拍也与发球握拍相同。

当对方挑高球时,应立即侧身转体并用短促的踮步调整到位,球拍在体前上举并后引,非持拍手上举指向来球的方向和高度,击球点在右眼前上方。击球前重心在两脚前脚掌上,后腿弯曲。击打近网高压球时,击球点可偏前,以利于下扣动作的完成,击打远网后场高压球的击球点可稍后些,击球动作向前下方挥击,避免下网。

(二)挑高球

挑高球分为进攻性挑高球和防守性挑高球两种。进攻性挑高球在挥拍击球时,拍面垂直,拍头低于手腕,采用手腕与前臂的翻滚动作,使球拍从球的后下向前上挥拍并做弧线擦击,使球产生强烈旋转,击球点应在身体的侧前方,随挥动作应轻松地在身体左侧结束;防守性挑高球在挥拍击球时拍面朝上,触球的中下部,由后下方向前上方平缓挥拍击球,动作柔和,并使球在球拍上停留时间长一些。

高压球与挑高球的练习方法:

(1)持拍做高压球和挑高球的模仿练习。

(2)结合后脚跳起步法做高压球挥拍练习,体会击球的时间的空间感。

(3)用多球进行高压球和挑高球练习,先定点练习,然后在跑动中不定点练习,难度逐渐加大。

(4)一人或两人专门练习底线挑高球,另两人专门练习高压球。

(5)按照双打要求,对方两人在网前截击或高压,练习挑高球及防守反击技术。

九、放轻球

当准备放轻球时,击球前的准备动作与正、反拍抽球动作相同。击球时拍面稍开,动作柔和,触球点在球的下部,使之产生下旋,并以适当的前推或上托动作把球击出,使球有适当的弧线落在对方球场近网处。击球后身体重心向击球方向跟进,用自然协调的动作来完成随球动作。

放轻球的练习方法:

(1)用多球进行练习,先定点练习,然后在跑动中练习。注意,眼睛始终盯着球,动作要柔和。

(2)底线正、反拍抽击球对练中,练习突然放轻球。注意,动作要隐蔽。

(3)在教学比赛中有意识练习放轻球。注意,直线轻球比斜线轻球更具威胁。

十、反弹球

正、反拍反弹球握拍与网前截击握拍相同,采用东方式反手握拍法或大陆式握拍法。当判断来球需要打反弹球时,迅速下蹲,重心下降。如正拍反弹球,应转体右脚向前跨步,并弯曲,反拍反弹球则相反;此时身体前倾,保持平衡,后摆动作视来球的速度及准备时间快慢而定,一般是转体已完成后做后摆动作。击球时眼睛必须看球,手腕与前臂紧固,拍面略开,随身体重心前移,拍子由下向上做反弹击球,同时使球略带上旋。击球后,随挥动作不宜太长,能达到引导击球方向就够了。

反弹球的练习方法:

(1)在距墙较近的地方,进行正、反拍反弹球练习。注意,身体重心下降,击球时拍头由低向高提起。

(2)用送多球定位的方法,把球送至运动员脚下进行反弹球练习。注意,在击反弹球的向前动作中,尽量使动作连贯,不要有停顿,及时向网前靠近。

(3)结合实战,由后场向前场跑动至中场击反弹球练习。注意,根据对方的站位,力争反弹球的落点平而深,这样才能由一时的被动转为主动。

● 专业术语中英文对照:

网球 tennisball	局 game	草地网球 lawntennis
盘 set	吊高球 lob	发球得分 ace
高压球 highvolley	后场 backcourt	前场 forecourt

项目十五 武 术

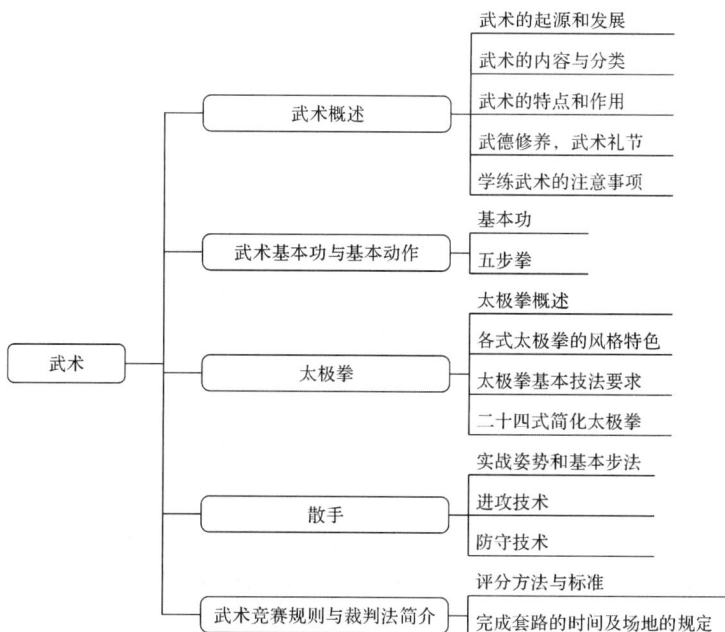

学习目标

1.知识目标

(1)了解武术的历史,掌握抱拳礼及其含义。

(2)掌握五步拳及其全套动作。

(3)掌握二十四式太极拳或陈式四正太极拳的全套动作。

2.思政目标

(1)培养锻炼身体的习惯,养成终身体育观念。

(2)体会中华民族传统文化的美感,提升文化自信。

思维导图

```
                              ┌─ 武术的起源和发展
                              ├─ 武术的内容与分类
              ┌─ 武术概述 ─────┼─ 武术的特点和作用
              │               ├─ 武德修养,武术礼节
              │               └─ 学练武术的注意事项
              │
              │                  ┌─ 基本功
              ├─ 武术基本功与基本动作 ┤
              │                  └─ 五步拳
              │
              │               ┌─ 太极拳概述
   武术 ──────┤               ├─ 各式太极拳的风格特色
              ├─ 太极拳 ───────┼─ 太极拳基本技法要求
              │               └─ 二十四式简化太极拳
              │
              │               ┌─ 实战姿势和基本步法
              ├─ 散手 ─────────┼─ 进攻技术
              │               └─ 防守技术
              │
              │                      ┌─ 评分方法与标准
              └─ 武术竞赛规则与裁判法简介 ┤
                                     └─ 完成套路的时间及场地的规定
```

本课程主要学习"五步拳"、"二十四式太极拳"(也称简化太极拳)或"四正太极拳"(陈式简化太极拳),其内容精炼,动作规范,数量合理,易学易练,能充分展示武术的运动特点。针对现代大学生久坐不动,腰腿活动少,眼睛疲倦,上肢和腰部经常疼痛等现代文明病出现,经常练习,对外能利关节、强筋骨、壮体魄,对内能理脏腑、通筋脉、调精神,并对调节内环境的平衡,调养气血,缓解身心疲劳,改善人体机能,增强体质十分有益。

任务一　武术概述

武术的概念,是人们认识、研究武术的基本依据。在漫长的历史进程中,不同的时期对武术概念的表述不尽相同,它的内涵和外延是随着社会历史的发展和武术本身的发展而发展、变化的。

从历史上看,有不少归属武术类的名称。春秋战国时称"技击"(属兵技巧一类);汉代出现了"武艺"一词,并沿用至明末;清初又借用南朝《文选》中"偃闭武术"(当时泛指军事)的"武术"一词;民国时称"国术";新中国成立后沿用"武术"一词。

随着历史的变迁,冷兵器逐步消亡,专用武术器械的生产及拳械套路的大量出现,对性项目、武术竞赛规则的制定,武术已演化成为体育运动项目之一。武术的体育化使其内容、形式及训练手段等都发生了很大变化,反映出事物本质属性的概念也在不断变化。发展到今天,武术的基本定义可概括为,武术是以技击为主要内容,以套路和搏斗为运动形式,注重内外兼修的中国传统体育项目。

一、武术的起源和发展

(一)武术的产生

武术是我们的祖先在适应大自然的过程中产生的。远古时代,原始先民在"猛兽食颛民,鸷鸟攫老弱"(《淮南子·览冥训》)的弱肉强食的险恶环境中,逐渐积累起自卫搏杀的经验,并在祭祀仪式和狩猎收获的庆祝活动中,以舞蹈的方式一边宣泄强烈、兴奋的情感,一边将"举手蹈足,瞋目顿首,为杀缚之势"(《魏书·奚康生传》)寓于其中,通过集群跳舞的方式,有节奏、有秩序地将搏杀动作表现出来。在这种统一的社会活动状态中,人们学习着自卫、搏杀的本领,增强了生存的能力,搏杀动作也因此得到了传播,后来人们又学会使用石制或木制的工具作为武器,渐渐产生一些徒手的和使用器械的搏斗技能,这便是武术的萌芽。

进入原始社会后期,私有制的出现,部落之间的战争不断发生,在战争中出现持盾和斧舞练的"干戚舞"。据《淮南子·缪称训》载:"……故禹持干戚,舞于两阶之间,而三苗服。"这是原始社会一次盛大的武术自卫演练。古代的"武舞"为后来武术套路的形成奠定了基础。当时还出现"角抵",据《述异记》载:"轩辕之初立也,有蚩尤氏,兄弟七十二人,铜头铁额……耳鬓如剑戟,头有角,与轩辕斗,以角抵人,人不能向。"原始社会的角抵是一种徒手搏斗,包含有踢、打、摔、拿、抵等多种方法。蚩尤的角抵既可用于战场,也可用于平时的演练,对后世对抗性项目的发展有一定影响。

(二)我国武术的发展

在我国进入阶级社会时,随着生产力的发展,兵器的改进,武术也进入一个新的发展阶段。商周时期,由于青铜铸造技术水平的提高,武器也逐渐精良,出现矛、戈、戟、斧、钺、刀、剑等多种兵器,运用兵器的方法也有所改进。

到春秋战国,诸侯纷争,七强图霸,战争频繁,武术的格斗技能在军队和民间得到重视和迅速发展。汉晋时期,随着社会的发展,武术也得到相应的发展,当时已出现多种形式的套路运动,如"剑舞"、"双剑舞"、"戈舞"、"刀舞"、"双戟舞"等单人的、对练的和集体舞练的套路,常出现在宫廷酒宴中。唐朝时期,推行"武举制",以考试的办法选拔武勇人才,促进了民间及官方的练武活动。隋末已有以武功闻名于世的少林寺。在唐武德年间,少林寺武僧因助李世民平服王世充有功,声名大振,官府许其自立营盘,演练僧兵,僧徒曾达 2000 余人,练武之风日盛。当时在军旅中剑已逐渐被刀所替代。两宋时期,内忧外患,战火频繁,广大人民常结社习武以求自保。同时,出现了一些民间习武组织,这些组织为武术的交流和发展创造了条件,并因陋就简地"自制裹头无刃枪、竹标排、木弓刀……习练武技"(《宋史》)。"十八般武艺"一词也始见于宋代。元朝由于民族矛盾的激化,民间习武受到限制,不得不转为秘密,从而使武术得以继续向前发展。

明代是我国武术全面大发展的时代,不同风格、流派的拳种林立。脱胎于军事格斗的武术,到明代逐步形成以套路为主的运动形式,并远远超过对抗性运动的发展。当时还明确提出武术是健身的,拳术是学习器械的基础的论断。明太祖朱元璋主张文武合一,当时明代武术的发展,是与当时朝廷重视文武全才的思想分不开的。

清代由于清政府为维持自己的统治地位,一度限制练武,所以清代的武术活动远不如明代。但由于武术在民间已有广泛的群众基础,又加以当时存在许多反清复明的组织,促使广大人民群众习武练功,致使武术的发展不但未被阻止,反而使各种流派的武术更加纷呈于世。当时从地理上把武术分为南派、北派;从山川河流方面把武术分为少林、武当以及黄河、长江、珠江等流派;也有人根据练功方式把武术分为内功、外功或内家、外家等。清代武术流派的林立,是前所未有的。武术流派林立,象征着武术事业的兴旺发达,不少流传至今的优秀拳种及不同风格流派的拳术都是在明末清初形成和发展的,如太极拳、八卦掌、炮捶等。而且各个拳种已形成自己的拳术理论,指导着习武练功活动。

民国时期,由于社会的发展,火器的普遍使用,武术以体育形式出现则更为明确。1910年在上海创办"精武体操学校",后来改为"精武体育会",以传授武术为主。在香港、东南亚一带,也建立了精武体育分会,把武术列为体育项目。1927 年在南京成立了"中央国术研究馆",翌年改为"中央国术馆",主要任务是整理、宣传武术,培养师资,出版武术书籍等。该馆前后培养了几百名武术教师和教练。于 1928 年和 1933 年在南京举行了两次"国术国考",主要有短兵、长兵、摔跤、散手等项目。民国期间,第三届到第七届的全国运动会中,都有武术的表演或比赛。

(三)新中国武术运动的发展

新中国成立后,党和政府十分关心人民健康,重视优秀民族文化遗产的继承和发展。在"发展体育运动,增强人民体质"的方针指引下,我国民族传统体育得到广泛发展。1953年在天津举行新中国成立以来第一次规模最大的全国民族形式体育表演大会,会后组织武术莅京表演团,到中南海怀仁堂汇报表演,受到党和国家领导同志的关怀和赞扬。

早在 20 世纪 50 年代,原教育部就在高等师范院校和体育学院的系科设立武术专业,并把武术列为必修课,这对正规地和系统地培养武术师资提供了有利条件。

从 1957 年开始,国家体委组织部分专业人员,在继承传统拳术的基础上,广收众家之长,整理出简化太极拳、甲乙组以及初级长拳、刀、剑、棍、枪术等二十二种拳术和器械套路。1978 年先后编写体育院系武术通用教材和大、中、小学武术教材。

国家体委为恢复武术中的对抗性项目,从 1979 年开始对武术中散手和推手进行研究和试验,1982 年先后举行两次研究会,并于同年 11 月份在北京举行首次全国散手、太极推手表演赛,这对继承和发展武术运动起到了推动作用。

自 1978 年以来,武术越来越受到人们的重视,武术活动日益频繁,仅 1985 年全国规模的武术竞赛和表演活动就有六次之多。全国各省、市、自治区,以及许多高等院校都相继成立武术协会,这对推动武术的普及和研究工作,起到了很大的推动作用。

小 故 事

功夫之王李小龙

说起"功夫之王"李小龙,真是无人不知,无人不晓。作为现代武术界的一名传奇式人物,他以自己精湛的功夫和出色的影片表演,引起了世界人民的瞩目,掀起了"中国功夫——武术"的热潮。

祖籍广东的李小龙,出生在美国,在香港度过了他的童年和少年时代。他从 6 岁起开始练习武术,先学习咏春拳,又习练南派洪拳、白鹤拳等,练就了扎实的中国武功。当李小龙 18 岁在美国华盛顿大学哲学系学习时,就因擅长中国功夫而名震校园。

李小龙大学毕业后,在美国开了一家武馆,传授中国功夫。同时,自己仍坚持不懈地苦练功夫。在这期间,他根据自己的技击格斗体会,参考中国武术各拳种,以及柔道、空手道、泰拳,还有拳击的长处,自创了以速度、劲力、进攻为主的具有高度灵活性的"截拳道"。

"截拳道"创立后,虽经受了各种各样的考验,但无论是日本的空手道大师、韩国的跆拳道名家,还是泰国的泰拳高手都曾败倒在李小龙的"截拳道"下,尤其是李小龙的连环腿绝技更是威震国际武坛。日本人称李小龙为"武之圣者",美国人则称他为"功夫之王",而"功夫李"则成了他的代名词。

二、武术的内容与分类

中国武术按其运动形式可分为套路运动和搏斗运动两大类。这里主要介绍套路运动。

套路运动:是以技击动作作为素材,以攻守进退、动静疾徐、刚柔虚实等矛盾运动的变化规律编成的整套练习形式。套路运动按练习形式又可分为单练、对练和集体演练三种类型。

（一）单练

单练包括拳术和器械两大类。

1.拳术

拳术是徒手练习的套路运动，主要拳种有长拳、太极拳、南拳、形意拳、八卦掌、八极拳、通背拳、劈挂拳、翻子拳、地躺拳、象形拳等。

（1）长拳：是一种姿势舒展、动作灵活、快速有力、节奏鲜明，并有蹿蹦跳跃、闪展腾挪、起伏转折和跌扑滚翻等动作与技术的拳术。主要包括拳、掌、勾三种手形，弓、马、仆、虚、歇五种步形，一定数量的拳法、掌法、肘法和屈伸、直摆、扫转等不同组别的腿法，以及平衡、跳跃、跌扑、滚翻动作。长拳技术以姿势、方法、身法、眼法、精神、劲力、呼吸、节奏等为八要素。长拳套路主要包括适应普及的初级、中级套路，以及适应竞赛的规定套路和自选套路。

（2）太极拳：是一种柔和、缓慢、轻灵的拳术。它以绷、捋、挤、按、采、挒、肘、靠、进、退、顾、盼、定为基本十三势。动作柔和缓慢，处处带有弧形，运动绵绵不断，势势相连。较有影响的传统太极拳流派有陈式、杨式、吴式、武式和孙式等。各式太极拳又有大架、小架、开合、刚柔相兼等各自不同特点。国家体委先后整理出版了《简化太极拳》、《四十八式太极拳》及各式太极拳竞赛套路。

（3）南拳：是一种流传于我国南方各省的拳势刚烈的拳术。南拳的拳种流派颇多，各自又有不同特点。一般腿不离踢，多脚法，擅标手。运动特点是动作紧削，刚劲有力，步法稳固，手法多变，身居中央，八面进退，常以发声吐气助发力、助拳势。

（4）形意拳：是以三体式为基本姿势，以劈、崩、钻、炮、横五拳为基本拳法，并吸取了龙、虎、猴等十二种动物的形象击法而组成的拳术。运动特点是动作整齐简练，严密紧凑，发力沉着，朴实明快。

（5）八卦掌：是一种以摆扣步为主，在走转中换招变势的拳术。它以单换掌、双换掌、顺势掌、背身掌、磨身掌、回身掌、转身掌等为基本掌法，步法变换以摆扣步为主，并包括推、托、带、领、搬、拦、截、扣等技法。运动特点是沿圆走转，势势相连，身灵步活，随走随变。

（6）八极拳：是一种以挨、傍、挤、靠等贴身近攻动作为主要内容的拳术。其套路结构短小精悍，发力刚脆，步法以震脚闯步为主，具有节短势险、刚猛暴烈、猛起硬落、逼身紧攻的短打类型的拳术特点。

（7）通背拳：是以摔、拍、穿、劈、攒等五种基本掌法为主要内容，通过圈揽勾劫、削摩拨扇等八法的运用，而生化出许多动作的拳术。它的特点是出手为掌，点手成拳，回收仍是掌；动作大开大合，放长击远，发力起自腰背，甩膀抖腕，发力冷弹脆快。

（8）劈挂拳：是一种以猛劈硬挂为主，长击快打，兼容短手的拳术。基本方法有滚、勒、劈、挂、斩、卸、剪、采、掠、摈、伸、收、摸、探、弹、砸、擂、猛等十八字诀。练习时要求拧腰切胯，溜臂合腕，讲究滚勒劲、吞吐劲、劈挂劲、翻扯劲和辘辘劲等劲法。运动特点是大开密合，长击冷抽，双臂交劈，斜拦横击，吞吐含放，翻滚不息。

（9）翻子拳：是一种短打为主、严密紧凑、拳法密集、出手脆快的拳术。主要拳法有冲、豁、挑、托、滚、劈、叉、刁、裹、扣、搂、封、锁、盖、压等。运动特点是步疾手密，连珠炮动，闪摆取势，上下翻转，迅猛遒劲，有"翻子一挂鞭"之说。

（10）地躺拳：是以跌、扑、滚、翻等地躺摔法和地躺腿法为主要内容的拳术。其技巧性较强,动作难度也较高,全套中常出现的动作有抢背、盘腿跌、摔剪、乌龙绞柱、虎扑、栽碑、扑地 蹦、鲤鱼打挺及勾、剪、扫、绞等腿法。运动特点是顺势而跌,旋即而起,卧地而击,高翻低滚,起伏闪避,一气呵成。

(11)象形拳:是模拟各种动物的特长和形态,以及表现某些古代人物的搏斗形象和生活形象的拳术。如鹰爪拳、螳螂拳、猴拳、蛇拳、鸭形拳,以及八仙醉酒、鲁智深醉跌、武松脱铐等,都属于象形拳。象形拳分象形和取意两种。象形是以模仿动物和人物的形态为主,缺少或很少有技击的动作;取意则以取意动物的搏击特长为主,以动物的搏击特长来充实技击动作的内容。

2. 器械

器械的种类很多,可分为短器械、长器械、双器械、软器械四种。短器械主要有刀、剑、匕首等;长器械主要有棍、枪、大刀等;双器械主要有双刀、双剑、双钩、双枪、双鞭等;软器械主要有三节棍、九节鞭、绳标、流星锤。现对竞赛表演中的主要器械项目简述如下:

(1)剑术:剑是短器械中的一种,由刃、背、锋、护手、柄等部分组成,长度以直臂垂直反手持剑的姿势为准,剑尖不低于本人的耳上端。剑术主要是以刺、点、撩、截、格、洗等剑法,配合步形、步法等而构成套路。其运动特点是轻快洒脱,身法矫捷,刚柔相兼,富有韵律。

(2)刀术:刀是短器械的一种,由刃、背、尖、护手盘和刀柄等构成。刀的长度是以直臂垂肘抱刀的姿势为准,刀尖不得低于本人的耳上端。刀术是以缠头裹脑和劈、砍、斩、撩、扎、挂、戳、刺等基本刀法为主,并配合各种步形、步法、跳跃等动作构成的套路。运动特点是勇猛快速,激烈奔腾,紧密缠身,雄健彪悍。

(3)枪术:枪是长器械的一种,由枪头、枪缨和枪杆所组成;多用白蜡杆作枪杆。枪术是以拦、拿、扎为主,还有崩、点、穿、挑、云、劈等枪法,配合各种步形、步法、跳跃构成套路。动特点是力贯枪尖,走势开展,上下翻飞,变幻莫测。

(4)棍术:棍是长器械的一种。棍的长度同本人的身高。棍术是以劈、扫、戳、挑、撩等棍法为主,并配合步形、步法、身法等构成的套路。运动特点是勇猛泼辣,横打一遍,密集如雨,气势磅礴。

(5)大刀:长器械的一种,是以劈、砍等刀法为主,结合舞花、掌花、背花等动作构成的套路。"大刀看顶手",握在刀盘下面的右手不论是劈、砍、斩、抹,还是挑、撩、截、戳,在刀法变化的任何情况下,都必须使右手顶住刀盘,虎口对准刀背。大刀的特点是"劈刀递攥",既要有刀法的使用,也要有刀柄尾部攥法的使用。练习时大劈大砍,雄伟泼辣,气势轩昂。

(6)双刀:双器械的一种,以劈、斩、撩、绞等刀法,结合双手左右缠头、左右腕花、交互抢劈等变化构成的套路。"双刀看步走",在两手持刀舞动时,步法必须与刀法上下相随,对上下肢的协调性要求较高。运动特点是刀法密集,贴身严谨,左右兼顾,连走连打。

(7)双剑:双器械的一种,主要以穿、挂、云、刺等剑法为主,结合身法、步法、双手交替运使的套路。运动特点是身随剑动,步随身移,剑法、身法、步法三者合一,潇洒奔放,矫捷优美。

(8)双钩:双器械的一种,主要以勾、搂、锁、挂等组成的套路。运动特点是钩走良势,身随钩走,钩随身活,身灵步轻,造型洒脱多变。

(9)九节鞭:软器械的一种,主要以抢、扫、缠、挂等软鞭鞭法组成的套路。主要动作有手花、腕花、缠臂、绕脖、背鞭等。运动特点是鞭走顺劲,抢舞如轮,横飞竖打,势势相连,时硬时软,软时似绳索缠绕,硬时似铁棒抡转。

(10)三节棍:软器械的一种,主要以抡、扫、劈、舞花等棍法构成的套路。运动特点是能长能短,软硬变幻,勇猛泼辣,势如破竹。

(11)绳镖、流星锤:均属软器械,是以绳索缠绕身体各部而变化出各种击法和技巧而构成的套路,是技巧性较强的项目。主要动作有踢球、拐线、缠脖、十字披红、胸前挂印等。练习流星锤和绳镖都须用巧劲,一根长索在身前、身后、腿部、肘部、颈部缠绕收放,出击自如,变幻莫测。

(二)对练

对练是两人或两人以上,按照预定的程序进行的攻防格斗套路。其中包括徒手对练、器械对练、徒手与器械对练三种。

(1)徒手对练:是运用踢、打、摔、拿等方法,按照进攻、防守、还击的运动规律编成的拳术对练套路。有对打拳、对擒拿、南拳对练、形意拳对练等。

(2)器械对练:是以器械的劈、砍、击、刺等技击方法组成的对练套路。主要有长器械对练、短器械对练、长与短对练、单与双对练、单与软对练、双与软对练等多种形式。常见的有单刀进枪、三节棍进棍、双匕首进枪、对刺剑等。

(3)徒手与器械对练:一方徒手,另一方持器械进行的攻防对练套路,如空手夺刀、空手突棍、空手进双枪等。

(三)集体演练

集体演练是集体进行徒手、器械或徒手与器械的演练。在竞赛中通常要求 6 人以上,可变换队形、图案,也可用音乐伴奏,要求队形整齐、动作协调一致。

三、武术的特点和作用

(一)武术的特点

(1)寓技击于体育之中:武术最初作为军事训练手段,与古代军事斗争紧密相连,其技击的特性是显而易见的。在实用中,其目的在于杀伤、制服对方。它常常以最有效的技击方法,迫使对方失去反抗能力。这些技击术至今仍在军队、公安中被采用。武术作为体育运动,技术上仍不失为攻防技击的特性,而将技击寓于搏斗与套路运动之中体现了武术攻防格斗的特点,在技术与实用技击上基本是一致的。但是,从体育观念出发,它受到竞赛规则的制约,以不伤害对方为原则。

(2)内外合一、形神兼备的民族风格:既究形体规范,又求精神传意。内外合一的整体观,是中国武术的一大特色。所谓内,指心、神、意等心志活动和气总的运行;所谓外,即手、眼、身、步等形体活动。内与外、形与神是相互联系统一的整体。这一特点反映了中国武术作为一种文化形式在长期的历史演进中备受中国古代哲学、医学、美学等方面的渗透和影响,形成了独具民族风格的练功方法和运动形式。

(3)广泛的适应性:武术的练习形式、内容丰富多样,有竞技对抗性的散手、推手、短兵;有适合演练的各种拳术、器械和对练;还有与其相适应的各种练功方法。不同的拳种和器械有不同的动作结构、技术要求、运动风格和运动量,分别适应人们不同年龄、性别、体质的需求。人们可以根据自己的条件和兴趣爱好进行选择练习,同时它对场地、器材的要求较低,俗称"拳打卧牛之地"。练习者可以根据场地的大小变化练习内容和方式,即使一时没有器械也可以徒手练习、练功。一般来说,它受时间、季节限制也很小。武术能在广大民间历久不衰,与这一特点不无关系,利用这一特点可为现代群众性体育活动提供方便,使武术进一步社会化。

(二)武术的作用

1. 提高素质,健体防身

武术套路运动的动作包含屈伸、回环、平衡、跳跃、翻腾、跌扑等,练习时人体各部位几乎都要参与运动。

系统地进行武术训练,对人体速度、力量、灵巧、耐力、柔韧等身体素质要求较高,"一动无有不动",人体各部位几乎都参加运动,使人的身心都得到全面锻炼。实践证明,武术对外能利关节、强筋骨、壮体魄;对内能理脏腑、通经脉、调精神。武术运动讲究调息行气和意念活动,对调节内环境的平衡,调养气血,改善人体机能,健体强身十分有益。

2. 锻炼意志,培养品德

练武对意志品质考验是多方面的。练习基本功,要不断克服疼痛关,磨炼"冬练三九、夏练三伏"、常年有恒、坚持不懈的意志品质。套路练习,要克服枯燥关,培养刻苦耐劳、砥砺精进、永不自满的品质。遇到强手要克服消极逃避关,锻炼勇敢无畏、坚韧不屈的战斗意志经过长期锻炼,可以培养人们勤奋、刻苦、果敢、顽强、虚心好学、勇于进取的良好习性和意志品德。"教武育人"贯彻在武术教习全过程中,"未曾习武先学礼,未曾习武先习德",传统中始终把武德列为习武教武的先决条件。在社会的发展中,武德的标准和规范也不尽相同,尚武而崇德不仅能很好地陶冶情操,还会大大有益于社会精神文明建设。

3. 竞技观赏,丰富生活

武术具有很高的观赏价值,无论是套路表演,还是散手比赛,历来为人们喜闻乐见。唐代大诗人李白的好友崔宗字赞他"起舞拂长剑,四座皆扬眉";杜甫在《观公孙大娘弟子舞剑器行》中有"昔有佳人公孙氏,一舞剑器动四方。观者如山色沮丧,天地为之久低昂"的描绘汉代打擂台时,"三百里内皆来观"。这些都说明,无论是显现武术功力与技巧的竞赛表演套路,还是斗智斗勇的对抗性散手比赛,都引人入胜,给人以美的享受,具有很高的观赏价值。人们通过观赏它们,获得启迪、教育和乐趣。

4. 交流技艺,增进友谊

武术运动蕴涵丰富,技理相通,人们都会有"艺无止境"之感。群众性的武术活动,便成为人们切磋技艺、交流思想、增进友谊的良好手段。随着武术在世界广泛传播,还可促进与国外武术爱好者的交流。许多国家武术爱好者喜爱武术套路,也喜爱武术散手,他们通过练武了解认识中国文化,探求东方的文明。武术通过体育竞技、文化交流等途径,在与世界各国人民友好交往中发挥着越来越大的作用。

四、武德修养,武术礼节

"习武先习德",武德,顾名思义就是武术道德,即习武者道德品质的修养,武德应当是武术伦理规范与习武者道德行为准则的总和。它始终贯穿于习武者整个的练武、用武、授武、比武等一系列的社会武术活动之中。武德作为中国传统伦理的一个组成部分,其道德精神表现实质上还是中国传统伦理精神在武术领域内的具体体现。它的内容虽然也随着各个不同时期的发展而不断地补充和丰富,但其本质仍表现为仁、义、礼、智、信、勇等。武术中的礼仪规范,是习武者在处理道德关系时的实际行为,是武德在社会活动中的表现,它属于武德实践的范畴。武术中的行礼主要有徒手礼和器械礼两种。

(一)抱拳礼

抱拳法是由中国传统的"作揖礼"和少林拳的抱拳礼(四指礼)加以提炼、规范、统一得来的,并被赋予了新的含义,这是在国内外一致被采用的具有代表性的礼法。

行礼的方法:并步站立,身体自然直立,右手握拳,左手拇指屈拢,四指并拢伸直成掌。双手从体侧向胸前合抱,两小臂微内旋,两臂撑圆,平举于胸前,左掌心贴于右拳面,拳掌与胸相距20~30厘米,双肘不可扬起,头正,身直,目视受礼者,面容举止大方(见图15-1)。武术散手在戴拳套练习和比赛时,可模拟似地行抱拳礼,两拳套合抱于胸前即可(见图15-2)。

图 15-1　　　　　　　　　　　图 15-2

抱拳礼的具体含义:①左掌表示德、智、体、美"四育"齐备,象征高尚情操。屈指表示不自大,不骄傲,不以"老大"自居。右拳表示勇猛习武。左掌掩右拳相抱,表示"永不滋乱"、"武不犯禁",以此来约束、节制勇武的意思。②左掌右拳拢屈,两臂屈圆,表示五湖四海、天下武林是一家,谦虚团结,以武会友。③左掌为文,右拳为武,文武兼学,虚心渴望求知,恭候师友、前辈指教。

(二)注目礼

并步站立,目视受礼者或向前平视,勿低头弯腰,表示对受礼者的恭敬、尊重(见图15-3和图15-4)。若表示对行礼者答诺或聆听指教受益时,可微点头示意。

图 15-3　　　　　　　　　　　图 15-4

(三)刀术礼仪

抱刀礼:持刀者并立步,身体自然直立,左手抱刀,刀背贴于小臂上,刀刃向上横于胸前,右手拇指屈拢成立掌,以掌根附于左腕内侧,掌指向上,双臂撑圆平屈于体前,腕与肩平,双肘不可扬起,目视前方(见图15-5)。

图 15-5 图 15-6

垂刀礼:持刀者并立步,身体自然直立,右手虎口向上握刀柄,刀尖向下,刀身垂直,刀刃朝左,左手拇指屈拢成立掌,掌心贴于右手指根,掌指向上,双臂撑圆平屈于体前,腕与肩平,双肘不可扬起,目视前方。

(四)剑术礼仪

持剑礼:并步站立,身体自然直立,左手持剑,剑身贴于小臂外侧,右手拇指屈拢成立掌,以掌根附于左腕内侧,掌指向上,双臂撑圆,平屈于体前,腕与肩平,双肘不可扬起,目视前方(见图 15-6)。

垂剑礼:并步站立,身体自然直立,右手虎口向上握剑柄,剑尖向下,剑身垂直,剑刃朝左、右,左手拇指屈拢成立掌,掌心贴于右手指根,掌指向上,双臂撑圆,平屈于体前,腕与肩平,双肘不可扬起,目视前方。

五、学练武术的注意事项

(一)树立正确的习武目的

武术本身是一种体育活动,没有善恶之分。然而,武术具有很强的技击性,好人掌握了它,可以用它来强身健体、防身自卫,坏人掌握了它势必将危害一方。

(二)勤练基本功,打好基础

练好基本功可以使复杂动作和套路学习变得容易,达到事半功倍的效果。在练习基本功时,要注意全面练习,不要只练自己感兴趣的动作;不要害怕枯燥,每一个基本动作都要一丝不苟地反复练习,精益求精,特别要注意动作准确、协调,否则错误动作一旦定型,就很难纠正了。

(三)处理好多与精的关系

武术门派众多,内容浩瀚如海,一个人即便穷其一生,也无法精通武术的全部内容,而且也是没有必要的。在处理"多"与"精"的关系上,古人理解得非常精辟,"不怕千招会,就怕一招精",意思是练习武术宁可少而精,也不可多而松。

(四)持之以恒,循序渐进

"一日练,一日功,一日不练十日松。"练习武术必须持之以恒,否则,不进则退,前功尽弃。

(五)防止伤害事故

为预防运动损伤,首先,要加强全面身体素质练习,尤其是发展薄弱部位的肌肉力量;其次,每次练习时,充分做好准备活动,特别是完成难度动作时应做一些转向准备活动;再次,注意检查练习场地和器械,清除练习场地上的石头和洼坑,紧固松动的练习器械。另外,注意科学地安排练习内容和运动负荷,避免局部负荷过重。每次练习后要充分放松,可做一些局部按摩,防止疲劳积累。

任务二 武术基本功与基本动作

一、基本功

(一)手形

(1)拳:四指并拢卷握,拇指紧扣食指和中指的第二指节。拳握紧,拳面平,腕要直(见图 15-7)。

(2)掌:四指并拢伸直向后伸张,拇指第一指节弯曲扣虎口处(见图 15-8)。

(3)勾:五指尖撮拢,屈腕(见图 15-9)。

图 15-7   图 15-8   图 15-9

(二)冲拳(见图 15-10 和图 15-11)

(1)动作方法。

预备姿势:两脚左右平行站立与肩同宽,两手握拳抱贴于腰侧,拳心向上。

动作过程(以右侧为例):右拳从腰际向前快速冲击,拧腰顺肩,右肘过腰时右前臂快速内旋,平拳拳心向下,立拳拳眼向上,臂要伸直,高于肩平;同时左肘后引,挺胸,立腰,收腹,眼向前看。

图 15-10   图 15-11

(2)动作要点:冲拳时拧腰顺肩,肩肘放松,拳走直线,急旋前臂,要有寸劲力达拳面。

(3)教学方法:练习时先慢做,不用全力,注意掌握出拳路线和用力顺序,逐步过渡到快速用力。先练一侧冲拳,然后左右交替。交替冲拳时要前冲后拉,胸前交替。要求出拳快而有力,防止肩僵、肘死、弓腰、低头。

(三)架拳(见图 15-12 和见图 15-13)

(1)动作方法:预备姿势同冲拳。动作过程:右拳向下、向左、向上经头前向右上方划弧,前臂急速内旋在头右上方架起拳 眼向前下,眼随拳走,上架同时向左甩头,眼看左方。

图 15-12　　　　　　　　　　图 15-13

(2)动作要点:拳过肩急旋放松,肘外屈使臂略成弧形,力点在尺骨外侧。

(3)教学方法:练习时右拳上架、旋臂、甩头,眼随拳走,甩头时眼光迅速向左。注意走拳路线和手眼配合。防止耸肩、缩颈、屈肘过大、拳在头顶和旋臂时间不当等错误。

(四)推掌(见图 15-14)

(1)动作方法:

预备姿势同冲拳。

动作过程:右拳变掌从腰侧向前快速推出。右肘过腰时前臂旋内、坐腕、挑指成侧立掌,臂要伸直,掌跟高于肩平。成侧立掌时,手腕后屈,并向拇指一侧旋转使小指一侧向前,两眼平视。

(2)动作要点:拧腰、顺肩、旋臂、坐腕要协调一致。立掌沿直线要快速有力,力达掌根。

(3)教学方法:练习时做旋臂、坐腕、挑指等动作。加强腕关节柔韧性和灵活性练习。参照冲拳教法,注意立掌时间。

图 15-14

(五)亮掌(见图 15-15 和图 15-16)

(1)动作方法:

预备姿势同冲拳。

动作过程:右拳变掌臂伸直,经体侧向右,向上划弧至头右前上方前臂内旋,抖腕、亮掌,臂略成弧形,掌心向前上(或向上),手指向左,眼随右掌转动。抖腕、亮掌同时稍向左转体、甩头,眼视左前方。

图 15-15　　　　　　　　　　图 15-16

(2)动作要点:抖腕、亮掌、甩头要配合一致,同时完成,运行时肘腕放松,定势时挺胸、立腰、直颈。

(3)教学方法:练习时右掌沿体右侧上摆至头右上方(稍高于肩);旋臂、亮掌、甩头。注意亮掌、甩头、转体要协调一致。学习时首先应讲清动作的技击含义,只有明确动作目的才能调动学习积极性,易于掌握动作要领。例如学生懂得了冲拳的技击含义后,就容易掌握拳握紧、手腕直、走直线、臂急旋、有寸劲和力达拳面等要领。"拳如流星"是讲拳要快如流星,这是对手法的基本要求。要做到这一点,就应加强动作速度练习和掌握正确的用力方法。

(六)弓步(见图 15-17)

(1)动作方法:两脚前后开立,后脚尖与前脚跟距离约为本人脚长的3～4倍,前腿屈膝半蹲,大腿略高于水平,脚尖稍内扣斜向前方。两脚全脚掌着地,前脚与后脚跟内侧的横向距离为5～10厘米,两拳抱贴腰侧,眼平视。弓左腿为左弓步,弓右腿为右弓步。

图 15-17

(2)动作要点:前弓后绷不拔跟,挺胸立腰要沉,髋要里合身要正,两尖(脚尖、膝盖尖)相照成垂线。

(3)教学方法:

①原地练习:可先在地上画一条线,约3～4脚长,然后做正确的弓步动作,"耗"一定的时间以体会动作要领,并发展下肢力量。武术中所讲究的"落地要有根"就是通过这样的练习获得的。

②行进间练习:结合弓步冲拳等手法做左、右交替的连续练习。

③拔跟(后脚跟离地)、掀脚(后脚外侧掌掀起)、软腿(后腿弯曲)、闪腰(躯干向左、右侧倾)和两脚横向距离小是初学者易犯的错误,应注意纠正。

(七)马步(见图 15-18)

(1)动作方法:两脚平行站立,两脚内侧相距约为本人脚长的3～3.5倍,脚尖正对前方,屈膝、屈髋成半蹲,两膝内扣,膝垂线不超过脚尖在大腿中间稍偏前。两拳抱贴腰侧,两眼平视。

图 15-18

(2)动作要点:挺胸立腰,开髋裹膝,脚跟外撑,脚平头正。

(3)教学方法:

①两脚按规格站好后,保持挺胸立腰姿势,再慢慢屈髋、屈膝成马步,"耗"一定时间。

②结合手法进行练习,先原地后上步,再左、右交替连续进行。如连续马步双冲拳、马步架冲拳等。上步练习时可分拍进行,以保证动作规格。

③脚尖外撇、弯腰、跪膝蹶臀是初学者易犯的错误,要针对学习情况采用相应的措施纠正。

(八)仆步(见图 15-19)

(1)动作方法:左腿屈膝全蹲,大、小腿靠紧,臀部接近小腿,脚尖和关节外展约30°～45°,右腿侧出挺直平仆,脚尖内扣。两脚全掌着地。两拳抱贴腰侧,上体稍右转,眼向右前方平视。仆左腿为左仆步,仆右腿为右仆步。

图 15-19

(2)动作要点:挺胸、立腰、沉髋、腿仆直,不拔跟。

（3）教学方法：

①原地练习：两脚并步站立，立腰屈膝，重心移右腿屈膝成全蹲，同时左脚外侧伸向左方平铲成左仆步。上下弹动数次后静"耗"一定时间。

②左、右交替连续转身做仆步练习。

③结合手法练习，如仆步穿掌等。

④纠正易犯错误及纠正方法。

a：平仆腿不直，脚外侧掀起，脚尖上翘外展。

纠正方法：使平仆腿脚外侧抵固定物体（如墙根等），限制脚尖外展上翘和脚外侧掀起；用同侧手压平仆腿膝部，使其挺直，进行加强踝关节柔韧性锻炼。

b：上体前倾，全蹲腿脚提起。

纠正方法：多做仆步压腿练习，强调沉髋、立腰；做双脚外侧站立、跪压足背、侧压腿等练习，以发展下肢柔韧性。

（九）虚步（见图 15-20）

（1）动作方法：两脚前后站立，重心落于左腿，左腿屈髋屈膝或半蹲，脚尖外展约 45°；右腿稍屈膝，膝稍内合，脚跟提起，脚面绷平，拇趾虚点地。两拳抱贴腰侧或双手叉腰，眼向右前平视。左脚在前为左虚步，右脚在前为右虚步。

（2）动作要点：前虚后实，虚实分明，挺胸立腰。

（3）教学方法：

①原地练习并步直立，右脚外展 45°，左腿前伸，脚尖不着地。支撑腿慢慢下蹲，前脚虚点地面成虚步，眼看左前方。

②手扶器械练习，姿势由高到低。

③虚实不清是初学者常犯的错误。纠正方法：可做单腿蹲起发展支撑力量。

图 15-20

（十）歇步（见图 15-21）

（1）动作方法：两脚左右交叉，左脚在前，右脚尖与左脚跟在一条直线上，两脚相距约为本人小腿长，两大腿靠拢贴紧，屈膝全蹲，左脚全脚掌着地，脚尖外展，右脚前脚掌着地，左膝外侧与右小腿外侧贴紧，臀部坐于右小腿接近脚跟处，上体稍前倾并向前方拧转，两拳抱贴腰侧，眼看左方。左脚在前为歇步，右脚在前为右歇步。

（2）动作要点：两腿贴紧，挺胸立腰，前脚外展。

（3）教学方法：

①练习时两腿交叉站立，下蹲成歇步。要求保持挺胸立腰姿势，强调下蹲时两腿贴紧。

图 15-21

②可结合手法练习，如左、右穿手亮掌。"步赛粘"、"步不稳则拳乱"是强调步形和步法要稳定。要做到稳就必须准确掌握动作规格，发展下肢力量，并注意运气。如弓步要求两脚内扣，并有一定的横向距离，主要是为了扩大支撑面积，有利于左右用力调节身体平衡。前腿弓、后腿绷、合髋有利于通过骨关节的连结和杠杆作用把身体连成一个强固的整体。沉髋和沉气使重心降低，重心降低支撑面积大，下肢支撑有力，身体就会稳固。"步不快则拳慢"是强调步法和步形变换要快速敏捷。要做到快则应加强下肢速度和速度力量的锻

炼,注意动作规格,注意全身协调用力,特别应注意身法运用。

(十一)前俯腰(见图 15-22)

(1)动作方法:并步直立,两手手指交叉,手心朝下,两臂自然下垂,上身前俯,两手尽量贴地;两手松开 抱住两脚跟腱,逐步使胸部贴近腿部,"耗"一定时间再起;向左或右转体 90°,两手在脚外侧触地。

(2)动作要点:前俯时两膝挺直、挺胸、塌腰、收髋,尽量折体,臀部和大腿后侧肌肉尽量放松。

(3)教学方法:练习时先振后耗,要求保持挺胸、塌腰、膝挺直。要逐渐加大动作幅度,双手先过膝再求触地。腰是联系上下肢的纽带,腰部柔韧、灵活有力,才能做到上下配合、协调自如。拳谚"练拳不活腰,终究艺不高",就是强调腰部练习的重要性。腰部练习要强调循序渐进,不可操之过急造成损伤。

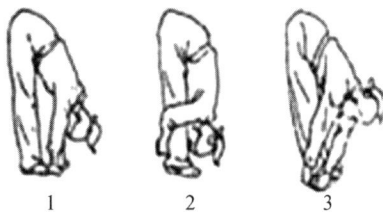

图 15-22

(十二)正压腿(见图 15-23)

(1)动作方法:面对器械站,高度因学生水平而定。左腿提起脚尖勾起脚跟放在器械上,踝关节屈紧,两手扶按膝上。向前下做振压动作,先振后耗,左右腿交替进行。

(2)动作要点:两腿挺直,立腰正髋,被压腿的异侧肩稍里合。

(3)教学方法:

①压腿前应做下肢和腰部活动,压腿后要屈腿和放松摆动腿,使被拉抻的肌肉韧带放松。

图 15-23

②如果无器械,可做"吻靴"动作代替此练习。动作方法:一腿屈膝支撑体重,另一腿伸直脚尖勾起,脚跟着地,上体前俯,两手紧握勾起的脚前掌,上体尽力前伸,力求使头或下颌触及脚尖。

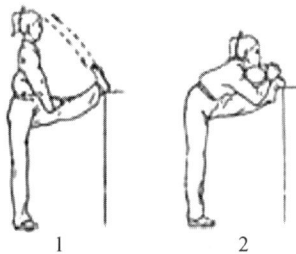

(十三)正踢腿(见图 15-24)

(1)动作方法:并步直立,两臂侧平举,两手成侧立掌或立掌。左脚向前半步左脚支撑,右脚勾起向前额处猛踢。脚尖可勾起勾落也可勾起绷落(即下落时绷脚面)。眼向前平视。

(2)动作要点:踢腿时头正、沉肩、挺胸、立腰、收髋、猛收腹,踢过腰高时加速上踢、脚尖勾紧,用力脚要有寸劲。支撑腿脚趾抓地、挺膝、脚踩紧。上踢快、下落轻,两臂平举不晃动。

图 15-24

(3)教学方法:

①练习时先低,慢力小;后高,快力大。踢脚后要放松大腿后侧肌肉。

②踢腿时,要防止屈膝、弯腰、放髋、拔腿等错误。

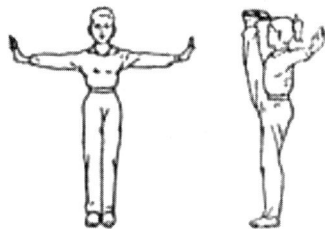

（十四）蹬腿（蹬踢）（见图 15-25）

（1）动作方法：并步直立，两拳抱贴于腰侧。左腿屈膝提起，脚尖勾紧，大腿接近水平时，小腿迅猛前蹬，脚跟为力点，腿应蹬直、收髋，腿与腰平，支撑腿伸直，上体正直。

（2）动作要点：大腿带动小腿上提，膝部放松，蹬踢要猛，力达脚跟。

（3）教学方法：

①先低蹬踢，然后逐步加高。动作熟练后可结合手法练习。

②初学者易犯错误之一是屈伸不明显，类似踢摆动作。练习应强调大腿上提时膝关节放松，大腿接近水平时再迅猛蹬出。

图 15-25

（十五）弹腿（弹踢）（见图 15-26）

（1）动作方法：基本同蹬腿，唯变勾脚尖为绷脚面。

（2）动作要点：基本同蹬腿，但应绷脚面，力达脚面。

（3）教学方法：参考蹬腿。

（十六）侧踹腿（见图 15-27）

（1）动作方法：与蹬腿同。一腿伸直支撑，另一腿屈膝提起，脚跟用力向侧下方或侧上方踹出，脚外侧朝上。

图 15-26

（2）动作要点：开髋、挺膝、猛踹，力点在脚心。上体稍侧倾以维持平衡。

（3）教学方法：

①先做低踹腿，然后逐渐加高，速度和力量也逐渐加大。初步掌握动作要领后，应在行进间左、右交替做。

②初学者易犯错误是分不清踹、蹬、铲。教师要通过示范和讲解使学生了解脚外侧朝上、脚尖向前为踹；脚尖朝上、脚心朝前为蹬；绷脚面、勾脚尖、脚外侧朝前为铲。弹踢、蹬踢、

图 15-27

侧踹是攻击性腿法，练习时要有进攻意识，要注意用力顺序力的传递和着力点，做到起于根（胯）、顺于中（膝）、达于稍（脚），使动作快速有力。

（十七）望月平衡（见图 15-28）

（1）动作方法：并步直立。右腿屈膝在左腿后方向左举起，脚底朝上脚面绷平，上体转向左方，同时两臂左右分开上摆，右手在头左上方抖腕亮掌，左手摆至侧平举部位抖腕或侧立掌。在右掌转动抖腕亮掌同时向左甩头，眼向左平视。

（2）动作要点：挺胸、挺腰、沉肩、左脚五趾抓地站稳，上肢调节身体平衡。

（3）教学方法：

图 15-28

①分解练习。分两拍做："1"右脚向左后伸，脚尖点地。右臂摆至上举部位，左臂摆至侧平衡部位。"2"举右脚屈膝，抖腕亮掌，甩头成望月平衡。

②武术对平衡动作要求一是稳，二是美，三是静中有动。"站如松"、"静如岳"、"静中有

动"、"动中有势"等口诀都是对平衡提出的要求。平衡时要像山岳那样稳固、巍峨、有气势；平衡时要全神贯注，有伺机而发之势，静止时要有动态感。要做好平衡，一方面要发展力量素质，另一方面要严格遵守动作规格，不可忽视任何细节。

（十八）腾空飞脚（见图 15-29）

（1）动作方法：并步直立，两臂自然下垂。右脚上步，左腿直腿向前向上摆踢，右脚跃起，身体腾空，两臂由下向前向头上摆起，右手背拍击左手掌。蹬离地面后右腿先提膝上摆，右膝自然放松，然后迅速向前上方弹踢，脚面绷直，右手还击右脚面；同时左腿屈膝，左脚收于右腿侧，脚面绷直脚尖朝下。右手在击响的同时摆落在左侧方（可变勾手，勾尖向下略高于肩）。上体微前倾，眼平视。

图 15-29

（2）动作要点：

①起跳时左腿高摆，右腿蹬地要有力、快速、充分，同时摆臂、提腰、上顶、提气。

②右腿上摆速度要快于左腿，脚高过腰。腾空时，上体前倾，保持挺胸、立腰的姿势。

③在腾空最高点击响。拍击时，要自然放松，动作快速、准确，使声音响亮清脆。

（3）教学方法：

①原地或行进间起跳练习。

②原地或行进间做左腿摆起—右腿起跳—空中弹踢右腿的箭弹练习。

③原地或行进间拍脚练习。

④上一步或数步的完整动作练习。特别要防止起跳前不向上的错误。"起如猿"、"落如鹊"是武术运动对跳跃、起跳和落地动作的基本要求。"起如猿"就是要求起跳动作轻柔稳定，空中造型舒展、优美、稳定。武术套路中跳跃动作多同其他动作连结，原地起跳动作也较多，因此要学会善于在不同姿势下起跳，善于利用前一动作的惯性和运用摆臂提腰力量助跳。

二、五步拳

（一）预备姿势（见图 15-30）

两脚并拢；两拳抱于腰间，肘尖向后，拳心向上；目视前方。

图 15-30　　　　　　　　图 15-31

（二）拗弓步冲拳（见图 15-31）

左脚向前迈一步，身体左转，右腿蹬直；同时，左手向左平搂平收回腰间抱拳，右拳向前直冲成平拳；目视前方。

（三）弹踢冲拳（见图 15-32）

重心前移，左腿蹬直，右腿向前弹出，高于腰平；同时，左拳由腰间向前直冲成平拳，右拳收回腰间；目视前方。

图 15-32   图 15-33

（四）马步架打（见图 15-33）

右脚落地，身体左转 90°，两腿下蹲成马步；同时，左拳变掌，屈臂上架在头的上方，右拳从腰间向右直冲成平拳；头右转，目视右前方。

（五）歇步盖打（见图 15-34）

（1）左脚向右脚后插一步，左脚前脚掌着地；同时，右拳变掌，由右经头上向前下盖，高与胸齐；身体左转 90°，左掌变拳收回腰间；目视右掌。

（2）两腿屈膝下蹲成歇步；左拳向前冲出成平拳，右掌变拳收回腰间；目视左拳。

图 15-34

（六）提膝仆步穿掌（见图 15-35）

（1）左腿提膝，右腿蹬直，身体稍左转；左拳变掌，手心向下，指尖斜向右前方，右拳变掌，手心向上，从左手背部穿出，手心向前，左手顺势收至右腋下；目视右手。

（2）右腿屈膝下蹲，左脚落地向前伸直成仆步；左手掌指朝前沿左腿内侧穿至左脚面；目视左掌。

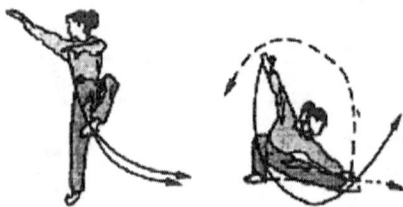

图 15-35

（七）虚步挑掌（见图 15-36）

左腿屈膝前弓，右脚蹬地向前上步，成右虚步；左手向上、向后划弧成勾手，勾尖略高于肩，右手由后向下、向前顺右腿外侧向上挑掌，掌指向上；目视前方。

图 15-36　　　　　　　　　　图 15-37

（八）并步抱拳（见图 15-37）

重心前移，右脚蹬直，左脚向右脚靠拢成并步；左勾手与右掌变拳收回腰间；目视前方。

任务三　太极拳

一、太极拳概述

"太极"一词源出《易·系辞上》："易有太极，是生两仪。""太"就是大的意思，"极"就是开始或顶点的意思。太极拳是因为拳法变幻无穷，遂用中国古代的"阴阳"、"八极"这一哲学理论来解释拳理而被命名的。

24 式太极拳教学
全套演练

太极拳是结合中国古代的养生术、导引术、戚继光的三十二势长拳以及古代的阴阳学说和太极等理论编成的一种拳术。太极拳最早起源于明末清初河南温县陈家沟，由陈王廷所创，故称陈式太极拳，迄今已有近 400 年的历史。太极拳在长期演变中形成许多流派，其中流传较广或特点较显著的有陈、杨、吴、武、孙五式。

二、各式太极拳的风格特点

1. 陈式太极拳

陈式太极拳由明末清初陈王廷创，运动特点是：显刚隐柔，刚柔相济，动作螺旋缠绕，手法多变，忽隐忽现，快慢相间；呼吸讲究"丹田内转"；架势宽大低沉，并有发劲、跳跃和震脚动作。

2. 杨式太极拳

杨式太极拳由河北永年人杨露禅创，运动特点是：舒展简洁，动作和顺，速度均匀，连绵不断，整个架势结构严谨，中正圆满，轻灵沉着，浑厚庄重，能自然地表现出气派大、形象美的独特风格。

3. 吴式太极拳

吴式太极拳由清末河北大兴人吴鉴泉创，运动特点是：以柔化著称，动作轻松自然，连绵不断，拳式小巧灵活，拳架舒展而紧凑，紧凑中自具舒展，不显拘谨。

4. 武式太极拳

武式太极拳由清末河北永年人武禹襄创，运动特点是：姿势紧凑，动作舒展，步伐严格，虚实分明,胸部、腹部在进退旋转中始终保持中心,出手不过足尖,左右手各管半个身体。

5.孙式太极拳

孙式太极拳由清末河北定县人孙禄堂创,运动特点是:进退相随,动作舒展圆活、敏捷自然,转变方向时多以开合相接,故又称"开合活步太极拳"。

太极拳的种类虽各有不同,但其方法和对基本动作的要求大体相同。

三、太极拳基本技法要求

1.虚领顶劲

虚领顶劲即"顶头悬"。练拳时讲究头正、顶平、项直、骸收。要求头顶的百会穴处要向上轻轻顶起,同时又须保持头顶平正。顶劲不可过分用力,要有自然虚领顶劲,精神才提得起来,动作才能沉稳、扎实。

2.气沉丹田

气沉丹田,是身法端正,宽胸实腹,"意注丹田",意识引导呼吸,将气徐徐送到腹部脐下。太极拳在运动时,一般都是采用腹式呼吸,同时"意注丹田",这样能达到太极拳"身动、心静、气敛、神舒"的境地。要求整套动作都要与一呼一吸结合得非常密切,根据动作的开合、屈伸、起落、进退、虚实等变化,自然地去配合,使动作更加协调、圆活、轻灵、沉稳。

3.含胸拔背

含胸是胸廓向内含虚,使胸部有舒宽的感觉。这样有利于做好腹式呼吸,能在肩锁关节放松、两肩微含、两肋微敛的姿势下,通过动作使胸腔上下径放长,横膈有下降舒展的机会。它既能使重心下降,又能使肺脏、横膈活动加强。

4.松腰敛臀

太极拳要求含胸、沉气,在含胸时必须松腰。松腰不仅帮助沉气和下肢的稳固,更主要的是它对动作的进退旋进、用躯干带动四肢的活动及动作的完整性起着主导作用。

敛臀则是在含胸拔背和松腰的基础上使臀部稍作内收。敛臀时,可尽量放松臀、腰部肌肉,使臀肌向外下方舒展,然后轻轻向前、向里收敛,像用臀把小腹托起来似的。

5.圆裆松胯

裆即会阴部位。头顶百会穴的"虚领顶劲"要与会阴穴上下相应,这是保持身法端正、气贯上下的锻炼方法。

裆要圆,又要实。胯撑开,两膝微向里扣,裆自圆。会阴处虚上提,裆自会实,加上腰的松沉,臀的收敛,自然产生裆劲。髋部关节须放松,膝关节须灵活,才能保证上体旋转自如,踢腿、换步灵便。

6.沉肩坠肘

太极拳在松肩的前提下要求沉肩坠肘,两臂由于肩、肘的下坠会有一种沉重的内劲感觉,这就是上肢内在的遒劲。两肩除沉之外,还要有些微向前和抱的意思,这能使胸部完全含虚,使脊背团成圆形。两肘下坠之外,也要有一些微向里的裹劲。这样的沉肩坠肘,才能使劲力贯穿到上肢手臂。

7.舒指坐腕

舒指是掌指自然伸展,坐腕是腕关节向手背、虎口的一侧自然屈起。掌的动作是整体动作的一部分,许多掌法都是与全身动作连成一气的,因此舒指坐腕,实际是将周身劲力通过"其根在脚,发于腿,主宰于腰,形于手指",完成一气。

8.尾闾中正

尾闾中正是指运动中须始终保持尾闾与第七颈椎成一条直线,身体处于中正状态。尾闾中正还影响着下盘的稳固,所以不论是直或斜的动作姿势,身躯一定要中正,不偏不倚,这一点尤为重要。

9.内宜鼓荡,外示安逸

鼓荡是对内在精神提出的要求,指精神饱满、神情专注。外示安逸是指"神宜内敛",不流于形色,给人一种安然自逸的感觉。

10.运劲如抽丝,迈步如猫行

运劲如抽丝是指太极拳运动起来要像抽丝那样缓、匀、稳、静。缓指"缓以会意",徐缓地运动才能做到拳意贯通,会意传神;匀指匀速运动,不可忽快忽慢,即使是快慢相间的陈式太极拳也要快慢有常、上下相随、劲如抽丝、富于韵律;稳指动作沉稳,不能忽高忽低;静指心理安静,不存杂念,方能"用意不用力",动作不急不躁。迈步如猫行是稳中求静、动作扎实、灵活的形象化说法。

24 式太极拳教学
1-4 式

四、二十四式简化太极拳

二十四式简化太极拳的动作名称如下:

(1)起势(见图15-38至图15-42)。

图 15-38　　图 15-39　　图 15-40　　图 15-41　　图 15-42

(2)左右野马分鬃(见图15-43至图15-53)。

图 15-43　　图 15-44　　图 15-45　　图 15-46　　图 15-47　　图 15-48

图 15-49　　图 15-50　　图 15-51　　图 15-52　　图 15-53

（3）白鹤亮翅（见图 15-54 至图 15-56）。

图 15-51   图 15-55   图 15-56

（4）左右搂膝拗步（见图 15-57 至图 15-68）。

图 15-57   图 15-58   图 15-59   图 15-60   图 15-61   图 15-62

图 15-63   图 15-64   图 15-65   图 15-66   图 15-67   图 15-68

（5）手挥琵琶（见图 15-69 至图 15-71）。

图 15-69   图 15-70   图 15-71

24 式太极拳教学
5-8 式

（6）左右倒卷肱（见图 15-72 至图 15-83）。

图 15-72   图 15-73   图 15-74   图 15-75   图 15-76   图 15-77

图 15-78   图 15-79   图 15-80   图 15-81   图 15-82   图 15-83

（7）左揽雀尾（见图 15-84 至图 15-91）。

图 15-84　　　　图 15-85　　　　图 15-86　　　　图 15-87

图 15-88　　　　图 15-89　　　　图 15-90　　　　图 15-91

（8）右揽雀尾（见图 15-92 至图 15-101）。

图 15-92　　　图 15-93　　　图 15-94　　　图 15-95　　　图 15-96

图 15-97　　　图 15-98　　　图 15-99　　　图 15-100　　　图 15-101

（9）单鞭（见图 15-102 至图 15-106）。

图 15-102　　　图 15-103　　　图 15-104　　　图 15-105　　　图 15-106

24 式太极拳教学
9-12 式

（10）云手（见图 15-107 至图 15-117）。

图 15-107　　　图 15-108　　　图 15-109　　　图 15-110　　　图 15-111

图 15-112　　　图 15-113　　　图 15-114　　　图 15-115　　　图 15-116 　　　图 15-117

(11)单鞭(见图 15-118 至图 15-121)。

图 15-118　　　图 15-119　　　图 15-120　　　图 15-121

(12)高探马(见图 15-122 至图 15-124)。

图 15-122　　　　　图 15-123　　　　　图 15-124

(13)右蹬脚(见图 15-125 至图 15-128)。

图 15-125　　　图 15-126　　　图 15-127　　　图 15-128

24 式太极拳教学
13-16 式

(14)双峰贯耳(见图 15-129 至图 15-131)。

图 15-129 　　　　　图 15-130　　　　　图 15-131

(15)转身左蹬脚(见图 15-132 至图 15-134)。

图 15-132 　　　　　图 15-133　　　　　图 15-134

（16）左下势独立（见图15-135至图15-139）。

图 15-135　　　图 15-136　　　图 15-137　　　图 15-138　　　图 15-139

（17）右下势独立（见图15-140至图15-144）。

24式太极拳教学
17-20 式

图 15-140　　　图 15-141　　　图 15-142　　　图 15-143　　　图 15-144

（18）左右穿梭（见图15-145至图15-151）。

图 15-145　　　图 15-146　　　图 15-147　　　图 15-148

图 15-149　　　　　　图 15-150　　　　　　图 15-151

（19）海底针（见图15-152和图15-153）。

图 15-152　　　　　　图 15-153

(20)闪通背(图 15-154 和图 15-155)。

图 15-154   图 15-155

(21)转身搬拦锤(见图 15-156 至图 15-161)。

图 15-156    图 15-157    图 15-158   图 15-159    图 15-160   图 15-161

(22)如风似闪(见图 15-162 至图 15-164)。

图 15-162   图 15-163   图 15-164

(23)十字手(见图 15-165 至图 15-169)。

图 15-165   图 15-166   图 15-167    图 15-168    图 15-169

(24)收势(见图 15-170 至图 15-172)。

图 15-170    图 15-171    图 15-172

任务四　散手

一、实战姿势和基本步法

(一)实战姿势

以左势为例,以下均同。

侧身,成前后并;立步,两手握拳,拳眼斜朝上,两臂左前、右后屈举于体前;左臂肘关节夹角在 $90°\sim110°$,右臂肘关节夹角小于 $90°$,垂肘紧护右肋;下额微收,闭嘴合齿;面部和左肩、左拳正对对方。

要领:实战时根据攻防动作的特点,要求进退灵活,攻守严密,移动方便。姿势不可太低,重心控制在两脚之间,两手紧护躯体,暴露给对方打击的有效部位尽量缩小。

(二)基本步法

1. 进步

前脚(左脚)先向前进半步,后脚再跟进半步。

要领:进步步幅不宜过大,后脚跟进步后保持实战姿势,进步后跟步衔接越快越好。

2. 退步

后脚(右脚)先后退半步,前脚再退回半步。

要领:参考进步要领。

3. 上步

后脚向前上一步,同时左、右拳前后变换成反架实战姿势。

要领:上步时身体重心要平稳,两手动作与上步要协调配合,同时进行。

4. 撤步

前脚向后撤一步,同时左、右拳前后变换成反架实战姿势。

要领:参考上步要领。

5. 闪步

左(右)脚向左(右)侧移半步,右(左)脚随之向左(右)滑步,同时,身体向右(左)移动约 $90°$。

要领:步法轻灵,转体闪躲敏捷。

6. 换步

左脚与右脚同时蹬地并前后交换位置,同时,两拳前后交换成反架实战姿势。

要领:转换时要以髋关节带动两腿,身体不能明显向上腾空。

二、进攻技术

(一)拳法

1. 左冲拳

右脚微蹬地,重心微前移,同时,左拳直线向前冲出,力达拳面。

要领:蹬地、拧腰、旋臂,出拳快,上体不前倾,回收迅速成实战姿势。

攻防含义:距离对手较近,易发动,可高、低姿势配合,左躲右闪,击打对方腰部以上任何部位。多用于以假乱真,虚招引诱对手。

2.右冲拳

右脚微蹬地内扣,转腰顺肩,右拳直线冲出,力达拳面;左拳(也可变掌)回收至右肩内侧。

要领:充分利用转腰蹬地加大冲拳力量,经腰、肩、肘达于拳面。动作完成后以腰带肘主动回收。

攻防含义:右冲拳动作幅度大,力量大,主要攻击对方的面部和胸、肋部位。在左先锋拳突破对方防守后使用效果最佳。

3.掼拳

右脚微蹬地内扣,合胯向左转腰,同时,右拳经外向前向里横掼,力达拳面或偏于拳眼侧,左拳变掌收护于下颏。

要领:右脚扣膝,合胯转腰带动掼拳发力。动作幅度宜小不宜大。

攻防含义:适用于距离较近时,连击或防守后反击,专击对方头侧或肋部。

4.抄拳(以右手为例)

右脚蹬地,扣膝合胯,微向左转腰的同时,右拳由下向前、向上抄起,大小臂夹角在 $90° \sim 110°$,拳心朝里,力达拳面,左手回收至右肩内侧。

要领:右抄拳要借助蹬地、扣膝、合胯、转腰,发力由下至上,协调顺达。抄拳时右臂先微内旋再外旋,螺旋形运行。

攻防含义:适用于近距离攻击对方下颏或胸、腹部。

(二)腿法

1.蹬腿(以左为例)

右腿直立或稍屈,左腿提膝抬起,勾脚,以脚跟领先向前蹬出。

要领:屈膝高抬,爆发用力,快速连贯。

攻防含义:可主动攻击对方的躯干部,也可加步法或防守后运用。如进步蹬腿,防拳蹬腿。

2.踹腿(以右为例)

左腿直立或稍屈支撑,身体左转 $180°$,同时右腿屈膝前抬,小腿外摆,脚尖勾起,脚掌用力向前踹出,力达脚掌,上体可侧倾。

要领:踹出时一定以大腿推动小腿直线向前发力。

攻防含义:配合步法运用,变化多,宜在不同距离上使用。人体下、中、上各部位均可攻击。

3.横摆踢腿(以右为例)

左膝外展,上体左转、收腹,带动右腿,扣膝、收髋,向左上方横摆踢腿,踝关节屈紧,力达脚背至小腿下端。

要领:以转体带动摆腿,动作连贯快速。

攻防含义:主要攻击对方肋部、头部,运用得好能起到重击对手的作用。但是,因其弧形横摆路线长,易被对方察觉和防守,使用时应注意突然性。

4.勾踢腿(以右为例)

左膝外展,身体左转180°,收腹合胯,带动右腿直腿勾脚向前、向左弧线擦地勾踢,脚背屈紧内扣,力达脚弓内侧。

要领:勾踢快速,力点准确,保持身体平衡。

攻防含义:当对方身体重心在前腿时,可击其脚后跟,破坏其支撑的稳定性。配合同侧手,切拨对手上盘效果更佳。

(三)摔法

摔法是运用手拉、脚绊,配合身体旋转的力学原理使对方身体失去平衡而被摔倒的技击形式。

1.抱腿前顶摔

双方由实战姿势开始。当甲拳击乙头部时,乙下潜躲闪,上左步,两手抱甲双腿用力回拉,同时用左肩顶甲腹部,将其摔倒。

要领:下潜敏捷、抱腿紧,双手回拉与向前顶肩同时进行。

攻防含义:无论是主动进攻,还是防守反击,运用此法一定要掌握好时机、距离。

2.抱腰过胸摔

甲击乙头部,乙闪身进步贴身,双臂抱住甲腰部;右腿上步屈膝后蹬地,同时向后弓腰、仰头将甲抱起,随之向后倒地,离地面约30厘米时突然向左转体,将甲摔于身下。

要领:抱腰紧,抱起挺腹协调有力,翻转要迅速及时。

攻防含义:主要用于对方左、右冲拳攻击自己头部时,防守后反击。

3.抱腿别腿摔

当甲站立或用左侧弹踢腿时,乙避势趋进抱起甲左腿,并上左腿绊别甲支撑腿,随即上体右转用胸上压甲左腿,使其倒地。

要领:抱腿敏捷,别腿、转体、压腿衔接要快而有力。

攻防含义:可用于主动进攻或防守后反击。左右别腿均可使用。

4.夹颈过背摔

甲左直拳击乙头部。乙前臂格挡,左臂由甲右肩上穿过后屈臂夹甲颈部,同时,右脚在向右转体时撤步至与左脚平行,两腿屈膝,以左侧髋部紧贴甲前身,继而两腿蹬伸,向下弓腰低头将甲背起后摔倒。

要领:夹颈牢,转身快,紧贴靠,低头弓腰、蹬腿协调连贯。

攻防含义:多用于对方冲拳、掼拳击打自己头部时防守后反击。

三、防守技术

严密有效的防守技术能为保护自己、反攻对方创造有利时机,一般分为接触性防守技术和非接触性防守技术两类。前者是直接运用手臂、腿、脚进行阻挡;后者是依靠身法、步法的灵活运转来完成的,即闪躲技术。

(一)闪躲防守(非接触性技术)

1.后闪

重心后移,上体略后仰闪躲,目视对方。

要领:后闪幅度不宜过大,闭嘴合齿下颏收。

攻防含义:防守对方用拳攻击上盘部位,常配合前蹬腿做防守反击练习。

2. 下闪

屈膝、沉胯、下蹲、缩颈、弧形向下躲闪,两手紧护胸部,目视对方。

要领:下闪时膝、髋、颈部要协调一致。

攻防含义:主要防守对方横向攻击头部的左右掼拳、高横踢腿等。

3. 侧闪

两腿微屈、俯身,上体向左侧或右侧闪躲,也可加步法侧闪。

要领:上体含缩,侧身转头,目视对方。

攻防含义:主要闪躲对方左右冲拳,防正面攻击自己上盘部位。

(二)接触防守

1. 拍挡

左手以拳心或掌心为力点向里横向拍挡对方进攻。

要领:左小臂要垂直,拍挡幅度小,用力短促。

攻防含义:主要防守对方直线型拳法对自己中、上盘的攻击。

2. 拍压

左拳变掌,以掌心或掌跟为着力点由上向前下拍压。

要领:拍压时臂内旋,手腕和掌、指要紧张用力。

攻防含义:防守对方正面攻击自己中盘的动作,如下冲拳、勾拳、蹬踹腿等。

3. 挂挡

左臂屈肘,由前向后上左侧头部或肩部挂挡。

要领:大小臂叠紧,挂挡幅度小,用力短促,要注意含胸,暴露面小。

攻防含义:主要防守对方横向型手法或腿法击上盘,如左右掼拳、横踢腿等。

4. 提膝

身体稍右转,右腿微屈独立支撑,左腿屈膝提起,目视前方。根据对方腿法进攻的路线、方位,膝关节分别有里合、外摆或垂直向外的变化。

要领:沉肩、含胸、收腹,提膝迅速并贴近腹部。

攻防含义:防守对方正面或横向腿法攻下盘部位,如弹腿、踹腿、低横踢腿等。

任务五　武术竞赛规则与裁判法简介

开展武术竞赛的目的在于通过广泛交流经验,改进教学与训练工作,推动群众性武术运动的开展,不断地促进武术技术水平的提高。

一、评分方法与标准

(一)长拳、太极拳、南拳、剑、刀、枪、棍的评分方法与标准

1. 评分裁判员的组成

评分裁判员由评判动作规格的裁判员3~5名和评判演练水平的裁判员3~5名组成。

2.裁判员评分

各项比赛的满分为 10 分,其中动作规格分值为 6.8 分,演练水平分值为 3 分,创新难度分值为 0.2 分。

(1)动作规格分的评定。

①裁判员根据运动员现场发挥的技术水平,按照各竞赛项目的动作规格要求,减去该动作规格中出现的错误扣分和其他错误的扣分,即为运动员的动作规格分。

②动作规格的评分标准:分值满分为 6.8 分。

动作规格扣分:

凡手形、步形、身形、手法、步法、身法、腿法、跳跃、平衡和各种器械的方法与规格要求轻微不符者,每出现一次扣 0.05 分;与规格要求显著不符者,每出现一次扣 0.1 分;与规格要求严重不符者,每出现一次扣 0.2 分。

一个动作出现多种错误时,最多扣分不得超过 0.2 分,出现三次及以上跌姿最多扣 0.5 分。

同一手形(包括剑指)每出现一次轻微错误扣 0.05 分,出现两次扣 0.1 分,出现三次及以上扣 0.2 分。

同一步形、步法、器械方法出现一次轻微错误扣 0.05 分,出现两次扣 0.1 分,出现三次及以上扣 0.3 分;出现一次显著错误扣 0.1 分,两次扣 0.2 分,出现三次及以上扣 0.5 分。

凡手法、步法、器械方法中属动作不清的轻微错误(太极拳、剑除外),出现一次扣 0.05 分,出现两次扣分 0.1 分,出现三次及以上扣 0.3 分。出现一次显著错误扣 0.1 分,出现两次扣 0.2 分,出现三次及以上扣 0.5 分。

其他错误扣分:

下列错误每出现一次,根据不同程度,予以扣分:

遗忘扣 0.1~0.2 分。

器械、服装影响动作扣 0.1~0.2 分。

器械变形扣 0.1~0.3 分。

器械折断扣 0.4 分。器械掉地扣 0.5 分。

失去平衡,如晃动、移动、跳动扣 0.1 分;附加支撑扣 0.3 分,倒地扣 0.5 分。

规定套路的动作路线、方向错误扣 0.1 分。

在一个动作中,同时发生两种以上其他错误,应累计扣分。

(2)演练水平的评定。

①裁判员根据运动员现场表现的整套演练水平,按照各竞赛项目在功力(劲力、协调)、演练技巧(精神、节奏、风格)、编排(内容、结构、布局)等方面的标准,整体比较,确定扣分。从该类分值中减去应扣分数,即为运动员的演练水平分。

②演练水平的评分标准(该类分值满分为 3 分):

功力水平分值为 1 分(劲力、协调各占 0.5 分):

凡劲力充足,用力顺达,力点准确,手、眼、身、法、步配合协调(器械项目还需身械协调),动作干净利落者,不予扣分;凡劲力或协调与要求轻微不符者,扣 0.05~0.1 分;凡与要求显著不符者,扣 0.15~0.3 分;凡与要求严重不符者,扣 0.35~0.5 分。

演练技巧分值为 1.5 分(精神、节奏、风格各占 0.5 分):

凡精神饱满、节奏分明、风格突出者,不予扣分;凡精神、节奏、风格的任何一方面与要求轻微不符者,扣 0.05～0.3 分;凡与要求严重不符者,扣 0.35～0.5 分。

编排(内容、结构、布局)分值为 0.5 分:

凡符合内容充实、结构合理、变化多样、布局匀称的要求的,不予扣分;凡与要求轻微不符者,扣 0.05～0.3 分;凡与要求严重不符者,扣 0.35～0.5 分。

(3)裁判员的示分。

裁判员所示分数可到小数点后两位数,小数点后第二位数必须是 0 或 5。

(4)应得分数的确定。

①动作完成应得分与演练水平应得分之和即为运动员的应得分数。

②动作完成应得分与演练水平应得分的确定:三个裁判员评分,取三个分数的平均值为运动员的应得分;4～5 个裁判员评分,去掉最高分和最低分,取中间两个或三个分数的平均值为运动员的应得分。运动员的应得分数只取到小数点后两位数,小数点后第三位不做四舍五入。

(5)最后得分的确定。

裁判长从运动员的应得分中减去"裁判长的扣分"再加上"创新难度动作"的加分,即为运动员的最后得分。

(二)裁判长的扣分

1. 起势、收势

(1)起势与收势方向不符合要求者,扣 0.1 分。

(2)起势与收势有意拖延时间,一个动作达 8 秒者,扣 0.1 分;达 10 秒者,扣 0.2 分;达 12 秒者,扣 0.3 分。

2. 重做

(1)运动员因客观原因,造成比赛套路中断者,经裁判长许可,可重做一次,不予扣分。

(2)运动员动作遗忘、失误、器械损坏等原因造成比赛套路中断者,可重做一次,扣 1 分。

(3)运动员临场受伤不能继续比赛者,裁判长有权令其中止。经过简单治疗即可继续比赛的,可安排在该组最后一名继续上场,按重做处理,扣 1 分。

3. 出界

身体的某一部位接触线外地面,扣 0.1 分;整个身体出界,扣 0.2 分。

4. 平衡时间不足

凡指定的持久平衡动作的静止时间不足 1 秒者,扣 0.2 分;不足 2 秒者,扣 0.1 分。

5. 套路完成时间不足或超出规定时间

太极拳、太极剑和集体项目不足或超出规定时间在 5 秒内者(含 5 秒),扣 0.1 分;在 5 秒以上、10 秒以内者(含 10 秒),扣 0.2 分,依此类推。其他项目不足规定时间在 2 秒以内者(含 2 秒),扣 0.1 分;在 2 秒以上、4 秒以内者(含 4 秒),扣 0.2 分,依此类推。

6. 器械、服装不符合规定

在比赛中,发现运动员器械或服装违反规定,则取消其该项成绩。动作组别少于规定的要求时,每少一个手形、步形、腿法、跳跃、平衡动作,扣 0.3 分。步形和平衡动作,均以定势为准,过渡的或一晃而过的都不算规定的步形和平衡。

7. 规定套路的动作缺少或增加

(1)漏做或增加一个完整的动作,扣 0.2 分。

(2)跳跃动作的助跑步数或行进动作的步数缺少或增加,每出现一次,扣 0.1 分。

8. 指定动作的扣分

(1)如未选择一组"指定动作",除扣去该组指定动作的难度分值外,还应按漏做动作扣分,每漏做一个动作扣 0.3 分。

(2)附加或漏做。附加或漏做一个或几个动作时,按动作附加或漏做扣分,每附加或漏做一个动作扣 0.3 分。

(3)改变动作。改变动作可视为附加或漏做。

(4)改变动作方向。每改变一次规定要求的方向,扣 0.3 分。如果由于方向改变出现附加或漏做,则应按附加或漏做扣分。

(5)重做指定动作的部分或全部,对动作中的错误扣分,以第一次完成的动作为准。

(6)因自选套路指定动作位置确定表填报错误,将在该项最后得分中扣 0.3 分。

(三)裁判长对评分的调整

(1)当评分出现明显不合理现象时,在出示运动员最后得分前,裁判长须报告总裁判长,经总裁判长同意,可召集场上裁判员协商或同个别有关裁判协商,改变分数。被指定改分的裁判员必须服从。

(2)当有效分数(除去最高分与最低分)之间出现不允许的差数时,在出示运动员的最后得分前,裁判长可召集场上裁判员协商或同个别有关裁判协商,改变分数。被指定改分的裁判员必须服从。

有效分之间的差数:

①动作规格的评分:当平均值在 6.5 分及以上时,差数不得超过 0.1 分;6~6.5 分(含 6 分)时,差数不得超过 0.2 分;6 分以下时,差数不得超过 0.3 分。

②演练水平的评分:当平均值在 2.8 分及以上时,差数不得超过 0.1 分;2.5~2.8 分(含 2.5 分)时,差数不得超过 0.2 分;2.5 分以下时,差数不得超过 0.3 分。

③其他拳、械、对练、集体项目的评分:当平均值在 9.5 分及以上时,差数不得超过 0.1 分;9~9.5 分(含 9 分)时,差数不得超过 0.2 分;9 分以下时,差数不得超过 0.3 分。

(四)示分办法

比赛中裁判员一般采用公开示分的办法,即在得到信号后,每个裁判员要公开示分,且应同时示分。但也可根据比赛需要采用有限公开示分的方法。

二、完成套路的时间及场地的规定

(一)完成套路的时间

(1)长拳、南拳和刀、剑、枪、棍的自选套路,不得少于 1 分 20 秒。

(2)太极拳自选套路 3~4 分钟(到 3 分钟时,裁判长鸣哨示意)。

(3)太极剑、集体项目 3~4 分钟(到 3 分钟时,裁判长鸣哨示意)。

(4)其他项目:

①单练不得少于 1 分钟。

②对练不得少于 50 秒。

（5）如果分年龄组比赛，长拳、南拳和刀、剑、枪、棍的自选套路，成年组不得少于 1 分 20 秒，少年组不得少于 1 分 10 秒，儿童组不得少于 1 分钟。

（二）场地的规定

比赛在地面上进行，单练和对练项目的场地为长 14 米，宽 8 米，四周内沿应标明 5 厘米宽的边线，周围至少有 2 米宽的安全区，在场地的两长边中间各做一条长 30 厘米、宽 50 厘米的中线标记。

集体项目的比赛场地为长 16 米、宽 14 米，四周内沿应标明 5 厘米宽的边线，其周围至少有 1 米宽的安全区。

比赛场地上空（从地面量起），至少有 8 米的无障碍空间，两个比赛场地之间的距离要在 6 米以上。

- 专业术语中英文对照：

武术 martialarts	套路 from	拳术 handfrom
器械 weapon	长拳 Changhandform	太极拳 taijiquan
二十四式太极拳 twentyfourstylesTaijihandform		五步拳 Wubuhandform
刀 broadsword	剑 straightsword	枪 spear
棍 staff	拳 fist	掌 palm
勾 hook	弓步 bowstance	跐 horsestance
仆步 crouchsrance	虚步 emptystance	
歇步 cross-leggedcrouchstance		

项目十六　八段锦功法

学习目标

1.知识目标

(1)了解八段锦的特点。

(2)掌握八段锦的习练要领及动作要点。

2.思政目标

热爱我国传统文化,树立积极向上的生活态度。

思维导图

```
                        ┌─────────────────────┐
                        │  八段锦功法的特点    │
                        └─────────────────────┘
┌──────────────┐        ┌─────────────────────┐
│  八段锦功法  │────────│  八段锦功法的习练要领│
└──────────────┘        └─────────────────────┘
                        ┌─────────────────────┐
                        │  八段锦功法的动作要点│
                        └─────────────────────┘
```

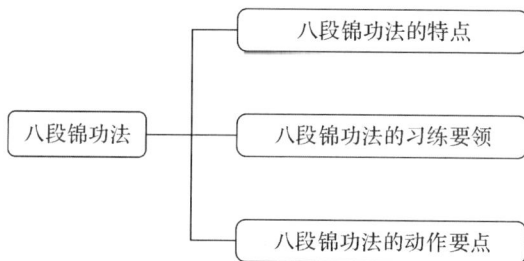

　　八段锦功法从北宋流传至今已有上千年历史。其特点为动作简单易行,健身效果明显,是中华养生文化中的瑰宝。八段锦的"八"字不是单指"段"、"节"和八个动作,而是表示其功法有多种要素,相互制约,相互联系,循环运转。"锦"字则表示每招每式的汇集,如丝锦般连绵不断,是一套完整的健身方法。八段锦是中华民族悠久文化的组成部分,是以人自身形体活动,呼吸吐纳,心理调节相结合为要素的民族传统运动方法。该功法之所以有治病强身的奇效,主要是因其能够打通人体的经络系统,并能增强机体的免疫功能。八段锦最大的特点是在练习时要求手臂旋转,通过两臂的内外旋转来加大对手臂的扭矩,从而加大对手臂的压力。八段锦练习中,处处体现锦缓的特征,即运动强度小,时间较长,而较长时间的缓慢动作也需要消耗较多的能量。

一、八段锦功法的特点

　　八段锦功法的特点主要体现在以下几个方面:

265

（一）柔和缓慢、圆活连贯

(1)柔和，是指习练时动作不僵不拘，轻松自如，舒展大方。

(2)缓慢，是指习练时身体重心平稳，虚实分明，轻飘徐缓。

(3)圆活，是指动作路线带有弧形，不起棱角，不直来直往，符合人体各关节自然弯曲的状态。它是以腰脊为轴带动四肢运动，上下相随，节节贯穿。

(4)连贯，是要求动作的虚实变化和姿势的转换衔接无停顿断续之处。

（二）松紧结合，动静相兼

(1)松，是指习练时肌肉、关节以及中枢神经系统、内脏器官的放松。在意识的主动支配下，逐步达到呼吸柔和、心静体松，同时松而不懈，保持正确的姿态，并将这种放松程度不断加深。

(2)紧，是指习练中适当用力，且缓慢进行，主要体现在前一动作的结束与下一动作的开始之间。

(3)动，就是在意念的引导下，动作轻灵活泼、节节贯穿、舒适自然。

(4)静，是指在动作的节分处做到沉稳。

（三）神与形合、气寓其中

神，是指人体的精神状态和正常的意识活动，以及在意识支配下的形体表现。"神为形之主，形乃神之宅。"

二、八段锦功法的习练要领

练习八段锦对基本身形的要求较高。习练者通过锻炼基本身形可以克服关节和肌肉的酸痛，为放松入静创造良好的条件，为学习其他动作打下基础。下面我们就介绍练习八段锦所需掌握的基本身形和预备式。

（一）基本手形

(1)拳形：大拇指抵掐无名指根节内侧，其余四指屈拢收于掌心。

(2)掌形。掌形之一：五指微屈，稍分开，掌心微含。掌形之二：拇指与食指竖直分开成八字状，其余三指第一、二指节屈收，掌心微含。

(3)爪形：五指并拢，大拇指第一指节，其余四指第一、二指节屈收扣紧，手腕伸直。

（二）基本步形

马步：开步站立，两脚间距约为本人脚长的 2～3 倍，屈膝半蹲，大腿略高于水平。

（三）预备式

动作一：两脚并步站立；两臂自然垂于体侧；身体中正，目视前方。

动作二：随着松腰沉髋，身体重心移至右腿；左脚向左侧开步，脚尖朝前，约与肩同宽；目视前方。

动作三：两臂内旋，两掌分别向两侧摆起，约与髋同高，掌心向后；目视前方。

动作四：上动不停。两腿膝关节稍屈；同时，两臂外旋，向前合抱于腹前呈圆弧形，与脐同高，掌心向内，两掌指间距约 10 厘米；目视前方（见图 16-1）。

图 16-1

三、八段锦功法的动作要点

第一式　两手托天理三焦

动作一：接预备式，两臂外旋微下落，两掌五指分开在腹前交叉，掌心向上；目视前方。

动作二：上动不停。两腿徐缓挺膝伸直；同时，两掌上托至胸前，随之两臂内旋向上托起，掌心向上；抬头，目视两掌（见图16-2）。

动作三：上动不停。两臂继续上托，肘关节伸直；同时，下颌内收，动作略停；目视前方。

动作四：身体重心缓缓下降；两腿膝关节微屈；同时，十指慢慢分开，两臂分别向身体两侧下落，两掌捧于腹前，掌心向上；目视前方。

本式托举、下落为一遍，共做六遍。练功时，两掌上托要舒胸展体，略有停顿，保持抻拉；两掌下落要松腰沉髋，沉肩坠肘，松腕舒指，上体中正。

图16-2

功理与作用：通过两手交叉上托，缓慢用力，保持抻拉，可使"三焦"通畅、气血调和。通过拉长躯干与上肢各关节周围的肌肉、韧带及关节软组织，对防治肩部疾患、预防颈椎病等具有良好的作用。

注：三焦为六腑之一，主要功能为疏通水道和主持气化。其位置在胸腹之间，胸膈以上为上焦，脐以上为中焦，脐以下为下焦。

第二式　左右开弓似射雕

动作一：接上式，身体重心右移；左脚向左侧开步站立，两腿膝关节自然伸直；同时，两掌向上交叉于胸前，左掌在外，两掌心向内；目视前方。

动作二：上动不停。两腿徐缓屈膝半蹲成马步；同时，右掌屈指成"爪"，向右拉至肩前；左掌成八字掌，左臂内旋，向左侧推出，与肩同高，坐腕，掌心相左，犹如拉弓射箭之势；动作略停；目视左掌方向（见图16-3）。

动作三：身体重心右移；同时，右手五指伸开成掌，向上、向右画弧，与肩同高，指尖朝上，掌心斜向前；左手指伸开成掌，掌心斜向后；目视右掌。

图16-3

动作四：上动不停。重心继续右移；左脚回收成并步站立；同时，两掌分别由两侧下落，捧于腹前，指尖相对，掌心向上；目视前方。

动作五至八：同动作一至动作四，唯左右相反。

本式一左一右为一遍，共做三遍。第三遍最后一动时，身体重心继续左移；右脚回收成开步站立，与肩同宽，膝关节微屈；同时，两掌分别由两侧下落，捧于腹前，指尖相对，掌心向上；目视前方。

功理与作用：本式可以展肩扩胸，发展下肢肌肉力量，提高协调能力，同时有利于矫正驼背、含胸等不良姿势。

第三式　调理脾胃须单举

动作一：接上式，两腿徐缓挺膝伸直；同时，左掌上托，左臂外旋上穿经面前，随之臂内旋上举至头上左上方，肘关节微屈，力达掌根，掌心向上。掌指向右；同时，右掌微上托，随之臂内旋下按至右髋旁，肘关节微屈，力达掌根，掌心向下，掌指向前，动作略停；目视前方（见图16-4）。

动作二：松腰沉髋，身体重心缓缓下降；两腿膝关节微屈；同时，左臂屈肘外

图16-4

旋,左掌经面前下落于腹前,掌心向上;右臂外旋,右掌向上捧于腹前,两掌指尖相对,相距约 10 厘米,掌心向上;目视前方。

动作三和四:同动作一和二,唯左右相反。

本式一左一右为一遍,共做 3～8 遍。最后一动时,两腿膝关节微屈;同时,右臂屈肘,右掌下按于右髋旁,掌心向下,掌指向前。

功理与作用:通过左右上肢一松一紧的上下对拉,可以牵拉腹腔,对脾胃中焦肝胆起到按摩作用;同时可以刺激位于腹、胸、肋部的相关经络以及背部的穴位,达到调理脾胃和脏腑经络的作用。练习此式也可使脊柱内各椎骨间的小关节及小肌肉得到锻炼,从而增强脊柱的灵活性与稳定性,有利于预防和治疗肩、颈疾病。

第四式　五劳七伤往后瞧

动作一:接上式,两腿徐缓挺膝伸直;同时,两臂伸直,掌心向后,指尖向下,目视前方。然后上动不停。两臂充分外旋,掌心向外;头向左后转,动作略停;目视左斜后方(见图 16-5)。

动作二:松腰沉髋,身体重心缓缓下降;两腿膝关节微屈;同时,两臂内旋按于髋旁,掌心向下,指尖向前;目视前方。

动作三:同动作一,唯左右相反。

动作四:同动作二。

图 16-5

本式一左一右为一遍,共做 3～8 遍。最后一动时,两腿膝关节微屈;同时,两掌捧于腹前,指尖相对,掌心向上;目视前方。练习此式时注意头要向上顶,肩要向下沉;转头不转体,旋臂,两肩后张。

功理与作用:①"五劳"指心、肝、脾、肺、肾五脏劳损;"七伤"指喜、怒、悲、忧、恐、惊、思七情伤害。本式动作通过上肢伸直外旋扭转的静力牵张作用,可以扩张牵拉胸腔、腹腔内的腑脏。②本式动作中往后瞧的转头动作,可刺激颈部穴位,达到防治"五劳七伤"的目的。③可增加颈部及肩关节周围参与运动肌群的收缩力,增加颈部运动幅度,活动眼肌,预防眼肌疲劳以及肩、颈与背部的疾患。同时,改善颈部及脑部血液循环,有助于解除中枢神经系统疲劳。

第五式　摇头摆尾去心火

动作一:接上式,身体重心左移;右脚向右开步站立,两腿膝关节自然伸直;同时,两掌上托与胸同高时,两臂内旋,两掌继续上托至头上方,肘关节微屈,掌心向上,指尖相对;目视前方。

动作二:上动不停。两腿徐缓屈膝半蹲成马步;同时,两臂向两侧下落,两掌扶于膝关节上方,肘关节微屈,小指侧向前;目视前方。

动作三:身体重心向上稍升起,而后右移;上体先向右倾,随之俯身;目视右脚。

动作四:上动不停。身体重心左移;同时,上体由右向前、向左旋转;目视右脚(见图 16-6)。

动作五:身体重心右移,成马步;同时,头向后摇,上体立起,随之下颌微收;目视前方。

动作六至八:同动作三至动作五,唯左右相反。

图 16-6

本式一左一右为一遍,共做 3～8 遍。做完后,身体重心左移,右脚回收成开步站立,与肩同宽;同时,两掌向外经两侧上举,掌心相对;目视前方。随后松腰沉髋,身体重心缓缓下降。两腿膝关节微屈;同时屈肘,两掌经面前下按至腹前,掌心向下,指尖相对;目视前方。

功理与作用:通过练习此式可以刺激脊柱与督脉,达到疏经泄热的作用,有助于去除心火。

第六式　两手攀足固肾腰

动作一:接上式,两腿挺膝伸直站立;同时,两掌指尖向前,两臂向前、向上举起,肘关节伸直,掌心向前;目视前方。

动作二:两臂外旋至掌心相对,屈肘,两掌下按于胸前,掌心向下,指尖相对;目视前方。

动作三:上动不停。两臂外旋,两掌心向上,随之两掌掌指顺腋下向后插;目视前方。

动作四:两掌心向内沿脊柱两侧向下摩运至臀部;随之上体前俯,两掌继续沿后腿向下摩运,经脚两侧置于脚面;抬头,动作略停;目视前下方。

本式一上一下为一遍,共做六遍。做完六遍后,上体立起;同时,两臂向前、向上举起,肘关节伸直,掌心向前;目视前方。随后松腰沉髋,身体重心缓缓下降;两腿膝关节微屈;同时,两掌向前下按至腹前,掌心向下,指尖向前;目视前方。

功理与作用:①通过前屈后伸可以刺激脊柱、督脉以及命门、阳关、委中等穴位,有助于防治生殖泌尿系统方面的慢性病,达到固肾壮腰的目的。②通过脊柱大幅度前屈后伸,可有效发展躯干前、后伸肌脊柱肌群的力量与伸展性,同时对腰部的肾、肾上腺、输尿管等器官有良好的牵拉、按摩作用,可以改善其功能,刺激其活动。

第七式　攒拳怒目增气力

接上式,身体重心右移,左脚向左开步;两腿徐缓屈膝半蹲成马步;同时,两掌握固,抱于腰侧,拳眼朝上;目视前方(见图16-7)。

动作一:左拳缓慢用力向前冲出,与肩同高,拳眼朝上;瞪目,视左拳冲出方向。

动作二:左臂内旋,左拳变掌,虎口朝下;目视左掌。左臂外旋,肘关节微屈;同时左掌向左缠绕,变掌心向上后握固;目视左拳。

动作三:屈肘,回收左拳至腰侧,拳眼朝上;目视前方。

动作四至六:同动作一至动作三,唯左右相反。

图 16-7

本式一左一右为一遍,共做3～8遍。做完后,身体重心右移,左脚回收成并步站立;同时,两拳变掌,自然垂于体侧;目视前方。练习此式时,冲拳要怒目瞪眼,注视冲出之拳,同时脚趾抓地,拧腰顺肩,力达拳面;拳回收时要旋腕,五指用力抓握。

功理与作用:①本式中的"怒目瞪眼"可刺激肝经,使肝血充盈、肝气疏泻,有强健筋骨的作用。②两腿下蹲十趾抓地、双手攒拳、旋腕、手指逐节强力抓握等动作,可刺激手、足三阴三阳十二经脉的俞穴和督脉等;同时,使全身肌肉、经脉受到静力牵张刺激,长期锻炼可使全身筋肉结实,气力增加。

第八式　背后七颠百病消

动作一:接上式,两脚跟提起;头上顶,动作略停;目视前方。

动作二:两脚跟下落,轻震地面;目视前方。

本式一起一落为一遍,共做七遍。

功理与作用:①脚趾为足三阴、足三阳经交汇之处,脚十趾抓地,可刺激足部有关经脉,调节相应脏腑的功能;同时,颠足可刺激脊柱与督脉,使全身脏腑经络气血通畅,阴阳平衡。②颠

足而立可发展小腿后部肌群力量,拉长足底肌肉、韧带,提高人体的平衡能力。③落地 震动可轻度刺激下肢及脊柱各关节内外结构,并使全身肌肉得到放松复位,有助于解除肌肉紧张。

收式

动作一:接上式,两臂内旋,向两侧摆起,与髋同高,掌心向后;目视前方(见图 16-8)。

动作二:两臂屈肘,两掌相叠置于丹田处(男性左手在内,女性右手在内);目视前方。

动作三:两臂自然下落,两掌轻贴于腿外侧;目视前方。

功理与作用:气息归元,放松肢体肌肉,愉悦心情,进一步巩固练功效果,逐渐恢复到练功前安静时的状态。

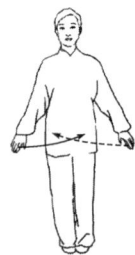

图 16-8

八段锦功法的每节动作都有益于身体某一部位或系统,具有针对性。比如第一式、第二式和第六式,都可以使呼吸肌肉群得到充分锻炼,从而提高肺活量。第一式和第三式能够提高肩关节和手关节的灵活性,第四式可防治颈椎病,第五式可以提高髋和踝关节的灵活性,第六式可以强腰健肾、防治腰酸背痛,第七式能增强力量和耐力,第八式可以行气养血、改善 脏腑功能。但只有把各式动作综合起来并且持久练习,才能达到更好的健身效果。

八段锦整套动作看似横平竖直、柔和缓慢,但却方圆相应、松紧结合,在初学阶段要掌握每一式的动作要领,先求动作方整,再求动作圆活,先体会柔和缓慢,再体会动静相兼。八段锦在练习时采用逆腹式呼吸,同时配合提肛呼吸。具体方法是,吸气时提肛、收腹、膈肌上升;呼气时隔肌下降、松腹、松肛。与动作结合时遵循起吸落呼、开吸合呼、蓄吸发呼的呼吸原则,在每一段主体动作中的松紧与动静的变化交替处采用闭气。

项目十七 健美操

学习目标

1.知识目标
(1)了解健美操运动的理论知识、基本技能和锻炼方法。
(2)掌握健美操的基本动作及练习方法。
2.思政目标
培养学生开朗、活泼、自信、积极向上的个性。

思维导图

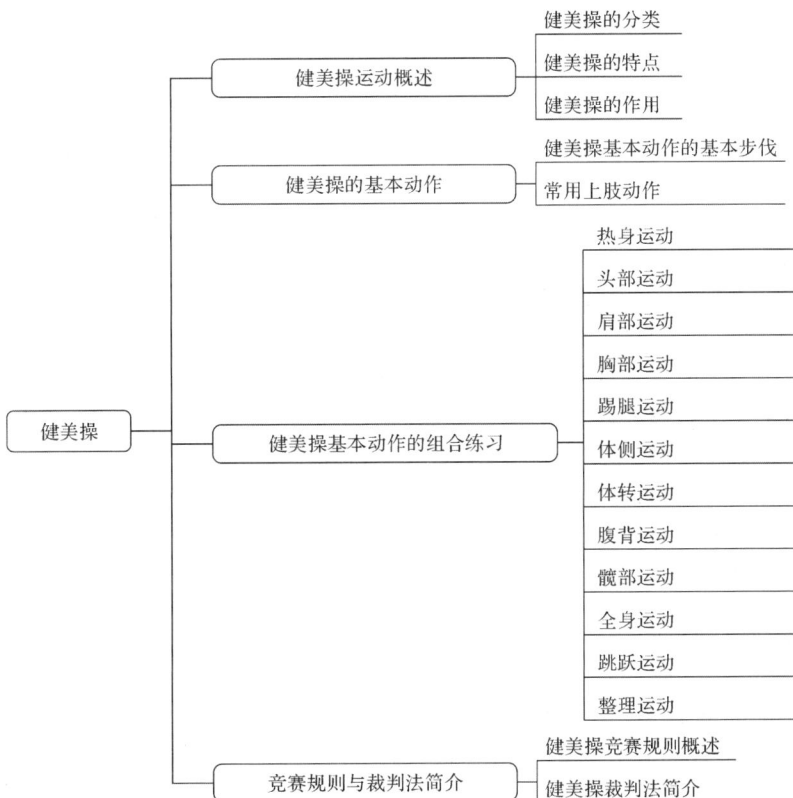

任务一 健美操运动概述

健美操是体操运动的内容之一,是以基本体操动作为主体,配合各种类型的动作、基本难度动作、特殊规定动作,按照一定的方式要求,在音乐伴奏下的综合性身体操练习。健美操练习同时具有健身和健美的双重作用。

一、健美操的分类

健美操的分类方法很多,根据健美操练习的目的和所要解决的主要任务分为大众性健美操和竞技性健美操两大类。

(一)大众性健美操

大众性健美操也称健身健美操,其目的是锻炼身体,增强体质,增进健康,促进身体全面发展,提高身体的工作能力,掌握最基本的健美操练习方法。从单个动作设计和成套编排来看,其动作简单易学,活泼流畅,讲究实效,有针对性,节奏感强,按照一定的顺序来锻炼身体的各个部位。

(二)竞技性健美操

竞技性健美操是以争取优胜为目的的一类健美操。它有特定的竞赛规则,按照规定的项目和规则要求组织运动员进行训练和比赛。它虽然同大众性健美操一样都有增强体质、美化形体、陶冶情操的功效,但这类健美操动作难度较大,密度和强度亦大,技术复杂,具有全面性、准确性和艺术性的特点,在比赛中要求运动员在规定的时间内完成包括 12 个难度动作和操化动作在内的成套动作。

目前国内重大比赛有全国健美操锦标赛、全国健美操冠军赛和全国健美操精英赛。比赛分团体赛和个人赛。健美操只进行自编动作的比赛,但自编动作必须符合规则要求。

小 故 事

体操是力与美完美结合的一个项目,一直以来都是欧美国家的选手在这个项目上称雄,但是在 20 世纪 80 年代有了改变。1982 年第六届体操世界杯赛上,来自中国广西的 19 岁小将李宁,成了全场注目的焦点。那一次比赛,李宁一口气获得了全能、自由操、单杠、跳马、鞍马和吊环六枚金牌,成为世界体操史上首位取得如此好成绩的运动员,从此他有了"体操王子"的绰号。之后在 1982 年亚运会上李宁又独得 4 金。此后,还帮助中国队获得了第 22 届体操世锦赛的男子团体冠军。

二、健美操的特点

(一)集健身和健美于一体

健美操动作讲究造型美,动作美观大方、朝气蓬勃、有力度、准确到位等。因此,健美操的每一个动作,都可有效地训练身体各有关部位的正确姿势,使人体匀称、和谐地发展,轮廓线条清晰而优美,有利于培养健美的体态和风度,塑造健美的体形。

健美操的功效包括促进肌肉力量、速度和弹性,增强关节、韧带的柔韧性,发展心血管系统和呼吸系统的机能等。在现代健美操中,由于吸收了迪斯科和爵士舞中许多髋部动作,不但加强了髋关节的灵活性,而且大大增添了生气,也有利于提高动作的节奏性和协调性,使动作更富有美的色彩,能使人们在欢乐的环境中进行自我陶冶,在自娱中陶冶美的情操,培养正确的审美观念及良好的性格和品德。现代健美操以健身为基础,融健身和健美于一体,既注重对外在美的锻炼,又强调对内在美的培养。

(二)鲜明的节奏感和韵律感相结合

实践证明,在运动中有节奏的活动能使人的身体达到最适宜的协调。节奏是对客观现象的延续性、顺序性和规律性的反映。健美操的节奏一般表现为动作力度强弱和速度快慢的规律性变化。相同的动作由于力度增强或减弱、速度加快或减慢等变化,就可体现出丰富的内容。如同一个动作可以两拍完成、一拍完成或一拍两动,这就是速度的变化。在完成动作时由于肌肉用力的大小、强弱、快慢、刚柔等变化,就使动作表现出了刚、柔、绵、脆、韧等多种运动形态,形成不同风格的健美操动作。

健美操不同的动作和风格,配上适宜的音乐,更能体现出健美操的节奏感、韵律感和风格特征。音乐中高低、长短、强弱、快慢等有节奏性的变化,使健美操更富有律动感。旋律清晰、活泼轻快、情绪激奋的音乐,能振奋练习者的精神,使人跃跃欲试。只有按照音乐的节奏做有节奏和美观大方的动作,才能表现音乐的优美欢快和激奋的情绪,从而得到美的享受。

(三)动作的多变性和协调性相结合

健美操不仅保留了徒手体操中各种类型的基本动作,而且从多种舞蹈及武术中吸收了诸多动作,经过加工提炼使之成为健美操的单个动作。健美操由于单个动作多,瞬间造型多,动作的节奏变化多,使成套动作丰富而多变。

健美操成套动作的多变性,首先表现在每节操很少是单个关节的局部动作,大多为多关节的同步运动。如在完成大幅度的上肢动作时,常伴有腰、髋、膝、踝、头部等的动作,有利于改善和提高身体的协调性。其次表现在动作的节奏和力度上。

(四)运动负荷大且有针对性

任何身体练习都要承受一定的运动负荷,只有适宜的运动负荷,才能达到健身和健美的目的。徒手健美操是依靠身体各部位的自身重量,通过多次的重复练习,达到一定的负荷量,从而实现局部或全身的健美追求。据资料表明,北京体育大学健美操研究组创编的几套健美操的运动负荷都比第六套广播体操大。在全国普遍推广的"青年韵律操",全操中头、颈、肩、肘、脊柱、髋、膝、踝等各主要关节的活动次数达到 1562 次,平均每分钟约有 300 次的关节活动,达到一般徒手操的 3～4 倍。其中髋、膝、踝三关节的活动次数分别为 148 次、308 次和 267 次,是第六套广播体操的 6 倍多。运动中的最高心律可达 156 次/分钟。健美操不仅练习密度大,而且还要求在练习的一定阶段里保持较大强度的锻炼,以达到锻炼的效果。健美操对身体各关节、韧带,各主要肌群及心血管系统和呼吸系统等都会施加较大的运动负荷。

健美操的运动负荷,不仅对全身或某些关节、韧带、各主要肌群等进行卓有成效的健美锻炼,而且应该根据练习者的年龄、性别、健康程度等有所区别。这种区别首先表现为在创编一套健美操时必须根据创编的目的、任务和做操者的特点安排全套操的负荷及其变化。其次表现为练习者可根据自己的身体、工作和生活等情况进行负荷量自我调节等,从而保证了它的针对性特征。

三、健美操的作用

(一)健身作用

经常进行健美操锻炼,有益于肌肉、骨骼、关节的匀称、和谐发展,有利于形成良好的体态和健美的形体。经常进行健身健美操锻炼,可使肌纤维变粗而且坚韧有力,使其中所含蛋白质及糖原等的储量增加,血管变丰富;血液循环及新陈代谢得到改善,使骨外层的密质增厚,骨质更加坚固,从而提高骨骼系统抗折断、弯曲、压拉、扭转的能力;可增强关节的韧性,提高关节的弹性和灵活性。

经常进行健美操锻炼,可使呼吸肌得到增强。通过长期的健美操有氧运动,人的呼吸加深,次数减少。这是一种最有力且收获最大的呼吸方式,可使呼吸肌得到充分的休息,强化呼吸功能,对人体维持旺盛的精力十分有利。

经常进行健美操锻炼,可使肌纤维变粗,变得强壮有力,改变心脏本身循环,可使心脏和整个循环系统的功能处于较好的水平。

经常进行健美操锻炼,能提高消化系统的功能,使消化液的分泌增加、吸收加速。另外,做健美操时呼吸加深,膈肌大幅度上下移动和腹肌的活动,对肠胃起到按摩作用,从而增强其消化功能。

经常进行健美操锻炼,能改善肾脏的血液供应,提高肾脏排除代谢废物的能力,加强肾脏对水分及其他对身体有用的物质的吸收。同时,对皮肤也有好处,能增加皮肤血液循环,促进新陈代谢,提高灵敏度,加强对冷热的适应能力,从而增强人体的防御能力。

(二)健美作用

健美主要是指人体形健美,即人体外形的匀称、和谐。也就是身体的整体指数与比例要适度。形体美基本上是由身高、体重和人体各部分的长度、围度以及比例所决定的,并受肤色、姿态、动作、风度、着装和化妆等因素的影响。

现代社会,人们对形体美有着各种不同的认识和追求。人们想通过力量练习,使身体各部分的肌肉得到协调、匀称的发展,这类形体可称为"肌肉型",其主要特征是身体各部分的肌肉特别发达,展示时肌肉线条清晰。通过舞蹈或艺术体操等练习塑造的形体,可称为"艺术型",其主要特征是身体各部位脂肪较少,肌肉的协调性、灵活性好,动作优美动人。把发展体能和发展身体相结合而塑造的形体,称为"体能型",其主要特征是形体适应各项目的需要,肌肉发达而灵活,能承受大负荷的训练和比赛。根据各自的身体条件,塑造自己理想的形体,称为"自选型",其主要特征是弥补缺陷,使身体协调发展。

健美操可使少年儿童形成良好的身体姿态;使青年人动作优美、体态矫健;使中年人延缓身体的衰老,保持良好体态;使老年人骨骼结实,肌肉富有弹性,维持良好形体;使畸形不良身体得以纠正。

任务二　健美操的基本动作

健美操的基本动作是其核心,各种动作都是在此基础上产生和发展的。健美操的任何组合动作都是以健美操的基本动作为基本元素进行编排的。基本动作的内容丰富,且动作相对比较简单,易于初学者练习和掌握。

健美操基础套路
分解示范

一、健美操基本动作的基本步伐

基本步伐是组成动作组合的最小单位。在编排动作时可在基本步伐的基础上进行变化,从而形成一个相对复杂的动作组合。根据完成形式的不同,其步伐可分为三类:无冲击力动作、低冲击力动作和高冲击力动作。许多动作既可做成低冲击力形式,也可做成高冲击力形式,但在运用时多数时间以低冲击力的形式出现。因此,低冲击力动作是目前健美操中运用最多的动作类型。

(一)无冲击力动作

1.半蹲

动作描述:两腿左右分开稍宽于肩(或与肩同宽),脚尖稍外开,两腿同时屈膝和伸直。

技术要点:屈膝不得超过90°;屈膝时,膝关节与脚尖方向相同,臀部向后,上体稍前倾,膝关节不应超过脚尖。

动作变化:并腿半蹲、迈步半蹲、迈步转体半蹲。

2.弓步

动作描述:一种做法是两腿前后站立,左、右脚与髋同宽,平行站立,脚尖向前,两腿同时屈膝和伸直,常用于力量练习。另一种做法是一腿屈膝,另一腿伸直,常用于健美操练习。

技术要点:身体重心在两腿之间,膝、踝关节在一条线上。前腿膝关节弯曲不能超过90°,其位置也不能超过脚尖。

动作变化:原地前后弓步、左右弓步、向前一步交换腿弓步、后撤一步交换腿弓步、转体弓步、跳弓步。

(二)低冲击力动作

1.踏步

动作描述:两腿依次抬起,依次落地。

技术要点:在下落时,膝、踝关节有弹性地缓冲。

动作变化:踏步转体、踏步分腿与并腿。

2.走步

动作描述:迈步移动。向前走时,脚跟先落地,再过渡到全脚掌;向后走时相反。

技术要求:在落地时,膝、踝关节有弹性地缓冲。

动作变化:向前、向后走步,转体(弧线)走步。

3.一字步

动作描述:向前一步,后脚并前脚,然后向后一步,前脚并后脚。

技术要求:前后均要有并腿过程,两膝始终要有弹性地缓冲。

动作变化:向前、向后一字步,转体一字步。

4.V 字步

动作描述:一脚向斜前方迈一步,另一脚随之向另一斜前方迈一步,两脚开立,然后再依次退回原位。

技术要点:两脚之间的距离略比肩宽,身体重心在两腿之间。

动作变化:正的和倒的 V 字步(前、后),转体 V 字步,跳的 V 字步。

5.漫步

动作描述:一脚向前一小步,重心随之前移,另一脚原地踏一步,重心移至此脚;一脚后撤一小步,重心随之后移,另一脚原地踏一步,重心移至此脚。

技术要求:身体重心随动作前后灵活移动,动作要有弹性。

动作变化:转体漫步、跳起漫步。

6.迈步移重心

动作描述:一脚迈出,落地同时两膝弯曲,随之身体重心移动至另一脚,腿伸直,脚尖点地。

技术要求:重心移动明显,两膝有弹性地屈伸。

动作变化:左右移重心、前后移重心、移动地移重心、转体地移重心。

7.后屈腿

动作描述:一脚站立,另一腿后屈,然后还原。

技术要点:主力腿保持有弹性地屈伸,后屈腿的脚后跟向着臀部。

动作变化:原地后屈腿、移动后屈腿、转体后屈腿、跳的后屈腿。

8.点地

动作描述:一腿伸出,脚尖或脚跟点地,另一腿伸直或稍屈膝站立。

技术要点:两腿有弹性地屈伸,点地时,身体重心始终在主力腿上。

动作变化:脚尖点地,脚跟点地,迈步点地,向前、向后点地,向侧点地。

9.并步

动作描述:一脚迈出,移出重心,另一脚随之,主力腿内侧并腿点地,同时屈膝。

技术要点:两膝自然伸屈,并有一定的弹性,身体重心随之移动。

动作变化:左右并步、前后并步、转体并步。

10.交叉步

动作描述:一脚向同侧迈出一步,另一脚在其后交叉,随之再向侧一步,另一脚跟上并步。

技术要点:脚落地的同时屈膝缓冲,身体重心随着脚的迈出而移动。

动作变化:前交叉步、转体交叉步、加小跳交叉步。

11.吸腿

动作描述:一腿屈膝上抬,另一腿微屈缓冲。

技术要求:大腿上提,小腿自然下垂,后背挺直,保持主力腿屈膝缓冲。

动作变化:原地吸腿、迈步吸腿、移动吸腿、转体吸腿、跳吸腿、向前吸腿、向侧吸腿等。

12.摆腿

动作描述:一腿站立,另一腿自然抬起,然后还原成并腿。

技术要点:保持主力腿屈膝缓冲;抬起腿无须很高,但要有所控制;保持上体直立。

动作变化:向前摆腿、向侧摆腿、摆腿跳(也可以做成高冲击力动作)。

13.踢腿

动作描述:一腿站立,另一腿加速上摆。

技术要点:主力腿轻微屈膝缓冲,脚后跟不要离地;踢脚的高度因人而异,避免造成大腿后部损伤;上体尽量保持直立。

动作变化:原地踢腿、移动踢腿、跳起踢腿、向前踢腿、向侧踢腿。

(三)高冲击力动作

1.跑

动作描述:两腿依次经过腾空后,一腿落地缓冲,另一腿后屈或抬膝,两臂前后自然摆动。

技术要点:落地屈膝缓冲,脚后跟要着地。

动作变化:原地跑、向前后跑、弧线跑、转体跑。

2.双腿跳

动作描述:双腿有弹性地跳起。

技术要点:落地屈膝缓冲,脚后跟要着地。

动作变化:原地双腿跳、前后双腿跳、左右双腿跳、转体双腿跳。

3.开合跳

动作描述:由并腿跳成左右分腿落地,再由分腿跳起并腿落地。

技术要点:分腿时,两脚自然向外分开,膝关节沿脚尖方向屈;落地时,屈膝缓冲,脚后跟要落地。

动作变化:原地开合跳、转体开合跳。

4.并腿跳

动作描述:一脚迈出,随之蹬地跳起,后腿并于前腿。

技术要点:脚迈出后,身体重心随之移动,空中有并腿过程。

动作变化:向前、向后并腿跳,向侧并腿跳。

5.单腿跳

动作描述:一脚跳起,另一脚离地。

技术要点:落地屈膝缓冲,保持上体正直。

动作变化:原地单腿跳、移动单腿跳、转体单腿跳。

6.弹踢腿跳

动作描述:一脚跳起,另一腿经屈膝伸直。

技术要点:无双腿落地过程,弹踢腿不用很高,但要有所控制。

动作变化:原地弹踢腿跳,移动弹踢腿跳,转体弹踢腿跳,向前、向后弹踢腿跳,向侧弹踢腿跳。

7. 点跳(小马跳)

动作描述:一脚小跳一次、垫步一次,另一脚随之并于主力腿。

技术要点:两脚轻快蹬落地,身体重心随之平稳移动。

动作变化:原地点跳、左右点跳、前后点跳、转体点跳。

二、常用上肢动作

在完成基本动作时加入不同的手臂动作就会使动作变得丰富多彩。健美操的手臂动作除了自然摆动和一些舞蹈动作外,主要是模仿上肢力量练习的一些动作,使练习更加有效。

(一)常用手形

健美操中的手形有多种,是从芭蕾舞、现代舞、迪斯科、武术中吸收和发展起来的。手形是手臂动作的延伸和表现,运用得好,会使健美操动作更加丰富多彩、生动活泼,更具有感染力。因此,在练健美操过程中掌握好手形动作就显得十分重要。下面,我们介绍几种常用的手形。

1. 并拢式

五指并拢,大拇指微屈。

2. 分指式

五指用力伸直,充分张开。

3. 芭蕾手位

五指微屈,后三指并拢,稍内收,拇指内扣。

4. 拳式

四指屈于手心,拇指扣在食指和中指上,拳要握紧。

5. 立掌式

五指用力伸直,相互并拢,手掌用力上翘。

6. 西班牙舞手形

五指用力,小指、无名指、中指自掌关节处依次屈,拇指稍内扣。

(二)常用臂形

1. 上举

两臂向上举同肩宽,手心相对。

2. 前平举

两臂前举与肩平,手心向下。

3. 前上举

臂前上举 $45°$,手心向前。

4. 前下举

臂前举与下垂之间成 $45°$,手心向下。

5. 后上举

臂后举与上举之间成 $45°$,手心向下。

6.后下举

臂后举与下垂之间成 45°,手心向下。

7.侧平举

两臂侧平举,手心向下。

8.侧上举

臂侧举与上举之间成 45°,手心相对。

9.侧下举

臂侧举与下垂之间成 45°,手心向下。

(三)常用手臂基本动作

1.屈伸臂

以臂部肌肉群的收缩做关节屈和伸的动作。

2.摆臂

以肩为轴来完成手臂摆动动作。

3.振臂

以肩为轴做臂的快速振动动作。

4.臂的绕及绕环

以肩或肘为轴做弧形或圆形运动的动作。

5.旋臂

以肩为轴做臂的内旋或外旋动作。

任务三　健美操基本动作的组合练习

一、热身运动

预备姿势:开立,两臂自然下垂,低头。

第一个八拍,如图 17-1 所示。

图 17-1

1—4 拍,两臂经侧至上举(五指分开,掌心向前),低头。

5—8 拍,抬头,同时半蹲,两臂屈肘下落合掌至胸前(五指并拢,指尖向上)。

第二个八拍,如图 17-2 所示。

图 17-2

1—2 拍,重心移至左腿,右脚尖点地,同时左臂经胸前平屈至上举(五指分开,掌心向前)。

3—4 拍,重心移至右腿,左脚尖点地,同时右臂经胸前平屈至上举(五指分开,掌心向前)。

5—8 拍,半蹲,同时两臂屈肘下落合掌至胸前(五指并拢,指尖向上),抬头。

第三个八拍,如图 17-3 所示。

图 17-3

1 拍,右脚向左前迈一步,同时两膝微屈,右臂上举(五指分开,掌心向前),抬头。

2 拍,左腿侧伸,脚尖点地成右弓步。

3—4 拍,腿同 1—2 拍,方向相反,同时右臂经胸前平屈向下伸直(五指分开,掌心向内),目视前方。

5—6 拍,腿同 1—2 拍,同时两臂经前摆至侧举(五指分开,掌心向前)。

7—8 拍,左脚向右前一步交叉转体 360°,同时两臂置于体侧。

第四个八拍,如图 17-4 所示。

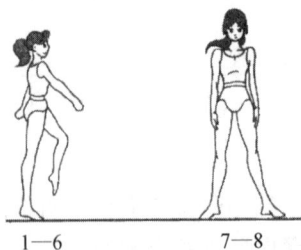

图 17-4

1—6拍,左脚开始原地踏步,直臂前后摆动,臂与身体夹角约成45°。

7拍,左脚向左迈一步,同时两臂置于体侧。

8拍,右脚向右迈一步成开立状。

二、头部运动

第一个八拍,如图17-5所示。

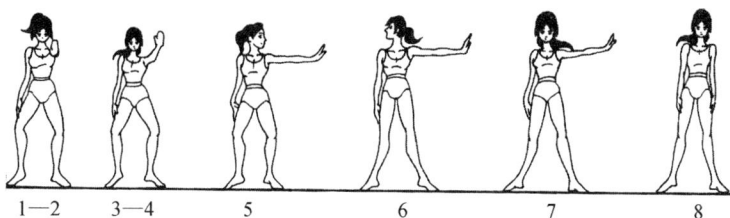

图 17-5

1—2拍,半蹲,同时抬头,左臂前举(立腕)。

3—4拍,低头。

5拍,头左转,同时左臂摆至侧举。

6拍,两腿伸直,同时头右转180°。

7拍,头还原至朝前。

8拍,左臂还原至体侧。

第二个八拍同第一个八拍,方向相反。

第三个八拍,如图17-6所示。

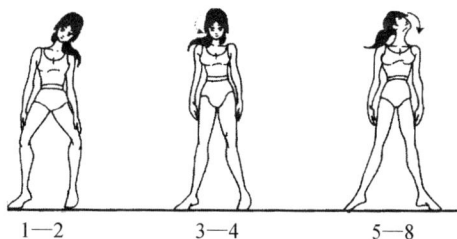

图 17-6

1—2拍,半蹲,同时头向左屈。

3—4拍,两腿伸直,同时头向右屈。

5—8拍,头经后向左绕环一周后还原。

第四个八拍同第三个八拍,方向相反。

三、肩部运动

第一个八拍,如图17-7所示。

1—2拍,左腿向前屈膝,脚跟提起,同时左肩上提。

3—4拍,还原。

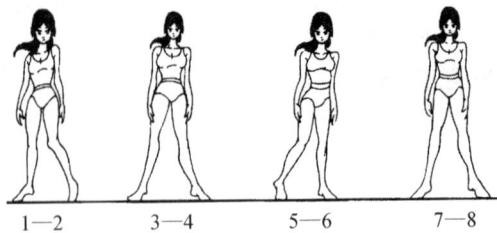

图 17-7

5—6 拍,同 1—2 拍,方向相反。

7—8 拍,同 3—4 拍。

第二个八拍,如图 17-8 所示。

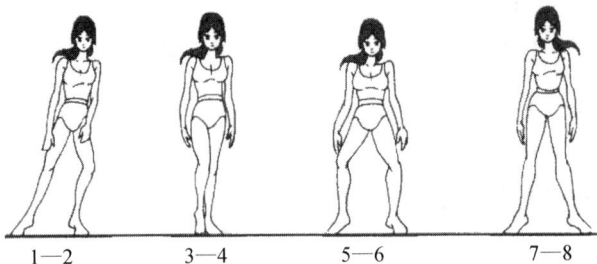

图 17-8

1—2 拍,左腿屈膝成弓步,同时双肩向后绕环一周。

3—4 拍,右腿屈并于左脚,同时双肩向后绕环一周。

5—6 拍,右脚向侧迈一步成半蹲,同时双肩向前绕环一周。

7—8 拍,两腿伸直,同时双肩向前绕环一周。

第三个八拍同第一个八拍,方向相反。

第四个八拍同第二个八拍,方向相反。

第五个八拍,如图 17-9 所示。

图 17-9

1 拍,左脚向侧迈半步,同时两臂上举(五指分开,掌心向前)。

2 拍,右腿并于左腿后,同时两膝微屈,两臂经后绕于体侧屈肘(五指分开,掌心向前)。

3 拍,两臂向侧屈伸一次。

4 拍,两臂向侧伸出至侧举。

5 拍,左臂旋外(五指分开,掌心向上),同时右臂旋内(五指分开,掌心向上)。

6 拍,同 5 拍,方向相反。

7—8 拍,同 5—6 拍。

第六个八拍同第五个八拍,方向相反。

四、胸部运动

第一个八拍,如图 17-10 所示。

图 17-10

1—2 拍,左腿向左前迈一步成半蹲,右腿屈膝并于左腿,同时向左转体 45°,两臂体前下攀,含胸低头。

3—4 拍,左脚后蹬成右后弓步,脚跟着地,同时两臂屈肘后拉收于腰际(握拳,拳心向上),挺胸,头右转。

5—6 拍,重心移至左腿成左前弓步,同时两臂伸直经前向侧打开扩胸。

7 拍,左腿伸直,重心前移,右脚尖后点地,同时两臂经下、前至上举后振。

8 拍,向右转体 45°成开立,同时两臂经侧还原至体侧。

第二个八拍同第一个八拍,方向相反。

第三个至第四个八拍分别同第一个至第二个八拍。

五、踢腿运动

第一个八拍,如图 17-11 所示。

图 17-11

1拍,向左转体90°,同时左腿伸直提踵立,右腿向上前方弹踢45°,左臂胸前平屈(握拳),右臂侧举(握拳)。

2拍,右脚落地,同时左腿屈膝,两臂落于体侧。

3拍,同1拍,换左腿向前弹踢。

4拍,向右转体90°,同时左脚落地,两臂肩侧屈。

5拍,左脚提踵立,同时右腿直膝前踢,两臂上举。

6拍,左脚落踵,同时右腿落下,两臂向内交叉于腹前。

7拍,右腿直膝侧踢(脚面向上),两臂侧举,上体稍前倾。

8拍,右腿落至右侧,同时两臂还原。

第二个八拍同第一个八拍,方向相反。

第三个至第四个八拍同第一个至第二个八拍。

六、体侧运动

第一个八拍,如图17-12所示。

图 17-12

1—2拍,右腿屈膝成右侧弓步,同时左臂屈肘外张,手扶右膝,右臂后上举,上体右侧屈。

3拍,同1—2拍,方向相反。

4拍,左腿伸直成开立,同时右臂肩侧屈,左臂自然落于体侧。

5—6拍,上体左侧屈,同时右脚并于左脚旁点地,两膝微屈,右臂伸直上举。

7拍,右脚侧出一步成开立,同时右臂经左下绕至侧举。

8拍,上体还原,同时右臂落于体侧。

第二个八拍同第一个八拍,方向相反。

第三个至第四个八拍同第一个至第二个八拍。

七、体转运动

第一个八拍:

1拍,右腿屈膝成右后弓步,同时上体向左拧转90°,右臂胸前平屈,掌心向下。

2拍,右腿伸直,同时上体转回,左臂自然放于体侧。

3—4拍,同1—2拍,方向相反。

5拍,半蹲,同时上体向左拧转90°,两臂侧下举。

6拍,两腿伸直,同时上体转回,两臂自然放下。

7 拍,同 5 拍,方向相反。

8 拍,同 6 拍。

第二个八拍同第一个八拍,方向相反。

第三个至第四个八拍同第一个至第二个八拍。

八、腹背运动

第一个八拍:

1—2 拍,左脚向左侧并步跳成开立,同时两臂经前至侧举。

3 拍,两臂内旋。

4 拍,两臂上举。

5 拍,上体前屈,同时两臂屈肘经胸前向下伸出。

6 拍,上体稍抬起。

7 拍,上体前屈。

8 拍,上体稍抬起,左转 45°,同时两臂侧举。

第二个八拍,如图 17-13 所示。

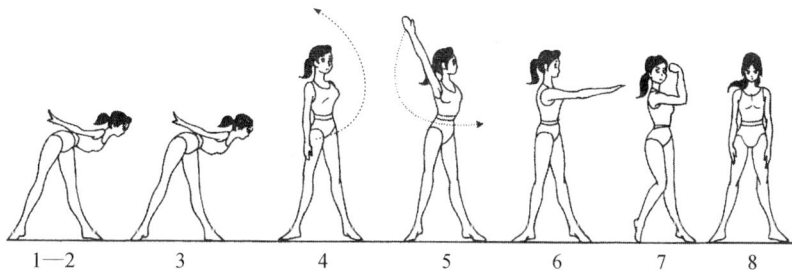

图 17-13

1 拍,上体前屈。

2 拍,上体稍抬起。

3 拍,上体前屈。

4 拍,上体抬起,同时两臂自然落于体侧。

5 拍,右臂经前向后绕环一周。

6 拍,右臂继续绕至前举。

7 拍,右腿屈膝内扣,同时右臂向上弯曲,头向右转 45°。

8 拍,右腿伸直,同时上体转回,右臂自然落于体侧。

第三个至第四个八拍同第一个至第二个八拍,方向相反。

第五个至第八个八拍同第一个至第四个八拍。

九、髋部运动

第一个八拍:

1—2 拍,右腿屈膝,同时左腿伸直向左顶髋两次,左臂侧举,目视左手。

3—4 拍,同 1—2 拍,方向相反,但左臂保持侧举。

5 拍,向左顶髋,同时两臂腹前交叉,头转正。

6 拍,向右顶髋,同时两臂绕至上举。

7 拍,向左顶髋,同时两臂绕至侧举。

8 拍,向右顶髋,同时两臂自然落于体侧。

第二个八拍:

1 拍,左脚向前跨步,同时右腿屈膝后提,右臂摆至胸前平屈,左臂摆至侧举。

2 拍,右腿屈膝落于左腿后,同时两臂自然落于体侧。

3 拍,左脚向后撤步,同时右腿自然屈膝,左臂摆至胸前平屈,右臂摆至侧举。

4 拍,右腿屈膝落于左腿前,同时两臂自然落于体侧。

5 拍,左脚向前迈一步内旋(脚尖右转),同时上体右转 45°,提左髋(重心移至右脚),两手叉腰。

6 拍,左腿屈膝,同时向右后顶髋。

7 拍,同 5 拍,方向相反。

8 拍,左脚收至右脚旁成开立,同时两臂自然落于体侧。

第三个八拍同第一个八拍,方向相反。

第四个八拍同第二个八拍,方向相反。

十、全身运动

第一个八拍,如图 17-14 所示。

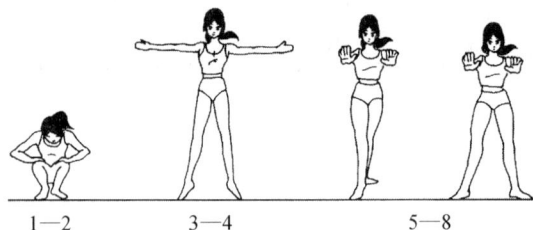

图 17-14

1—2 拍,跳至并腿前蹲,同时两臂屈肘外张,双手扶膝,低头。

3—4 拍,两臂经前至侧举,挺胸,头还原。

5—8 拍,左脚起步向后退三步,第 8 拍右脚退到右侧,同时两臂逐渐向前推出,头逐渐抬起。

第二个八拍,如图 17-15 所示。

图 17-15

1 拍,左腿侧出一步,屈膝成左点弓步,同时上体稍左转,左臂屈肘收于腰际,右臂前伸。

2 拍,左腿伸直,同时右脚并于左脚(提踵),右臂由前向右画弧,屈肘收于腰际,上体转回。

3—4 拍同 1—2 拍,方向相反。

5—8 拍同 1—4 拍。

第三个八拍同第一个八拍,方向相反。

第四个八拍同第二个八拍,方向相反。

十一、跳跃运动

第一个八拍:

1—4 拍,左脚起步做一次十字跑跳步,两臂自然摆动。

5 拍,跳至开立,同时两臂胸前平屈上下拉开。

6 拍,跳至并立,同时两手胸前重叠。

7—8 拍同 5—6 拍。

第二个八拍,如图 17-16 所示。

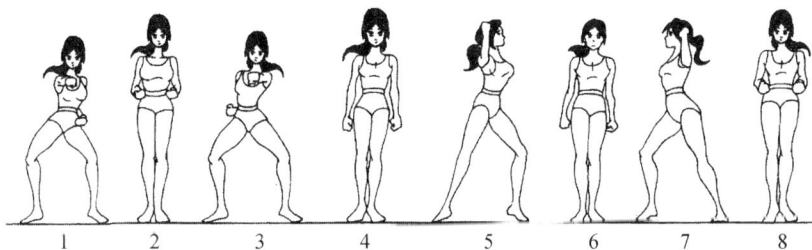

图 17-16

1 拍,跳至马步,同时右臂前伸冲拳,左臂屈肘收于腰际。

2 拍,双脚跳至并立,同时右臂屈肘收于腰际。

3 拍,同 1 拍,方向相反。

4 拍,双脚跳至关立,同时两臂落于体侧。

5 拍,双脚蹬跳或左前弓步,同时向左转体 90°,两臂侧屈(握拳,拳心相对)。

6 拍,双脚跳至并立,同时向右转体,两臂落于体侧。

7 拍,同 5 拍,方向相反。

8 拍,双脚跳至并立,同时向左转体 90°,两臂屈肘收于腰际。

第三个八拍,如图 17-17 所示。

1 拍,左脚向前弹踢,同时两臂向上伸出。

2 拍,左脚着地,同时右腿屈膝后提,两手握拳,收至肩侧屈。

3 拍,同 1 拍,方向相反。

4 拍,右脚着地,同时左脚屈膝向后向右提,两臂向内交叉至腹前。

5 拍,左腿向左侧弹踢,同时两臂向外摆至侧下举。

6 拍,左脚着地,同时右腿屈膝向后向左提,两臂收至腹前交叉。

图 17-17

7 拍,同 5 拍,方向相反。

8 拍,同 2 拍,方向相反。

第四、第五、第六个八拍同第一、第二、第三个八拍。

十二、整理运动

第一个八拍,如图 17-18 所示。

图 17-18

1—2 拍,左脚向左并步成右后点立,同时身体左转 45°,左臂经侧至上举(掌心向前)。

3—4 拍,左腿屈膝,同时右腿屈膝并于左腿,上体放松前屈,左臂屈肘经前自然落下。

5—8 拍,同 1—4 拍,方向相反。

第二个八拍,如图 17-19 所示。

图 17-19

1—2拍,左脚侧出一步成开立,同时上体转回,两臂由腹前向外经侧至上举(掌心相对)。

3—4拍,逐渐半蹲,同时两臂屈肘向下按掌(指尖相对,掌心向下)。

5—6拍,逐渐立起,臂同1—2拍。

7—8拍,同3—4拍。

最后左脚并于右脚,同时两臂落于体侧。

任务四　竞赛规则与裁判法简介

一、健美操竞赛规则概述

(一)竞赛项目
世界健美操锦标赛包括下列5个项目:女子单人、男子单人、混合双人、三人、集体六人。

(二)参赛人数
各项比赛的运动员人数和性别:

女子单人由一名女运动员参加。

男子单人由一名男运动员参加。

混合双人由一名男运动员和一名女运动员参加。

三人由三名运动员参加,性别任选。

集体六人由六名运动员参加,性别任选。

(三)参赛年龄
参加世界健美锦标赛的运动员当年必须年满18周岁。

(四)时间
成套动作时间为1分45秒,有加减5秒的宽容度。

(五)音乐
必须配合音乐完整地表演成套动作。

(六)难度动作
成套动作必须包括下列各组难度动作各一个:

(1)俯卧撑、倒地、旋腿与分切。

(2)支撑和水平。

(3)跳与跃。

(4)柔韧与变化。

最多允许做12个难度动作。

(七)着装要求

1.外表

运动员应当有整洁与适宜的外表,头发必须固定在头上。

2.着装

正确的健美操着装不含有任何透明材料,用绳带连接紧身衣部分要有内衬(在胸部和躯干部),不要露出肉体和皮肤。

(八)比赛场地

1.赛台

赛台高80～140厘米,后面有背景遮挡,赛台不得小于14米×14米。

2.竞赛地板和竞赛区

竞赛的地板必须是12米×12米,并清楚地标出7米×7米的单人、混双、三人的比赛场地以及10米×10米的集体六人场地。标记为5厘米宽的黑色带,标记带是场地的一部分。

所用地板必须符合国际体联的标准,并由国际体联认可。只有经国际体联认可的场地方可用于比赛。

3.裁判与仲裁座位区

艺术裁判、完成裁判和难度裁判将坐在赛台正前方,视线员座位安置在赛台的两个对角,高级裁判组和裁判长坐在艺术裁判、完成裁判与难度裁判正后方的高台上,如图17-20所示。

裁判组A									
艺术	完成	艺术	完成	难度	难度	艺术	完成	艺术	完成
1	5	2	6	9	10	3	7	4	8
裁判组B									
艺术	完成	艺术	完成	难度	难度	艺术	完成	艺术	完成
1	5	2	6	9	10	3	7	4	8
裁判组A			高级裁判组			裁判组B			
计时员	裁判长	成员	主席	成员	裁判长	计时员			

图 17-20　裁判与仲裁座位安排

4.限制

在没有被大会组委会或国际体操联合会(InternationalGymnasticsFederation,FIG)正式叫到之前,教练员和运动员禁止进入等候场地。

在运动员比赛时,教练员必须留在等候场地。

教练员和运动员禁止进入裁判区,违反规定者将由裁判长取消其比赛资格。

(九)音乐伴奏

1.音响设备

音响设备应达到专业水准,包括常规设备和特殊装置,即运动员专用音响、常规放音设备以及CD机等。

2.录音

可以使用一首或多首乐曲混合的音乐,可使用原作音乐或加入特殊音响效果的音乐。音乐要录在磁带或CD的A面开头,禁止用磁带与磁带的转录。

自备两盘比赛用带,并且清楚地标明运动员的姓名、国籍与参赛项目。

3.音质

磁带录制必须达到专业化的水准。

4.音乐版权

国际体联和组委会不能保证播放原音乐,必须把所使用的音乐、曲目、艺术家和作曲家的名字单列出,在确认报名时一起交到世界锦标赛组委会和国际体联秘书处。

二、健美操裁判法简介

(一)裁判组的组成

1.高级裁判组

由健美操委员会指定3名成员组成。

2.世界与洲际健美操锦标赛、世界运动会与世界杯系列赛的裁判组

艺术裁判4人,裁判号码为1—4。

完成裁判4人,裁判号码为5—8。

难度裁判2人,裁判号码为9—10。

视线裁判2人,裁判号码为11—12。

计时裁判1人,裁判号码为13。

裁判长1人,裁判号码为14。

(二)高级裁判组的职责

(1)监督整个比赛的情况,处理影响比赛进程的违纪情况或特殊情况。

(2)查看裁判员的评分,对在裁判工作中表现不佳或倾向性打分的裁判员提出警告。

(3)更换被警告后仍表现不佳的裁判员。

(三)裁判员职责

1.艺术裁判

艺术裁判根据成套操编排、表演的标准评价运动员的"艺术质量"。

2.完成裁判

完成裁判根据技术技巧、一致性的完成情况评价运动员的"完成质量"。

3.难度裁判

难度裁判根据竞赛规则的要求评价出运动员的"难度动作质量"。

4.视线员

出界由坐在场地对角的视线员评判,每一视线员负责两条线。标志带是比赛场地的一部分,因此,触线是允许的,但身体任何一部分接触线外的地面将被减分。肢体空中出线不扣分。

5.裁判长

裁判长记录下整套动作(同难度裁判)并且根据技术规程负责监控在场的全部裁判的工作。必须把所有现场评判的新难度动作报告给健美操委员会,委员会予以审核,并将新难度动作增加到评分规则的难度动作表及分值中,每年举行一次。同时,负责如下减分:超过3次托举,三人和团体项目中超过两人站立的高度,表演的中断和停止,时间偏差或错误,20秒内未出场,弃权,竞赛区的表现,着装问题和纪律处罚。

项目十八　体育舞蹈

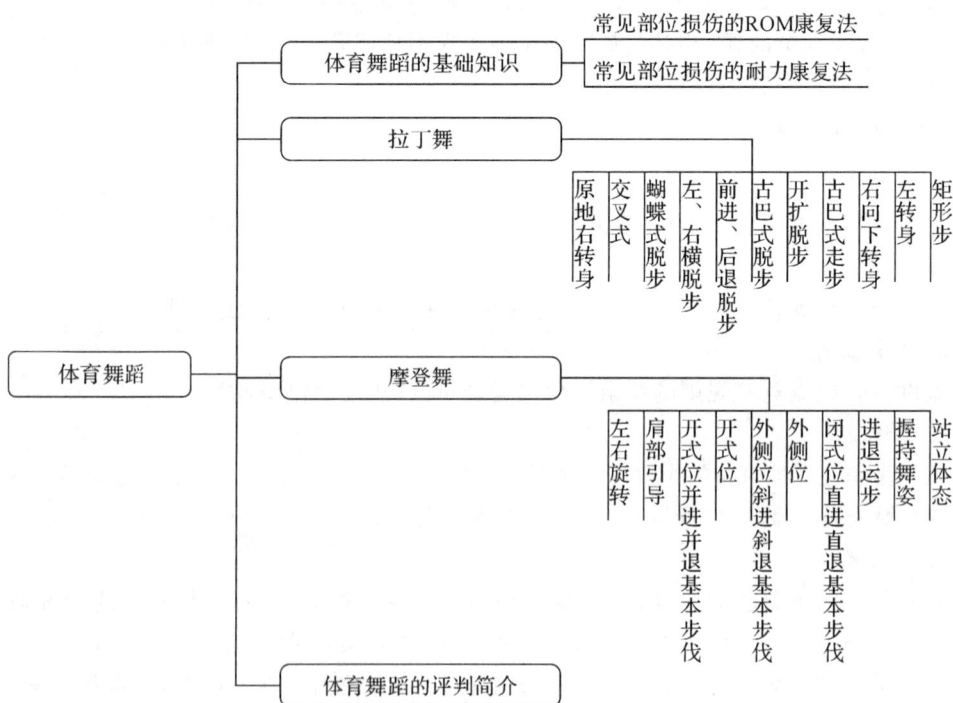

学习目标

1.知识目标

(1)了解体育舞蹈的基础知识。

(2)理解舞曲的旋律、节拍。

(3)掌握体育舞蹈的基本元素和步伐。

2.思政目标

提高大学生的身体素质和艺术修养,培养优雅的气质。

思维导图

体育舞蹈
- 体育舞蹈的基础知识
  - 常见部位损伤的ROM康复法
  - 常见部位损伤的耐力康复法
- 拉丁舞
  - 矩形步
  - 左转身
  - 右向下转身
  - 古巴式走步
  - 开扩脱步
  - 古巴式脱步
  - 前进、后退脱步
  - 左、右横脱步
  - 蝴蝶式脱步
  - 交叉式
  - 原地右转身
- 摩登舞
  - 站立体态
  - 握持舞姿
  - 进退运步
  - 闭式位直进直退基本步伐
  - 外侧位
  - 外侧位斜进斜退基本步伐
  - 开式位
  - 开式位并进并退基本步伐
  - 肩部引导
  - 左右旋转
- 体育舞蹈的评判简介

任务一　体育舞蹈的基础知识

体育舞蹈也称"国际标准舞",是在友谊舞的基础上发展起来的一项新兴体育运动。它是以男女为伴的一种步行式双人舞的竞赛项目,具有表演、比赛、观赏、社交等多种功能和独特的健身价值,深受世界各国人民的喜爱。

19世纪20年代后,英国皇家舞蹈教师协会对原舞种、舞步、舞姿等进行规范整理,制定比赛规则,开始形成国际标准交谊舞,并于1947年在德国柏林举行第一届世界标准交谊舞锦标赛。

体育舞蹈于20世纪30年代传入我国,在80年代发展较快。我国于1987年举办了首届全国国际标准交谊舞比赛,1991年举行了首届全国体育舞蹈锦标赛。1993年年底,举办了"中国上海、北京世界杯体育舞蹈锦标赛"。2004年四川绵阳举办中国绵阳国际职业体育舞蹈公开赛,来自20个国家的100余名职业体育舞蹈选手参赛。

目前,体育舞蹈已发展成两大类,10个舞种。它分为拉丁舞和摩登舞两个项群。其中拉丁舞项群包括伦巴舞、恰恰舞、桑巴舞、牛仔舞和斗牛舞;摩登舞项群含有华尔兹舞、维也纳华尔兹舞、探戈舞、狐步舞和快步舞。每个舞种均有各自的舞曲、舞步及风格。

一、体育舞蹈的舞姿

要学好体育舞蹈,首先要掌握规范的舞姿。规范才可称为标准,才能优美。优美的舞姿富于观赏性和表演性,给人以美的艺术享受。

(一)闭式舞姿

闭式舞姿是指男女平行相对站立时,男用左手与女右手相握,右手围抱女方,手掌放置于女左肩胛骨处或稍下方,女以左手搭在男右肩上(除探戈舞在男右臂腋下外),相互环抱握持的一种舞姿。此舞姿可发展多种舞步、旋转、造型动作,并可连接其他舞姿,有庄重典雅的特点。

(二)开式舞姿

开式舞姿是指男女平行相对站立时,双手相握或单手相握于体前而另一手臂向外展开的一种舞姿,常在拉丁舞中使用。一般要求重心在支撑腿上,两腿前后或左右开立,结合在各种舞步中,完成各种舞姿和造型。开式舞姿可上下连接"闭式"、"扇形位"、"散式"等舞姿,自由灵活、舒展奔放,能充分展现四肢和躯干动作。

(三)散式舞姿

散式舞姿是指在闭式姿势时,男身体向左、女身体向右展开45°,同时男头部向左、女头部向右转90°,使两人身体形成"V"字形状的一种舞姿,一般用于连接闭式舞姿。

(四)扇形位舞姿

扇形位舞姿是伦巴舞、恰恰舞常用的舞姿之一,是指女方站在男方的左侧,相隔一只手臂的距离,男方的左手(掌心向上)和女方的右手(掌心向下)相握,女方的身体与男方的身体呈直角站立,而女方的左臂和男方的右臂均侧平举。

女方的左脚向后踏出一步,重心落在左脚上,男方的右脚向右侧跨出一步并稍微向前,重心落在右脚上。

二、体育舞蹈的主要术语

(一)舞程线

舞程线是指舞者沿着舞池以逆时针方向行进的路线。其作用为防止碰撞,使赛事有秩序地进行。在摩登舞诸项目和拉丁舞、桑巴舞及斗牛舞等项目中都规定舞者须沿着舞程线方向行进。

(二)角度

角度是指舞者的脚或身体转动的幅度大小,用度数来表示即为角度。通常以转动 45°为单位加以表述。转动 360°为一周,转动 45°为 1/8 周,转动 90°为 1/4 周,转动 135°为3/8 周,转动 180°为 1/2 周,转动 225°为 5/8 周,转动 270°为 3/4 周,转动 315°为 7/8 周,如图 18-1 所示。

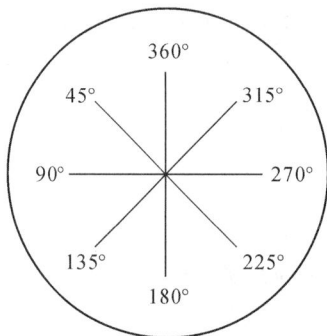

图 18-1

(三)方位

方位特指舞步运行结束时,足部的方向与场地形成的空间关系,分八个方位。按规定,舞蹈者必须按舞程线方向行进,而八个方位则用以指示舞步行进的方向和位置。以舞蹈者面对舞程线划分,前面称舞程线、背后是逆舞程线,右为墙壁、左为中央,右前角(舞程线与墙壁中间的夹角)为斜墙壁、左前角(舞程线与中央中间的夹角)为斜中央、右斜后角(墙壁与逆舞程线中间的夹角)为反斜墙壁、左斜后角(中央与逆舞程线中间的夹角)为反斜中央。

(四)步位

步位是指舞步进行时足与空间之间的相关位置,有前进(含小步、大步)、后退(含小步、大步)、横移(含小步、大步)、斜进、斜退、左(右)足并右(左)足旁等步位。

(五)步法

步法是指行进中脚掌与地面的接触方式。脚掌由足跟、足尖、前掌和内外侧组成。脚掌与地面接触有一定的规律。摩登舞项目,一般前进是足跟先着地,过渡到全脚掌至前脚掌到脚尖;后退则是足尖先着地,过渡到全脚掌至足跟;横移是足内侧着地,过渡到全脚掌或前脚掌。拉丁舞项目中前进步有所不同,是前脚掌着地,过渡到全脚掌,并运用脚掌的内外侧滚动接触地面。

（六）升降

升降是摩登舞项目的主要技术之一。"升"是身体重心由低位向高位转移,是指直膝、起踵、顶髋、立腰、下肢肌群做等长收缩,同时小腹内收,使重心上升、躯干上拔的姿势。"降"是身体重心由高位向低位转移,是指支撑身体的一只脚从足尖经前脚掌至足跟,依次缓慢着地,支撑腿控制屈膝,产生身体下降的姿态。

"升"有渐升型和快升型两种,华尔兹的"升"属于渐升型,主要上升感在第二步、第三步之间,有逐渐升起的过程。狐步舞和快步舞的"升"属于快升型,在第二步就上升到一定高度,在最后一步结尾下降。

（七）反身动作

反身动作就是转动身体,使一侧腰胯转向另一侧运动脚运动方向,并与之同进或同退到位的一种交叉发力运动方式。在跳舞时,如果腿部向前或向后移动,则躯干在水平面前后转动,左(右)腿向前而右(左)肩向前、左(右)腿向后而右(左)肩向后的身体姿态。

在摩登舞项目中,舞步始终都是在肩部转动中前进或后退,要求保持稳定的身体平衡和流畅优美的动作线条。

（八）倾斜

倾斜是指跳舞时身体向左或右侧倾,使肩的平衡线与地面的水平线成三角斜线的一种姿态,是人体纵轴主动偏离地面垂直坐标的技法。它是在摆荡、升降、转动和反身动作的作用下自然形成的,可帮助身体平衡和旋转,体现出线条美和姿态美。

任务二 拉丁舞

伦巴艺术

拉丁舞起源于拉丁美洲,倾向于展现生动活泼、自由奔放的生活气息,激情、浪漫而又富有精力,善于通过灵活的腰胯运动,表现女士的婀娜多姿与柔媚灵巧。拉丁舞的五项舞蹈各有风格:伦巴的婀娜,恰恰的活泼,桑巴的激情,牛仔的逗趣,斗牛的强劲。其特点是舞伴之间可贴身、可分离。根据各舞种对乐曲和动作的要求,组编成各自的成套动作。在此仅介绍伦巴舞基本舞步。

伦巴舞起源于古巴,是一种表现爱情的舞蹈,最大特点是舞步运行中髋部富有魅力地扭摆及上身自由地舒展,享有"拉丁舞之灵魂"的美誉。每一个学跳拉丁舞的人,第一支舞总是喜欢选择伦巴。伦巴的音乐节拍是 4/4 拍,每分钟 28～31 小节,重音在第一拍和第三拍。

伦巴的基本舞步是合着音乐节拍,由快、快、慢的动作所合成的。两个快步是横步,跟着是一个慢步,就完成了一个步法。也可用阿拉伯数字(2、3、4、1)数节奏。伦巴的每个舞步有两个动作,一个是迈步,另一个是重心的移动。一只脚踏在地上,重心保持在另一只脚上,在跨步时逐渐改变重心。

伦巴基本移动步

一、矩形步

（一）男士舞步

左脚向左侧跨,膝部弯曲,重心在右脚——快。

将重心换到左脚,右脚靠左脚,右膝弯曲——快。

将重心换到右脚,左脚向前伸,膝部弯曲——慢。

将重心换到左脚,右脚向右边跨,膝部弯曲——快。

将重心换到右脚,左脚靠右脚,左膝弯曲——快。

将重心换到左脚,右脚向后放,膝部弯曲——慢。

(二)女士舞步

右脚向右侧跨,膝部弯曲,重心在左脚——快。

将重心换到右脚,左脚靠右脚,左膝弯曲——快。

将重心换到左脚,右脚向后放,膝部弯曲——慢。

将重心换到右脚,左脚向左侧跨,膝部弯曲——快。

将重心换到左脚,右脚靠左脚,右膝弯曲——快。

将重心换到右脚,左脚向前伸、膝部弯曲——慢。

二、左转身

(一)男士舞步

左脚向左侧放,膝部弯曲,重心在右脚——快。

将重心换到左脚,右脚靠左脚,右膝弯曲——快。

将重心换到右脚,同时向左转身,左脚向前伸,膝部弯曲——慢。

继续转身,将重心换到左脚,右脚向右侧放,膝部弯曲——快。

将重心换到左脚,同时向左转身,右脚向后伸,膝部弯曲——慢。

(二)女士舞步

右脚向右侧跨,膝部弯曲,重心在左脚——快。

将重心换到右脚,左脚靠右脚,左膝弯曲——快。

将重心换到左脚,同时向左转身,右脚向后伸,膝部弯曲——慢。

继续转身,将重心换到右脚,左脚向左侧跨,膝部弯曲——快。

将重心换到左脚,右脚靠左脚,右膝弯曲——快。

将重心换到右脚,同时向左转身,左脚向前伸,膝部弯曲——慢。

三、右向下转身

(一)男士舞步

依照快、快、慢的韵律,走完伦巴的矩形步,将女伴的右臂举起,慢步退后,以便女伴向下转身。

继续跳伦巴舞的另一矩形步,用右手推女伴身体的左边,使她在她的右臂下转身,男子在慢步后退时,恢复合对位置。

(二)女士舞步

依照快、快、慢的韵律,走完伦巴的矩形步,举起右臂,准备在慢步向前跨走时向下转身。

在右手臂下面转身时，就要向右绕圆圈。开始时用右脚，依照快、快、慢的韵律，向前走三步，在男伴前面转身，继续以半矩形步前进，站成合对位置。

四、古巴式走步

（一）男士舞步

站在合对位置，双脚靠拢，身体重心在右脚。

向左边绕，从左脚开始，依照快、快、慢的韵律（古巴式走步），朝着舞程线，用基本舞步，后退六步。

（二）女士舞步

站在合对位置，双脚靠拢，身体重心在左脚。

向右边绕，从右脚开始，依照快、快、慢的韵律（古巴式走步），朝着舞程线，用基本舞步，前进六步。

五、开扩脱步

（一）男士舞步

左脚向左跨——快。

右脚靠左脚——快。

将女伴推开，左脚向前跨，人向右边站，现在已站在同向位的位置，用伦巴舞的握手式，伸出左臂，弯着右臂肘——慢。

现在逐渐地将女伴拉向自己这一边，循着圆圈向右退后（双肩不要歪斜）。

依照快、快、慢的韵律（古巴式走步）后退几步，直到使女伴站在合对位置为止。

（二）女士舞步

右脚向右跨——快。

左脚靠右脚——快。

右脚向后退，离开男伴，向左边站开，现在站在同向位的位置。右手在男伴的左手中，弯着左臂——慢。

男子将女伴拉向面前时，向右走。

依照快、快、慢的韵律（古巴式走步）。

六、古巴式脱步

成圆形（双肩不要歪斜），从左脚开始。

向前走几步，直到站成合对位置为止。

古巴式脱步是一种过渡的步法，是用来改变方向的，共由两个快步和一个慢步组成。在由前进的方向变为后退的方向时，男步是前进两步，后退一步，前进一步从右脚开始。

七、前进、后退脱步

（一）男士舞步

左脚向前跨，膝部弯曲——快。

将重心换到左脚，右膝弯曲——快。

将重心换到右脚，左脚靠右脚，左膝弯曲——快。

将重心换到左脚，右脚向后退，膝部弯曲——快。

将重心换到右脚，左膝弯曲——快。

将重心换到左脚，右脚靠左脚，右膝弯曲——慢。

伦巴基本前进步

（二）女士舞步

右脚向后退，膝部弯曲——快。

将重心换到右脚，左膝弯曲——快。

将重心换到左脚，右脚靠左脚，右膝弯曲——慢。

将重心换到右脚，左脚向前跨，膝部弯曲——快。

将重心换到左脚，右膝弯曲——快。

将重心换到右脚，左脚靠右脚，左膝弯曲——慢。

伦巴基本后退步

八、左、右横脱步

（一）男士舞步

双脚靠拢，身体重心在右脚。

左脚向左跨，膝部弯曲——快。

将重心换到左脚，右膝弯曲——快。

将重心换到右脚，左脚靠右脚，左膝弯曲——慢。

将重心换到左脚，右脚向右跨，膝部弯曲——快。

将重心换到右脚，左膝弯曲——快。

将重心换到左脚，右脚靠左脚，右膝弯曲——慢。

（二）女士舞步

右脚向右跨，膝部弯曲——快。

将重心换到右脚，左膝弯曲——快。

将重心换到左脚，右脚靠左脚，右膝弯曲——慢。

将重心换到右脚，左脚向左跨，膝部弯曲——快。

将重心换到左脚，右膝弯曲——快。

将重心换到右脚，左脚靠右脚，左膝弯曲——慢。

九、蝴蝶式脱步

（一）男士舞步

站在合对位置，双脚靠拢，身体重心在右脚。

身体向左边站开,左脚着地,右脚跨过去,放在后面,同时使女伴朝右边向外转身——快。

身体靠拢,右脚踏下——快。

恢复合对位置,左脚踏地——慢。

身体向右边站开,右脚着地,左脚跨过去,放在后面,同时使女伴朝左边向外转身,放开右手——快。

身体靠拢,左脚踏下——快。

恢复合对位置,右脚踏地,右手放在女伴左肩胛骨下——慢。

(二)女士舞步

站在合对位置,双脚靠拢,身体重心在右脚。

身体向右边站开,右脚着地,左脚跨过去,放在后面——快。

身体靠拢,左脚着地——快。

恢复合对位置,右脚踏地——慢。

身体向左站开,左脚着地,右脚跨过去,放在后面——快。

身体靠拢,右脚踏下——快。

恢复合对位置,左脚踏地——慢。

十、交叉式

(一)男士舞步

站在合对位置,双脚靠拢,身体重心在右脚,左手握着女伴的右手。

用右脚向右作轴转身,左脚跨在右脚的前面,膝部弯曲——快。

将重心换到左脚,在原位将右膝弯曲——快。

将重心换到右脚,略微向左边转身,左脚靠右脚,左膝弯曲——慢。

将重心换到左脚,向左作轴转身,右脚跨在左脚的前面,膝部弯曲——快。

将重心换到右脚,在原位将左膝弯曲——快。

将重心换到左脚,略微向右作轴转身,右脚靠左脚,右膝弯曲——慢。

重复上述步法,将重心换到右脚。

(二)女士舞步

站在合对位置,双脚靠拢,身体重心在左脚,右手被男伴的左手握着。

用左脚向左作轴转身,右脚跨在左脚的前面,膝部弯曲——快。

将重心换到右脚,在原位将左膝弯曲——快。

将重心换到左脚,略微向右边转身,右脚靠左脚,右膝弯曲——慢。

将重心换到右脚,向右作轴转身,左脚跨在右脚的前面,膝部弯曲——快。

将重心换到左脚,在原位将右膝弯曲——快。

将重心换到右脚,略微向左作轴转身,左脚靠右脚,左膝弯曲——慢。

重复上述步法,将重心换到左脚。

十一、原地右转身

(一)男士舞步

站在合对位置,双脚靠拢,重心在右脚。

略微向右转身,左脚横向跨——快。

继续向右转身,右脚踏在左脚跟后面,成直角——快。

继续向右转身,左脚横向跨——慢。

继续向右转身,右脚踏在左脚跟后面,成直角——快。继续向右转身,左脚横向跨——快。

继续向右转身,右脚跨在左脚跟后面,成直角——慢。

(二)女士舞步

站在合对位置,双脚靠拢,重心在左脚。

右脚向前跨,同时略向右转身——快。

继续向右转身,左脚横向跨——快。

右脚踏地,右脚跟在左脚尖前面,成直角——慢。

左脚横向跨——快。

右脚踏地,右脚跟在左脚尖前面,成直角——快。

左脚横向跨——慢。

任务三 摩登舞

摩登舞起源于欧洲,保持着浓厚的社交礼仪审美趋向,即使在轻松跳跃性的舞步中也不失高雅的风度,特别善于展现男士的潇洒风采。摩登舞项群含有华尔兹舞、维也纳华尔兹舞、探戈舞、狐步舞和快步舞。其特点是由闭式舞姿开始,沿着舞程线逆时针方向绕场行进。步法规范严谨,上体和胯部保持相对稳定挺拔,完成各种前进、后退、横向、旋转、造型等舞步动作,具有端庄典雅的绅士风度。曲调大多抒情优美,旋律感强。服饰雍容华贵,一般男身着燕尾服,女身着过膝蓬松长裙。本节仅介绍摩登舞的基本知识及步伐。

一、站立体态

动作要点:形体垂直,全身放松。

(1)双足并步,足形平直,足底内侧着力。

(2)膝盖向内,大腿闭合,双膝略弯松弛。

(3)收腹展胸,肩部下沉,腰胯向上拉起。

(4)脊骨伸直,背部平整,头颈向上顶直。

二、握持舞姿

动作要点:肩平肘平,定位定型。

(1)男士左手、女士右手虎口相握,手心相对,小臂向外打开,置于女士耳朵高度。

（2）男士右手五指并拢,手掌下部置于女士左肩胛骨下方,手腕托住女士左手大臂。

（3）女士左手拇指与中指轻轻卡在男士右手臂膀上,小臂轻放在男士右手肘部上,不要分开见缝。

（4）双方身体错位 1/2 相对,前腰右侧可轻轻相贴,也可隔开一点。

（5）双方头部略向左,下巴略上扬,上身略后仰。

三、进退运步

动作要点:支撑足稳定,移动足大腿带小腿,身随足移,垂直平稳。

（1）足触地点:进足跟掌尖,退足尖掌跟。

（2）运步过程:支撑足是移动足的靠尺。移动足膝关节内侧轻擦支撑足膝关节内侧,移动足掌尖轻擦地面经过支撑足的内侧边。

（3）前进:上身前移起步,支撑足先起跟,移动足后落跟,前足压掌尖,后足收大腿,足到身到,垂直。

（4）后退:上身后移退步,支撑足先起尖,移动足后落尖,后足压足跟,前足收小腿,足到身到,垂直。

四、闭式位直进直退基本步伐

直进直退时,男士左足起步,女士右足起步。回重心的移动足前进只起跟,后退只起尖,不离地不收足,只是回重心时后退压跟,前进压尖。

（一）男士舞步

（1）进一退一,退一进一。

（2）进二退二,退二进二。

（3）进三退一,退三进一。

（4）进四退四。

（5）进一并一,退一并一。

（6）进二并一,退二并一。

（7）进三并一,退三并一。

（二）女士舞步

（1）退一进一,进一退一。

（2）退二进二,进二退二。

（3）退三进一,进三退一。

（4）退四进四。

（5）退一并一,进一并一。

（6）退二并一,进二并一。

（7）退三并一,进三并一。

五、外侧位

双方在对方身体外侧,由肩部引导侧身运步移动。双方头部略向左的头位不变。

六、外侧位斜进斜退基本步伐

男士左足起步,女士右足起步,回重心的移动足仍不离地收足。

(一)男士舞步

(1)左外侧进三退一,退三横一。

(2)右外侧进三退一,退三横一。

(3)右后外侧退三进一,进二横一退一。

(4)左后外侧退三横一,进二横一并一。

(二)女士舞步

(1)右后外侧退三进一,进三横一。

(2)左后外侧退三进一,进三横一。

(3)左外侧进三退一,退二横一进一。

(4)右外侧进三横一,退二横一并一。

七、开式位

双方头部向着同一方向,由肩部引导侧身运步移动。并进时,男士左肩引导,女士右肩引导。并退时,男士右肩引导,女士左肩引导。

八、开式位并进并退基本步伐

男士左足起步,女士右足起步。移动足仍不离地收足。

(一)男士舞步

(1)进一退一,退一进一。

(2)进三退一,退三进一。

(3)进二并一,退二并一。

(二)女士舞步

(1)退一进一,进一退一。

(2)退三进一,进三退一。

(3)退二并一,进二并一。

九、肩部引导

前面提到的肩部引导是侧身运步移动的引导,这里提到的肩部引导是有转动的引导。凡是有转动的步伐,男女都一样。进左足退右足的左转步伐或是进右足退左足的左转步伐,右肩向前引导;进右足退左足的右转步伐或是进左足退右足的右转步伐,左肩向前引导。

十、左右旋转

以足掌为轴点的左右旋转叫轴转。

(1)进,左足轴转:左转 90°、135°、180°,右转 90°、135°、180°。

(2)进,右足轴转:右转 90°、135°、180°,左转 90°、135°、180°。

(3)退,左足轴转:右转 90°、135°、180°,左转 90°、135°、180°。

(4)退,右足轴转:左转 90°、135°、180°,右转 90°、135°、180°。

任务四 体育舞蹈的评判简介

国际体育舞蹈比赛分专业组和业余组两个组别,比赛组队分团体赛和个人赛两种,按预赛(淘汰赛)、复赛(选拔赛)、半决赛(资格赛)、决赛(名次赛)的程序进行。团体赛由每个参赛单位的 8 对男女运动员组成,按顺序进行比赛,比赛形式为摩登舞和拉丁舞。个人赛分职业组和业余组,分别进行不同要求的比赛。对比赛舞种也有不同规定。摩登舞比赛队的动作编排必须是基于华尔兹、探戈、维也纳华尔兹、狐步舞和快步舞,最多可选 16 小节任何其他舞,包括拉丁。拉丁舞比赛队的动作编排必须是基于桑巴舞、恰恰舞、伦巴舞、斗牛舞、牛仔舞和任何其他拉丁舞节奏,最多可选 16 小节其他任何舞,包括摩登舞。在拉丁舞中舞蹈动作的难度分别为铜牌级、银牌级、金牌级。

体育舞蹈比赛的场地为长方形,边线长 23 米,端线宽为 15 米,总面积为 345 平方米。

比赛按音乐节奏配合身体基本姿势、舞蹈动作、旋律的掌握以及对音乐的理解、舞步等方面评定运动员的成绩。体育舞蹈的音乐不超过 4 分 30 秒,设 5~9 名裁判员,按国际评判标准规定的基本技术、音乐表现力、舞蹈风格、舞蹈编排、临场表现、赛场效果六个方面进行评分。

(1)基本技术:包括足步动作、身体姿态、舞蹈过程中的平衡稳定。

(2)音乐表现力:包括节奏、风格的理解和体现。

(3)舞蹈风格:细微区别不同舞种之间的风格、韵味上的差别以及风格的展现。

(4)动作编排:动作流畅新颖、运用自如,编排能体现音乐效果,编排有章法,充分利用场地。

(5)临场表现:赛场上的应变能力,良好的竞技状态,专注、自信。

(6)赛场效果:舞者的风度、气质、仪表等总体形象。

项目十九　轮　　滑

轮滑欣赏

轮滑简述

学习目标

1.知识目标

(1)掌握轮滑运动的基本理论知识。

(2)掌握轮滑技术的站立姿势。

(3)掌握轮滑技术的转弯技巧和速度轮滑技术。

(4)初步掌握几种花样轮滑技术。

2.思政目标

培养学生强健体魄、坚强意志的思想。

思维导图

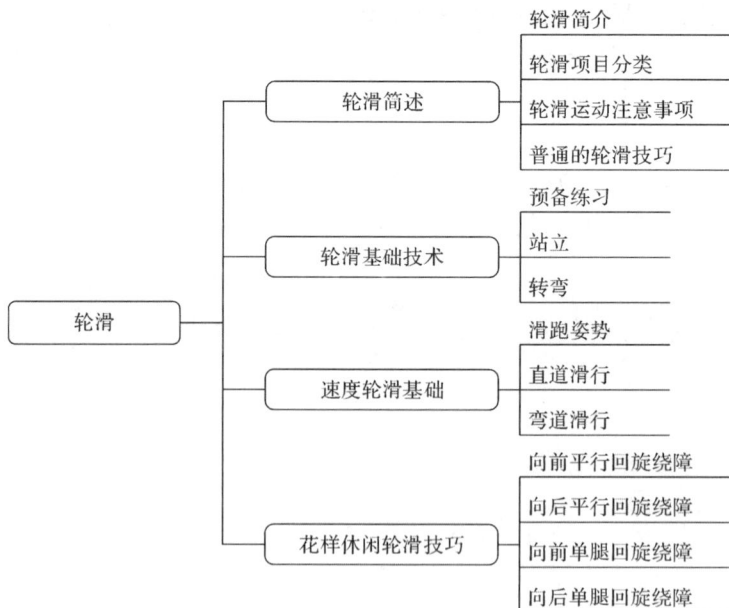

任务一　轮滑概述

一、轮滑简介

轮滑运动是一项集健身、竞技、艺术和惊险于一体的体育运动项目。它使用的器材便于携带，技术动作富有美感，能全面协调和综合发展人的速度、力量、耐力、灵敏、柔韧等素质，使参与者体魄强健、精力充沛、意志坚强、自我完善。1980 年，明尼苏达州两位热爱冰球的兄弟，为了在球季之余能够继续练习，便将轮子装在刀底座之内，产生了第一双单排轮滑鞋。这种轮子排列成一条直线的溜冰鞋正式的学名为 In-Line RollerSkate，这就成为今天单排轮滑的正式名称。

轮滑真正成为一项体育运动项目是从 18 世纪中叶的欧洲开始的。1866 年，世界上最早的轮滑运动组织——纽约轮滑运动协会在美国成立，1924 年国际轮滑联合会成立。此后，轮滑运动以其独特的魅力吸引了越来越多的人。随着科学技术的不断进步，轮滑运动的器材和设备不断更新，日臻完善，为轮滑技术的革新和水平的提高创造了理想的物质条件。如今，国际轮滑联合会已经成为拥有包括我国在内的 80 多个国家和地区的庞大会员组织。

二、轮滑项目分类

现代轮滑运动分为极限轮滑、速度轮滑、花样轮滑、自由式轮滑和轮滑球五大项。

(一)极限轮滑

极限轮滑也叫特技直排轮。极限轮滑深受现在年轻人的追捧，主要分为街式和专业场地，专业场地分道具赛和半管(U 形池)。

(二)速度轮滑

以单排、双排轮滑鞋为比赛工具的竞赛项目，分场地跑道比赛和公路比赛两种。世界锦标赛场地跑道正式比赛距离包括：300 米计时赛、500 米淘汰赛、1000 米、5000 米、10000 米积分赛、20000 米积分赛；公路比赛包括女子 21 千米半程马拉松赛、男子 42 千米马拉松赛。场地跑道像自行车场一样呈盆形。

(三)花样轮滑

花样轮滑的开创，其实最早是为了能让花样滑冰选手在无冰的情况下也能够训练，而后才发展成了一项独立的运动。分为规定图形滑、自由滑、双人滑和双人舞 4 个项目。比赛在不小于 50 米长、25 米宽的场地上进行。参赛各队每项比赛可以参加 3 人，男女总计 12 人。根据动作的难易程度、舞姿的优美程度打分确定胜方。

(四)自由式轮滑

(1)平地花式(简称平花)。平地花式包括花式绕桩和速度过桩。

(2)速降，是一种相对较刺激的类似速滑的轮滑形式。一般选择在比较陡峭的公路或山路进行。速降者在佩戴好全套护具之后，靠路面的倾斜给予动力，人体自由下落，感受风驰电掣般的刺激。

（3）休闲轮滑就是俗称的"刷街"，是一种穿着轮滑鞋漫步于室外，感受轮滑带给人的轻松、愉快和自在的轮滑形式。它主要以休闲健身为目的，放松自我，舒畅心情。

（五）轮滑球

轮滑球早在1896年就已经在英格兰出现了，算得上是历史上最悠久的轮滑运动。轮滑球融合了冰球和马球两种运动项目的特点，以个人技巧和团体协作为基础，比赛规则宽松，具有很强的对抗性。

三、轮滑运动注意事项

（1）练习轮滑前，应先做好准备活动，尤其是手腕和下肢各关节及韧带，要充分活动开。

（2）如有可能，应戴一些防护用具，如轮滑专用的护腕、护肘、护膝及头盔等。现在很多体育商店都有这种轮滑的专用护具。

（3）练习前要检查轮滑鞋的螺丝等紧固部件，以免滑行中因轮滑鞋出问题而受伤。

（4）初学者应在初学场内或规定范围内练习，或尽可能在人少的地方练习，不要随意滑行。初次学习轮滑时，最好有滑行熟练的同伴或辅导员进行辅导。

（5）禁止做危险或妨碍他人的动作，特别是在人多的公共轮滑场内，如几人拉手滑行，在滑跑道上逆行或与大家滑行方向逆行，乱蹦乱跳，在场内横插乱窜、追逐打闹，突然停止等，这都是既妨碍他人，又容易发生危险的事情。如果在公路上滑行，更要注意交通安全，最好在人少车少的地方练习。

（6）学习轮滑时摔跤是不可避免的，但要学会在摔跤时做自我保护。方法是：当要向前或向侧摔倒时，要主动屈膝下蹲，用双手撑地缓冲，减小摔倒的力量；当要向后摔倒时，也要主动屈膝下蹲，降低重心，尽量让臀部先坐下，并注意保护尾骨处，同时低头团身，避免头部向后仰磕地；摔倒时应尽量避免直臂单手撑地，这样很容易损伤手腕。

（7）患有严重疾病的人（如有心脏病、高血压等）不宜参加激烈的轮滑活动，最多可以慢速滑锻炼一下。此外，饮酒后和过度疲劳的人也不宜参加轮滑活动。

四、普通的轮滑技巧

（1）站姿：一种是普通的平行站立，即将两只脚平行稍窄于肩，双膝微弯以保持重心以脚踝的力量控制好不要让脚左右摆动，要保证轮子垂直于地面。穿专业平花鞋平行站立时因为鞋的结构设计影响，两脚会自然地向外压外刃。第二种是应用于非平整地面的丁字形站立（也叫T字形站立），即一只鞋的最后一个轮子抵在另一只鞋的第二和第三只轮子之间，双膝微弯，双腿之间稍有间隙，以保持重心，仍然是以脚踝控制鞋子。

（2）起步：从T字形站姿起步，让一只脚保持前进姿势，脚尖向前，另一只脚向身体侧后方蹬地推出，就会有向前前进之力量。此时身体的重心应完全放在前脚上，身体稍向前倾（不是驼背），这样后脚的发力收回过程才能顺畅。后脚收回后，换另一只脚向身体侧后方蹬出，重心位置依然放在前脚上。以此类推。

（3）滑行：滑行时为保持较好的平衡，要尽量屈膝弯腰。目的是稳定重心和便于发力。

（4）身体的重心：滑行时身体的重心要始终稍向前倾，随着两脚的不断交替，重心要不断地转移。当一只脚向侧后方蹬出时，身体重心必须要完全放在另一条腿上，这样才能保证蹬出的腿很顺畅地收回来。当这条腿收回落地时,重心马上转移到这条腿上,再把另一条腿蹬出。切记每次蹬腿时身体重心都要完全放在另一条腿上。如此循环。

(5)滑行姿势:双膝微弯,身体稍向前倾以保持重心。滑行速度越快,屈膝弯腰的幅度越大。标准的速滑姿势为双手自然背后(无摆臂的情况下),背部与地面平行,大腿与小腿弯曲角度不大于120°。

(6)停止:以上述姿势滑行,双脚靠近保持平行,有煞车块的脚稍稍向前,使两脚距离相差约有半个脚,提起脚尖直到煞车块碰触到地面。然后慢慢将重心移到有煞车块的脚,增加压力,直到停下来。

任务二　轮滑基础技术

一、预备练习

(一)坐姿前后推鞋

练习目的:了解鞋和场地的性能。

动作要领:将头盔、护具和轮滑鞋穿戴完毕后,坐在椅子上,两脚平行分开,相距约15～20厘米,在原地做两脚交替前后推动,体会4个轮子在脚下的位置和滚动时的感觉。

轮滑基础技术

(二)坐姿左右推鞋

练习目的:了解鞋和场地的性能。

动作要领:将头盔、护具和轮滑鞋穿戴完毕后,坐在椅子上,两脚平行分开,相距约15～20厘米,以两鞋轮子内侧着地,在原地做两脚交替左右推动,体会轮子左右推动的摩擦力。

二、站立

(一)V形站立

练习目的:保持站立的稳定和平衡。

动作要领:两脚尖外展40°～50°成V形,脚跟紧靠,上体微前倾,重心落在两脚中间。

(二)T形站立

练习目的:保持站立的稳定和平衡。

动作要领:两脚成T形靠住站立。前脚跟靠住后脚弓,上体微前倾,重心略偏于后脚。

(三)平行站立

练习目的:保持站立的稳定和平衡。

动作要领:两脚平行分开稍窄于肩,脚尖稍内扣,膝部微屈,重心落在两脚中间。如果练习者是穿单排轮滑鞋做此练习,则还要注意站立时两脚略向内倾,以利于保持稳定。

三、转弯

(一)向前惯性转弯

练习目的:向前滑行过程中转弯。

动作要领:在向前滑行达到一定速度时,两脚平行,相距约 30～40 厘米,两膝微屈,如向左转弯时,右脚略靠前,重心落在两脚间前三分之一处,左腿略弯曲,右腿伸直,身体重心向左倾斜,头部和上体向左转动,体重压在左脚的外刃(单排轮滑鞋)或两个外侧轮(双排轮滑鞋)和右脚的内刃(单排轮滑鞋)或两个内侧轮(双排轮滑鞋)处,借助惯性向左前滑出一条弧线。如向右转弯,则方向为向右,两脚滑行的部位相反,但动作方法相同。

(二)向后惯性转弯

练习目的:向后滑行过程中转弯。

动作要领:在向后滑行达到一定速度时,两脚平行,相距约 30～40 厘米,两膝微屈,如向左转弯时,左脚略靠前,重心落在两脚间后三分之一处,左腿略弯曲,右腿伸直。身体重心向左倾斜头部和上体向左转动,体重压在左脚的外刃(单排轮滑鞋)或两个外侧轮(双排轮滑鞋)和右脚的内刃(单排轮滑鞋)或两个内侧轮(双排轮滑鞋)处,借助惯性向左后滑出一条弧线。如向右转弯,则方向为向右,两脚滑行的部位相反,但动作方法相同。

任务三　速度轮滑基础

一、滑跑姿势

(一)直道滑行的滑跑姿势

1.高滑行姿势

练习目的:学习速度轮滑直道滑行的技术动作,完成持续较长距离
和时间的滑行练习,逐渐提高滑行速度。

速度轮滑基础

动作要领:为了在快速滑行中保持身体平稳、减小空气阻力,运动员在练习和比赛中,采用上体前倾,两腿弯曲,背手或摆臂的滑跑姿势。

2.一般滑行姿势

练习目的:掌握速度轮滑直道滑行的技术动作,在较快速滑行的状态下持续一定距离和时间。

动作要领:50°～60°轮滑直道滑行姿势是上体前倾,肩高于臀部,上体与地面成 30°～40°,大腿与躯干成 50°～60°,膝关节弯曲成 110°～120°,踝关节前屈成 50°～70°。上体放松,两臂伸直,两手自然互握于背后,头微抬起,目视前进方向 10～12 米处。在滑行时身体重心稍向前探。

(二)弯道滑行的滑跑姿势

1.大弯道滑行姿势

练习目的:学习和掌握速度轮滑弯道滑行的技术动作,在较快速滑行的状态下持续一定距离和时间。

动作要领:弯道滑跑采用身体向左侧前方倾斜的姿势。在弯道滑跑时,身体成一直线向左前方倾斜,头和肩也随之向左侧转动,左肩稍低于右肩,左臂稍低于右臂,双腿完成蹬地动作时,尽量与身体倾斜面相一致,上体和支撑腿的滑行沿圆弧的切线方向。在滑行中身体重心应稍偏左侧前方,整个弯道滑跑过程应有加速感。身体倾斜度与弯道半径的大小和滑跑的速度有密切关系,掌握好身体倾斜度与弯道弧度的关系,是提高弯道滑跑速度的重要因素。

2.小弯道滑行姿势

练习目的:准确掌握速度轮滑弯道滑行的技术动作,提高滑行速度,完成持续一定距离和时间的滑行。

动作要领:根据弯道半径的大小以及滑行速度的快慢,相应调整身体向左侧前方的倾斜度(半径越小,速度越快,倾斜度越大)。一般情况下,小弯道滑行时身体重心进一步下降,头肩部和上体向左扭转加大,左肩低于右肩的幅度也加大。

二、直道滑行

速度轮滑的直道滑跑动作具有典型的周期性特征。一个动作周期由左、右两个单步组成,每一个单步又由单脚支撑和双脚支撑滑进过程组成。其中,单脚支撑滑进过程是支撑腿滑进的过程,它又包括惯性滑进和单脚支撑蹬地两个动作。与支撑腿相对应的浮腿动作是收腿、摆腿和着地动作,并与支撑腿协调一致。因此,速度轮滑的直道滑跑动作,一个动作周期分为 6 个阶段,共包括 12 个技术动作。这 6 个阶段、12 个技术动作的构成与动作间的协调对应关系,如表 19-1 所示。

表 19-1　直道滑跑一个动作周期的构成

	左	右
6 个阶段	惯性滑进	惯性滑进
	单腿支撑蹬地	单腿支撑蹬地
	双腿支撑蹬地	双腿支撑蹬地
12 个技术动作	惯性滑进	收腿
	单腿支撑蹬地	摆腿
	双腿支撑蹬地	着地
	收腿	惯性滑进
	摆腿	单腿支撑蹬地
	着地	双腿支撑蹬地

三、弯道滑行

速度轮滑弯道滑跑动作的一个动作周期由左、右两个单步组成。与直道滑跑不同的是,在弯道滑跑过程中几乎没有惯性滑进阶段,两腿近乎处于不断交叉压步蹬地的状态。因而,在弯道滑跑过程中,每一个单步便由单脚支撑和双脚支撑两个阶段所组成。其中,单脚支撑阶段又包括单脚支撑蹬地和浮腿的摆收腿两个动作,双腿支撑阶段又包括双腿支撑蹬地与浮腿的着地两个动作。因此,速度轮滑弯道滑跑动作的一个动作周期分为 4 个阶段、8 个技术动作。此 4 个阶段、8 个技术动作的构成与动作之间的协调对应关系,如表 19-2 所示。

表 19-2　弯道滑跑一个动作周期的构成

4 个阶段	8 个技术动作		
左腿支撑蹬地	左		右
向左双腿支撑蹬地	单腿支撑蹬地		摆收腿

续表

4 个阶段	8 个技术动作	
右腿支撑蹬地	双腿支撑蹬地	着地
向右双腿支撑蹬地	摆收腿	单腿支撑蹬地
着地	双腿支撑蹬地	

任务四　花样休闲轮滑技巧

花样休闲轮滑技巧

将不同的轮滑动作,如静止、滑行、旋转、跳跃等有机地结合起来,配合表演者即兴自编的一些舞蹈动作,就是休闲轮滑。它一般不以成套动作的形式出现,且在技术的完成规格、场地、器材的使用以及选用的动作和音乐等方面,都没有严格的规定。

休闲轮滑在多个方面都没有严格的规定,因而参与者能够根据自身的条件,自由发挥想象力,创造出许多新的技术动作和表现形式。例如,有的选手将摇滚、迪斯科等舞蹈动作和音乐形式吸纳到休闲轮滑之中,有的还加入一些空翻、空转、手翻等,不一而足。

我们在这里仅向大家介绍几种较为基础的休闲轮滑技巧。

一、向前平行回旋绕障

动作要领:两脚平行开立,左脚以内刃向侧后蹬地(四轮不离地),身体重心在右脚上,两臂左右伸开或置于体侧,帮助维持身体平衡。当滑行至接近标志杆时,向右侧以向前滑行平行转弯的技术双脚双曲线滑行,绕过标志杆。然后右脚用内刃向侧后方蹬地,重心偏移于左脚,当滑行至接近标志杆时,向左侧以向前滑行平行转弯技术双脚双曲线滑行,绕过标志杆。

二、向后平行回旋绕障

动作要领:两脚平行开立,左脚以内刃向侧前蹬地(四轮不离地),身体重心在右脚上,两臂左右伸开或置于体侧,帮助维持身体平衡。当滑行至靠近标志杆时,向右侧以向后滑行平行转弯的技术双脚双曲线滑行,绕过标志杆。然后右脚用内刃向侧前方蹬地,重心偏移于左脚,当滑行至接近标志杆时,向左侧以向后滑行平行转弯技术双脚双曲线滑行,绕过标志杆。

三、向前单腿回旋绕障

动作要领:以左脚滑前内弧线开始,用右脚内刃蹬地,身体重心落在左脚内刃滑出,两臂左右伸开或置于体侧,帮助维持身体平衡。当滑过弧线一半接近标志杆时,以左脚前内刃滑行绕开标志杆,然后迅速扭转左脚跟,成左前外刃滑行,绕开第二个标志杆。

四、向后单腿回旋绕障

动作要领:以左脚滑后外弧线开始,用右脚内刃蹬地,身体重心落在左脚外刃滑出,两臂左右伸开或置于体侧,帮助维持身体平衡。当滑过弧线一半接近标志杆时,以左脚后外刃滑行绕开标志杆,然后迅速扭转左脚尖,成左后内刃滑行,再绕开第二个标志杆。

项目二十　运动健身

1.知识目标

(1)掌握常用的健身器械的练习方法。

(2)掌握常用的徒手健身练习的方法。

(3)能正确处理练习负荷和注意事项。

2.思政目标

掌握科学的健身方式,增强个人体质。

健美运动

📖 **思维导图**

```
                                    ┌─ 发展胸部肌肉的练习方法
                         ┌─ 器械健身 ┤─ 发展背部肌肉的练习方法
                         │          ├─ 发展上肢肩带肌的练习方法
                         │          └─ 发展下肢肌肉的练习方法
                         │          ┌─ 抗阻力性练习方法
            运动健身 ─────┼─ 徒手健身 ┤─ 腹肌力量练习方法
                         │          └─ 静力性对抗练习方法
                         │          ┌─ 基本形体练习范例
                         └─ 女子形体基础 ┤
                                    └─ 形体姿态组合练习范例
```

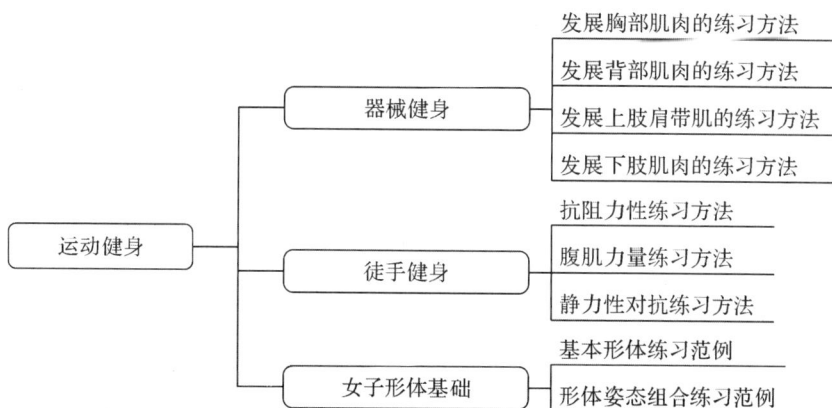

随着全民健身活动高潮的兴起,近年来健身运动在高校得以广泛开展,深受同学们的喜爱,但要想获得良好的健身效果,必须根据运动频率、强度、时间和方式去制订锻炼的计划和健身程序,掌握科学的锻炼方法,否则难以取得令人满意的效果。科学的健身概念和原理是所有健身活动的基石,它能帮助确定健身计划,从而使健身目标得以真正实现。

任务一　器械健身

健身器械种类有许多,如多功能跑步机、台阶机、健腹器、原地自行车(功能车)、原地滑雪器、力量训练器械(杠铃、哑铃、壶铃等)、健身拉力器(橡皮条拉力器、弹簧钢丝拉力器、滑轮重锤拉力器)、多功能健身器械等。那么如何进行有效的练习,才能达到最佳效果呢?

一、发展胸部肌肉的练习方法

胸部肌肉是指胸大肌。发展胸大肌,可扩大胸廓容积,为心肺器官创造良好的工作条件。

(一)第一组动作

1.斜板坐哑铃"飞鸟"(见图20-1)

背靠斜板凳坐立(斜板为40°),双手持哑铃,手心向上,两臂从体侧向上斜举,即为"飞鸟"动作。其主要发展胸大肌的外上侧肌肉群力量。

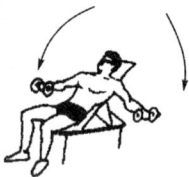 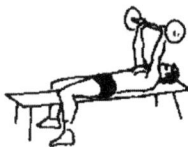 

图20-1   图20-2   图20-3

2.杠铃卧推(见图20-2)

仰卧在斜推架或长凳上,两手正握杠铃,稍宽于肩,反复上下均速推举。其主要发展胸大肌外侧肌肉群力量。

3.皮筋或滑轮重锤拉力器胸前拉(见图20-3)

身体直立,两脚分开与肩同宽,两臂侧举,两手掌心向前握皮筋手柄,两臂由侧举到胸前平举,反复拉皮筋。其主要发展胸大肌外侧肌肉。

(二)第二组动作

1.负重俯卧撑(见图20-4)

两臂伸直俯卧,两手撑地,稍宽于肩,肘部外屈(屈肘)与身体成90°。背部负重杠铃片或沙袋,反复撑起。其主要发展胸大肌外侧肌肉。

图20-4   图20-5   图20-6

2.仰卧杠铃头上举(见图20-5)

身体仰卧在长凳上或卧推架上,两手握杠铃稍宽于肩,手心向前,两臂胸前举,反复做杠铃头上举动作(注:在肩胛骨下放一软垫或衣服预防磨擦伤)。其主要发展胸大肌的内上侧肌肉。

3.仰卧哑铃"飞鸟"(见图20-6)

身体仰卧在长凳上,两手握哑铃置于体侧,两臂由侧平举至胸前平举,手心相对时,再还原成侧平举,反复做"飞鸟"动作。平举时,主要发展胸大肌外侧肌肉;斜上举时,主要发展胸上侧肌肉;下举时,主要发展胸下侧肌肉。

(三)运动负荷、基本要求及注意事项

(1)前3周做第一组动作练习,以后过渡到第二组动作。每3～4周轮换一次。

(2)练习方法是每隔一天练习一次。每次练习可选择2～3个动作,每个动作做3～5组,每组做8次负荷练习,拉皮筋练习每组做10～15次。

(3)做动作时呼吸要有节奏性,即用力时吸气,还原时呼气。

(4)加强自我保护意识,练习时注意力要集中,预防意外事故的发生,提高练习的效果。

二、发展背部肌肉的练习方法

背肌是人体承受大重量的最重要的部分。背部主要肌群有背阔肌、斜方肌和背长肌。背阔肌位于腋下,沿着体侧到腰部;斜方肌成束地从颈部往下向两侧分开,向背部中间缩小;背长肌位于脊柱两侧深层,是保持优美体型和预防腰部损伤的重要肌群。

(一)第一组动作

1.壶铃前上摆(见图20-7)

两脚开立稍比肩宽,上体前屈,两手持壶铃前上摆。其主要发展背阔肌、背长肌。

图20-7　　　　图20-8　　　　图20-9

2.俯身负重转身起(见图20-8)

身体俯卧,两大腿撑在凳上或山羊上,两脚固定在肋木上,两手持重物(杠铃片、沙袋等)于头后,挺身后展起。其主要发展背长肌。

3.杠铃负重肩绕环(见图20-9)

身体直立,两脚开立与肩同宽,两臂垂直于体侧,两手握杠铃,握距稍宽于肩,手心向后,反复做肩绕环动作。其主要发展斜方肌、肩胛提肌。

4.弓身杠铃单臂提拉(见图20-10)

两脚自然开立,上体前倾至90°左右,持杠铃臂体侧下垂,手握杠铃一端(壶铃、哑铃均可)。

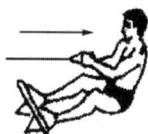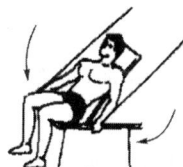

图20-10　　　　图20-11　　　　图20-12

5.坐式皮筋腹前拉(见图 20-11)

坐下,两腿微屈,脚蹬在固定物上,两臂前平举,两手握皮筋手柄,上体直立,将皮筋从上体拉向腹前。其主要发展背阔肌。

6.斜板坐皮筋前下拉(见图 20-12)

背靠斜板凳坐下,两臂稍屈体侧平举,两手握皮筋手柄,将皮筋向前下拉。其主要发展背阔肌和胸侧肌。

(二)第二组动作

1.壶铃体绕环(见图 20-13)

两脚开立与肩同宽,两手持壶铃于体前,持壶铃臂随上体动作在头上绕环。其主要发展背阔肌、斜方肌和背长肌。

图 20-13   图 20-14   图 20-15

2.杠铃提起(见图 20-14)

两脚开立与肩同宽,上体前屈,两手握杠铃大于肩宽,两臂伸至腹前,然后向胸前做提拉杠铃动作练习。其主要发展斜方肌、竖脊肌、臀大肌和股二头肌。

3.弓身划船(见图 20-15)

两脚开立,上体前屈与地面平行,两臂下垂,两手握杠铃,手心向前,反复做划船提拉杠铃动作。其主要发展背阔肌。

4.皮筋或滑轮锤拉力器前下拉(见图 20-16)

身体直立,两脚开立与肩同宽,两手窄握皮筋,两臂前平举,将皮筋向前下拉。其主要发展背阔肌和斜方肌。

图 20-16   图 20-17

5.负重颈后引体向上(见图 20-17)

两手宽握单杠悬垂,腰部负重(沙腰袋、杠铃片)引体向上,横杠触及颈后。其主要发展背阔肌。

(三)运动负荷、基本要求及注意事项

(1)背部的练习负荷不宜过大。动作对脊柱有影响,要掌握好正确的姿势,特别注意挺胸塌腰和脊柱挺直,使脊柱保持在运动中的紧张状态。

(2)前3~4周做第一组动作,以后再做第二组动作。练习方法是每隔一天练习一次。开始练习做2~4个动作,每个动作做3~4组,每组动作做8~12个负荷,平均重复次数12~15次,可安排在大负荷练习之前。

(3)由于是背部肌肉群练习,所以为了预防头部、脊柱、腰部受伤,承受的重量应因人而异。

三、发展上肢肩带肌的练习方法

上肢肩带肌主要是指三角肌、肱二头肌和肱三头肌。三角肌对于增强肩宽起着很重要的作用,宽肩膀被视为男子健美必不可少的部分。

(一)第一组动作

1.哑铃交替前举(见图20-18)

两脚开立与肩同宽,两手持哑铃掌心向后,两臂体侧伸直,交替前上举。其主要发展三角肌的前束肌。

图 20-18　　　　　图 20-19　　　　　图 20-20

2.皮筋前上拉(见图20-19)

两脚开立与肩同宽,两臂伸直上举,两手掌心向前推皮筋手柄,向前上方拉皮筋。其主要发展三角肌的前束肌。

3.坐式哑铃体侧推举(见图20-20)

坐在凳上,两臂肩上屈,两手握哑铃做推举动作(推举时要尽力挺胸塌腰,手臂充分伸直)。其主要发展三角肌的中束肌。

4.哑铃体侧上举(见图20-21)

两脚开立与肩同宽,两臂体侧伸直,两手持哑铃经体侧上举。其主要发展三角肌的中束肌。

图 20-21　　　　　图 20-22　　　　　图 20-23

5.弓身哑铃"飞鸟"(见图 20-22)

两脚自然开立,上体前屈(90°),与地面平行,两臂下垂,两手持哑铃,手心相对,两臂经体前至侧平举,即为"飞鸟"动作。其主要发展三角肌的后束肌。

6.杠铃体后提拉(见图 20-23)

两脚开立与肩同宽,两臂体后伸直,两手握杠铃(握距同肩宽),手心向后,做杠铃体后提拉。注意保持身体直立。其主要发展三角肌的后束肌。

(二)第二组动作

1.斜板哑铃单臂弯举(见图 20-24)

两脚开立,练习臂放在斜板上,臂伸直,手持哑铃,手心向上,做哑铃单臂弯举动作(两臂 轮流交换进行练习)。其主要发展肱二头肌。

图 20-24   图 20-25

2.杠铃弯举(见图 20-25)

两脚开立与肩同宽,两臂伸直,两手持杠铃,握距稍宽于肩,手心向前,两肘固定于体侧,做杠铃上屈下伸的动作。其主要发展肱二头肌。

3.斜板坐哑铃弯举(见图 20-26)

背靠斜板凳坐,两臂在体侧伸直,手心向前,两手握哑铃,做弯举动作(也可做两臂交替弯举动作)。其主要发展肱二头肌。

图 20-26   图 20-27

4.负重单杠引体向上(见图 20-27)

两手握单杠悬垂,可正握也可反握,握距与肩同宽,腰部系重物做引体向上(也可在吊环 做引体向上)。其主要发展肱二头肌。

(三)第三组动作

1.杠铃颈后臂屈伸(见图 20-28)

两脚开立与肩同宽,两臂肩上屈,两手窄握杠铃(也可采用哑铃)于颈后,手心向上,两肘位置不动,小臂屈伸。其主要发展肱三头肌。

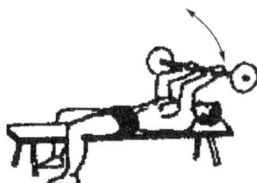

图 20-28 　　　　　　图 20-29 　　　　　　图 20-30

2.仰卧杠铃臂屈伸(见图 20-29)

仰卧在长凳上,两臂胸前持杠铃,手心向前,两上臂不动,只做两小臂屈伸动作。其主要发展肱三头肌。

3.皮筋肘下压(见图 20-30)

两脚开立与肩同宽,两臂体侧屈成直角,两上臂紧贴体侧,两手心向下握皮筋横杠,两上臂固定不动,只做两小臂屈伸动作(即肘下压)。其主要发展肱三头肌。

(四)运动负荷、基本要求和注意事项

(1)上肢和肩带肌是小群肌肉,练习动作负荷不要追求大重量、强负荷。做练习时,应注意掌握好动作的节奏和正确技术与呼吸的关系。

(2)练习方法可每 2 周换 1 组,也可在 2 周内做每组动作的前 1～2 个动作,变换动作方法多,有助于肌肉群的协调发展。练习时所选择的每个动作,做 3～5 组,每组做 8～12 次。

(3)上肢和肩带肌与背、胸、腿部肌肉相比相对力量要小些,因此在练习时注意对头部、颈椎的保护。

四、发展下肢肌肉的练习方法

腿部肌肉主要由股四头肌、股二头肌、臀大肌和小腿肌等肌群组成。

(一)第一组动作

1.杠铃胸前蹲起(见图 20-31)

两脚自然开立,两臂肩侧屈,两手握杠铃于胸前,下蹲、蹲起。

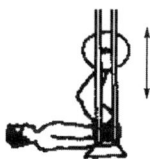

图 20-31 　　　　　　图 20-32 　　　　　　图 20-33

2.仰卧腿举杠铃(见图 20-32)

仰卧在专门的杠铃托架下,两腿弯曲,两脚蹬在杠铃的横杠下,蹬起杠铃(两臂在体侧支撑,维持身体平衡)。

3．骑跨杠铃蹲起（见图 20-33）

两脚分开骑跨在杠铃的横杠上，屈膝下蹲，两臂分开在体前、后伸直提杠铃，手心相对，做蹲起动作。练习时杠铃不能触地。

4．坐式负重腿屈伸（见图 20-34）

坐在凳上，两臂体侧伸直，两手抓住凳边缘，两腿并拢弯曲，脚部负重。两小腿同时或交替屈伸。伸直时保持几秒不动。

图 20-34   图 20-35   图 20-36

5．单腿负重侧举（见图 20-35）

一脚站立，两手叉腰或扶墙，练习腿的脚部负重，单腿伸举重 45°～90°的动作，两腿交换练习。

6．单腿负重后屈伸（见图 20-36）

一脚站立，两手叉腰或扶墙，练习腿的脚部负重，做单腿向后屈伸 45°～90°的动作，两腿交换练习。

（二）第二组动作

1．杠铃弓箭步行走（见图 20-37）

两脚开立，两手握杠铃于肩上。两腿向前做弓箭步行进。练习时抬头挺胸塌腰，上体正直，身体重心尽量下压。

图 20-37   图 20-38   图 20-39

2．负重登高（见图 20-38）

肩负重（铃片、杠铃、哑铃、沙袋等），一腿屈肢放在高度为 50 厘米的方凳或台阶上，另一腿支撑地面，并蹬离地面，直至单脚站在方凳上，左、右腿交换进行。

3．肩负杠铃蹲起（见图 20-39）

两脚开立与肩同宽，两手持杠铃于肩上，做蹲起动作。

4．腿弯举（见图 20-40）

身体俯卧在长凳上，两手抓住凳边缘，双腿勾住身后的皮筋，两腿做弯举 45°～90°的动作。

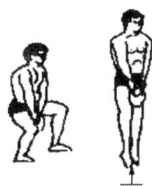

图 20-40　　　　　　　　图 20-41　　　　　　　图 20-42

5.负重起踵(见图 20-41)

肩负杠铃,足趾下可垫木板或杠铃片,做直膝起踵动作。练习时,身体保持正直,重心尽量向上。

6.壶铃蹲跳(见图 20-42)

两腿半蹲,双手握住壶铃(或杠铃片)。做伸膝展体,屈足用力蹬地,使身体垂直跳起。

(三)运动负荷、基本要求及注意事项

第一组动作做 3~4 周,进行第二组动作练习,每个动作可做 5~8 组,每组 5~10 次。下蹲练习的负荷量可大些,但一定要注意安全,加强自我保护意识;要挺胸塌腰,身体不要前探。做单腿动作练习时,注意两腿的均衡发展,对较弱腿,刺激量应适当大些。

任务二　徒手健身

徒手健身是不借助器械进行,靠自身肢体产生的阻力来锻炼的方法。

一、抗阻力性练习方法

(一)平位俯卧撑(见图 20-43)

平位俯卧撑主要锻炼胸大肌。俯撑,两肩前伸,使肩垂线与支撑臂纵轴成 10°~15°,头抬至与地面平行,挺胸直背紧腰,两腿并拢后伸,脚尖撑地。屈臂下降,以胸大肌力量控制度数,降至最低位。肩关节应放松,肩峰超过支撑手位,使胸大肌充分伸展。屈臂下降时,两肘尖可向后贴体运动,也可外展与胸乳头齐平运动,以不同方位牵伸胸大肌。注意肩、胸应随、躯干上下起伏呈弧线轨迹,体姿应呈挺直状态保持不变,保证胸大肌的负荷强度。练习次数 15~20 次,每次 3 组。呼吸方法为撑呼屈吸。

图 20-43

(二)脚高位俯卧撑(见图 20-44)

脚高位俯卧撑主要锻炼胸大肌。在俯卧撑架上或放倒两凳作支撑,两脚支撑点与两手支撑点约成 15°。动作同平位俯卧撑。练习时上体下降至最低位使胸大肌牵张得更充分,发力时应将注意力集中在胸大肌上。练习次数超过 14 次时,可将脚的支撑点再提高。呼吸方法为撑呼屈吸。

图 20-44

（三）双臂屈伸（见图 20-45）

双臂屈伸主要锻炼胸大肌。两杠间距以 55～70 厘米宽为宜，屈肘支撑时向前引胸，抬头，躯干前挺，屈髋松腰，大腿放松，小腿后屈交叠。胸大肌发力，使臂推起。当上臂超过水平面时，身体重心应逐渐后移，臀部向后上升缩，含胸收腹，当双臂撑直时，低头、含胸、收腹、收臀，保持姿态，收紧胸大肌约 1 秒后，再以胸大肌力控制还原，反复做。呼吸方法为伸呼屈吸。注意，双手掌握双杠以掌根部为主触点，不应握得太紧。

图 20-45

（四）耸肩（见图 20-46）

两臂伸直，掌握撑杠，躯干放松下沉，肩部肌群退让性伸展，使相关肌肉在躯干有意下沉的同时被拉长。少顷，肩部肌群发力牵拉使躯干升起，收紧约 1 秒，再下沉呈耸肩状，再升起，反复做。呼吸方法为降呼升吸。注意，练习过程中双臂不得屈伸助力。

图 20-46

（五）俯立推杠（见图 20-47）

站在高度与胸部相同的双杠一侧，俯立握杠，调适双脚离杠的距离。三角肌及上背部等 肌肉发力控制，使胸部慢慢向杠靠近或使头部钻过杠下，颈部贴杠。少顷，原动肌发力收缩推杠还原至起始姿势。呼吸方法为推呼返吸。注意，练习时须有意识地将身体重力通过一定的身体姿势转换成双臂屈推的力；练习前需体验，找准感觉，练习过程中双腿不可用力太大。

图 20-47

（六）双臂屈伸（见图 20-48）

双臂屈伸主要锻炼肱三头肌。双杠间距离约 50～55 厘米，两手握杠端，屈臂悬垂，躯干略后移，挺胸收腹、屈髋、小腿后屈叠放。肱三头肌发力推撑两臂带引身体升起，躯干保持原姿势垂直上升，到两臂撑直时抬头挺胸，收腹，屈髋，以保证身体作为重量的下垂性。收紧肱三肌约 1 秒，然后以肱三头肌控制缓慢屈臂还原。呼吸方法为屈吸撑呼。

图 20-48

（七）俯卧撑（见图 20-49）

俯卧撑主要锻炼肱三头肌。直臂支撑，肩垂线重合于臂轴与地面垂直。收缩肱三头肌并以肌力控制肘向后移，手臂贴近身体屈肘至最低点，少顷，再以肱三头肌的收缩力向上推起身体，直至双臂伸直，收紧肱三头肌约 1 秒，反复做。呼吸方法为伸呼屈吸。注意，练习过程中双肩应始终保持垂直上下，腰部收紧，每组练习应保持在 15 次以内。

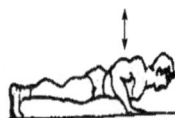

图 20-49

（八）单足起踵（见图 20-50）

手扶单杠（或肋木）支柱，单足立在 15 厘米高的砖头或垫物上，脚跟悬空，另一脚别在支撑腿后。支撑腿脚跟用力下踩至最低点，使小腿三头肌充分伸展，然后以小腿三头肌发力向上提踵至脚尖最大极限，彻底收紧小腿三头肌。少顷，踩下脚跟，反复练习，练习频率先慢后 快。两腿交换进行。

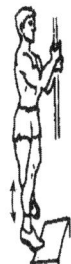

图 20-50

（九）悬垂举腿（见图 20-51）

握杠悬垂，保持躯干稳定。向上举起双腿，至水平或接近躯干，少顷，以腹肌控制双腿缓慢还原。呼吸方法为举呼落吸。注意，练习过程中身体不得摆动助力，双手不要握紧，但保证不脱手。

（十）侧卧起坐（见图 20-52）

侧卧于斜凳上，双手抱头，腿稍屈，以腹外斜肌的收缩力拉引上体坐起。同时侧臂触股。左、右侧轮流进行。侧起到位后，收紧肌群近 1 秒，然后其肌力控制退让性还原。呼吸方法为起呼返吸。

图 20-51

图 20-52

（十一）助抗颈屈伸（见图 20-53）

跪撑，同伴立身前，双手压按头后。同伴用适当力量向下按头。练习者以颈部（低头）对抗，然后颈肌主动发力上抬头部，同时双手也用力阻抗，以增加对抗练习负荷。此练习可做静力对抗，即按压头部时颈肌用力阻抗持续约 5～10 秒后，放松调整一下颈部再做。呼吸方法为屈呼伸吸或相持时憋气。注意，配合者之间应须默契，用力恰当，以免受伤。

图 20-53

（十二）俯卧腿上振（见图 20-54）

爬在牢固的高凳（或桌）上，双手抓紧凳（或桌）边，髋部以下悬空，双腿自然下垂。臀大肌收缩向上拉举双腿，接近水平面时背腰肌发力向上举振双腿至极限。停顿一会，再以相关肌群控制双腿还原。呼吸方法为举呼落吸。

图 20-54

（十三）剪蹲（见图 20-55）

拇指向前叉后腰，两腿前后开立，前脚全脚掌着地，稍内扣，后脚脚趾撑地，脚跟踮起稍外展。前腿屈膝稍前冲下蹲至大腿与地面平行，后腿下沉挺髋至腿紧（稍屈膝）。然后双腿同时下蹲站立起，两腿交换进行。呼吸方法为起呼蹲吸。注意感受练习时后腿的肌肉感觉与张力变化。

（十四）骑人深蹲（见图 20-56）

单杠或肋木旁，适当体重的同伴骑坐肩上，两人皆可手扶杠或肋木，以保持身体稳定。然后股四头肌发力蹬伸双腿起立（保持身体上下垂直线），股四头肌收紧约 1 秒，再缓慢下蹲至大腿与地面平行或稍低。呼吸方法为蹲吸立呼。注意，练习时手臂不可用力。

（十五）互助腿弯举（见图 20-57）

俯卧撑凳上，两手扶牢凳侧，膝盖和小腿露出凳端，同伴凳侧站立，双手从后侧握住足踝。股二头肌发力弯起小腿，同伴反方向施以适当的阻力，使练习达到一定的强度，直至小腿弯起，股二头肌充分收紧，少顷，同伴们施力使股二头肌退让性还原。呼吸方法为举呼返吸。

图 20-55

图 20-56

图 20-57

（十六）宽握引体向上（见图 20-58）

两手正握单杠悬垂，屈腿屈髋，小腿交叠后屈，充分拉伸背阔肌。背阔肌发力屈臂拉引身体上升至下颏过杠或胸近杠，收紧背阔肌约 1 秒，然后以背阔肌力控制身体还原。有条件的话可手缚宽软的吊带，以使背阔肌集中发力。呼吸方法为拉吸返呼。

（十七）颈后引体向上（见图 20-59）

预备姿势同（十六），集中背阔肌的收缩力屈臂引体上至颈后斜方肌处或颈触杠，少顷，以背阔肌力控制身体缓慢还原，肩关节放松，使背阔肌有强烈的牵张感。呼吸方法为拉吸落呼。

（十八）并握引体向上（见图 20-60）

双手叠放纵向握杠，预备姿势躯干部分同（十六）。背阔肌发力引体向上至躯干呈反弓状近杠，收紧背阔肌约 1 秒，然后背阔肌发力退让性还原。呼吸方法为拉吸落呼。

图 20-58

图 20-59

图 20-60

(十九)骑人起踵(见图 20-61)

双脚并立,前脚掌站在垫木上,上体前屈,双手直臂扶牢固定物,上体近与地面平行,同伴骑坐臀上,下沉脚跟,充分伸展小腿三头肌。小腿三头肌发力踮起脚尖至极限,收紧小腿 三头肌 1 秒,再下沉脚跟还原。呼吸方法为举呼落吸。

(二十)坐姿举腿(见图 20-62)

坐在凳端,双手身后撑扶凳边,臀部稍露出凳端,上体稍后仰,两脚抬离地面直腿前下伸。以腹肌力量带引两腿屈膝上举至大腿贴近胸腹,同时躯干向前做收腹;小腿紧缩内收。少顷,再以腹肌力量控制还原。呼吸方法为举呼返吸。注意练习过程中腹肌的舒缩感,尽量避免节奏紊乱。

图 20-61

图 20-62

二、腹肌力量练习方法

(一)仰卧屈膝举腿

锻炼部位:主要练下腹部肌肉。

做法:仰卧,两手平放体侧扶垫,两腿并拢半屈膝,抬腿举膝至胸腹前(呼气),臀部稍上翻,举到极限后保持数秒,还原(吸气)。

要点:下背部(裤带以上 15 厘米左右)不得离开地面,双手不得发力。

次数:用最大能力做(约 25 个左右),做 2~3 组。

(二)仰卧起坐

锻炼部位:主要练腹中上部肌。

做法:仰卧,两手交叉抱颈,两腿并拢半屈膝,边呼边抬上体,骨盆前倾,到位后保持数秒,还原。

要点:下背部不得离开地面,保持数秒(增强腹肌的强直收缩)。

次数:25 次×(2~3)组。

(三)元宝收缩

锻炼部位:主要练腹中部肌肉。

做法:仰卧,两手交叉抱颈,两腿半屈膝,两脚交叉。呼气,举腿的同时抬上体,骨盆前倾,到位后保持数秒,还原(吸气)。

要点:必须以腰部为支点,下背部不得离开地面。

变化动作:若在抬上体时加一定转体动作,用肘关节触碰异侧膝盖,不但能练腹直肌,还能练腹外斜肌、腹内斜肌。

次数:25 次×(2~3)组。

(四)腾空双飞脚

锻炼部位及价值:能练腹直肌、髋腰肌、小腿肌群及大腿前上部屈肌,并能培养协调性,增强大腿的爆发力。

做法:原地或助跑两步双脚起跳,两腿伸直在空中做分腿劈叉动作。同时上体前倾,用手拍击同侧脚面。也可以身穿沙衣或腿绑沙袋做,以增加练习强度。

次数:(12~15)次×(2~3)组。

(五)悬垂腿旋转

锻炼部位及价值:能锻炼腹直肌、髋腰肌、腹外斜肌、腹内斜肌,增强腰腹肌的柔韧性。

做法:两手握单杠,身体悬空,利用腰腹肌力量带动下肢做逆时针、顺时针的旋转运动。可穿沙衣或腿绑沙袋做,以增加练习强度。

要点:复位过程一定要用力控制,徐徐复位;不能靠腰摆动的助力完成练习。

次数:10 次×4 组(逆时针、顺时针旋转各 2 组)。

(六)仰卧屈腿起坐

锻炼部位:腹直肌、腹内外斜肌及髋腰肌(上腹肌群)。

做法:仰卧,屈腿分腿,双手抱住大腿后侧,上体抬起 30°~40°,停 2 秒,还原。

要点:开始练习时,手臂不要用力,靠腹肌力量完成,当腹肌感到吃力时,手臂可以给一些助力。

次数:20 次×(2~3)组。

(七)坐姿转体

锻炼部位:上、下腹部及腰部的肌肉。

做法:坐姿,屈腿交叉并抬起离地 10 厘米,两手握拳胸前屈臂。数 1 时向左转体,数 2 时向右转体,连续转体 8~10 次,还原坐姿,反复练习。

要点:练习时双脚始终不要着地,上体转动稍大些。

次数:10 次×(2~3)组。

(八)伸展腹部

锻炼部位及价值:伸展腹肌、腰侧肌、肩带肌,促进腰椎的灵活性,使身体舒展、挺拔。

做法:俯卧,腿侧分稍宽,手撑于腰侧。双手用力撑起,使上体后屈,抬头,向垫上挺腹,静止用力 5~10 秒,然后用双手握住脚面或踝部,用力挺身成反弓形,静止用力 5~10 秒反复练习。

要点:练习时让身体充分伸展至极限。

次数:20 次×(2~3)组。

三、静力性对抗练习方法

(一)颈部

(1)双手十指交叉放头后。对抗头部的阻力,将头向前拉压,下巴触胸,双肘向前,静止5秒,对抗双手的阻力,用力慢慢抬头,注意咬紧牙关,抬至极限,静止5秒,反复做10次。

(2)双手十指交叉放前额。咬紧牙关,对抗头部阻力,用力向后推力至极限,静止5秒。对抗双手阻力,用力慢慢低头后至极限,静止5秒。反复做10次。

(3)两手分别放在左右太阳穴。对抗右侧的阻力,用力将头推向右侧,右耳触右肩,静止5秒。再对抗左侧的阻力,用力将头推向左侧,左耳触左肩,静止5秒。两侧各做10次。

作用:对颈部酸痛有舒缓作用,可防止颈椎的各种疼痛,减少颈部皱纹。

(二)胸部

双手胸前合掌。两手用力互相挤压,静止10秒,然后右手用力将双手推至左胸前,静止5秒。左手再用力将双手推至右胸前,静止5秒,回到中间,重复练习10次。

作用:锻炼胸大肌,防止胸大肌松弛下垂。

(三)肩部

右手握拳置于肚脐处,左手手掌压在右拳上。对抗左手的阻力,右手用力屈臂上抬至胸口处,稍停。左手对抗右手的阻力,用力将右拳压回肚脐处。重复做20次,两手交换再做20次。

作用:锻炼三角肌,消除肩背部多余脂肪。

(四)手臂

(1)肱三头肌:右手握拳,屈臂,左手手掌放在右拳前。对抗左手阻力,右手用力前伸,稍停,还原。重复做20次,两手交换再做20次。

作用:锻炼上臂下端,防止产生"豆腐肉"。

(2)肱二头肌:右手握拳,屈臂,左手手掌放在右拳上。对抗左手下压的阻力,右手用力前伸,稍停,还原。重复做20次,两手交换再做20次。

作用:锻炼肱二头肌,使手臂结实健美。

(五)背部

(1)双手体后合掌,十指向下。两手掌用力互相挤压10秒,对抗左手阻力,右手用力将手掌推至左侧,静止5秒。对抗右手阻力,左手用力将手掌推至右侧,静止5秒,回到中间,重复做10次。

作用:锻炼斜方肌。

(2)两脚自然开立,提踵,两手体后叉握,手心向下,用力后引,挺胸,内收肩胛。静止5～10秒,还原。重复做20次。

作用:锻炼大、小菱形肌,斜方肌中、下部,大、小圆肌。

（六）臀部

（1）双腿并拢，双手放在膝关节外侧。双手用力将双膝向内挤压的同时，双腿对抗双手的阻力，用力向外张开，速度不要太快。当双腿外展至最大限度时，双膝同双手对抗停留 5 秒，还原，重复做 10～12 次。

（2）双腿尽量外展，双手放于膝关节内侧。双手用力将双膝向外推的同时，双腿用力向内夹紧。当双腿夹到几乎并拢时，双膝与双手对抗停留 5 秒，还原。重复做 10～12 次。

作用：缓解坐骨神经疼痛，去除臀部多余脂肪。

（七）腿部

（1）坐姿，两手撑立大腿侧地面，双脚上抬稍离开地面，左脚搭在右脚上。右脚用力前抬的同时，左腿用力与之对抗，速度要慢。当右腿前抬至水平时，双腿相互对抗用力停留 5 秒，还原。交换左腿练习，两腿各做 20 次。

（2）坐姿，两手撑立大腿侧地面，双脚前伸成水平（与上体成直角），左脚放在右脚下。右腿用力下放的同时，左腿用力上托右腿。至右腿放下时，双腿互相对抗用力停留 5 秒，还原，交换左腿练习。两腿各做 20 次。

（3）俯卧，左脚搭在右脚上。右腿用力上抬向臀部的同时，左腿用力下压。当右脚贴近臀部时，双腿互相对抗用力停留 5 秒，还原，交换左腿练习。两腿各做 20 次。

作用：消除大腿上多余脂肪，使双腿变得修长健美，可预防臀部下垂。

任务三　女子形体基础

女子形体

什么样的形体才算美？不同时代有不同的标准。汉代妇女是以弱不禁风、纤瘦为美；唐代妇女以丰腴的体态为美；古希腊男子则以强壮、彪悍的体形为美。现代美学认为人体的结构与机能只有对称和谐才算美。以人肚脐为黄金分割点，那么人体上下比约为 0.618：1。

健美的体型标准应该是：匀称的体形、优美的姿态、温柔的气质、强壮的骨骼、发达的肌肉、光滑的皮肤、秀丽的头发和健康的气色。每个人都想拥有健美的身材，不同的人有着不同的体型，盲目节食来改变体型是行不通的，只有选择适合于自己的运动和饮食方法，才能把体型锻炼到最佳状态。女子形体美的锻炼是和女性形体结构、生理特点分不开的，因此，锻炼的重点部位和方法都有别于健美训练。

一、基本形体练习范例

（一）站立姿态练习

预备（见图 20-63）：自然站立（八字步），两臂自然下垂，头正直，两肩放松，后背要直，挺胸，收腹，立腰，臀部和两腿肌肉收紧，目视前方。

（二）脚位姿态练习

（1）正步（并立）：两脚并拢，脚尖向前，重心在两脚上（见图 20-64）。

（2）自然站立（八字步）：两脚跟靠拢，两脚尖向前斜方成"八"字形，重心在两脚上（见图 20-65）。

（3）开立（大八字）：与八字步相同，两脚跟相距约一脚（见图 20-66）。

（4）丁字步：一脚跟在另一脚弓处，成"丁"字形，重心在两脚上（见图 20-67）。

（5）点步：一脚站立，另一脚向前（侧、后）伸出点地，身体应正直，目平视（见图 20-68）。

练习方法：用 6 个 8 拍完成，重复做 2 遍。

   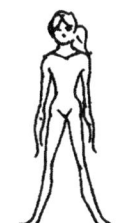 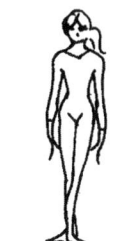 

图 20-63　　　图 20-64　　　图 20-65　　　图 20-66　　　　图 20-67　　　　图 20-68

（三）芭蕾舞脚位练习（见图 20-69）

（1）一位——两脚跟靠拢，脚尖向两侧，两脚成一横线。

（2）二位——脚尖向两侧，两脚跟左右距离约一脚，两脚成一横线。

（3）三位——脚尖向两侧，一脚跟相叠在另一脚弓处，平行横立。

（4）四位——两脚前后两行，脚尖向两侧，两脚间距离约一脚。

（5）五位——两脚前后平行相靠，脚尖向两侧。

练习方法：用 4 个 8 拍完成练习，重复做 2 遍。

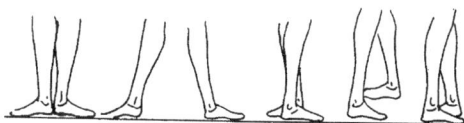

图 20-69

（四）手臂基本姿态练习

常用的手臂基本部位姿态练习如下：

（1）前上举——以大臂带动小臂，肘抬起至前上举，掌心向前（见图 20-70）。

（2）前下举——做法同前上举，但两臂举至前下举部位（见图 20-71）。

（3）前举——大臂带动小臂，肘举至前举，掌心向下（见图 20-72）。

（4）上举——两臂抬至上举，掌心向前（见图 20-73）。

图 20-70 　　　　图 20-71 　　　　图 20-72 　　　　图 20-73

(5)侧上举,侧下举,侧平举,后下举——做法同上举,只是方位不同(见图 20-74)。

练习方法:用 4 个 8 拍完成练习,重复做 2~3 遍。

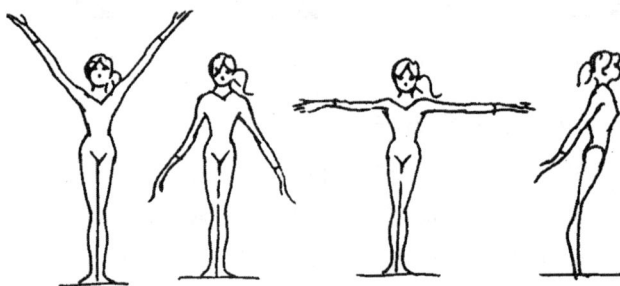

图 20-74

(五)芭蕾舞手臂七个基本部位练习

预备:三位脚站立。

一位——两臂体前自然下垂,食指、拇指相对掌心稍向内上方(见图 20-75)。

二位——两臂保持弧形前举,稍低于肩,掌心向内,手指相对(见图 20-76)。

三位——两臂保持弧形上举,稍偏前,掌心相对(见图 20-77)。

四位——左(右)臂三位(上举),右(左)臂二位(前举)(见图 20-78)。

五位——左(右)臂三位(上举),右(左)臂七位(侧举)(见图 20-79)。

六位——左(右)臂二位(前举),右(左)臂七位(侧举)(见图 20-80)。

七位——两臂弧形侧举,掌心稍向前,稍低于肩(见图 20-81)。

练习方法:用 8 个 8 拍完成练习,重复 1 遍,可配合不同脚位练习。

图 20-75 　　　　图 20-76 　　　　图 20-77 　　　　图 20-78

图 20-79　　　　　　　图 20-80　　　　　　　图 20-81

(六)手臂练习

(1)两臂向前(向后)摆动(见图 20-82 和图 20-83):以肩为轴向前(向后)摆动,摆动时两肩放松,以肘带动小臂、腕和手指。

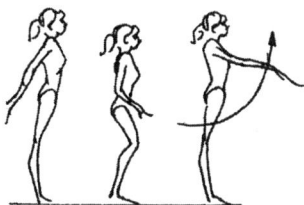

图 20-82　　　　　　　　　　　图 20-83

(2)两臂向左(向右)侧摆(见图 20-84):动作同前,但两臂向左(向右)侧摆,掌心向下。

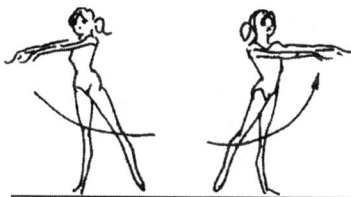

图 20-84

(3)一臂向前摆,一臂向后摆(见图 20-85)。

图 20-85

（4）一臂向前上摆，另一臂向后下摆（见图 20-86）。

图 20-86

（5）两臂由左（右）侧经体前绕至右（左）上举（见图 20-87）。

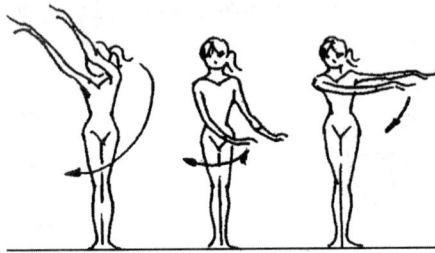

图 20-87

（6）两臂上举向内绕至体前交叉（见图 20-88）。

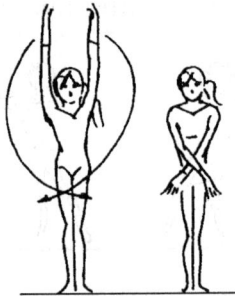

图 20-88

（7）两臂向内大绕环（见图 20-89）。

图 20-89

（8）两臂向外大绕环（见图 20-90）。

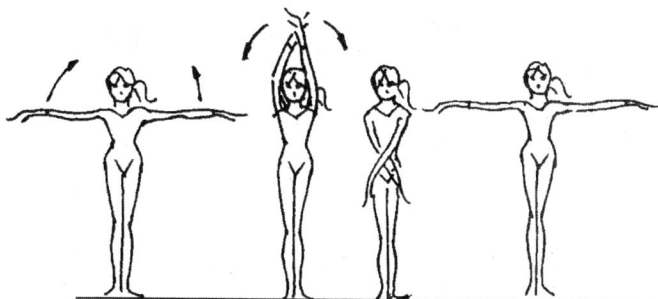

图 20-90

（9）两臂向前、后大绕环（见图 20-91）。

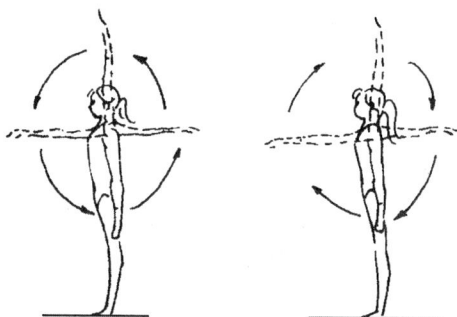

图 20-91

（10）手臂波浪（见图 20-92）。自然站立，两臂侧举，以肩带动手臂稍屈时，腕和手指放松下垂，然后由肩开始稍下压，肘腕至掌依次伸直。

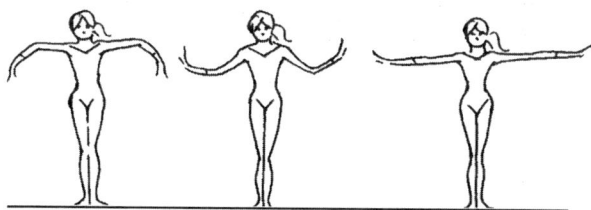

图 20-92

（11）手臂大波浪（见图 20-93）。两臂由肩、上臂、小臂和手的顺序向两侧依次抬起至上举，然后以肘关节为前导依次柔和放下至体侧。

练习方法：用 10 个 8 拍完成练习，重复 1～2 遍。

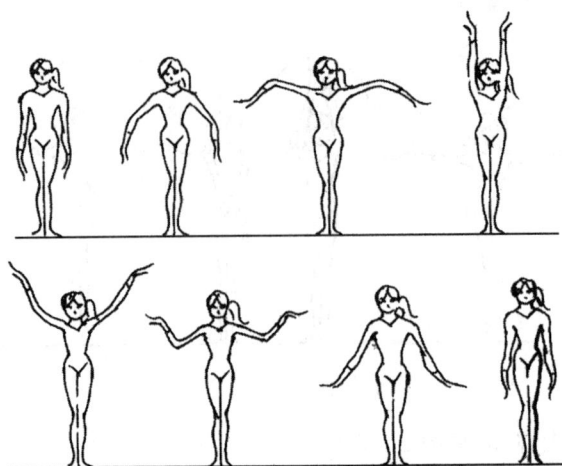

图 20-93

(七)基本步法与舞步练习

1. 柔软走步(见图 20-94)

预备:自然站立,两手叉腰。

动作方法:左(右)脚稍屈膝,脚面绷直向前伸出,脚面稍向外,由脚尖柔软地过渡到全脚掌落地,身体重心随之前移,换右(左)脚做。走时上体保持正直,收腹立腰,目平视。

图 20-94

2. 足尖步(见图 20-95)

预备:两脚提踵站立,两手叉腰。

动作方法:出脚同柔软步,由脚尖过渡到前脚掌落地,脚跟提起,身体重心向上升,步幅不宜过大。上体正直,收腹立腰,保持身体重心平衡,不能下落起伏及左右摇晃。

图 20-95

3.跑跳步(见图 20-96)

预备:自然站立,两手叉腰。

动作做法:节拍前动作,右腿原地轻跳,同时左腿屈膝抬起,脚面绷直,足尖向下;1 拍上半拍,左脚向前落地;1 拍下半拍,左脚原地跳,同时右腿屈膝抬起。换另一脚做。

图 20-96

4.踏跳步(见图 20-97)

预备:自然站立,两手叉腰。

动作做法:1 拍左(右)脚向前一步;2 拍左(右)脚蹬地跳起,同时右(左)腿屈膝自然前举,足面绷直,脚尖向下。3—4 拍换右(左)脚做。

图 20-97

5.弹簧步(见图 20-98)

预备:两脚并立提踵,两手叉腰。

动作做法:1 拍左(右)脚向前做一个柔软步,落地时稍屈膝,身体重心移至左(右)脚;2 拍左(右)脚直膝提踵立,同时右(左)腿直膝前下举,脚面绷直。3—4 拍换另一脚做。

图 20-98

6.变换步(见图 20-99)

预备:自然站立,两手叉腰。

动作做法:1 拍上半拍,左脚向前柔软步;1 拍下半拍,右脚与左脚并立(自然部位)或三位(左脚在前三位)。2 拍左脚向前柔软步,重心前移,右脚后点地。换右脚做。变换步变化多样,一般常有前、后点地,前后举腿,转体和跳的变换步。

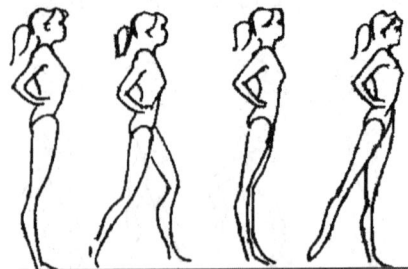

图 20-99

7. 波尔卡(见图 20-100)。

预备:自然站立,两手叉腰。

动作做法:节拍前右腿原地小跳,同时左腿稍屈膝前举;1 拍上半拍,左腿向前展膝落地,1 拍下半拍,右脚与左脚并立(或三位);2 拍上半拍,左脚向前一步,2 拍下半拍,左脚小跳同时右腿屈膝前举。换右脚做,方向相反。

图 20-100

8. 华尔兹步(见图 20-101)

预备:左脚在前的三位提踵立,两手叉腰。

动作做法:1 拍左脚向前一次柔软步,落地稍屈膝,重心随之前移,左膝伸直;2—3 拍右脚开始向前做二次足尖步。换右脚做,方向相反。华尔兹步变化形式多样,有前华尔兹、侧华尔兹、后华尔兹、转身华尔兹和跑华尔兹等。

图 20-101

（八）把杆姿态练习

1.擦地向前、向侧、向后练习（见图 20-102）

擦地向前、向侧、向后主要锻炼腿和脚力。

向前：动作脚脚跟领路擦地往前伸到脚尖点地，到最远点（前四位）。动作脚收回来时，脚跟仍要往前，脚尖领路擦地，收成规格的五位。两脚牢牢贴地面。

向侧：动作腿脚尖擦地往侧伸，到旁边的最远点（即二位），与支撑腿的脚跟在一条直线上，动作腿收回时，脚跟始终保持往前，脚尖擦地，收成规格的五位，两脚牢牢贴地面。

向后：动作脚脚尖领路擦地，往后伸，到达后面的最远点为止（后四位）脚尖点地，从大腿到脚尖用力外开，脚收时，脚跟领路擦地，收回成规格的五位，两脚牢牢贴地面。

图 20-102

2.小踢腿练习（见图 20-103）

小踢腿主要锻炼腿和脚做动作的速度、力量、控制力和准确性。

预备：五位站立，单手叉腰。

动作方法：动作脚经擦地至脚尖到达最远点时，用力使它略离地抬起至 20°左右，接着动作脚经擦地收回五位。小踢腿的动作应做得干净利落。可向前、向侧、向后重复做。

图 20-103

3.压腿、搬腿、控腿

压腿主要为了达到拉长肌肉和韧带的目的。有三种压腿形式，即正、侧、后压腿。

正压腿：体前屈用胸贴近大腿（见图 20-104）。

图 20-104

侧压腿:侧屈用肩和身体的外侧去贴近大腿(见图 20-105)。

图 20-105

后压腿:体后屈,尽量抬头向后弯腰,用头去贴近大腿(膝部的后面)(见图 20-106)。

图 20-106

搬腿:是在压腿的基础上,用手抓住踝关节向前、向侧、向后的搬动动作。

控腿:是在搬腿的基础上,一腿支撑另一腿举起并停止在一定部位上,从胸廓开始发力经髋传递到腿主脚尖,整个肌纤伸长,可做向前、向侧、向后三个方向的控腿。

4.大踢腿(见图 20-107)

预备:五位站立。

动作方法:动力腿擦地往外到达它的最远点,再往上踢起(尽量踢高);收回时,先脚尖点地,紧接擦地收回,脚跟往前,收成五位。往前、往侧、往后重复做练习。

图 20-107

二、形体姿态组合练习范例

音乐:4/4,乐曲 2 遍,8×8(音乐二拍一动)。

预备:自然站立。

动作做法:

第 1 个节拍:

1—2 拍:左脚向前柔软步,右脚后点地,同时左臂侧举做小波浪一次(见图 20-108)。

图 20-108

3—4 拍:动作同 1—2 拍,换右脚做。

5—6 拍:左脚与右脚并立,两腿屈膝弹簧两次,同时两臂向内绕至体前交腕,接着向外绕至侧举(见图 20-109)。

图 20-109

7—8 拍:两腿柔和地做屈膝弹簧一次,同时两臂做小波浪一次(见图 20-110)。

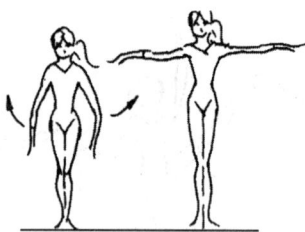

图 20-110

第 2 个节拍:

1—2 拍:左脚向左一步,右腿屈膝在左脚旁点地,同时右臂做大波浪至上举又放下(见图 20-111)。

图 20-111

3—4 拍:动作同 1—2 拍,换右脚做,方向相反。

5—6 拍:两腿并立做屈膝弹簧一次,同时两臂做中波浪一次(见图 20-112)。

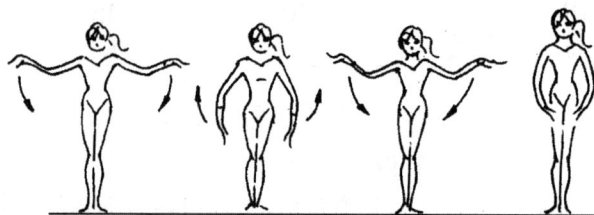

图 20-112

7—8 拍:两腿屈膝弹簧一次,同时两臂做大波浪至上举又放下侧举(见图 20-113)。

图 20-113

第 3 个节拍：

1—4 拍：左脚开始以足尖碎步后退,同时两臂侧举做小波浪 4 次(见图 20-114)。

5—6 拍：左脚侧点地,上体左侧屈,同时两臂做小波浪一次,接着左脚与右脚并立起蹲,两臂上举(见图 20-115)。

7—8 拍：动作同 5～6 拍,方向相反。

图 20-114 图 20-115

第 4 个节拍：

1—4 拍：以足尖碎步原地右转一周,同时上体左侧屈,两臂侧举做小波浪 4 次(见图 18-116)。

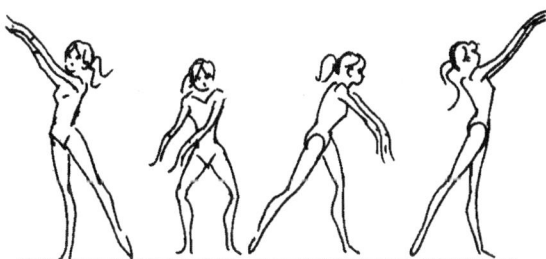

图 20-116

5—6 拍：向左做身体侧波浪,同时两臂随动作摆至左上举(见图 20-117)。

7—8 拍：动作同 5—6 拍,方向相反。

图 20-117

第 5 个节拍：

1—4 拍：面向左侧,左脚向前成弓步,同时两臂侧举依次波浪逐渐移动至前举,上体稍前屈(见图 20-118)。

图 20-118

5—8拍:动作同1—4拍,但两臂继续做依次波浪,向左右分开至侧举,同时上体逐渐还原直立,抬头挺胸(见图20-119)。

图 20-119

第6个节拍:

1—3拍:左脚开始做足尖碎步侧进,同时两臂做小波浪。

4拍:左腿屈膝,右脚在左脚前交叉点地,同时左臂七位,右臂三位,头向右前(见图20-120)。

5—8拍:动作同1—4拍,方向相反。

图 20-120

第7个节拍:

1—4拍:左脚开始向左侧前做弧形柔软步,同时两臂前举依次小波浪(见图20-121)。

5—8拍:以足尖碎步原地向右旋转一周,同时两臂侧举做小波浪(见图20-122)。

图 20-121　　　　　　　　　　　　　　图 20-122

第 8 个节拍：

1—4 拍：面向右侧做足尖碎步后退，同时两臂前举做依次小波浪，手臂逐渐至前上举（见图 20-123）。

5—6 拍：左后转面对左侧两手交腕掌心向内，两臂由体前含胸低头向外翻腕绕环至前上举（见图 20-124）。两手交腕，掌心向外，两腿经屈膝立踵。

7—8 拍：左脚落踵，右脚后点地，抬头挺胸，收腹立腰，头向前（见图 20-125）。

图 20-123　　　　　　　　　图 20-124　　　　　　　　图 20-125

● 专业术语中英文对照：

器械 apparatus	徒手 free-standing	哑铃 dumbbell
杠铃 barbell	俯卧撑 press-up；push-up	划船 boat
肌肉 muscle		

项目二十一 自身防卫

学习目标

1.知识目标

(1)掌握徒手技能的动作要领。

(2)掌握拳脚技能的动作要领。

2.思政目标

具备以身克敌的身体素质。

思维导图

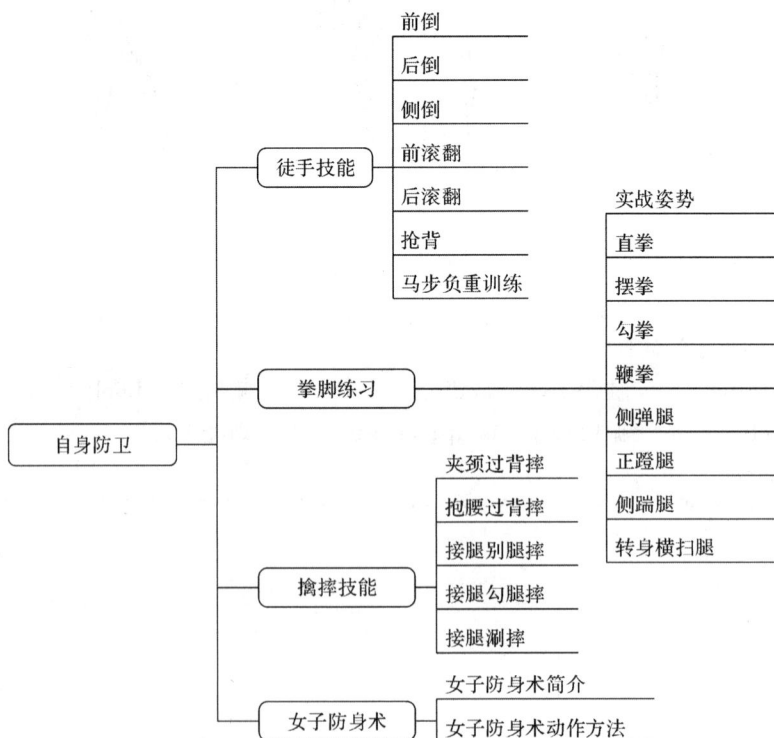

　　在现代文明社会中,遭遇不测或歹徒似乎是概率极小的事情。可如果我们万一遇到了这个问题,那么具有一定的防卫能力在关键时刻就能发挥危急的作用,甚至攸关性命。要进行有效的防身与自卫,首先应该具备能够足以克敌的身体素质及防卫技能。其主要是指身体的力量、速度、灵活性、柔韧性等素质及防卫的基本技能。体能的提高与技能的掌握,必须通过一定的训练手段才能达到。这里我们选择了一些简便的训练方法,以供参考。

任务一　徒手技能

一、前倒

　　动作要领:身体由直立姿势前倒,两臂微屈,两手手指稍向内指。两手撑地后,迅速以屈臂的动作来缓冲落地的冲击力。在整个动作的过程中要抬头、憋气、全身紧张用力,如图 21-1 所示。

徒手技能

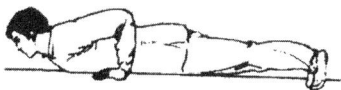

图 21-1

二、后倒

　　动作要领:在身体直立姿势的基础上,屈膝下蹲,两臂前摆,上体猛向后仰,同时起右脚(或左脚),挺腹勾头、憋气,以臂、肩及背部着地,如图 21-2 所示。

图 21-2

三、侧倒

　　动作要领:两脚分开,屈膝下蹲,迅速右后转体,左脚右摆,以左脚、右手臂、体侧着地,如图 21-3 所示。

图 21-3

四、前滚翻

动作要领:身体屈膝下蹲,两手前摆撑地,弯腰收头团身,以背、腰、臀、脚依次着地向前滚翻,迅速起立。

五、后滚翻

动作要领:身体屈膝下蹲,弯腰收头团身,借身体后仰和两手撑力,按臀、背、脚的顺序依次着地。向后滚翻,迅速起立,如图 21-4 所示。

图 21-4

六、抢背

动作要领:身体由直立姿势开始,左脚向前上步,身体左前弯腰收头,左脚蹬地,右腿上摆,以右肩、背、腰、臀依次着地,向前团身滚翻,如图 21-5 所示。

图 21-5

七、马步负重训练

动作要领:穿沙衣做马步静力练习(见图 21-6),时间由短逐渐延长,也可以做马步冲拳,还可以站在砖头上练习。

图 21-6

八、单腿蹲起训练

动作要领:两脚开立与肩同宽,一腿伸直,另一腿屈膝全蹲后起立,两腿交替练习。

任务二　拳脚练习

一、实战姿势

拳脚练习

实战姿势通常也叫作预备式或格斗式,是格斗前所采用的临战运动姿势。它不仅能将身体快速反应能力提到最佳,利于快速移动发起进攻和防守,并且暴露面小,能有效保护自己的要害部位。

实战姿势分为左实战式和右实战式。下面以左实战式为例,如图 21-7 所示:两脚前后开立,前脚跟与后脚尖距离约同肩宽。左脚全脚掌着地,右脚跟稍抬起,前脚掌着地,两膝稍弯曲,自然里扣,身体重心右移,上体含胸收腹扭臀,左臂内曲约 45°,拳眼与鼻尖平高。右臂内曲约 90°,拳置于脖前,两肘自然下垂并稍向里合,下颌内收,目视对方上体。

图 21-7

二、直拳

以左直拳为例,左实战式站立,右脚微蹬地,身体重心稍向左脚移动,同时转腰送肩,左拳直线向前击出,力达拳面,右拳自然收回颌前,如图 21-8 所示。实战范例:左右直拳抢攻

图 21-8

对方头部；当对方侧弹腿进攻时，左手外挂防守，同时右直拳反击对方头部。

三、摆拳

以左摆拳为例：左实战式站立，上体微向右扭转，同时左臂稍抬起，前臂内旋向前弧形出击，力达拳面，大小臂夹角约130°，右拳自然收回额前，如图21-9所示。实战范例：左拳虚晃，右摆拳抢攻对方头部；当对方右蹬腿攻击我中盘时，左手里挂防守，随即用右摆拳反击对方头部。

图 21-9

四、勾拳

以左上勾拳为例：左实战式站立，上体稍向左倾，重心略下沉，左拳微下落，随即左脚蹬地，上体右转，挺腹送左髋，左拳由下向上趋避勾击，力达拳面，大小臂夹角约90°，右拳自然回收额前，如图21-10所示。实战范例：假动作虚晃，靠近对方用上勾拳击其下颌；当对手以下前抱摔时，迅速后退用左勾拳反击其头部。

图 21-10

五、鞭拳

以右鞭拳为例：左实战式站立，以左脚前脚掌为轴，身体向后转180°，右脚经左腿后插步，身体继续右后转，同时以腰带动右臂向右侧横向鞭击，力达拳轮，左拳自然收于额前，如图21-11所示。实战范例：左直拳假装进攻，随即突然用右鞭拳抢攻其头部；对手用左侧弹腿攻我中盘时，左手里挂防守同时以右鞭拳反攻其头部。

图 21-11

六、侧弹腿

以左侧弹腿为例:左实战式站立,上体稍向右倾,重心后移,同时左腿屈膝展髋,大小腿自然折叠,脚背绷直,随即由曲到伸,大腿带动小腿向右前横弹,力达脚背,如图 21-12 所示。实战范例:左侧弹腿佯攻对方下盘,随即右侧弹腿实击对方上盘。

图 21-12

七、正蹬腿

以右正蹬腿为例:左实战式站立,身体重心稍后移,同时右腿屈膝提起,曲肩向前,脚尖上勾,随即从脚跟领先向前蹬出,力达脚跟,如图 21-13 所示。实战范例:用正蹬腿攻击对方

图 21-13

上盘;当对方运用侧弹腿攻击时,突然用右正蹬腿抢先攻击对方上盘。

八、侧踹腿

以左侧踹腿为例:左实战式站立,身体重心后移,上体稍右转,同时左腿屈膝提起,脚尖勾起,随即展髋,使脚掌正对攻击方向,使之迅速由曲到伸,向前踹出,力达脚跟,如图 21-14 所示。实战范例:以左侧踢踹腿,假装攻击对方下盘,随即用右踹腿实攻对方上盘;左侧弹腿假装攻对方下盘,然后转身踹腿攻击对方上盘。

图 21-14

九、转身横扫腿

以左转身横扫腿为例:左实战式站立,重心移到右脚,随即上体左后转 360°,带动左腿直腿由后向前弧线横扫,脚面崩平,力达脚掌,如图 21-15 所示。实战范例:用右侧弹腿假装攻对方下盘,然后用左转身横扫腿攻击其上盘。

图 21-15

任务三　擒摔技能

擒摔技能

一、夹颈过背摔

右屈臂夹对方颈部,背向对方,两腿屈膝用右侧髋部紧贴对方前身,然后两腿深蹲向

下,弓腰低头,将对方背起后摔倒,如图 21-16 所示。

图 21-16

二、抱腰过背摔

右屈臂抱对方腰部,背向对方,两腿屈膝,用右侧髋部紧贴对方前身,然后两腿深蹲,向下弓腰低头,将对方背起后摔倒,如图 21-17 所示。

图 21-17

三、接腿别腿摔

当对方用左侧弹腿踢击时,用左手抄抱其弓窝,右手抓其小腿下端,随即上左脚至对方右腿后,向左转体,左腿别其支撑腿将其摔倒,如图 21-18 所示。

图 21-18

四、接腿勾腿摔

当对方用右侧弹腿踢击时,左手抄抱其小腿,右手由对方右肩上穿过,下压其颈部,同时左手上抬,右脚向前上方踢其支撑腿将对方摔倒,如图 21-19 所示。

图 21-19

五、接腿涮摔

当对方用左侧弹腿踢击时,双手抓紧对方左脚,双手向左拉其左脚,随即向下,向右上方成弧形摆荡将其摔出,如图 21-20 所示。

图 21-20

任务四　女子防身术

一、女子防身术简介

防身术是一项运用踢、打、摔、拿等武术技击方法,以制服对方,保护自己为目的的专门技术。防身术中的奇妙招法,实质上是中华武术的精华"集锦"。它把武术中各种适合实践应用的招法分离出来,经过摘编、加工、提炼、创造、完善,使其成为一种散招,并具备简单、实用、易记、易学的特点。

女子防身术

如何让女生了解和掌握一些女子防身术的巧招,以自己的智慧、胆量、秘技、巧招、猝然偷袭,即可迎刃而解,从而达到御敌防身之目的。这需要在武术教学中,帮助女生理解防身术的目的、任务和在社会生活中的意义与作用,懂得训练的基本原理,学会防身自卫所需要的基本技术、技能和训练的方法。

女子防身术的教学内容主要是提供一些女子防身术的基本姿势、拳法、肘法、腿法以及一些巧招。动作以单一性动作为主,怎样合理地运用,需在教学中要求女生做到"一狠"、

"二 全力"、"三准确"。战胜歹徒讲究"一招制敌"。老师们还可以从防身术一类的书上学习和选用一些动作,以便丰富教学内容。

二、女子防身术动作方法

(一)自卫搏击的基本姿势

侧身是女子自卫与遭遇其他不测时必须注意的。道理很简单,只有侧身,才可能尽量少地暴露易遭攻击的部位。这种侧身是两腿一前一后,屈膝,脚掌着地,两手握拳一前一后(见图 21-21)。

图 21-21

(二)拳是人最主要的攻击武器

手是最灵活的,在攻防格斗中,手的威力又最大,而手的攻击形式以拳为主。

(1)直拳:又称冲拳,主要是直线用拳直接攻击对方面部和胸部(见图 21-22)。

(2)勾拳:又称抄拳,主要走弧线或直线,由下方用拳面击打对方腹部、下颌等(见图 21-23)。

图 21-22

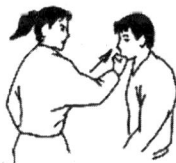

图 21-23

(3)劈拳:由上往下,以拳外背棱或指棱攻击对方面部的拳法(见图 21-24)。

(4)鞭拳:由左右以拳背攻击对手头部的拳法(见图 21-25)。

图 21-24

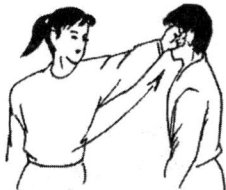

图 21-25

(三)女子防身手的用法

教学中让学生懂得用拳攻击是自卫的一种方法。但拳是由手构建的。运用拳,如手可变成虎爪、撮勾、单指、金剪指、双指、金铲指、倒夹等(见图 21-26),可用来戳击对方眼睛、咽喉、腋下等要害部位。

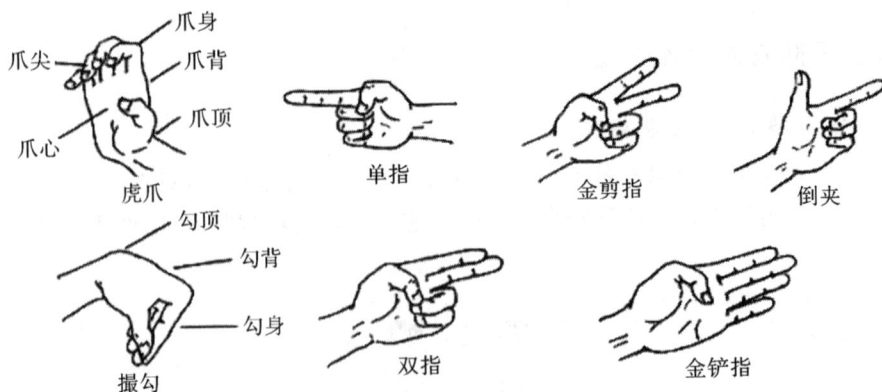

图 21-26

（四）掌、爪攻击面部、眼睛的技法

被歹徒按压时，如手未被按压，可张开手掌，以掌根猛击歹徒鼻梁。轻者鼻血长流，重则可致昏厥。这一掌在武术中叫迎面掌[见图 21-27(a)]。迎面掌到位后，张开的五指以指甲贴其面抓下，武术中这一招叫"迎面贴金"，又叫"洗脸炮"。[见图 21-27(b)]轻则抓破眼睑，泪流不止，眼睛睁不开，重则伤及眼球。这一招虽不致命，但使用方便，趁歹徒一时丧失施暴能力，自卫者可及时逃脱。

以一指或二指叉眼的方法在武术中叫"单放"、"双放"或"二龙戏珠"[见图 21-27(c)]。在被歹徒按压时，因为距离极近，歹徒又不防范，使用单指叉眼，双指叉眼的技法则是非常有效的[见图 21-27(d)]。事实上，只要能叉中歹徒眼睛，并不拘泥于用单指还是双指，用五指亦可，用双手双指亦可。前提是要视使用的熟练程度和当时两手自如情况而定。

用大拇指勾托住对手下巴，以食指、中指尖压插进对手眼球上部，掏断其双目，是峨眉

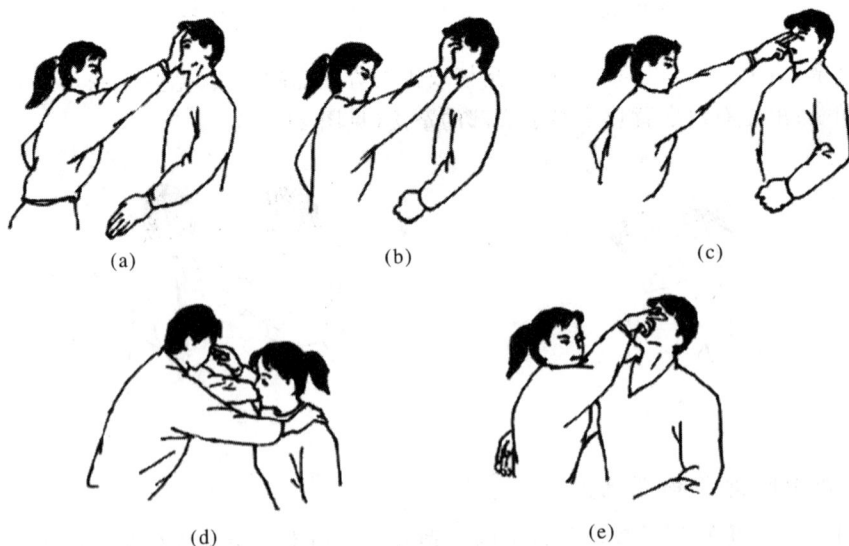

图 21-27

派绝技,称为"鸿门设宴"[见图 21-27(e)]。使用此招的前提是:暂时封住对方双手,最好利用地形环境等使其身体被控制住,双手不能救,身体不能脱逃,头部被大拇指固定跟随,给也要给,不给也要给。这一招被称为"鸿门设宴",是毒中之毒的招法,但对凶狠的歹徒不必慈悲。

　　坐姿时,被抓、被抱,甚至主动攻击,这些招法都可以使用;站姿时,只要高差不大,不致够不到歹徒面门,也可以使用。

(五)用肘攻击

肘法属于近距离击打的技法。由于肘部的生理构造特点,击打力量较之其他手法(掌、爪等)要重、要狠,比较适合女性用于自卫。

1.顶肘(见图 21-28)

肘部平抬,屈臂,肘尖向前,发力时蹬腿、送髋,同时另一手大臂向另一侧也产生一股伸张力。蹬腿、送髋、大臂猛伸张,三股力用好了,顶肘动作就完美了。顶肘是以肘尖攻击,女性自卫时用以顶击对方腋下效果最好。顶肘发力距离短,又无旋转助力,练习时难度大些。

2.挑肘(见图 21-29)

前臂回收弯曲,肘尖由下向前上挑击。发力时蹬腿、旋转身体要领同直拳、勾拳,挑臂动作同勾拳。挑肘可用于击打对方胸腹部。

3.横肘(见图 21-30)

横肘动作主要是两股力,一是蹬腿,二是旋转身体。大臂向前横移,实际上也是旋身之力的延长。横肘是以肘尖击打对方,适于攻击对方太阳穴、后脑、耳门、颈部以及胸肋等。

图 21-28　　　　　　　　　图 21-29　　　　　　　　　图 21-30

4.砸肘

手臂上抬,肘尖朝前上,砸击时身体迅速下沉,肘由上往下砸击。身体下沉与手臂砸击两股力合二为一。砸肘多用于被对方抱腰、腿时砸击其后脑、腰部(见图 21-31)。

　　手臂略上抬,身体迅速下沉(但幅度没有砸肘大),同时两肘向后顶击,力达肘尖(见图 21-32)。顶肘主要用于攻击背后之敌肋、腹部。

　　手臂平抬,蹬腿,身体旋转发力,同时手臂随旋转方向向后横向猛击,力达肘尖(见图 21-33)。反手横肘主要用于攻击背后之敌面部、太阳穴等。

图 21-31　　　　　　　　　图 21-32　　　　　　　　　图 21-33

（六）用膝攻击

膝的力量极大,用力量极大的膝攻击男性毫无承受打击能力的要害部位裆部,可说是"杀鸡用了牛刀"。以膝攻击裆部还有另外两个好处,一是距离短,这就保证了攻击可以在瞬间完成;二是角度小,攻击准备和攻击过程都可以很隐蔽。

用膝攻击距离一定要近,因为用膝与用腿不同,膝比大腿小腿之和肯定短了许多,不到位或勉强到位,对手稍微弯腰一弓身就化解了。

（1）提膝:又称顶膝,要领是膝腿上抬,动作要猛,并以双手拉住对方帮助发力（见图21-34）。提膝是女性用以攻击的利器,提膝时可用手帮助发力。

（2）侧撞膝:侧撞膝分为左侧撞膝和右侧撞膝。左侧撞膝是左膝上抬,由左向右侧撞击。动作要领是,微倒身,扭髋内转,两手可抓住对方帮助发力。右侧撞膝动作与左侧撞膝方向相反。

图 21-34

（七）女子防身的适宜腿法

腿法可分为屈伸性腿法和直摆性腿法。直摆性腿法（如摆腿、后扫腿等）难度较大,未经长期特殊练习,不会有任何威力。考虑到女生各方面的条件,还是用屈伸性腿法自卫比较合适。选用腿法有:

1.蹬腿

蹬腿时,一腿支撑,一腿膝上抬,同时向前蹬出。蹬腿要领是脚尖要勾,力达脚跟。蹬腿时身体不可前后俯仰,要轻快有力,蹬出后迅即收回（见图21-35）。

2.弹腿

一腿支撑,一腿提膝,同时膝关节由屈到伸,向正前方弹踢出腿。脚背绷直,力达脚背。弹踢时要轻快有力（见图21-36）。

图 21-35

图 21-36

弹腿又可分为正弹腿、侧弹腿、低弹腿、中弹腿、高弹腿等。女性自卫一般多用正弹腿攻击对方裆部。

3.踹腿

踹腿又可分为正踹、侧踹。

正踹时,一腿支撑,一腿提膝稍上抬,上抬之腿脚尖外摆,向前下方猛力踹击,力达脚跟。正踹腿一般用于攻击对手胫骨（小腿骨）（见图21-37）。

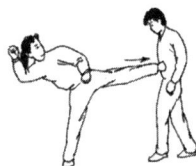

图 21-37　　　　　　　　　　图 21-38　　　　　　　　　　图 21-39

侧踹时,先转体,一腿上抬,屈膝,勾脚尖,由屈到伸向前踹击,力达脚跟。低侧踹腿可用于攻击对方胫骨、膝关节(见图 21-38);中侧踹腿可用于攻击对方裆部、腹部(见图 21-39)。

(八)用头部攻击

以额头为武器攻击对手,在武术中被称为头锋。头部虽然是最多要害薄弱部位,但头部 也有坚实的区域,这就是前额。有人做过试验,人的前额能承受 $1000kg/m2$ 大小的压力。徒手对前额的攻击,如无特殊功力,一般都是攻击一方受伤。而以头锋击人,却颇有威力。头锋攻击,主要用于撞击对手面部和胸部,一般而言,撞击面部效果较好。撞击面部要瞄准鼻梁处三角区,千万不能撞在对方前额上,形成互伤(见图 21-40)。

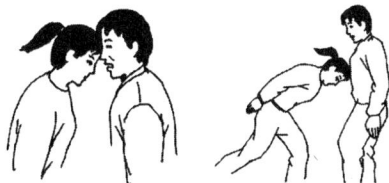

图 21-40

(九)仰卧被按压时可采用的技法

倒地后成仰卧姿势,被歹徒按压。这时歹徒可能站着,可能跪着,可能坐着,也可能趴着,可能骑在女性身上,也可能卧靠在旁边,仅以上身压着仰卧者;可能抓领,可能抓肩,可能搂脖,也可能掐喉。但是不管处于上述哪种情况,都要尽可能地采取攻其要害、一招制敌的抬腿蹬击裆部方法。这时可能采取的直接攻击的方法有:

(1)如对方是分跨于仰卧者身体站立,而俯身抓、掐、压制仰卧者,仰卧者可抬腿蹬击其裆部。要领是要抬起腰、臀,用出将身体送出去的力量猛蹬(见图 21-41)。

图 21-41　　　　　　　　　　　　　图 21-42

(2)如对方手肘抬起,露出腋下,可用掌夹、凤眼捶、勾手等猛击其腋窝(见图 21-42)。

(3)直接戳击对方眼睛和戳击对方咽喉,有意想不到的效果,因为这时距离很近(见图 21-43)。

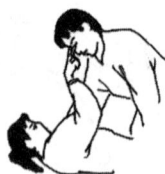

图 21-43

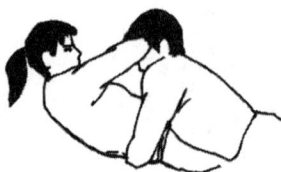

图 21-44

(4)如果手臂未被压住,对方的手臂又未形成阻隔(多在抱胸、腰时),可用肘尖横击其太阳穴。要点是要用上腰腹之力、旋臂之力(见图 21-44)。

(5)如歹徒强行亲吻仰卧者,可抓住机会咬掉其鼻尖或舌尖。但要注意的是,被咬伤后的歹徒可能更丧心病狂。因此要在狠咬之后,趁其负痛一时失智的机会,连续进攻,再对其要害部位实施攻击(见图 21-45)。

图 21-45

图 21-46

(6)以头锋撞其鼻梁,抬头要猛(见图 21-46)。

(十)正面被抱时怎么对付

1. 正面被抱腰时肘击太阳穴最为便捷

正面被对手抱腰,但手臂未同时被抱住,是以肘部攻击对方太阳穴的最好时机。一旦歹徒双手抱住你的腰,他的头部就全部暴露而失去防护了。这时,你可以佯装拒绝他的亲吻等,使上身后仰,造成攻击距离(见图 21-47)。接着猛然收腹、旋身、挥臂,以肘部猛击其太阳穴(见图 21-48)。以肘攻击歹徒太阳穴最好采用连续攻击法,一气呵成(见图 21-49)。

图 21-47

图 21-48

图 21-49

2. 正面被抱腰时攻击其眼睛,折其手指

正面被抱腰时因为手臂未被抱住,所以这时也可以采用叉眼、戳喉等方法(见图 21-50)。如果只求解脱,可采用折手指技法(见图 21-51)。

图 21-50

图 21-51

（十一）背后被抱时怎样对付

（1）后腰被抱。抬手以反手横肘向后猛击对方太阳穴，当然别忘了蹬腿，身体旋转发力，力达肘尖（见图 21-52）。反方向折其拇指或小指（见图 21-53）。以脚跟猛踩其脚面（见图 21-54）。

图 21-52

图 21-53

图 21-54

（2）连手臂后腰被抱。被抱者可伸手抓、握、提对方的睾丸（见图 21-55）。因对方注意力在上部，很有隐蔽性，成功可能性很大。需要注意的是，反手掏出，务要准确。如果歹徒抱住的是腰际，那么歹徒必然弯腰，头较低，这时可猛仰头以后脑击其面部（见图 21-56）。

图 21-55

图 21-56

（十二）头发被抓扯时采用的技法

（1）当女子被人从正前方抓住头发往前拖扯之时，切勿与抓扯者的抓扯力相抗，以免头皮受伤。抓扯者拖带一般朝上向下前方，女子的头不能抬起，头、眼也朝着这个方向。外行抓扯人一般都是身内拖带，因此裆部要害部位便全部暴露，并正处于被抓扯者面对的方向。这时，应趁被抓扯俯身向前窜而站立不稳之机，借着抓拉之力，借着惯性，将膝高提，以提膝的打法猛撞歹徒裆部（见图 21-57）。尤其要注意的是：很多人抓扯别人头发都有抓住前后推拉的习惯。在他推时，应顺其力后仰或后退，以免受伤；在他拉时，则借其力冲过去提膝攻击。关键是千万不要和歹徒硬抗。

图 21-57 　　　　　 图 21-58 　　　　　 图 21-59

（2）当女子侧立被人扯拖头发时，可顺其力侧身弯腰靠近对方，顺势发撩掌击其裆部，然后以手抓握其睾丸（见图 21-58）。歹徒有时会揪住女子头发拖着往前走，这时女子是在歹徒的背侧位置，头已过其肘前，身在其肩后。这时，应以手掌自歹徒后裆猛地插入，使用掏裆法，握紧其睾丸后提。一手掏裆时，另一手抓抱其腰胯配合发力。

（3）头发被抓时抱住对方，可用一手掌心向上，四指直插进软肋（肋骨下），扣住肋骨往上扯，对方痛极自然会松手；或双手叠压于对方抓发之手背部，上体前倾弯腰下压（见图 21-59）；或击打对方肘部曲池穴等，对手也会松手。但这些方法都只是解脱之法。

现代体育运动项目
简介

参考文献

[1] 麦肯齐.生态学.孙儒泳,译.北京:科学出版社,2000.

[2] 布莱恩·J.萨克.运动健康完全手册.刘忻,李伟,等译.长沙:湖南文艺出版社,2002.

[3] 岛田信幸,姜中乔.足球训练100课.长春:吉林科学技术出版社,2012.

[4] 谷崎.体能训练的基本理论与方法.西安:西北工业大学出版社,2010.

[5] 国家体育总局.运动健身指南.北京:人民体育出版社,2011.

[6] 国家体育总局武术研究院.吴式太极拳.北京:高等教育出版社,2009.

[7] 韩德才,李文杰.二十四式太极拳教程.武汉:华中理工大学出版社,2000.

[8] 李辉芝,夏宗绥.毽球运动读本.长春:吉林教育出版社,2000.

[9] 李重申.体育实践教程.北京:高等教育出版社,2000.

[10] 林志超,季克异.余暇体育.成都:成都科技大学出版社,1994.

[11] 刘成.体育专业英语.广州:暨南大学出版社,2009.

[12] 柳萍.野外旅游生存自救.北京:中国旅游出版社,2000.

[13] 龙佩林,等.大学体育与健康教育.北京:民族出版社,2001.

[14] 卢先吾.全民健身大全.北京:人民体育出版社,1996.

[15] 卢元镇.体育社会学(第3版).北京:高等教育出版社,2010.

[16] 全国普通高等学校体育课程教学指导纲要.教育部,教体艺〔2002〕13号.

[17] 全国体育硕士专业学位教育指导委员会.体育教学实用案例.北京:中国人民大学出版社,2010.

[18] 全国体育院校教材委员会审定.大众艺术体操.北京:人民体育出版社,1997.

[19] 任海.奥林匹克运动百科全书.北京:中国大百科全书出版社,2000.

[20] 史运通.新女子防身术.北京:解放军出版社,2008.

[21] 苏珊娜·施洛斯伯格,莉兹·涅波列特.健身.唐春玲,译.沈阳:辽宁教育出版社,2003.

[22] 太田秀明,竹俣明,何阳.羽毛球技术入门图解.北京:人民体育出版社,2004.

[23] 藤野敏彦.拳击入门.王英兰,卢成群,译.北京:人民体育出版社,1991.

[24] 王国华,刘梦.国际标准交际舞·拉丁舞大全.北京:中国舞蹈出版社,1992.

[25] 王予彬,王人卫,陈佩杰.运动创伤学(第2版).北京:人民军医出版社,2011.

[26] 卫章.轮滑.成都:成都时代出版社,2008.

[27] 温仲华,杨玉强,李文静,等.跟专家练游泳.北京:北京体育大学出版社,1998.

[28] 吴兆祥.篮球运动.合肥:安徽人民出版社,2010.

[29] 吴志刚.体育与健康.北京:高等教育出版社,2013.

[30] 谢彬.体育与健康.武汉:华中科技大学出版社,2002.

［31］徐大鹏,谢争,李莉.乒乓球.南京:江苏科学技术出版社,2012.

［32］徐世辉,张吉生.体育欣赏入门.长春:吉林大学出版社,1992.

［33］杨静宜,徐峻华.运动处方.北京:高等教育出版社,2005.

［34］姚颂平.体育运动概论.北京:高等教育出版社,2011.

［35］应圣远,王加强,等.网球.北京:北京体育大学出版社,2002.

［36］于德顺,高谊.拳击.北京:北京体育大学出版社,1998.

［37］约瑟夫·马奎尔,凯文·扬.理论诠释:体育与社会.陆小聪,译.重庆:重庆大学出版社,2012.

［38］岳海鹏.乒乓球打法与战术.北京:人民体育出版社,2003.

［39］翟林.体育舞蹈教程.昆明:云南科学技术出版社,2002.

［40］张林泉,高章宁.怎样踢好毽球.武汉:中国地质大学出版社,1999.

［41］张清时,等.体育舞蹈.北京:北京体育大学出版社,1997.

［42］张瑞林.体育与健康.济南:山东大学出版社,2002.

［43］张瑞林.武术与搏击.北京:高等教育出版社,2006.

［44］赵赟,江波,徐小生.健康生活方式.北京:化学工业出版社,2010.

［45］赵云宏等.高技公体教程新编.北京:北京体育大学出版社,2002.

［46］浙江省高校体育教材编写委员会.网球.杭州:浙江大学出版社,2002.

［47］郑厚成.体育实践教程.北京:高等教育出版社,1998.

［48］郑金因.篮球技战术训练.北京:中国物资出版社,1997.

［49］中国篮球协会.篮球竞赛规则(2003).北京:光明日报出版社,2003.

［50］庄建国.大学体育.北京:首都经济贸易大学出版社,2002.

［51］邹继豪.体育理论教程.大连:大连理工大学出版社,1998.